HISTOIRE

DE LA VILLE
ET
DE TOUT LE DIOCÈSE

DE PARIS

HISTOIRE

DE LA VILLE

ET

DE TOUT LE DIOCÈSE

DE PARIS

PAR

L'ABBÉ LEBEUF

Membre de l'Académie des Inscriptions et Belles-Lettres

NOUVELLE ÉDITION
annotée et continuée jusqu'à nos jours

PAR

HIPPOLYTE COCHERIS

BIBLIOTHÉCAIRE - TRÉSORIER DE LA BIBLIOTHÈQUE MAZARINE

Membre du Comité impérial des Travaux historiques et des Sociétés savantes, Secrétaire de la Commission
de publication du Catalogue général des Manuscrits des Bibliothèques départementales au Ministère
de l'Instruction publique, Président de la Société impériale des Antiquaires de France
Membre de la Société de l'École des Chartes, etc., etc.

TOME QUATRIÈME

PARIS

AUGUSTE DURAND, LIBRAIRE

9, RUE CUJAS, 9

ANCIENNE RUE DES GRÈS

—

1870

AVIS

DE L'AUTEUR SUR LES PIÈCES SUIVANTES

Je me suis étendu jusqu'ici dans cette *Histoire de la Ville de Paris*, principalement sur les Eglises et sur leurs dépendances, me bornant à montrer comment quatorze ou quinze anciennes et principales Eglises en ont vu former plusieurs autres sur leur territoire ou dépendance à mesure que les siècles se sont succedés. Je n'y ai point beaucoup inseré de faits concernant l'Histoire Civile si ce n'est à l'occasion de quelques Places et de quelques rues.

Une piéce singuliere et qui paroît unique dans son espèce sur les rues de Paris m'étant tombée entre les mains, j'ai cru la devoir ajouter à ce volume, parce qu'elle sert à prouver jusqu'où Paris s'étendoit depuis que le Roi Philippe-Auguste l'eut fait entourer de murs. Elle apprend quelles sont les plus anciennes rues, les noms qu'on leur donnoit quatre-vingt ans après cette clôture : elle aidera à lire ces noms plus facilement dans les actes écrits depuis quatre ou cinq cens ans ; à connoître la situation de ces mêmes rues, et la contiguité du voisinage des unes avec les autres : ensorte que le lecteur pourra juger combien de ces noms ont été alterez depuis dans la bouche du peuple, et sçaura quels sont ceux qui ont été changez entierement.

On mettoit en vers au XIII et XIV siécles certains sujets qu'on regarderoit aujourd'hui comme très peu susceptibles de poësie. Aussi ne se gênoit on gueres sur la rime ; et pour faire des liaisons, ou pour remplir la quantité et la mesure, on fabriquoit des termes, et on inseroit des sermens par tels ou tels saints réels ou imaginez. Je les fais remarquer à la marge où je donne aussi l'explication des mots de l'ancien langage vulgaire difficiles à entendre.

On trouvera au bout de cette poësie un Catalogue des rues de la même Ville de Paris telles qu'on les nommoit cent cinquante ans après. Il en contient plusieurs qui ne sont pas dans le premier ouvrage, parce que l'auteur ne s'est pas borné comme le précédent aux rues comprises dans l'enceinte bâtie sous Philippe-Auguste : mais aussi on s'apperçoit qu'il en a omis du dedans de cette enceinte ; ce qui fait que l'on trouve moins de rues dans son catalogue, que dans l'ouvrage du Poëte.

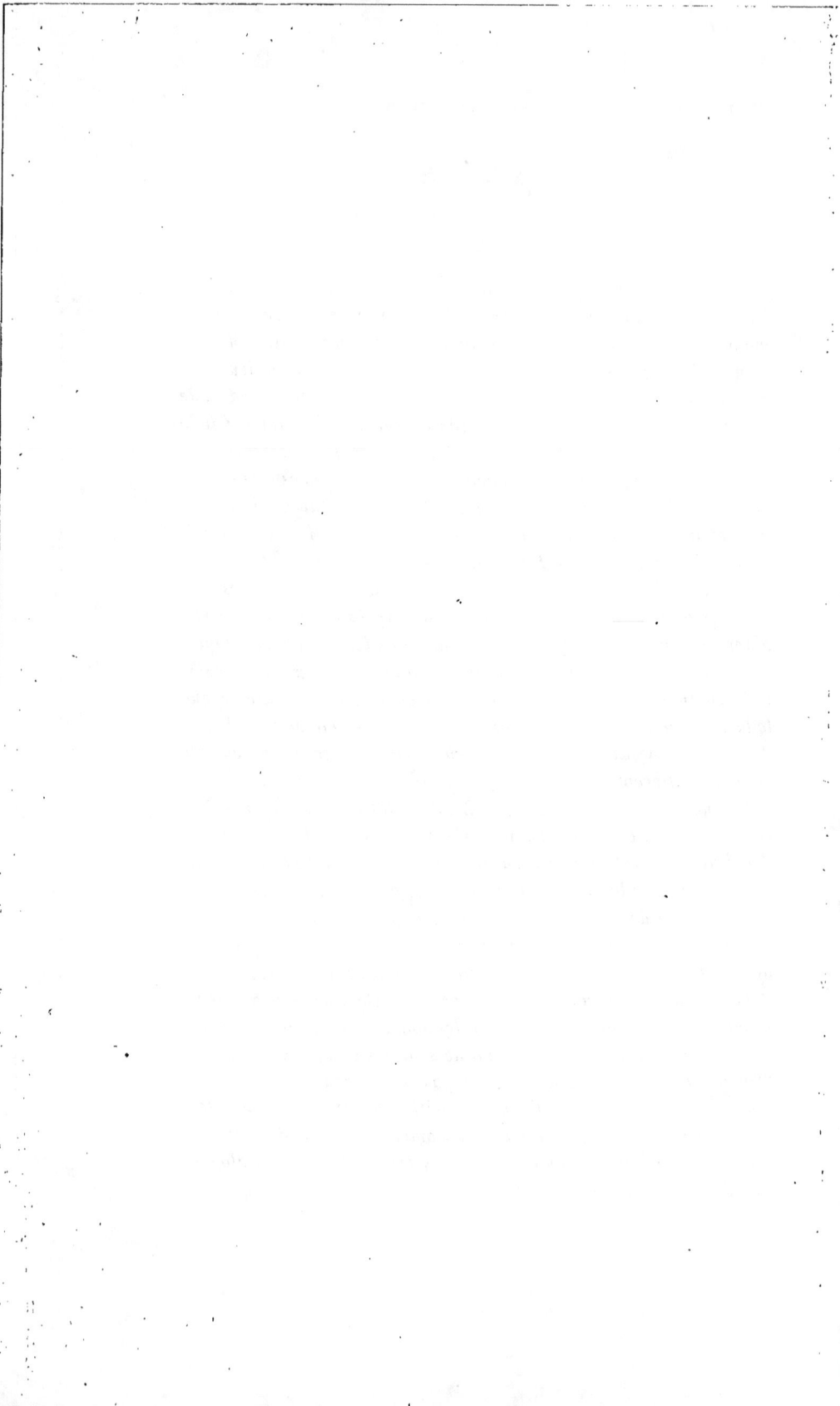

LES RUES DE PARIS

MISES EN VERS ANCIENS

EXTRAIT D'UN VOLUME IN FOLIO ÉCRIT A LA MAIN EN CARACTÈRES DU
XIV SIÈCLE, CONTENANT LES POESIES DE DIVERS AUTEURS
DU MÊME TEMPS, ENTRE AUTRES DE GUILLOT DE PARIS,
QUI A VECU SUR LA FIN DU XIII SIÈCLE.

Ce manuscrit que j'ai découvert à Dijon en 1751, est à présent dans la Bibliothèque
de M. l'Abbé de Fleury Chanoine de N. D. de Paris.

Il faut observer que cette piece de vers sur les rues de Paris ne
nomme que celles qui sont renfermées dans la Clôture faite par
Philippe-Auguste en 1211. Encore ne les marque-t'elle pas toutes.
On met ici en caracteres italiques les noms qui ne sont plus d'usage,
soit que les rues soyent devenues couvertes de maisons et n'existent
plus, ou que le nom ait été changé par la fantaisie du peuple ; et je
renvoye au bas de la page le nom qu'elles ont aujourd'hui. Je laisse
en caracteres romains ce qui reste de ceux qui ne sont que defigu-
rez : et je souhaite que ce petit ouvrage puisse engager les personnes préposées à la renovation des écriteaux des noms des rues, à
les faire mieux orthographier : Le Traité de Sauval sur les rues de
Paris à la tête de son premier Tome m'a beaucoup servi ; mais je
cite aussi plusieurs monumens qu'il n'a pas vu. Une des preuves
que l'auteur de ces vers a vecu environ les années 1290 et 1300,
est la mention qu'il fait en nommant les rues du quartier de la
Ville numero 71, de Dom Sequence qui étoit Chefcier de Saint
Merri en 1283 comme d'un homme vivant, ou récemment mort.

Le lecteur observera que *au* est écrit par *o* ; *aux* par *as*, qu'on
par *con* : *un* par la lettre *i* seule ; le nom de Dieu par *Dieu*.

CI COMMENCE LE DIT DES RUES

DE PARIS

Maint dit a fait de Roys, de Conte
Guillet de Paris en son conte ;
Les rues de Paris briément
A mis en rime, oïez comment.

L'auteur commence par le quartier qu'on appelloit d'Outre-Petit-pont et aujourd'hui, l'Université'.

La rue de la Huchete[1] à Paris
Premiere, dont pas n'a mespris.
Ases tost trouva Sacalie[2]
Et la petite Bouclerie[3]
Et la grant Bouclerie[4] après,
Et Herondale[5] tout en pres.
En la rue Pavée[6] alé,
Où a maint visage halé :
La rue a l'Abé Saint-Denis[7]
Siet ases près de Saint Denis,
De la grant rue Saint Germain[8]
Des prez, si fait *rue Cauvain,*[9]

[1] Sauval, t. 1, p. 142, paroit avoir cru que ce nom n'est pas si ancien.

[2] On a changé ce nom en celui de Zacharie : on disoit encore Sacalie ou sac-à-lit au XV siècle.

[3 et 4] Sauval écrit qu'on a dit la rue de la Vieille Boucnelerie, t. 1, p. 118, et que la rue de la Petite Bouclerie étoit dans le quartier de la Ville comme on l'y verra cy-après.

[5] La rue de l'Hirondelle ainsi dite d'une enseigne. V. Sauval, t. 1, p. 141, selon lui en 1221 on disoit de l'Arrondale. Dans le Cartulaire de Sorbonne à l'an 1264, elle est appelée *Vicus* de Hyrondalle.

[6] Il y logeoit apparemment des Vignerons et des Voituriers : on disoit aussi la rue Pavée d'Andouilles.

[7] C'est aujourd'hui la rue des Augustins. Le nom de S. Denis y est encore conservé dans l'écriteau d'un Hôtel. Voyez cy-dessus p. 35, t. III.

[8] Il faut que ce soit le bout supérieur de la rue S. André, ou le bout occidental de la rue des Cordeliers.

[9] Je ne vois guères que la rue de l'Eperon dont la situation convienne à cette rue, parce qu'elle se trouvoit entre la rue S. Germain et la rue S. André.

Et puis la rue Saint Andri. [10]

Dehors mon chemin s'estendi

Jusques en la rue Poupée, [11]

Adonc ai ma voie adrecée.

Eu la *rue de la Barre* [12] vins

Et en la rue à Poitevins, [13]

En la rue de la Serpent, [14]

De ce de riens ne me repent;

En la *rue de la Platriere* [15]

Là maint une Dame loudiere [a]

Qui maint chapel a fait de feuille.

Par la rue de Haute feulle [16]

Ving en la rue de *Champ-petit,* [17]

Et au desus est un petit [b]

La rue du Puon [18] vraiement :

Je descendi tout belement

Droit à la rue des Cordeles : [19]

Dames i a [c] ; le descort d'elles

Ne voudroie avoir nullement.

Je m'en allai tout simplement

D'iluecques [d] *au Palais de Termes,* [20]

Où il a celiers et citernes,

En celle rue a mainte court,

La *rue aus hoirs de Harecourt;* [21]

[a] Demeure une faiseuse de couvertures. — [b] Un peu au-dessus. — [c] Il y demeure des Dames. — [d] De-là.

[10] Cette rue n'avoit alors que la moitié de l'étendue qu'elle a aujourd'hui.

[11], [12], [13] La rue de la Barre étoit l'une des deux qui forment aujourd'hui la rue des Poitevins tournée en maniere d'équerre.

[14] On dit maintenant la rue Serpente, et dans un acte du Cartulaire de Sorbonne de l'an 1263, il est parlé d'une maison située *in vico tortuoso ab oppositis Palatii Termarum.*

[15] C'est la rue du Battoir aussi appellée de la Vieille Plastrière. Sauval, t. 1, p. 172.

[16] et [17] Il y a bien des changemens faits au haut de cette rue vers l'an 1200 par l'établissement du College des Premontrez : deux rues au moins supprimées. Voyez Piganiol, t. VI, p. 97, 99. Comme elles alloient du côté de la rue du Paon et du Jardinet, Sauval p. 172, croit que la rue de Champ petit, ainsi appellée au lieu de petit Champ pour la rime étoit la rue Mignon, ce peut avoir été également la rue du Jardinet.

[18] On a dit quelquefois anciennement *Puon* pour Paon.

[19] C'est-à-dire des Cordeliers.

[20] C'est le Palais où les Romains avoient des bains avant l'arrivée des Francs. L'entrée est aujourd'hui par la rue de la Harpe à l'enseigne de la Croix de fer Quelques Sorbonistes du XIII siécle l'appellerent *Palatium de Terminis,* sans penser aux Thermes Romaines.

[21] C'est la partie supérieure de la rue de la Harpe, ainsi dite du College fondé par Raoul de Harcourt, dont les héritiers lui donnerent le nom.

La rue Pierre Sarrazin [22]

Où l'en essaie maint roncin

Chascun an, comment c'on le hape, [a]

Contre val [b] rue de le Harpe [23]

Ving en la rue Saint Sevring, [24]

Et tant fis c'au carefour ving :

La Grant rue [25] trouvai briément ;

De là entrai premierement,

Trouvai la *rue as Escrivains*; [26]

De cheminer ne fu pas vains [c]

En *la petite ruelete*

S. *Sevrin* [27] ; mainte meschinnete [d]

S'i jouent souvent et menu,

Et font batre le trou velu

Des fesseriaus, qui que nus die (*).

En la rue *Erembourc de brie* [28]

Alai, et en la rue o Fain, [29]

De cheminer ne fu pas vain.

Une femme vi battre lin,

Par la rue Saint Mathelin. [30]

En l'encloistre m'en retourné

Saint Benéoit le bestourné [e] ; [31]

En *la rue as hoirs de Sabonnes* [32]

[a] De quelque façon qu'on le prenne.— [b] En descendant.— [c] Je ne marchai point en vain.
— [d] Plusieurs jeunes filles. — [e] Le maltourné, le renversé.

[22] Cette rue portant le nom d'un citoyen Romain * mort depuis environ 50 ans, étoit habitée par des loüeurs de chevaux. * Cod. MS. S. Vict. n. 990.

[23] On l'appelle quelquefois de la Herpe ou *vicus Reginaldi* le Harpeur, *Reginaldi Citharista* en 1270, 1271. *Chart. Sorb.*

[24] C'étoit alors l'usage de mettre la lettre g à la fin de beaucoup de mots.

[25] C'est la rue S. Jacques laquelle ne portoit pas encore ce nom.

[26] Dite aujourd'hui de la Parcheminerie. Sauval, p. 155. *Chartul. Sorb.*

[27] C'est aujourd'hui la rue des Prêtres.

[28] On l'écrit à présent (mais très-mal) Boutebrie. Voyez ce que j'en dis à la page 41 du premier volume.

[29] La rue du Foin.

[30] C'est-à-dire rue S. Maturin à cause de la Chapelle ou Eglise de son nom, qui a été communiqué aux Religieux qui y ont un Couvent.

[31] Voyez ce que je dis de ce nom assez au long cy-dessus page 49 du tome II.

[32] C'est-à-dire la rue aux héritiers de Robert de Sorbone. Sauval, t. I, p. 158 et 162 parle de ce deux portes que S. Louis avoit permis de placer, ce quartier ayant été long temps un coupe-gorge.

(*) A la place de ces trois vers, l'abbé Lebeuf avoit mis cette observation : *Les vers que j'omets en cet endroit et autres ou l'on trouvera du blanc, ne contiennent que des descriptions de lieux qui étoient toleres alors.*

A deux portes belles et bonnes.
La rue *à l'Abbé* de Cligny[33]
Et la *rue au Seigneur d'Igny*[34]
Sont près de la *rue o Corbel*;[35]
Desus siet la *rue o Ponel*[36]
Y la rue à Cordiers[37] aprez
Qui des Jacopins[38] siet bien prez :
Encontre [a] est rue Saint Estienne ;[39]
Que Diex en sa grace nous tiengne
Que de s'amour aions mantel. [b]
Lors descendi en Fresmantel,[40]
En la *rue de l'Oseroie*;[41]
Ne sai comment je desvouroie [c]
Ce c'onques nul jour [d] ne voue
Ne à Pasques ne à Noue. [e]
En la *rue de l'Ospital*[42]
Ving ; une femme i despital
Une autre femme folement
De sa parole moult vilment. [f]
La rue de la Chaveterie[43]
Trouvai; n'alai pas chiés Marie

---

[a] Vis-à-vis. — [b] Son amour soyons protégés. — [c] Je desavoüerai. — [d] Que onques jamais. — [e] Noël. — [f] Il y vit une querelle de femmes.

[33] C'est la rue de derriere le College de Cluny dite de Cluny, et qui peut-être faisoit alors l'équerre.

[34] et [35] Etoient des rues qui ont été détruites par l'aggrandissement de quelques Colleges de ces quartiers là, ou même des Jacobins. L'une des deux au reste pourroit être l'ancien nom du passage de Saint Benoit : Elle se rendoit dans la rue S. Jacques avant qu'on eût élargi l'Eglise de Saint-Benoit. Le Seigneur d'Igny proche Palaiseau avoit apparemment sa maison dans l'une de ces rues. La rue au Corbel ou Corbeau tiroit son nom d'une enseigne à ce qu'il paroit.

[36] Du vivant de Robert de Sorbon la rue qu'on appelle des Poirées se nommoit *Vicus Paretarum Ex Chartul. Sorb.* f. 51. Il peut se faire que le copiste du Poëte ait écrit Ponel au lieu de Porrel. S'il faut lire Ponel, cette rue est de celles que les Colleges ont fait disparoitre.

[37] Elle subsiste.

[38] Preuve qu'on a changé quelquefois le *b* en *p*.

[39] Il ne la distingue pas par le surnom des Grez, parce que Saint Etienne du Mont n'existoit pas encore.

[40] Un titre de Sorbone de 1250 l'appelle *Vicus Frigidi mantelli in censiva S. Genov.* Voyez ce que j'en ai dit cy-dessus, p. 15 du t. II.

[41] Ce nom peut convenir à la rue du Cimetiere de Saint Benoit.

[42] Nommée à présent rue S. Jean de Latran, ce lieu ayant été un vrai Hôpital. Voyez cy-dessus, p. 64 du t. II.

[43] Je pense que le copiste a voulu mettre rue de la Charetterie, c'est-à-dire rue où il y avoit plusieurs charrettes et charetiers ; ce qui a été changé en rue Charetiere.

En la *rue saint Syphorien* [44]

Où maingnent li logxpeien. ᵃ

En pres est la *rue du Moine* [45]

Et la *rue au Duc de Bourgoingne*, [46]

Et la rue des Amandiers prez

Siet, en une autre rue enprez

Qui à non rue de Savoie. [48]

Guillot de Paris tint sa voie

Droit en la rue Saint Ylaire, [49]

Où une dame debonnaire

Maint ᵇ, c'on apele Giete das :

Encontre est la rue Judas, [50]

Par la rue du *Petit*-Four, [51]

C'on appelie le Petit-Four

Saint Ylaire [52], et puis *clos Burnian* [53]

Où l'en a resti maint brulian ᶜ

Et puis la rue du Noier, [54]

Où pluseurs Dames por lonier,

Font souvent baire leur cartiers.

ᵃ demeurent les Égyptiens ou diseurs de bonne avanture. — ᵇ demeure, qu'on — ᶜ fagot, broussaille, bourée.

[44] et [45] La Chapelle de S. Symphorien des Vignes avec ses dépendances aboutissoit sur deux chemins qui ont pris le nom de rue des Cholets, et rue des Chiens. Ainsi l'une des deux étoit la rue S. Symphorien, et l'autre étoit la rue du Moine.

[46] C'est aujourd'hui la rue de Reims, nom qui lui est venu du Collège. Les Ducs de Bourgogne de la seconde race ⚓ avoient eu un Hôtel. Sauval qui nous l'apprend, t. I, p. 160, a ignoré qu'à la fin du XIII siècle elle avoit encore le nom de ces Ducs.

[47] Elle a aussi été dite des Almandiers.

[48] Peut-être que le copiste a mal écrit le nom de cette rue. On ne trouve aucune marque que les Comtes ou Ducs de Savoye y ayent eu un Hôtel. Il est sûr par le Cartulaire de Ste Geneviève page 83, qu'en l'an 1185 on disoit *les sept voyes*. Il y est parlé de deux arpens de vignes, situés *ap. d septem rias* et de quatre autres situés *apud S. Symphorianum*.

[49] et [50] Ces deux rues subsistent, mais l'écriteau de la première est rue du mont Saint Hilaire.

[51] On dit aujourd'hui simplement la rue du Four.

[52] Le versificateur renferme quelquefois les Eglises dans sa poësie pour faire son vers.

[53] En latin on disoit *Clausum Brunelli*, et en langage vulgaire plus poli c'étoit *le Clos Bruneau*. Ce Clos comprenoit environ tout le quarré enfermé dans les rues S. Jean de Beauvais, des Noyers, des Carmes et du mont S. Hilaire, par où l'on voit que les anciennes Ecoles du Droit et le Collège de Beauvais sont dessus. Son nom lui venoit de son territoire pierreux, ou perré comme celui de ces chemins perrez qu'on appelle *les chaussées Bruneaux*, et que depuis quelques siècles on s'est avisé d'écrire *Brunehauld*, quoique la Reine de ce nom n'y ait en aucune part. J'ai fait observer cy-dessus page 13 du t. II, que ce clos avoit été traversé par une rue dite la rue Josseline. Sauval, t. I, p. 171, dit qu'en 1423 on la connoissoit sous le nom de rue Josselin. Les vignes qu'il y a eu ont donné occasion à y bruler bien du serment et des échalas; c'est à quoi le Poëte fait allusion. Le Cartulaire de Ste Geneviève fait mention fol. 59, à l'an 1202, *de vincis de Brunello*.

[54] Elle s'appelle à présent rue des Noyers.

Enprez est la rue à Plastr*iers*, [55]

Et parmi [a] la rue as Englais [56]

Ving à grand feste et à grand glais. [b]

La rue à Lavandieres [56] tost

Trouvai ; prez d'iluec [c] assez tost

La rue qui est belle et grant

Sainte Geneviéve la Grant, [58]

Et la petite ruelete [59]

De quoi l'un des bouts chiet sus l'être, [d]

Et l'autre bout si se raporte

Droit à la *rue de la Porte*

De Saint Marcel ; [60] par *Saint Copin* [61]

Encontre est la rue Clopin, [62]

Et puis la rue Traversainne [63]

Qui siet en haut bien loins de Sainne. [e]

Enprez est la *rue des Murs* : [64]

De cheminer ne fu pas mus, [f]

Jusque la rue Saint Vitor [65]

Ne trouvai ne porc ne butor, [g]

Mes femme qui autre conseille : [h]

Puis truis [i] la rue de Verseille, [66]

Et puis la rue du Bon puis : [67]

La maint la femme à 1 chapuis [j]

Qui de maint home a fait ses glais ; [k]

---

[a] Au milieu de. — [b] bruit. — [c] Près de la. — [d] *Atrium*, l'aitre ou place de Sainte Gene-viéve. — [e] Loin de la riviere de Seine. — [f] fatigué, las. — [g] Oiseau choisi pour la rime. — [h] qui conseille les autres. — [i] trouvai. — [j] *Manet*. demeure la femme d'un charpentier. — [k] Ses plaintes.

---

[55] et [56] On dit maintenant la rue du Plâtre et rue des Anglois.

[57] La proximité de la riviere avoit fixé ces femmes dans cette rue.

[58] La rue de la montagne Ste Geneviève.

[59] et [60] C'étoit une ruelle qui tomboit d'un bout sur la place devant Ste Geneviéve, et de l'autre bout dans la rue dite à présent la rue Bordet, que le Cartulaire de Sainte Geneviéve à l'an 1259 appelle *Strata publica de Bordellis*.

[61] Si c'est le nom d'un quartier, carrefour ou place que le Poëte a voulu indiquer, il faut avouer qu'aujourd'hui ce lieu est inconnu : mais peut-être est ce seulement une espéce de serment qu'il a placé là pour rimer avec Clopin. Auroit-il en vue S. Gobain lieu de Picardie ?

[62] Rue qui subsiste aussi-bien que celle du nombre 65.

[63] On dit aujourd'hui *Traversine*.

[64] C'est la rue dite d'Arras à cause du College de ce nom. Les anciens murs passent entre cette rue et celle des Fossés de S. Victor.

[66] et [67] On prononce aujourd'hui *Versailles*. Bon Puit se dit toujours.

La *rue Alixandre l'Englais* [68]

Et la *rue Pavee goire* : [69]

La bui-ge [a] du bon vin de beire.

En la rue Saint Nicolas

Du Chardonnai [70] ne fu pas las :

En la rue de Bievre [71] vins,

Iluecques 1 petit [b] m'assis.

D'iluec [c] en la rue Perdue [72]

Ma voie ne fut pas perdue :

Je m'en reving droit en la Place

Maubert [73], et bien trouvai la trace

D'Iluec en la rue à Trois-porte, [74]

Dont l'une le chemin raporte

Droit à la rue de Gallande [75]

Où il n'a ne forest ne lande,

Et l'autre en la *rue d'Aras* [76]

Où se nourrissent maint grant ras.

Enprez est *rue de l'Escole*, [77]

Là demeure Dame Nicole ;

En celle rue, ce me samble,

Vent-on et fain et fuerre [d] ensamble.

Puis la rue Saint Julien [78]

Qui nous gart de mauvais lien.

a Je bus. — b Là un peu. — c De là. — d On vend foin et paille.

[68] C'est maintenant la rue du Paon : voyez Sauval, t. I, p. 155. Le même écrivain assure page 151, que cet Alexandre Langlois avoit aussi donné son nom à une petite rue du quartier de la Monnoye Paroisse Saint-Germain l'Auxerrois.

[69] Comme le Poëte va son chemin tout de suite, ce doit être la rue du Meurier. Sauval, t. I, p. 151, la fait appeler rue Pavée, dans des temps postérieurs à notre Poëte, et même quelquefois Pavée-d'andouilles ; le mot *goire* en est peut-être le synonyme d'andouilles ; car il n'y a aucune apparence qu'il faille lire *Parégoire*, qui est le nom d'un Martyr mort le 30 Juin.

[70], [71], [72] Trois rues qui conservent leur nom.

[73] Un titre de l'an 1270 au Cartulaire de Sorbone l'appelle *Platea Mauberti*. Voyez cy-dessus à la page 2 du tome II.

[74] Le Poëte laisse à entendre que cette rue avoit trois portes qui fermoient. Celle qui donnoit dans la rue Gallande devoit être au bout de la petite rue Hiacynthe, qui n'avoit pas encore de nom particulier.

[75] On avoit dit primitivement rue Garlande ; le peuple a adouci ce mot.

Elle est appellée maintenant la rue des Rats. Cet endroit du Poëte Guillot sert à reformer Sauval qui écrit, t. I, p. 160, que cette rue n'existe que depuis le regne de Charles VI.

[77] C'est la rue de Foüarre, où les Ecoles de l'Université ont d'abord été. Le foin et la paille étoient pour faire asseoir les Ecoliers.

[78] Surnommé le Pauvre. Voyez cy-dessus page 390 du tome I.

M'en reving en la Bucherie, [79]
Et puis en *la Poissonnerie*. [80]
C'est verité que vous despont, [a]
Les rues d'Outre-Petit-Pont
Avons nommées toutes par nom,
Guillot qui de Paris ot [b] non :
Quatre-vingt par conte en y a.
Certes plus ne mains [c] n'en y a.
En la Cité isnelement [d]
M'en ving après privéement.

(LES RUES DE LA CITÉ.)

La *rue du* Sablon [81] par m'ame ; [e]
Puis rue neuve Nostre Dame. [82]
En près est la *rue à Coulons*, [83]
D'iluec ne fu pas mon cuer lons, [f]
La ruele trouvai briément
De S. Christofle, [84] et ensement [g]
La rue du Parvis [85] bien près,
Et la rue du Cloistre [86] après,
Et la grant rue S. Christofle : [87]
Je vi par le trelis d'un coffre
En la rue Saint Pere à beus [88]

---

a Je vous expose. — b eut nom. — c moins. — d Promptement. — e mon ame. —
f tardif. — g Pareillement.

[79] Il veut dire : *En la rue de la Bucherie*; et dans la suite de cette versification il suprimera de même le mot de *rue* où l'on vend diverses marchandises, quand il nuira à la confection de son vers.

[80] Ce doit être la rue de Petit-Pont d'aujourd'hui, avec le cul-de-sac Gloriette.

[81] Elle étoit entre l'Hôtel-Dieu et la rue Neuve N.-D. Au XIII siécle c'étoit *Vicus de Sabulo*. J'en ai parlé cy-devant à la page 591 du tome II.

[82] Elle n'a été percée que vers la fin du XII siécle.

[83] Seroit ce la ruelle qui étoit devant Ste Geneviéve des Ardens? On l'appelle encore à présent le cul-de-sac de Jerusalem. Coulons signifioit autrefois *Pigeons*.

[84] On l'appelloit en ces derniers temps la rue de Venise.

[85] Ce lieu étoit tellement censé une rue qu'on y vendoit les oignons encore en 1491. *Ex Reg. Parl.* On y vend encore les jambons le mardi saint. C'étoit autrefois le jeudi saint. *Reg. Parl.* 1593.

[86] Le Poëte parle comme s'il n'y avoit eu de son temps qu'une seule rue au Cloître. N. D. On voit bien qu'il entend parler de celle de l'entrée de ce Cloître proche le parvis.

[87] Elle a été appellée simplement rue S. Christophe depuis que la ruelle de devant le portail de cette Eglise avoit eu un nom particulier.

[88] On ne peut pas juger quelle étoit cette curiosité que l'on voyoit à travers le grillage d'un coffre.

Oisiaus qui avoient piez beus, [a]

Qui furent pris sus la marinne. [b]

De la rue Sainte Marine [89]

En la rue [90] Cocatris vins,

Où l'en boit souvent de bons vins,

Dont maint homs souvent se varie, [c]

La *rue de la Confrarie*

Nostre-Dame [91] ; et *en Charoui* [92]

Bonne taverne achiez [d] ovri.

La *rue de la Pomme* [93] assez tost

Trouvai, et puis aprez tantost

Ce fu la *rue as Oubloiers*, [94]

Là maint Guillebert a braies,

Marcé palu [95], la Juerie. [96]

Et puis la *petite Orberie* [97]

Qui en la Juerie siet.

Et me samble que l'autre chief

Descent droit en la rue à Feves [98]

Par deça la maison o fevre.

La Kalendre [99] et *la Ganterie* [100]

Trouvai, et *la grant Orberie.* [101]

[a] Racourcis. — [b] Sur le bord de la mer. — [c] s'enyvre. — [d] assez ouvri, de même que *Chénglé*, cy-après au lieu de *Sauglé.*

[89] C'est aujourd'hui un cul-de-sac en forme d'équerre.

[90] Les sieurs Cocatrix ont été célèbres autrefois comme on verra à l'article du vieux Corbeil.

[91] C'est apparemment la grande Confrerie des Seigneurs, et selon Sauval c'est l'ancien nom de la rue des deux Hermites.

[92] On ignore quelle étoit cette rue.

[93] Apparemment la rue de Perpignan de laquelle Sauval n'a fait aucune mention, ou bien celle des trois Canettes.

[94] Dès l'an 1489 on disoit rue des Oblayers (espèce de Pâtissiers) ou rue de la Licorne qui étoit une enseigne.

[95] On prononce aujourd'hui Marché-Palu. Ce lieu dont on a beaucoup élevé le terrain, étoit si aquatique, qu'il a fallu deux termes synonymes pour l'exprimer. Car Marchez ou Marchais signifioient autrefois lieu marecageux.

[96] Voyez l'article de l'Eglise de la Magdelene où avoit été leur Synagogue, pp. 517 et 519 du tome II.

[97] Orberie a été dit pour Lormerie; les lettres *m* et *b* se communant souvent et l'article se perdant quelquefois. Voyez l'article de Saint Germain le Vieux, p. 15 du t. III. La description que Guillot fait des deux bouts de cette rue de la petite Lorberie, montre que c'étoit celle qu'on a depuis appellé la rue du Fourbasset, laquelle est condamnée depuis peu de temps.

[98] Dans la liste des rues du XV siécle, on la nomme la rue aux Feuvres, *ad Fabros.*

[99] C'étoit la partie seulement du côté du Palais qui étoit dite rue de la Calendre : ce qui touchoit à Saint Germain le Vieux étoit la Grant Orberie.

[100] Ce doit avoir été le commencement de la rue qui a été dite long-temps de la Saveterie, et qu'on appelle à présent de S. Eloy.

[101] Voyez num. 99.

Aprez, la grant Bariszerie ; [102]

Et puis après la Draperie [103]

Trouvai et la Chaveterie, [104]

Et la ruele Sainte Crois [105]

Où l'en chengle [a] souvent des cois.

Le rue Gervese Lorens [106]

Où maintes Dames ygnorens

Y maignent [b] qui de leur quiterne [c]

En pres rue de la Lanterne. [107]

En la rue du Marmouset [108]

Trouvai [d] homme qui mu fet

Une muse corne bellourde,

Par la rue de la Coulombe [109]

Alai droit o port S. Landri :

Là demeure Guiart Andri. [110]

Femmes qui vont [e] tout le chevez

Maingnent [f] en rue du Chevés, [111]

Saint Landri est dé l'autre part,

La *rue de l'Ymage* [112] départ [g]

La ruele [113] par Saint Vincent, [h]

Eu bout de la rue descent

De Glateingni [114], où bonne gent

Maingnent (*manent*) et Dames o cors gent [i]

[a] Où l'on sangle des coups, apparemment qu'il y avoit des Flagellans. — [b] Y demeurent. — [c] guitarre. — [d] C'est-à-dire *un homme qui m'eut fait une espece de Cornemuse.* — [e] environnent. — [f] habitent. — [g] sépare. — [h] Espèce de serment placé là pour rimer. — [i] gratieux.

[102] On a abrégé ce nom ; et l'on dit la rue de la Barillerie.

[103] Au XV siécle on disoit, la vieille Draperie.

[104] La Chaveterie a dù être la moitié ou environ de la rue dite aujourd'hui de S. Eloy, et cy-devant dite de la Saveterie : terme par lequel il ne faut pas entendre simplement la même chose qu'aujourd'hui, si on s'en rapporte au Dictionnaire Étymologique.

[105, 106, 107] Rues connues sous les mêmes noms, à la réserve de celle du nombre 106 qu'on écrit Gervais Laurent.

[108] On a changé le singulier en plurier. La liste du XV siécle écrit *des Marmouzetes*.

[109] Il est étonnant que cette rue qui subsiste avec le même nom, ne se trouve pas dans la liste du XV siécle.

[110] C'est ce qui depuis a été appellé *rue d'Enfer*, parce que c'est le quartier *inférieur* de la Cité.

[111] On dit encore la rue du chevet S. Landri, parce qu'elle conduit au chevet du Sanctuaire de l'Eglise.

[112 et 113] On voit que le Poëte a en vue une rue qui étoit dans le quartier des Ursins aussi-bien que la ruelle. Cette rue de l'Image ne se trouve ni dans Sauval ni dans le catalogue des rues du XV siécle.

[114] On disoit au XV siécle *de Glatigny* comme à présent.

T. IV.

Qui aus hommes, si con moi samblent,
Volentiers charnelment assamblent.
La *rue Saint Denis de la Chartre*[115]
Où pluseurs Dames en grant chartre
Ont maint vis en leur con tenu,
Comment qu'ils soient contenu.
En ving en la Peleterie, [116]
Mainte penne y vi esterie, [a]
En la faute [b] du pont m'assis.
Certes il n'a que trente-six
Rues contables [c] en Cité,
Foi que doi Benedicite. [d]

(LES RUES DU QUARTIER D'OUTRE LE GRAND PONT DIT AUJOURD'HUI LA VILLE.)

Par deça Grand-pont erraument [e]
M'en ving, sçachiez bien vraiement
N'avoie alenas [f] ne poinson.
Premiere, la rue o poisson [1]
La rue de la Saunerie
Trouvai, et la Mesgueiscerie [3]
L'Escole [4] et rue Saint Germain
A Couroiers [6] bien vint a main
Tantost la rue a Lavendieres [7]
Où il a maintes lavendieres.

---

[a] J'y vis beaucoup d'étoffes historiées : penne, *Pannus*. — [b] au bout. — [c] Comptables, qu'on puisse compter. — [d] Espèce de serment. — [e] promptement. — [f] alène.

[115] Ce doit être la rue dite à présent du Haut-Moulin.

[116] Elle a aussi été dite rue de la vieille Pelleterie. Elle aboutit au Pont-au-Change qui est celui dont Guillot parle.

Dans ces trente-six rues que Guillot compte en la Cité, il ne renferme rien de ce qui étoit dans l'enceinte du Palais; et l'on est obligé d'y compter le Port S. Landri pour une rue.

[1] C'est la rue Pierre à Poisson. Elle fait le circuit occidental du Grand Châtelet. C'étoit l'ancienne Poissonnerie.

[2] Bien écrit *Saunerie* : on y distribuoit le sel. Le Catalogue du XV siécle écrit *Saulnerie*, qui demontre encore mieux l'origine.

[3] C'est à présent un Quai , dit le quai de la Megisserie.

[4] C'est aussi un Quai. Voyez cy-dessus page 85 du tome I, l'origine de ce nom.

[5 et 6] On ajoute le mot *l'Auxerrois* depuis bien du temps, et peut-être est-ce ce mot qui a été défiguré ici par celui de Acouroiers par le Copiste.

[7] Cette profession demande le voisinage de la rivière. Le nom subsiste et non la chose.

La *rue à moingnes de Jenvau*[8]
Porte à amont et porte à vau;
Emprez rue Jehan Lointier[9]
Là ne fu je pas trop lointier[a]
De la rue Bertin Porée.[10]
Sans faire nulle eschaufourrée
Ving en *la rue Jean le veillier ;*[11]
Là demeure Perriaus Goullier
La *rue Guillaume Porée*[12] près
Siet, et Maleparole[13] emprès, ·
Où demeure Jean Asselin.
Parmi[b] le Perrin Gasselin ;[14]
Et parmi[c] la Hedengerie,[15]
M'en ving en la Tableterie,[16]
En la *rue à petis soulers*[17]
De Basenne tout fu souilliés,
D'esrer[d] ce ne [fu] mie fortune.
Par la *rue Sainte Oportune*[18]
Alai en *la Charonnerie,*[19]
Et puis en la Feronnerie ;[20]

[a] éloigné. — [b] au milieu de. — [c] à travers. — [d] D'aller et venir.

[8] Dite aujourd'hui la rue des Orfèvres. L'Abbaye de Joyenval Diocèse de Chartres Ordre de Prémontré, avoit alors son Hôtel au lieu où est le Grenier-à-sel, et apparemment qu'elle étoit fermée par deux portes, la premiere en haut, la seconde en bas, ce que signifie *mont* et *vau.*

[9] On l'écrit aujourd'hui Jean Lantier.

[10] Elle subsiste avec le même nom.

[11] Sauval, t. I, p. 70, l'écrit Jean de Goulier, et p. 166, Jean de Goulieu : il ajoute que c'est aujourd'hui la rue des trois Visages. Dans les titres du fief Popin elle est appellée rue Jean le Goullier. Elle est fermée de deux grilles de fer depuis quelque temps.

[12] C'est la rue des deux Boules, selon Sauval, p. 118.

[13] On dit à présent la rue des Mauvaises paroles.

[14] Cette rue comprenoit alors celle qu'on appelle du Chevalier du Guet : ainsi elle étoit une fois plus longue.

[15] On l'appelle maintenant la rue de la vieille Harangerie. Auroit-on vendu là des harangs : ne seroit-ce point le Fief Harent qu'on sçait avoir été voisin de Sainte Opportune qui lui auroit donné son nom ?

[16] C'est-à-dire la rue de la Tabletterie, laquelle existe.

[17] Sauval, p. 170, avoit vû un rolle de 1300 qui la plaçoit sur la Paroisse de Sainte Opportune : c'est apparemment la rue de l'Aiguillerie.

[18] Dite aujourd'hui de Court-Talon.

[19] On donnoit ce nom au commencement de la rue de la Ferronnerie, du côté de la rue S. Denis, Sauval, 133.

[20] C'est-à-dire la rue de la Ferronnerie, qui maintenant est une fois plus longue qu'elle n'étoit depuis qu'on lui a joint celle de la Charonnerie.

Tantost trouvai *la Mancherie*, [21]

Et puis *la Cordoüanerie*, [22]

Prez demeure Henry Bourgaie;

La *rue Baudouin Prengaie* [23]

Qui de boire n'est pas lanier. [a]

Par la *rue Raoul l'avenier* [24] [b]

Alai o siege a Descarcheeurs. [25]

D'iluec [c] m'en alai tantost ciex [d]

Un tavernier en la viez place

A Pourciaus [26], bien trouvai ma trace

Guillot qui point d'eur bon n'as. [e]

Parmi la rue a Bourdonnas [27]

Ving en la rue Thibaut a dez, [28]

Un hons trouvai en ribaudez [f]

En la rue de Bethisi [29]

Entré, ne fu pas ethisi : [g]

Assez tost trouvai Tire chape ; [30]

N'ai garde que rue m'eschape

[a] lent, paresseux. — [b] Vendeur d'avoine. — [c] De là. — [d] chez. — [e] qui n'a point de bonheur. — [f] En joye. — [g] Je ne tombe pas en ethisie.

[21 et 22] Ce lieu où l'on vendoit les manches devoit être vers les bouts des rues de la Limace et des Fourreurs. Cette derniere rue étoit anciennement la rue de la Cordonnerie selon Sauval, p. 135.

[23] C'étoit selon le même auteur, p. 158, celle qu'on appelle la rue du Plat d'étain : mais il la nomme de Rollin Prend-gage et non de Baudouin. Le cul-de-sac qui lui est parallele porte encore le nom de Rollin Prend-gage. Mais dans un Registre du Parlement 1309, *Dominica ante annunt. Domini*, elle est dite la rue Baudoin Prend-gage.

[24] Sauval, p. 170, l'appelle Rouland Lavenier après un rolle de l'an 1300, et p. 171 sur un acte de 1386 ; il la nomme de Raoul Lanternier, la reconnoissant toujours de la Paroisse de Saint Germain : ce doit être le cul-de-sac voisin, auquel on aura transporté le nom de Rollin Prend-gage quand ce nom céda sa place à la rue du Plat d'Etain.

[25] Cette place aux Déchargeurs a donné son nom à la rue.

[26] La place aux Pourceaux étant un lieu plein d'immondices devint ensuite la place aux Chats, et en partie la fosse aux Chiens : ce dernier nom est resté au cul-de-sac du haut de la rue des Bourdonois.

[27] La terminaison du mot est changée en *ois*.

[28] Il me paroit qu'on s'est trompé depuis le temps où vivoit notre Poëte sur la manière d'écrire le nom de cette rue. On le prononçoit au XIII siécle Thibault Odet, et le mot Odet a été divisé en deux par les écrivains qui ont mis *aux dez*; mais cependant Sauval, p. 164, atteste qu'on a aussi écrit Thibault Todé et Thibault Andet. Cette dernière manière d'écrire ce nom me porte à croire que la rue a pris sa dénomination d'une famille considérable de Paris dite Odet. On a une infinité d'exemples de rues qui tirent leur nom d'un habitant notable. Or un Ecclésiastique de cette famille qui vivoit au milieu du XIII siécle du temps de S. Louis, et qui étoit revêtu de la dignité de Trésorier de l'Eglise d'Auxerre en 1242 et 1255, dignité qui n'étoit alors remplie que par des gens puissans, s'appelloit précisément Thibault Odet. Voyez l'Histoire d'Auxerre, t. I. p. 769. Peut-être étoit-ce son père qui avoit donné le nom à la rue.

[29, 30] Ces deux rues subsistent.

Que je ne sache bien nommer
Par nom, sans nul mesnommer. [a]
Sanz passer guichet ne postis [b]
En la *rue o Quains de Pontis* [31]
Fis un chapia [c] de violete.
La *rue o serf* [32] *et Gloriete* [33]
Et la *rue de l'Arbre sel* [34]
Qui descent sus un biau ruissel [d]
Trouvai et puis *Col de Bacon* [35]
Où l'en a trafarcié maint con
Et puis *le Fossé saint Germain* [36]
Trou-Bernart [37] trouvai main à main,
Part ne compaigne [e] n'attendi,
Mon chemin a val s'estendi,
Par le saint Esperit [f], de rue
Sus la riviere [38] en *la Grant-rue* [39]
Seigneur de la porte du Louvre ;
Dames y a gentes et bonnes,
De leur denrées trop sont riche
Droitement parmi *Osteriche* [40]

---

[a] Sans en mal nommer aucune. — [b] Porte-fausse. — [c] chapeau. — [d] La rivière de Seine. [e] camarade. — [f] Serment.

[31] Cette rue étoit peut-être le bout occidental de ce qu'on appelle la rue de Betisy : Le Comte de Ponthieu y avoit eu un Hôtel. Ce peut aussi être la rue du Roulle. Au reste ce ne peut pas avoir été la rue de Betisy en entier, puisqu'elle est cy-dessus nommée au nombre 29.

[32] Selon Sauval, p. 151, cette rue au Cerf a pris depuis le nom de rue de la Monnoye.

[33] Suivant le même auteur, p. 112, rue Dame Gloriette ou Gloriete est aujourd'hui la rue Baillet.

[34] Il est constant par le mot que Guillot le Poëte fait rimer avec le nom de cette rue qu'il ne l'appelloit pas de l'Arbre-sec : mais aussi Arbre-sel en deux mots ne signifie rien. Peut-être avoit-il écrit *de l'Arbrissel*.

[35] Le nom de cette rue réduite a un cul-de-sac dans la rue de l'Arbre-sec du côté de l'Eglise de Saint-Germain est marqué de même dans des anciens titres de l'Archevêché. Cela pouvoit signifier Col-de-porc, car bacon signifioit anciennement un porc. La liste des rues du XV siècle l'écrit *Coup de baston*.

[36] On dit aujourd'hui la rue des Fossés S. Germain l'Auxerrois.

[37] On donnoit ce nom encore en 1506 selon Sauval, page 174, à une petite rue voisine du Cloître de S. Germain l'Auxerrois. Il me paroit que ce doit être la petite rue qu'on a depuis appellée du *demi-Saint*, à cause de la moitié d'une image de Saint avec laquelle on en avoit barré l'entrée.

[38 et 39] Il veut dire qu'étant descendu jusques sur le Quai, il suivit le chemin de dessus le bord de la rivière, et qu'ensuite il entra dans une grande rue qui conduisoit à la porte du Louvre.

[40] Sauval, p. 148, assure que c'est la rue du Louvre : apparemment celle de S. Thomas ou quelque autre rue remplie par les nouveaux bâtimens du Louvre. Dans la liste du XV siècle, elle est appellée rue d'Aultraiche.

Ving en la rue saint Honouré, [41]

Là trouvaige Mestre Huré,

Les lui [a] seant Dames polies.

Parmi la rue des Poulies [42]

Ving en la *rue Daveron* [43]

Il y demeure un Gentis-hon.

Par la rue Jehan Tison [44]

N'avoie talent de proier, [b]

Mès par la Crois de Tirouer [45]

Ving en la rue de Neele [46]

N'avoie tabour ne viele :

En la *rue Raoul Menuicet* [47]

Trouvai un homme qui mucet [c]

Une femme en terre et ensiet.

La rue des Estuves [48] en près siet.

En près est la rue du Four : [49]

Lors entrai en un carefour, [50]

Trouvai la rue des Escus [51]

Un homs à grans ongles locus [d]

Demanda, Guillot, que fes tu ?

[a] A côté de lui. — [b] prier. — [c] cachait et enfoüissait. — [d] C'est-à-dire comme des pieds de sauterelles.

[41 et 42] Ces deux noms subsistent sinon que l'on prononce *Honoré* et non pas Honouré. On croit que c'est un Jeu dit des Poulies aujourd'hui inconnu qui a donné ce nom à différentes rues de Paris.

[43] C'est la rue Bailleul selon Sauval, p. 112. Elle pouvoit avoir eu ce nom de ce que les Moines du Prieuré de Daveron proche Poissy au Diocèse de Chartres y auroient eu un Hôtel. Si elle se trouvoit écrite la rue d'Avron, il paroitroit que ce seroit du hameau d'Evron qu'on a aussi écrit Avron, et qui est de la Paroisse de Neuilli-sur-Marne qu'elle auroit eu la dénomination.

[44] La liste des rues écrite au XV siècle l'appelle rue Philippe Tyson.

[45] Voyez ce que j'ai dit sur cette place du Tirouer cy-dessus, pp. 92 et 93 du tome I.

[46] On l'appelle aujourd'hui la rue d'Orleans : elle avoit eu le nom de Neele par rapport à l'Hôtel que Jean Seigneur de Nesle avoit tout auprès en 1230, et qui depuis fut appellé l'Hôtel de Boheme, et enfin l'Hôtel de Soissons. Voyez cy-dessus, p. 132 du tome I.

[47] Je l'ai luë indiquée sous le nom de Raoul Mucet dans un Cartulaire de l'Archevêché à l'endroit de la fondation de la Chapelle de S. Jean l'Evangeliste dans Saint Eustache, laquelle Chapelle y avoit une maison en 1352. Le cul-de-sac qui est devant la croix qu'on voit au carrefour du portail de Saint Eustache me paroit être un reste de cette rue ; laquelle selon le dire du Poëte devoit être contiguë à un cimetière d'un côté, et d'autre côté a l'un des bouts de la rue des vieilles Etuves.

[48] On dit maintenant *des vieilles Etuves*. Un acte de 1391 m'a appris que c'étoient les Etuves des femmes qui y étoient.

[49] En l'an 1356 on disoit que les Etuves Poquelé avoient autrefois été en cette rue. J'en ai vu le titre.

[50 et 51] Ce carrefour devoit être différent de celui de devant Saint-Eustache, puisque la rue des Ecus dite à présent la rue des deux Ecus y aboutissoit.

Droitemen de *Chastiau-Feslu* [52]
M'en ving à la rue à Prouvoires [53]
Où il a maintes pennes vaires [a] ;
Mon cuer si a bien ferme veue.
Par la *rue de la Croix neuve* [54]
Ving en la *rue Raoul Roissole,* [55]
N'avoie ne plais [b] ne sole
La rue de Montmartre [56] trouv :
Il est bien séu et prové
Ma voie fut delivre [c] et preste
Tout droit par la ruele [57] e prestre [d]
Ving à la pointe Saint Huitasse [58]
Droit et avant sui [e] ma trace
Jusques en la Tonnelerie [59]
Ne sui pas cil qui trueve lie.
Mais par devant la Halle au blé [60]
Où l'en a maintefois lobé [f]
M'en ving en la Poisonnerie [61]

[a] Plusieurs étoffes de diverses couleurs. — [b] Plie, poissons de mer. — [c] facile. —
[d] vitement. — [e] suivi. — [f] trompé ou mocqué.

[52] Voyez ce qui est dit de ce lieu, p. 92 du tome I. Il est sûr qu'il avoit donné le nom à
une rue, mais il n'est pas facile d'indiquer où elle étoit. Il semble seulement qu'elle étoit dans
le quarré environné de la rue des Prouvaires; de celles des deux Ecus, du Four et de S. Honoré,
ou bien il faut dire que celle de S. Honoré ne commençoit que vers la rue d'Orleans, et ce
qui précédoit du côté de la rue de la Feronnerie étoit la rue Chastean-Festu, on la connoissoit encore vers 1430. Sauval, t. III, p. 566.
[53] Il faut recourir à ce que j'ai dit de cette rue page 134 du tome I, à quoi l'on peut
ajouter que Sauval écrit page 160, que le Maitre des Chapelains de S. André dans l'Eglise de
Saint Eustache avoit là une espèce de tribunal. Ces Chapelains qui étoient tous Prêtres avoient
territoire, justice et censive. Cy-dessus, p. 123 du tome I.
[54] Ce doit être la rue Trainée qui dans son bout oriental étoit dite la ruelle au Curé selon
Sauval, p. 165. Elle aboutit encore à présent à une Croix que le même, t. II, p. 351, dit
avoir appellée en 1300 la Croix Jean Bigue, et qu'il appelle la Croix neuve.
[55] On lit dans Sauval, p. 144, que c'est maintenant la rue dite *du Jour* par abbréviation
du mot *Séjour*.
[56] En effet la rue du Jour y donne.
[57] Cet endroit de notre Poëte fait voir que la rue Montmartre étoit précédée ou voisine
d'une ruelle qu'on ne voit plus, la rue ayant été élargie.
[58] La l'ointe s gnifie là le clocher qui étoit en flèche et presque derrière l'Eglise. On écrivoit ainsi le nom d'Eustache comme j'ai fait déjà observer p. 119 du tome I.
[59] et suivans. Tous ces quartiers se trouvent encore aux Halles excepté celui de la Ganterie dont le nom ne subsiste plus, au moins il n'y a point de rue de ce nom. Il paroit
qu'étant vis-à-vis de la Lingerie, c'est la rue de la Poterie qui le représente.

Des Halles, et en la Formagerie, [62]
Tantost trouvai *la Ganterie,* [63]
A l'encontre est la Lingerie [64]
La rue o Fevre [65] siet bien près
Et la Cossonnerie [66] après.

Et por moi miex garder des Halles
Par dessous les avans des Halles [67]
Ving en la rue à Preschecurs [68]
La bui [a] avec Freres Meneurs
Dont je n'ai pas chiere marie [b]
Puis alai en la Chanverie [69]
Asez près trouvai Maudestour [70]
Et *le carrefour de la tour,* [71]
Où l'en giete mainte sentence
En la maison Adan [c] Sequence
Le puis [72] le carrefour départ : [d]
Jehan Pinchcclou d'autre part
Demoura tout droit a l'encontre.
Or dirai sanz faire lonc conte [e]

[a] Là je bus. — [b] Dont je ne suis pas fâché. — [c] Dom, ou Monsieur. — [d] Le puits sépare le carrefour. — [e] Longue narration.

[65] C'est celle qu'on appelle à présent la rue aux Fers, et mal à ce qu'il paroit. Je l'ai trouvé aussi écrite rue au Feurre dans un acte de 1363. Lebeuf ajoute, dans ses *Add tions* (t. II, p. 680). « Écrivez la rue au Feure, ou plutôt la rue au Feurre, d'autant qu'un titre latin de l'an 1330 sur le fief de Terouenne, l'appelle *Vicus Straminis,* disant que ce fief commence en cet endroit. »

[66] Un titre que j'ai vû de l'an 1283, l'appelle *Vicus Quoeoncriæ Tab. S. Magl.*

[67] Il veut dire les Piliers avançans.

[68] Suivant ce qu'on lit dans Sauval, page 159, il ne faut pas entendre les Frères Prêcheurs, appelés autrement Jacobins, quoique le Poëte paroisse l'insinuer par le vers suivant. Pour appuyer la pensée de Sauval que ce nom est venu d'une enseigne qui étoit dans cette rue, j'ajouterai qu'en 1351 et 1365 on voyoit dans la rue aux Oues une enseigne dite pareillement *le Prêcheur* selon un acte de ces temps-là que j'ai vû. *Tab. Ep. Paris.*

[69] Sauval s'étend à prouver qu'il faudroit écrire Champ-verrerie, disant que c'étoit un quartier de Verriers et non de vendeurs de Chanvre. J'ai cependant vû des titres très-anciens où cette rue est dite *de Cannaberia.*

[70] C'est là le vrai nom, et non pas Mondétour : on a même écrit autrefois Maudestor en parlant du Château de ce nom situé sur la Paroisse d'Orcé, qui est très-ancien, et dont cette rue de Paris paroit avoir tiré son nom. Maudestor et Mauvais-détour sont au reste synonymes. Ce peut être aussi de quelque mauvaise rencontre qu'elle aura eu sa dénomination.

[71, 72] Le puits dont il est fait ici mention, me fixe à croire qu'il s'agit du carrefour formé par les deux rues de la Truanderie, au milieu duquel étoit un Puit dit le Puit d'Amour; on en voit encore des vestiges. Pour ce qui est de la Tour, qui étoit du temps du Poëte, il n'en reste aucune mémoire; cependant M. Séquence, qui est nommé à cette occasion, est un nom véritable. On a vû page 271, qu'il étoit Chefcier de S. Merri dans ce même temps. Si l'origine du nom des rues de Truanderie vient des tributs qu'on y payoit pour les marchandises arrivantes à Paris, les sentences que l'on jettoit en sa maison située en ce carrefour étoient vraisemblablement des plaintes formées sur des extensions.

La petite Truanderie [73]

Es rues des Halles [74] s'alie

La rue au cingne [75] ce me samble

Encontre Maudestour assamble

Droit à la grant Truanderie [76]

Et *Merderiau* [77] n'obli-je mie,

Ne *la petite ruéléte*

Jean Bingne [78] par saint-Cler * suréte.

Mon chemin ne fut pas trop rogue [b]

En la *rue Nicolas Arode* [79]

Alai, et puis en Mauconseil, [80]

Une Dame vi sus un seil [c]

Qui moult se portoit noblement;

Je la saluai simplement,

Et elle moi par saint Loys.

Par la sainte rue Saint Denis [81]

Ving en la rue as Oües [82] droit

Pris mon chemin et mon adroit

Droit en la rue Saint-Martin [83]

Ou j'oi chanter en latin

De Nostre Dame un si dous chans

Par la rue des des Petits Chans [84]

Alai droitement en Biaubourc [85]

* Manière de serment. — [a] un peu sûre. — [b] apre, rude. — [c] Seuil de porte.

73, 74 N'ont pas besoin d'explication.

75 On écrit à présent la rue du Cigne.

76, 77 La grande rue de la Truanderie passant devant la rue Verderet, on ne peut réfuser de reconnoître que cette rue Verderet, est le Merderiau dont parle le Poëte, d'autant que dans la liste des rues écrite au XV siècle, elle est appellée la rue Merderel et rue Merderet : il n'est pas étonnant que ceux qui y ont demeuré par la suite ayent fait changer la première lettre, de même que dans la rue des chiens, et dans le cul-de-sac de la Fosse aux Chiens, la cinquième lettre du mot Chiens, a été substituée à une autre : celui qui a fait imprimer les rues de Paris chez Valleyre en 1745 l'appelle rue Verderet ou Merderet.

78 Cette petite ruelle me paroit être représentée aujourd'hui par la Réale. Jean Bingue dont elle porte ici le nom, ne paroit aussi être l'Echevin de Paris mentionné sous le nom de Jean Bigne dans des lettres de l'an 1281. Felib., t. I. *Dissert.*, p. cuj. La rue Jean Bingue n'est pas dans la liste du XV siècle.

79 Je ne sçai si ce ne seroit point la rue de la Comtesse d'Artois qui la représenteroit Les Arrode étoient une riche famille de Paris dès le siècle de S. Louis. Voyez cy-dessus page 311. Jean Arrode étoit Echevin en 1281 selon les lettres que je viens de citer. Dans la liste des rues du XV siècle cette rue ne se trouve pas non plus que celle de la Comtesse d'Artois.

80 Cette rue est dite de Mal-Conseil dans la liste du XV siècle.

81 Il ne fit simplement que traverser la rue S. Denis.

82 On écrivoit alors *as oües* pour *aux oies*.

83, 84, 85 Rues très connues et contiguës.

Ne chassoie chievre ne bouc :

Puis truis la *rue a Jongleeurs* [86]

C'on ne me tienne à jengleeurs [a]

De la rue Gieffroi l'Angevin [87]

En la rue des Estuves vin,

Et en la *rue Lingariere* [89]

Là où l'en a mainte plastriere

D'archal mise en œuvre pour voir [b]

Pluseurs gens pour leur vie avoir

Et puis la *rue Sendebours*

La Trefilliere [90] a l'un des bous,

Et Quiquenpoit [91] que j'ai moult chier,

La rue Auberi le Bouchier [92]

Et puis la Conreerie [93] aussi,

La rue Amauri de Roussi, [94]

Encontre Trousse vache [95] chiet,

Que Diex gart qu'il ne nous meschiet, [c]

Et la *rue du Vin-le-Roy,* [96]

Dieu grace où n'a point de desroy [d]

En la *Viez Monnoie* [97] par sens

---

[a] Qu'on ne me regarde pas comme railleur. — [b] pour vrai.— [c] arrive. — [d] détour.

---

[86] C'est la rue des Menestriers. On les appeloit alors Jongleurs, mot formé du latin *Joculator.*

[87] et [88] Rues contigues.

[89] Celle-cy est inconnue à Sauval, et ne se trouve point dans la liste du XV siécle, à moins que ce ne soit celle de la Plastaye, que le Poëte semble désigner par les Plastrieres dont il parle. Au reste ce peut être la rue de la Corroyerie ou la rue Maubué. Cette derniere est dans le catalogue du XV siécle.

[90] Sauval, p. 170, dit avoir vû un rolle de l'an 1300 où elle est écrite la rue Hendebourg la Treffeliere. Je croirois que ce seroit une faute de copiste d'avoir écrit Sendebourg, *Hendeburgis* me paroissant plus teutonique que *Sendeburgis.* Il semble que c'est la rue de Venise qui la represente.

[91], [92] Sur la rue de Quiqenpoix voyez cy-dessus page 205 du tome II : j'ajouterai seulement que dans le Cartulaire de Sorbonne à l'an 1253 il est fait mention d'un Nicolas de Kiquenpoit qui pourroit bien avoir donné son nom à cette rue.

[93] Le denombrement des rues du XV siécle l'appelle rue de la Courroierie. Dans un acte de 1530 que j'ai vû, elle est dite rue Vieille-Courroierie, et il y avoit dès-lors une maison avec l'enseigne des cinq Diamans. C'est ce qui lui a fait changer son nom. Un autre acte du 17 Février 1578 l'appelle rue de la fontaine des cinq Diamans. Voyez aussi Sauval, p. 131.

[94] Cette rue que plusieurs titres vus par Sauval qualifient rue Amaurri de Roissi *de Rossiaco,* et non *de Rossiart* qui est une faute d'impression, est représentée aujourd'hui par la rue Ognart.

[95], [96], [97] De la rue Trousse-vache on entre en celle des trois Maures qui n'est point nommée ici. D'où j'infere que cette rue des trois Maures est la rue du Vin-le-Roy de notre Poëte. Il n'y a de cette derniere rue à celle de la Vieille Monnoye que vingt pas. Elle a été appellée vers 1400 la rue Guillaume Joce.

M'en ving aussi con par à sens. [a]

Au-dessus d'iluec un petit

Trouvai le Grant et le Petit

Marivaus [98], [99], si comme il me samble;

Li uns à l'autre bien s'asamble;

Au desous siet la Hiaumerie [100]

Et assez prez *la Lormerie* [101]

Et parmi *la Basennerie* [102]

Ving en la *rue Jehan le Conte;* [103]

La Savonnerie [104] en mon conte

Ai mise : Par la Pierre o let [105]

Ving en la rue Jehan Pain molet, [106]

Puis truis [b] la rue des Arsis ; [107]

Sur un siege un petit m'assis

Pour ce que le repos fu bon :

Puis truis les *deux rues* saint Bon. [108], [109].

Lors ving en *la Buffeterie,* [110]

Tantost trouvai *la Lamperie,* [111]

Et puis la *rue de la Porte*

Saint Mesri [112]; mon chemin s'aporte

Droit en la *rue à Bouvetins.* [113]

---

[a] de dessein formel. — [b] Trouvai.

---

[98] et [99] Ces deux rues subsistent; et dans la grande rue Marivaux est un cul-de-sac, assez profond dit le cul-de-sac des Etuves, dont il n'est point parlé ici.

[100] et [101] De la rue de la Heaumerie on passe directement en celle des Ecrivains dont le Poëte ne parle point : ainsi les Lormiers sortis de la Cité s'étoient peut-être placés en cette rue avant que les Ecrivains y vinssent : ou bien il faut dire que la rue des Lormiers étoit celle qui subsistoit en 1498 sous le nom de Guichard le Blanc suivant un titre du Prieuré de S. Eloy, et qui se trouve aujourd'hui réduite en cul-de-sac dit du Chat blanc qui a son entrée par la rue S. Jacques de la Boucherie.

[102] Ce ne peut être que la rue Trognon, parce qu'elle donne dans celle d'Avignon.

[103] C'est la rue d'Avignon comme l'assure Sauval, page 111.

[104] Cette rue a conservé son nom et est du voisinage

[105], [106], [107] La Pierre-au-lait est devant S. Jacques de la Boucherie. Les deux rues voisines sont connues.

[108] et [109] On ne connoit aujourd'hui qu'une seule rue S. Bon, laquelle passe devant l'Eglise de ce nom. L'autre rue des Arcis va aboutir au portail de la même Église, et qu'on appelle à présent la rue de la Lanterne.

[110] Il est prouvé dans Sauval, p. 147 que la rue des Lombards étoit appelée au XIII siécle *Vicus Buffeteriæ.*

[111] Il y a grande apparence que ce qui a succedé à cette rue est quelque cul-de-sac. Il s'en présente deux assez considérables tout proche la rue des Lombards, l'un appellé le cul-de-sac de S. Fiacre rue S. Martin : l'autre dit le cul-de-sac des Etuves rue Marivaux.

[112] Elle conduisoit ou étoit voisine d'une porte dite anciennement la porte S. Merri, mais elle devoit faire partie de ce qu'on appelle aujourd'hui la rue S. Martin.

[113], [114], [115] Il paroit qu'on doit connoitre ces trois rues dans celle de Taille-pain qui est

Par la *rue à Chavetiers* [114] tins
Ma voie. en la *rue de l'Estable*
Du Cloistre [115] qui est honestable
De S. Mesri en Baille hoe [116]
Ou je trouvai plenté de boc
Et une rue de renon :
Rue neuve Saint Mesri [117] a non.
Tantost trouvai *la Cour Robert*
De Paris. [118] Mès par saint Lambert
Rue Pierre o lart [119] siet près,
Et puis *la Bouclerie* [120] après :
Ne la rue n'oubli ge pas
Symon le Franc. [121] Mon petit pas
Alai vers *la Porte du Temple* ; [122]
Pensis ma main de lez [a] ma temple.
En la rue des Blans Mantiaus [123]
Entrai, où je vis mainte piaus
Mettre en conroi [b] et blanche et noire ;
Puis truis la *rue Perrenelle*

[a] proche. — [b] pour être corroyées.

double, étant en forme d'équerre ; et dans le cul-de-sac du Bœuf qui étoit une rue dans laquelle avoit issue une maison sise rue du Temple avant que le nom de rue S. Avoye fut usité. *Ex Tab. Ep. Paris.*

[116] Sauval assure que Baillehoe proche S. Merri est la rue Brise-miche, et il en donne la preuve, page 121.

[117] Dès l'an 1273 on connoissoit cette rue sous ce nom. Mesri et Mezri viennent de *Medericus* selon l'usage fréquent de changer le d en z dans la langue françoise, l'Abbé Chastelain a repris en quelque endroit de ses écrits ceux qui prononçoient ou écrivoient *rue neuve S. Mederic*, ce qu'il regardoit comme aussi bizarre que de vouloir qu'on dise aujourd'hui *S. Elige* et *S. Leodegaire*, au lieu de S. Eloy et de S. Leger.

[118] C'est maintenant la rue du Renard, Sauval, page 129.

[119] On a fort varié dans l'orthographe du nom ajoûté à celui de Pierre. Sauval dit qu'on l'a écrit tantôt au lard, tantôt Alart : mais il est plus régulier de l'écrire Aulard en un seul mot. C'étoit le nom d'une famille de Paris. Il existoit en 1419, un Pierre Aulard Eguilletier qui legua par son testament au Saint Esprit en Grève quatre livres de rente sur une maison rue des Prêcheurs. Ses ancêtres avoient pù donner leur nom à la rue dont il s'agit.

[120] C'est la rue du Poirier, dite autrefois la petite Bouclerie selon Sauval, page 118 ; cependant le même auteur écrit p. 158 que l'on disoit la petite Boucherie, et qu'on l'appelloit aussi la rue Espaulart.

[121] Il dit qu'il n'oublie pas la rue Simon le Franc. Ce nom est celui d'un habitant nommé Simon Franc dans un titre de 1211.

[122] Il y avoit du temps de Guillot une porte pour sortir de Paris assez près de la Communauté de Ste Avoye.

[12] C'étoit alors un quartier de Pelletiers. Un titre de 1436 l'appelle rue de la Parcheminerie.

De Saint Pol [124] la rue du Plastre [125]
Où maintes dames leur emplastre
A maint compaignon ont fait bastre,
Ce me samble, por eulz esbatre
En près est la rue du Puis. [126]
La rue à Singes [127] après pris
Contreval [a] la Bretonnerie [128]
Men ving plain de mirencolie [b] :
Trouvai la *rue des Jardins* [129]
Ou les Juys maintrent [c] jadis ;
O carrefour du Temple [130] vins,
Ou je bui plain henap de vin
Pour ce que moult grand soif avoie.
A donc me remis à la voie,
La *rue de l'Abbaye* du Bec-
Helouin [131] trouvai par abec [d],
M'en allai en la Verrerie [132]
Tout contreval la Poterie [133]
Ving o carefour Guillori [134]
Li un dit ho, l'autre hari.
Ne perdit pas mon essien. [e]
La ruelete Gencien [135]
Alai, où maint un biau varlet [f],
Et puis la *rue Andri Mallet* [136]

[a] Par le bas de — [b] mélancolie. — — [c] demeurerent. — [d] tout juste en commençant. —
[e] ma connoissance. — [f] demeure.... un jeune homme.

124 Je ne vois que la rue de l'Homme armé ou le cul-de-sac Pequai qui puisse représenter cette rue. La liste du XV siècle a aussi compris cette rue sous le même nom que notre Poëte.

125 Elle subsiste.

126, 127, 128 Toutes rues connues.

129 C'est la rue des Billettes. Sauval, p. 117.

130 S'il veut parler du lieu où étoit l'Echelle de la Justice du Temple, il fit plus que son chemin ordinaire : aussi dit-il qu'il se rafraichit.

131 C'est la rue qu'on appelle de la Barre-du-Bec, Abbaye de Normandie dite le Bec-Helloûin. Dans la liste des rues dressée au XV siècle elle est appellée rue Baerie-du-Bec. Les Moines du Bec avoient donc là vn Hôtel ou hospice ; mais ils le vendirent en 1410, et ls en acheterent en même temps un autre situé dans la rue S. Jacques tenant par derriere aux jardins de Sorbonne sur la censive du Parloir des bourgeois. Regist. 164 du Trésor des Chart. piece 310.

132, 133, 134 Le carrefour Guillori est celui où aboutissent les rues de la Poterie, de Jean Pain-molet, de la Coutellerie, de Jean de l'Epine et de la Tisseranderie.

135 La rue des Coquilles avoit alors ce nom. Sauval, p. 127. Les Gentiens étoient une ancienne famille de Paris connue par plusieurs monumens.

136 Sauval p. 169 a cru que cette rue devoit être près de S. Merri, mais on voit par la marche du Poëte que ce doit être une rue voisine de celle de la Tisseranderie, comme la rue du Coq ou celle du Mouton.

Trouvai la rue du Martrai, [137]

En une ruele [138] tournai

Qui de saint Jehan voie à porte [a]

Et contre la rue à Deux portes [139]

De la viez Tieseranderie [140]

Alai droit *en l'Esculerie* [141]

Et en la *rue de Chartron* [142]

Où mainte Dame en chartre ont

Tenu maint vit, par saint Norier

En la *rue du Franc-Mourier* [143]

Alai, et vuiez cimetiere

Saint Jehan [144] meisme en cetiere [b]

Trouvai tost la rue du Bours

Tibout [145], et droit a l'un des bous

La *rue Anquetil le Faucheur* [146]

Là maint un compains teucheeur. [c]

En la rue du Temple [147] alai

Isnelement [d] sanz nul delai :

---

[a] Qui conduit à la porte S. Jean. — [b] Mot fabriqué pour la rime. — [c] demeure un compagnon querelleur. — [d] promptement.

[137] C'est apparemment la rue des vieilles Garnisons; car le Cloître de S. Jean s'appelloit alors le Martrau S. Jean.

[138 et 139] Vraisemblablement la rue du Pet-au-Diable, puisqu'elle conduit à la Porte de l'Eglise S. Jean, et que vis-a-vis d'elle est la rue des deux Portes.

[140, 141, 142] Le voyageur ayant vù tout le bas de la rue de la Tisseranderie, continue d'en voir le haut : ce qui se présente d'abord, est le cul-de-sac de S. Faron : qui a dû être de son temps la rue de l'Esculerie : cette rue n'a pas été connue de Sauval; elle ne se trouve pas non plus dans la liste du XV siécle. A l'égard de la rue de Chartron, c'est celle qui depuis fut appellée de Craon et ensuite des Mauvais-Garçons, à cause du malheur qui arriva en la personne du Connétable de Clisson.

[143 et 144] La rue du Franc-Mourier n'a pas été connue de Sauval. Peut-être est-ce la rue de Franc-Meuour du catalogue du XV siécle. Il y a apparence que les changemens faits au cimetiere de S. Jean et au Marché de même nom ont fait disparaître cette rue. Seroit-ce celle de Bercy? Elle ne paroit pas être ancienne.

[145] Elle est mal-à-propos appellée aujourd'hui la rue Bourg-Tibourg : car elle a eu sa dénomination d'un nommé Thibauld ou Tibould, *Theobaldus* ou *Tiboldus* dont on a fait *Tiboudus*, homme assez riche pour avoir à lui un certain nombre de maisons qui fut qualifié de Bourg. Car on donna le nom de Bourg à divers cantons habités hors les murs des Villes : j'ignore de qui le Prieuré de S. Eloy a eu la censive de cette rue; mais les Registres du Parlement de la Toussaint 1300 le maintiennent en la Justice haute et basse qu'il y a. Aussi est-elle toute entière de la Paroisse de S. Paul dépendante de S. Eloy. *Vicus Burgi Tiboudi* disent ces Registres. La liste du XV siécle met rue du Bourg-Thiebaud.

[146] La liste des rues du XV siécle l'appelle rue Otin le Fauche; d'autres manuscrits mettent Huguetin le Faucheur; mais les titres de S. Eloy portent Anquetin. Une enseigne de la Croix blanche a fait évanouir ce nom pour celui-là. Cette rue n'a plus que des portes de derriere.

[147, 148, 149] Trois rues qui n'ont pas changé de nom.

En la rue au roy de Sezille [148]
Entrai ; tantost trouvai Sedile, [a]
En la rue Renaut le Fevre [149]
Maint, où el vent et pois et fèves.
En la *rue de Puté y muce* [150]
Cy entrai en la maison Luce
Qui maint, en rue de Tyron [151]
Des Dames ymes [b] vous diron.
La rue de l'Escouffle [152] est près
Et la rue des Rosiers [153] près
Et *la grant-rue de la Porte*
Baudeer [154], si con se comporte,
M'en allai en rue Percié [155]
Une femme vi destrecié [c]
Pour soi pignier [d], qui me donna
De bon vin. Ma voie adonna
En la *rue des Poulies saint Pou* [156]
Et au desus d'iluec un pou [e]
Trouvai la rue a Fauconniers [157]

[a] C'est le nom d'une femme. — [b] hymnes; cantiques. — [c] embarassée. — [d] se peigner. — [e] un peu au-dessus de là.

[150], [151] Par la marche de notre vérificateur qui parle immédiatement de la rue Tirou, il est évident qu'il entend ici la rue Cloche-perce qui est un nom nouveau. Le rue des Célestins qu'on appelle de Petit-musc n'est que le même nom Pute-y-muce défiguré. Ces deux rues aujourd'hui fort passageres ont pû être autrefois une retraite de Pénitentes de même que sont les Magdelonettes au quartier S. Martin des Champs. Le Poëte au lieu de parler de cette rue comme de celles après lesquelles j'ai laissé des vers en blanc, dit au contraire qu'il y fit station, et que les Dames qui y demeurent chantent des Cantiques qu'il appelle Hymnes. Au reste je crois devoir faire observer que dans la Brie il y a un fief appellé Petit-muce relevant de la Seigneurie de Tournant, dont hommage fut rendu en 1484. Sauval, t. 3 p. 474; et que c'est se fatiguer inutilement que de s'attacher à la maniere dont Guillot a écrit le nom de la rue en question, si elle a tiré son primitif d'un Seigneur de ce fief.

[152] Ce nom au singulier se rapporte à la remarque de Sauval p. 132 que cette rue en l'an 1234 s'appelloit la rue de l'Eclose.

[153], [154] Le Poëte se contente d'appercevoir la rue des Rosiers, et revient à la grande rue S. Antoine qui n'avoit pas encore ce nom, d'autant que les Religieux de S. Antoine n'y furent établis que plus de cinquante ans après. On l'appelloit donc vers 1300 *la grande rue de la Porte Baudéer* ou *Baudoier*.

[155] On dit aujourd'hui la rue Percée.

[156] C'est-à-dire de S. Paul pour la distinguer de la rue des Poulies du quartier S. Germain l'Auxerrois. Sauval p. 170 a vû dans un rolle de l'an 1300 la rue des Viez-Poulies, placée sur la Paroisse de S. Paul, et la dit située à côté de la rue de Jouy : ce qui désigne assez la rue dite aujourd'hui de Fourcy, si elle pouvoit passer pour ancienne : mais c'est plutôt la rue réduite en cul-de-sac surnommée de la Guêpine.

[157], [158], [159] Ces trois rues sont contigues et connues : mais tout le monde ne remarque pas qu'au coin de cette derniere, l'écriteau devroit porter non pas Nonaindieres en un seul

Où l'en trueve bien por deniers

Femmes por son cors soulacier.

Parmi la rue du Figuier [158]

Et parmi la rue à Nonnains

D'Iere [159], vi chevaucher deux nains

Qui moult estoient esjoi.

Puis truis la rue de Joy [160]

Et la rue *Forgier* l'Anier. [161]

[a] Je ving en la Mortelerie [162]

Où a mainte tainturerie [163]

La rue *Ermeline Boiliaue*

La rue Garnier desus l'yaue [164]

Trouvai, à ce mon cuer s'atyre [b] ;

Puis la rue du Cimetire

S. Gervais [165], et *l'Ourmetiau* [166].

Sanz passer fosse ne ruissiau

Ne sanz passer planche ne pont

La rue à Moines de Lonc-pont [167]

Trouvai, et *rue saint Jehan* [168]

De Greve, où demeure Jouan

Un homs qui n'a pas veue sainne

Près de la *ruele de Saine* [169]

En la rue sus la riviere [170]

Trouvai une fausse estriviere [c]

Si m'en reving tout droit en Gréve [171]

---

[a] Il manque ici un vers dans le manuscrit. — [b] Se portant. — [c] Un Éperon de terre ou bout d'isle.

mot; mais des Nonains d'Ierre, ou d'Hierre, c'est-à-dire des Religieuses d'Hierre Abbaye située proche Ville-neuve-Saint-Georges, lesquelles y ont eu une grande maison.

[160, 161] C'est la rue Geoffroi l'Anier; cependant on ne voit pas que le prenom de Forgier ou Frogier qui est donné au sieur l'Asnier par notre Poëte, et par titres de 1300 et 1386 ait pû être changé en Geffroy ou Geoffroy par la transposition des syllabes.

[162] Rue fort connue, dont la situation proche la rivière convenoit fort aux Teinturiers.

[163] En allant de suite, la position de cette rue ne peut tomber que sur le cul-de-sac Putigneux qui est fort profond.

[164] Elle est parallele avec le cul-de-sac Putigneux : on prononce par alteration *Grenier*; c'étoit en latin *Garnerus.*

[165] Dite aujourd'hui la rue du Pourtour.

[166] On l'appelle l'Orme S. Gervais, quoiqu'il ne soit pas maintenant fort gros. Du temps du Poëte ce n'étoit qu'un aussi petit orme.

[167 et 168] La premiere tire son nom d'un Monastere qu'on croit être l'Abbaye de Long-pont près Soissons. Voyez Sauval, t. II, p. 424. La seconde rue doit être celle qu'on appelle du Martroy : lequel Martroy étoit de l'autre côté de l'Eglise de Saint-Jean.

[169] C'est la rue de la Levrette, et la rue Perronelle jointes ensemble.

[170 et 171] Il veut parler du Quai de la Gréve qui conduit à la Place du même nom.

Le chemin de riens ne me gréve
Tantost trouvai la Tancrie [172]
Et puis après la Vanerie [173]
La *rue de la Coifferie* [174]
Et puis après la Tacherie [175]
Et la *rue aux Commanderesses* [176]
Ou il a maintes tencheresses [a]
Qui ont maint homme pris o brai [b]
Par le *Carefour* de Mibrai
En la rue S. Jaque [178] et ou porce [e] [179]
M'en ving, n'avoie sac ne poce : [d]
Puis alai en la Boucherie. [180]
La *rue de l'Escorcherie* [181]
Tournai ; parmi *la Triperie* [182]
M'en ving en *la Poulaillerie* [183]
Car c'est la derreniere rue
Et si siet droit sur la Grant-rue. [184]

Guillot si fait à tous savoir,
Que par deça Grand pont pour voir [e]
N'a que ii^c rues mains sis :
Et en la Cité xxxvi,
Outre Petit-pont iiii^{xx}
Ce sont dix mains de xvi^{xx}

---

a querelleuses. — b à la pipée. — c au porche.— d poche. — e pourvrai.

---

172 et 173 Ces deux rues parallèles se touchent.

174 et 175 La rue de la Coifferie est apparemment celle qu'on appelle de Jean de l'Epine, quoique Sauval lui assigne deux autres noms. Il peut se faire aussi que ce soit celle qu'on appelle des Teinturiers, mais elle paroit avoir été trop vilaine.

176 Est aujourd'hui la rue de la Coutellerie.

177 On ne dit plus le carrefour de Mibray ; mais la rue de la Planche Mibrai ; elle est au bout du Pont Notre--Dame.

178, 179, 180 Tous lieux très-connus.

181 et 182 Sont les rues situées entre la grande Boucherie et la rue de Gèvres ; on les appelle à présent les rues de la vieille Place aux Veaux, du pied de Bœuf et de la Tuerie, ce sont les plus étroites de tout Paris, et que l'on a le moins songé à embellir n'étant habitées que par des Bouchers et des Tripiers, dont cependant les maisons sont assez élevées.

183 La rue ou quartier de la Poullaillerie étoit aussi aux environs du grand Châtelet. Les rues de Gèvre et de S. Jerôme paroissent en occuper la place en partie : au moins les maisons qu'on y a construites la couvrent ; ce quartier devoit aussi comprendre la rue de la Joüaillerie qui n'a été ainsi nommée qu'assez tard, car le poëte dit que la Poullaillerie se rendoit dans la Grande rue.

Cette Grande rue est la rue S. Denis qui commence un peu après le grand Châtelet.

T. IV.   III.

Dedenz les murs non pas dehors.
Les autres rues ai mis hors
De sa rime, puisqu'il n'ont chief. ᵃ
Ci vout faire de son Dit chief ᵇ
Guillot, qui a fait maint biaus dis,
Dit qu'il n'a que mᶜ et x
Rues à Paris vraiement.
Le dous Seigneur du Firmament
Et sa très douce chiere Mere
Nous deffende de mort amere.

Explicit le Dit des Rues de Paris.

Lorsque Guillot de Paris, auteur de la versification précédente, compte 194 rues dans le quartier d'au-delà le Grand-pont, qu'on appelle aujourd'hui la Ville, il paroît en marquer dix de plus qu'il n'y en a de nommées dans ses vers. Il y a apparence que le copiste a obmis quelques vers ou elles étoient spécifiées : car on voit par le Traité de Sauval p. 170, qu'il existoit en 1300 plusieurs rues de ce quartier-là qui ne sont point spécifiées dans son ouvrage. Il y avoit par exemple sur la Paroisse de S. Germain l'Auxerrois la rue Gui d'Aucerre, la rue Gui le Braolier, la rue Gilbert l'Anglois. Sur celle de Saint-Eustache, la rue de Verneüil, la rue Alain de Dampierre; sur celle de Saint Jacques de la Boucherie, la rue Jean Bonnefille : sur celle de Saint Jean, la Cour Harchier. Sur celle de Saint Merry, la rue Guillame Espaulart.

Guillot marque expressément qu'il a exclu de son ouvrage les rues sans chief, c'est-à-dire qu'il n'a fait aucune mention des culs-de-sacs, car au lieu d'employer ce dernier nom, on aimoit mieux alors regarder ces rues comme n'ayant point de tête, et c'étoit ainsi qu'on les désignoit. C'est pourquoi si l'on trouve dans sa Poësie des noms portés aujourd'hui par des culs-de-sacs, c'est que ces culs-de-sacs n'ont été formés que depuis par la construction de quelque édifice, de même que dans le siécle présent il s'y en est formé par ce moyen, et qu'il y a eu des rues bouchées et condamnées.

ᵃ Rues sans chiefs fermées par le fond. — ᵇ Il veut faire ici la fin de ses vers.

COPIE D'UN MANUSCRIT DE L'ABBAYE DE SAINTE GENEVIÉVE, QUI PAROÎT D'ENVIRON L'AN 1450

Sur lequel on laisse à ceux qui voudront l'entreprendre, les recherches qu'il y auroit à faire dans les actes du XV et du XVI siécle, soit pour faire l'application du nom de certaines rues aujourd'hui inconnues, soit pour découvrir celles qui ont été condamnées ou couvertes de maisons.

S'enssuient les rues de Paris.

PREMIER QUARTIER.

La Grant rue S. Denis.
Rue S. Saulveur.
Rue Biaurepaire.
Rue Montroqueil.
Rue Pavée.
Rue Quiquentonne.
Rue au lien.
Rue Gratecon.
Rue Malconseil.
Rue Tirevit.
Rue de Merderel.
Rue au Signe.
Rue Grant Truanderie.
Rue Mal-désirant.
Rue Petonnet.
Rue Tyronne en Teroüenne.
Rue Tamploirie.
Rue aux Prescheurs.
Rue de la Cossonnerie.
Rue au Feure.
Rue de la Charronnerie.
Rue de la Tableterie.
Rue Ste Opportune.
Rue Perrin Gasselin.

Rue de la Arengerie.
Rue de la Saulnerie.
Rue de la Mesgisserie.
Rue du Fuissel.
Rue Popin.
Rue du Foyn.
Rue aux Portes.
Rue S. Germain.
Rue des Lavendieres.
Rue Phlippe Cointier.
Rue Guillaume Porée.
Rue Berthevin Porée.
Rue des Commenderresses.
Rue de la Cordouennerie.
Rue aux Deschargeurs.
Rue Maleparole.
Rue des Bourdonnois.
Rue Thibault aux dés.
Rue de la Charpenterie.
Rue de la Fosse aux Chiens.
Rue de Tire chappe.
Rue de la Monnoie.
Rue de Betysi.
Rue de l'Abre-sec.

Rue Fosse Saint Germain.
Rue dantain.
Rue du Coup de baston.
Rue Phlippe Tyson.
Rue des Poullies.
Rue d'Aultraiche.
LA GRANT RUE DE SAINT HONORÉ.
Rue S. Thomas.
Rue du Froitmantyau.
Rue Jehan de Saint Denis.
Rue du Chantre.
Rue de Champfleuri.
Rue de Biauvais.
Rue du Coq.
Rue des Petis-champs.
Rue de Poycon.

Rue des Granellieres.
Rue de Neelle.
Rue de la Hache.
Rue des Escuiers.
Rue du Four.
Rue des Deux-Escus.
Rue des Prouvelles.
Rue de la Tonnellerie.
Rue de la Ferronn rie.
Rue de la Porte à la Comtesse.
Rue de Montmartre.
Rue Phlippe le Myre.
Rue de la Plastrerie.
Rue des Augustins.
Rue de Coqueron.

SECOND QUARTIER DE PARIS.

Rue de Porte-Baudet.
Grant rue S. Martin.
Rue du Vert-bois.
Rue de la Creux.
Rue Damestati.
Rue de Hulleu.
Rue du Bourg-l'Abbé.
Rue neuve S. Martin.
Rue au Mayre.
Rue de Freppault.
Rue de Frepillon.
Rue Trasse Nonnain.
Rue du Chappon.
Rue des Gravelliers.
Cymentiere S. Nicholas.
Rue de M-rann.
Rue Garnier S. Ladre.
Rue Michel le Court.
Rue aux Oes.
Rue de la Sale au Conte.
Rue Quiquenpoit.
Rue Bertault qui dort.
Rue Aubry le Boucher.
La Courroirie.

Rue Maroye de Roissy.
Rue de Troussevache.
Rue Guillaume Josse.
Rue aux Lombars.
Rue Marivaulx.
Rue vieilz Monnoie.
Rue des Escripvains.
Rue Pierre aulet.
Rue de la Heaumerie.
Rue Phlippe le Comte.
Rue d'Anjou.
Rue Savonnerie.
Rue S. Jaques de la Boucherie.
Rue de l'Escorcherie.
Rue de Pied de Beuf.
La rue aux Veaulx.
Rue de la Tannerie.
Rue de la Vannerie.
Rue des Arsis.
Rue des Recommanderresses.
Rue de la Vacherie.
Rue Phlippe de l'Espine.
Rue de Pain-molet.
Rue Saint Bon.

Rue vielz Tixanderie.
Rue de la Poterie.
Rue de la Veirrerie.
Rue de Baillehoue.
Rue de l'Omme armé.
Rue Guillaume Jeussien.
Rue au Coq.
Rue Baérie du Bcq.
Rue neuve S. Marri.
Rue de la Boucherie.
Rue de Tirepet en Roye.
Rue Pierre Aulart.
Rue aux Trouvés.
Rue Maubué.
Rue Simon le Franc.
Rue de Beaubourg.
Rue Otin le Fauche.
Rue de la Plasterie.
Rue des Estuves.
Rue Geoffroy Langevin.
Rue des Menestriers.
Rue des Petis champs.
Rue de Faulse-Poterne.
Rue du Grant cul de sac.
Rue du Temple.
Rue Pastourelle.
Rue Blansmantiaux.
Rue Perrenelle de S. Pol.
Rue du Plastre.
Rue de la Parcheminerie.
Rue des Saiges.
Rue du Prais.
Rue du Heaulme.

Rue de Paradis.
Rue de Clichon.
Rue de Braque.
Rue de la Porte Valete.
Rue des Polyes.
Vielz rue du Temple.
Rue des Rosiers.
Rue des Escouffles.
Rue des Juifz.
Rue du Roy de Cecille.
Rue des Balais.
La grant rue S. Honoré; *il a voulu dire* S. Antoine.
Rue d'Espaigne.
Rue du petit Musse.
Rue des Barres.
Rue du Figuier.
Rue des Jardins.
Rue S. Pol.
La rue Pavée.
Rue des Nonnains.
Rue de Jouy.
Rue de la Mortellerie.
Rue Siegr lasnier.
Rue Garnier sur l'eaue.
la rue de Tyron.
Rue Regnaud le Fevre.
Rue du Bourg Tiebault.
Rue du Franc meurier.
Rue de Chartron.
Rue du Chevet Saint Gervais.
Rue S. Philipe.

TIERS QUARTIER DE PARIS.

Rue du Pont Notre-Dame.
Rue vielle Pleterie.
Rue de la Lanterne.
Rue de Glatigni.
Rue du Port S. Landri.
Rue Neuve N. Dame.

Rue Saint Pierre aux beufz.
Rue Sainte Marine.
Rue Saint Christofle.
Rue aux Feuvres.
Rue des Marmouzetes.
Rue du Champ-flory.

Rue de Hierusalem.
Rue des Creatoix.
Rue des Oublayers.
Rue de la vieilz Draperie.
Rue Saint Germain le vieil.
Rue de Juiserie.
Rue des Herbiers.

Rue de la Saveterie.
Rue S. Pierre des Arsis.
Rue de la Licorne.
Rue de la Calende.
Rue S. Berthelemy.
Rue du Pont au change.

QUATRIÈME QUARTIER DE PARIS.

Rue du Pont S. Michel.
Rue S. Andrieu des Ars.
Rue Pompée.
Rue des Porteurs.
Rue à l'Evesque de Rouan.
Rue aux deux Portes.
Rue du Four.
Rue Mignon.
Rue S. Germain des Pres.
Rue de l'Abbé de S. Denis.
Rue Pavée.
Rue d'Arrondelle.
Rue des Cordelliers.
Rue S. Cosme.
Rue Pierre Sarrazin.
Rue de la Serpente.
Rue de Harpe.
Rue Perrin Gasselin.
Rue S. Severin.
Rue de la Huchete.
Rue du Sacalit.
Rue des Parcheminiers.
Rue du Bourg de Brie.
Rue au Foing.
Rue du Palaix.

Rue de Cerbonne.
Rue des Portes.
La Grant rue S. Jacques.
Rue Saint Estiene des Gres.
Rue du Meneur.
Rue Sainte Geneviéve.
Rue du Bon puis.
Rue Judas.
Rue Saint Nicholas du Chardonnet.
Rue S. Hylaire.
Rue de Brenot.
Rue des Bernardins.
Rue des Carmes.
Rue S. Jehan de Biauvaiz.
Rue des Noyers.
Rue du Plastre.
Rue des Anglois.
Rue S. Jehan de l'Ospital.
Rue de Galande.
Rue des Lavendieres.
Rue du Feurre.
Rue de la Bucherie.
Rue S. Julien le Poure.
Rue de Petit-Pont.

LES RUES DE PARIS

MISES EN VERS ANCIENS

Le poëme de Guillet, Guillot ou Guyot sur les rues de Paris est, sans contredit, le plus célèbre de tous les documents exploités par les érudits qui se sont occupés spécialement de la topographie parisienne ; aussi avais-je pensé d'abord que ce que j'avais de mieux à faire était de réviser simplement le texte, c'est à dire d'ajouter les vers omis par Lebeuf, et de corriger les fautes de lecture. Je me serais donc abstenu de tout commentaire, laissant au lecteur le soin de chercher sur les cartes l'emplacement des voies disparues ou transformées, si un grand nombre de personnes qui veulent bien s'intéresser à cette nouvelle édition ne m'avaient conseillé, au contraire, de publier mes observations et d'indiquer le sort plus ou moins heureux qu'avaient eu toutes ces voies du xive siècle, presque toutes disparues aujourd'hui, puisque, sur près de 400 rues citées par Guillot, il y en a plus de 130 que l'on ne trouve plus, ou qui sont transformées complétement.

Je n'ai pas l'habitude de cacher les sources auxquelles je puise pour rendre mon travail aussi complet que possible ; j'avouerai donc qu'en dehors de mes observations personnelles, j'ai profité du beau travail topographique de Berty, des notes réunies dans un trop magnifique volume publié en 1867, aux frais du département de la Seine, sous le titre de *Paris et ses historiens aux* xive *et* xve *siècles*, par M. Leroux dé Lincy, qui n'y a mis que son nom, et M. Tisserand, sous-chef du bureau historique de la ville de Paris ; enfin, d'une autre publication de la ville de Paris, intitulée : *Paris en* 1380, par H. Legrand, et qui a paru en 1869, quoiqu'elle porte sur la couverture la date de 1868.

Avant de donner les notes que j'ai recueillies, je dois faire ici une observation générale qui a trait à l'ensemble de la compilation de Guillot et à son utilité. Tous ceux qui se sont servis du poëme des rues de Paris ont été quelquefois fort embarrassés pour mettre d'accord le texte de ce poëme avec la réalité topographique. La rigueur avec laquelle ils en ont suivi la lettre les ont empêché de reconnaître, quelquefois, les rues citées par le poète, s'il est permis de qualifier ainsi l'auteur de cette misérable composition. Guillot n'a eu qu'un seul but, c'est de réunir tous les noms des rues et de les fai e rimer. Ce n'est donc pas un Itinéraire scrupuleusement suivi, marquant les issues de chaque rue, leur point de départ et leur limite, mais bien une liste de rues plus ou moins rapprochées, groupées de façon à ne pas gêner la versification. Il est évident que pour indiquer certaines voies l'auteur devait passer et rep sser p r des rues déjà citées, et qu'il lui a semblé inutile de répéter. Pour ne donner qu'un exemple, je rappellerai ce passage :

Et la grant Bouclerie après
Et Herondale tout au près,
En la rue Pavée alé, etc.

Or, pour aller de la rue de la Grande-Bouclerie à la rue Herondale, il fallait passer par la rue de la Clef et le carrefour de l'abreuvoir Mascon, et pour aller de la rue Herondale à la rue Pavée, il fallait longer une partie des rues Guy-le-Gueux et S.-Germain-des-Prés, que l'auteur passe sous silence en cet endroit.

Le nom des rues est en italique et suit l'ordre adopté par le compilateur. Pour que ces notes soient comprises, il faut, bien entendu, lire d'abord celles de l'abbé Lebeuf.

Rue de la Huchette. Cette rue existe encore ; avant de porter ce nom, elle s'appelait rue de Laas. (Voyez, à propos de Laas, ce que j'en dis t me III, page 275.) Elle allait du « Carrefour de l'Abreuvoir Mascon » aujourd'hui place de la Fontaine-S.-Michel, à la place du Petit-Pont.

Sacalie. — Aujourd'hui rue Zacharie.

La petite Bouclerie. — La rue de la Petite-Bouclerie s'est appelée successivement rue Regnault-le-Harpeur, rue de la petite puis de la vieille Bouclerie, rue Neuve-S.-Michel, rue de l'Abreuvoir-Mascon. Elle allait du carrefour de l'Abreuvoir-Mascon au carrefour S.-Severin.

La grant Bouclerie. — Cette rue s'est dite a ssi rue de la Vieille-Bouclerie et rue Mâcon. Elle a disparu dans les travaux d'alignement du boulevard S. Michel. Elle allait du carrefour S.-Severin à la rue S.-André-des-Arts.

Herondale. — On a écrit rue d'Arondalle, rue de Hyrondale et rue de Lirondelle. La chapelle du collége d'Autun donnait dans cette rue.

Rue Pavée. — On remarquait dans cette rue, qui existe encore, l'hôtel de Laon puis de Nemours, sur l'emplacement duquel une partie de la rue de Savoie a été ouverte. Vis-à-vis cet hôtel, il y avait la « maison à l'évesque de Rhodez. »

Rue à l'abbé de Saint-Denis. — Cette rue, appelée successivement rue des Escoliers ou du Collége-S.-Denis, rue de la Barre, et enfin rue des Grands-Augustins, possédait « l'hôtel de Sancerre, puis d'Hercules, » la maison de l'évesque de Thérouenne, » puis le jardin et la maison « des charités S. Denis ». Cette dernière maison existe encore.

Grant rue Saint Germain-des Prés. Elle s'appelait auparavant rue de Laas, c'est aujourd'hui la rue S.-André-des-Arts. Au coin de la rue Pavée, on y voyait « l'hôtel d'Eu puis de Nevers. »

Rue Cauvain. — C'est en effet la rue de l'Eperon, appelée autrefois rue Gaugain et rue du Chapperon.

Rue Saint-André. — C'est la rue du Cimetière-Saint-André à laquelle faisait suite la rue Poupée. On l'appelait aussi rue des Sachettes et des Deux Portes. Le cimetière S. André, la maison du Château Gaillard, plus tard collége de Boissy, l'hostel des Sachettes et dans la suite l'hôtel du président de Thou donnaient dans cette rue.

Rue Poupée. — Appelée aussi rue Papée et Pompée. Ce n'est plus aujourd'hui qu'une impasse ouverte sur la rue Hautefeuille. A droite se trouvait la maison du prieur de Longjumeau, et à gauche l'hôtel de Cramault.

Rue de la Barre. — C'est la partie de la rue Hautefeuille qui va de la place S.-André-des-Arts à la rue des Poitevins. On l'a appelée aussi rue S.-André et rue du Chevet-S.-André.

Rue à Poitevins. — Cette rue qui se nommait précédemment rue Guiart-aux-Poitevins, est absorbée aujourd'hui dans la rue Serpente.

Rue de la Serpent. — Diminuée à cause du percement du boulevard S.-Michel, la rue Serpente s'est prolongée du côté opposé en prenant la rue du Battoir. — A propos de ce nom, les rédacteurs de *Paris et ses historiens aux* xive *et* xve *siècles*, publié en 1867, affirment que l'opinion, qui fait de cette rue une rue tortueuse, *vicus tortuosus*, a été victorieusement combattue par M. Berty; d'un autre côté M. Legrand, dans son *Plan de restitution de Paris en* 1380, publié en 1868, affirme de son côté qu'en 1380 cette rue était étroite, tortueuse ou mal alignée. Quoique la question soit sans grande importance, il eût été désirable qu'elle fût résolue d'une façon réellement victorieuse. Des affirmations sans preuves ne prouvent rien.

Rue de la Platriere. — La rue du Battoir a été absorbée par la rue Serpente.

Rue de Haute Feuille. — On l'appelait aussi rue de la vieille Platrerie et rue de la Barre. M. Legrand, dans la légende du plan de 1380, dit que Haute Feuille était le nom d'un ancien château ou palais d'un neveu de Charlemagne, bâti tout près des murs de la ville. Cette découverte ferait beaucoup d'honneur à l'érudition de M. Legrand, si cet architecte-topographe avait complété son renseignement, en indiquant le document où il l'a trouvé.

Rue de Champ Petit. — Cette rue est aujourd'hui représentée par la rue du Jardinet et la rue Mignon.

Rue du Paon. — La rue du Paon est appelée aujourd'hui la rue Larrey. Une partie de l'hôtel de Reims y donnait.

Rue des Cordeles. — Cette rue, appelée rue Marat pendant la période révolutionnaire, est connue aujourd'hui sous le nom de rue de l'École-de-Médecine.

Rue aux Hoirs de Harccourt. — On sait que la partie supérieure de la rue de la Harpe a disparu lors de l'ouverture du boulevard S.-Michel.

Rue Pierre Sarrazin. — Cette rue existe encore. A la droite de cette rue se trouvait le cimetière des juifs. Voyez ce que j'ai dit de ce cimetière, t. I, p. 458.

Rue de la Harpe. — La partie inférieure de cette rue existe encore.

Rue Saint Serring. — La rue S.-Severin existe encore.

Le Carrefour. — C'est le carrefour S.-Severin, appelé depuis Saint-Jacques, point de réunion des rues Galande, S.-Severin et S.-Julien-le-Pauvre.

La Grant Rue. — La rue S.-Jacques existe encore. On l'appelait aussi la rue Oultre petit Pont et rue du petit Pont.

La rue des Escrivains. — La rue des Notaires et Escripvains, appelée autrefois rue de l'Escriveneric, se nomme aujourd'hui la rue de la Parchemineric.

Petite ruelete S. Sevrin. — La rue des Prêtres-S.-Severin existe encore.

Rue Erembourc de Brie. — Cette rue, appelée indifféremment rue Bourg de Brie ou de Bry, Bout de Brie et Boutebrie, et au XIVe siècle, rue des Enlumineurs, existe encore sous le nom de rue Boutebrie. L'administration municipale, qui fait tant de changements inutiles dans les noms de rues, devrait bien restituer à cette rue le nom d'Erembourg-de-Brie, qui est le véritable.

Rue o Foin. — La rue du Foin, appelée aussi rue Servode, rue de la Fennerie et rue aux Moines de Cernai, à cause de la maison de l'abbé qui s'y trouvait, a été absorbée par le boulevard S. Germain.

Rue Saint Mathelin. — La rue des Mathurins, dite aussi rue du Palais des Termes, existe encore.

Rue as Hoirs de Sabonnes. — La rue de Sorbonne portait, avant la création du collège de Robert de Sorbonne, le nom de rue des Portes ou des Deux-Portes et de rue Guy-d'Argenteuil.

Rue à l'abbé de Cligny. — La rue de Cluny est aujourd'hui la portion de la rue Victor-Cousin, comprise entre la place de Sorbonne et la rue des Cordiers. D'un côté se trouvait le collège de Cluny, de l'autre, le collège des Dix-huit.

Rue au Seigneur d'Igny. — Serait-ce la rue Thomas-d'Argenteuil?

Rue o Corbel. — Cette rue, appelée rue de Thorel par Guillebert de Metz, était une partie de la rue Cujas, autrefois rue des Grés.

Rue o Pinel. — C'est bien comme l'a dit Lebeuf, la rue des Poirées, aujourd'hui la rue Restaut, autrefois la rue Hugues-aux-Poirés.

Rue a Cordiers. — La rue des Cordiers existe encore.

Rue S. Estienne. — La rue S. Estienne des Grez se nomme aujourd'hui rue Cujas.

Fres-Mantel. — La rue Froid-Mantel constitue l'extrémité orientale de la rue du Cimetière-Saint-Benoit.

Rue de l'Oseroie. — Cette rue, autrement dite « de la Nozeroie », s'applique, d'après Berty, à la rue Froid-Mantel. C'était dans la rue Fromentel ou de la Noyeroie que se trouvait la maison de S. Jehan et Lisle, autrement dit l'hostel du petit Corbreil.

Rue de l'Ospital. — La rue S.-Jean-de-Latran est comprise aujourd'hui dans la rue des Ecoles.

Rue de la Chaveterie. — La rue Chartière existe encore. Elle allait autrefois de la rue au Duc-de-Bourgogne, autrement dite de Reims, au Puits-Certain, aujourd'hui point de rencontre de la rue Chartière et de la rue Saint-Hilaire.

Rue S. Syphorien. — Le sol de la ruelle des Cholets, appelée anciennement petite rue S.-Barbe et rue S.-Symphorien-des-Vignes, a été cédé, en 1845, au collège Louis-le-Grand.

Rue du Moine. — Guillot a écrit *Moine* pour rimer avec *Bourgoigne*, mais c'est *Maine* qu'il faut lire, ce nom, venant de l'hôtel de l'évêque du Mans, transformé en collège du même nom. La partie de cette rue qui longeait l'hôtel de Bourgogne s'est appelée également « rue du duc de Bourgogne, » comme elle s'est appelée plus tard rue de Reims, à cause du collège de Reims qui occupait l'ancien hôtel de Bourgogne.

Rue au duc de Bourgoingne. C'est un nom donné à l'une des parties de la rue de Reims. Voyez ma note précédente.

Rue des Amandiers. — C'est aujourd'hui la rue Laplace.

Rue de Savoie. — La rue des Sept-Voies subsiste encore.

Rue S.-Ylaire. — La rue S. Hilaire existe encore. On l'appelait aussi la rue des Carmes. C'est entre la rue S.-Hilaire et la ruelle Jousseline que se trouvait la maison des « Escolliers de Suysse ».

Rue Judas. — Depuis l'ouverture de la rue des Ecoles, il n'y a plus qu'un côté de la rue Judas, connue, depuis 1838, sous le nom de rue du Clos-Bruneau, qu'il ne faut pas confondre avec l'ancienne rue du Clos-Bruneau, connue aujourd'hui sous le nom de rue de S.-Jean-de-Beauvais.

Rue du Petit Four. — Cette rue existe encore, elle fait suite à la rue d'Ecosse.

Petit Four S. Ylaire. — Le four banal appartenait à l'église Saint Hilaire.

Clos Burniau. — La rue du Clos-Bruneau est la rue de Saint-Jean-de-Beauvais.

Rue du Noier. — La rue des Noyers a été absorbée par le boulevard S.-Germain; il ne reste plus que le côté droit qui tombera prochainement. Dans certains textes du moyen âge, on retrouve la mention de la « rue Roseau ». On a cherché, sous toutes réserves, à prouver que cette rue devait être la même que celle des Noyers. Les auteurs de cette hypothèse auraient pu être plus affirmatifs s'ils avaient pensé au rapport qui existe souvent entre les lieux dits Noyers, dans le sens de *noue*, et les lieux dits *le Roseau*. Cette rue était évidemment marécageuse, comme toutes celles qui aboutissaient à la place Maubert.

Or, dans toutes les *noues* ou nouées, appelées improprement *noyers*, c'est-à-dire dans tous les lieux humides, les roseaux se propagent avec abondance. J'ai trouvé dans mes recherches topographiques sur les environs de Paris, des exemples nombreux de lieux appelés indifféremment la Rosaie ou les Noues. Il est donc probable que la rue du Noyer et la rue Roseau sont une seule et même rue.

Rue à Platriers. — La rue du Plâtre existe encore.

Rue as Anglais. — La rue des Anglais, où demeuraient les bons couteliers, dit Guillebert de Metz, preuve évidente de la supériorité acquise déjà par nos voisins d'Outre-Manche dans la fabrication du fer. Les couteliers nés en Grande-Bretagne étaient probablement venus habiter cette rue, qui prit à cause d'eux le nom de rue des Anglais. La rue des Anglais existe encore, une partie a été emportée par le boulevard S. Germain.

Rue à Lavendières. — La rue des Lavandières existe encore. Elle a été décapitée, comme la rue des Anglais, par le boulevard S.-Germain.

Rue S. Geneviève la grant. — Cette rue, qui existe encore, allait de la Croix des Bouchers à la Croix Hemon.

Petite ruelete de quoi l'un des bouts chiet sus l'être. C'est la rue du Moustier, appelée depuis rue des Prêtres, qui existe encore.

Rue de la porte de S. Marcel. — Cette rue, autrefois appelée rue Bordelle ou de la porte Bordelle ou simplement rue Bridet, correspond aujourd'hui, dans une de ses parties, à la rue Descartes.

Rue Clopin. — Cette rue, qui s'appelait autrefois rue du Champ ou du Chemin Gaillard, existe encore aujourd'hui, mais très-écourtée, une partie ayant été réunie aux dépendances de l'École Polytechnique.

Rue Traversainne. — Cette rue, qui n'existe plus, s'est aussi appelée autrefois rue du Sablon.

Rue des Murs. — C'est la rue d'Arras qui existe encore aujourd'hui.

Rue S. Vitor. — Il ne reste plus que le côté septentrional de cette rue.

Rue de Verseille. — Cette rue n'existe plus depuis l'ouverture de la rue Monge.

Rue du Bon Puis. — Cette rue a été détruite en 1866.

Rue Alixandre l'Anglais. — La rue du Paon a été détruite en 1866.

Rue Pavée Goire. La rue du Mûrier n'exis e plus.

Rue S. Nicolas du Chardonnai. — Cette rue a disparu lors de l'ouverture de la rue Monge.

Rue de Bièvre. — Cette rue existe encore.

Rue Perdue. — C'est aujourd'hui la rue Maître-Albert.

La place Maubert. — Cette place existe encore, mais elle a complétement perdu sa physionomie primitive.

Rue à Trois Portes. — La rue des Deux-Portes existe encore.

Rue de Gallande. — Cette rue séparait le clos de Garlande du clos Mauvoisin. Aussi a-t-elle été nommée rue de Garlande, de Galande et du Clos-Mauvoisin. Elle existe encore.

Rue d'Arras, appelée la rue des Rats, existe encore sous le nom de rue d'Hôtel-Colbert depuis 1829. Du côté gauche, on y trouvait l'hôtel d'Illiers, dit aussi de Chartres, et l'Ecole de médecine; du côté droit, à l'angle de la rue des Deux-Portes, il y avait un Hôte -Dieu.

Rue de l'Escole. — La rue des Escoliers, autrement dite de Feurre, est cette célèbre rue du Fouare, dans laquelle, à une certaine époque du moyen âge, se trouvaient concentrée une quantité innombrable de maisons d'éducation. C'était, sur la gauche : « l'escole de la nation de France, les petites escoles de France, les grandes escoles de France, les grandes escoles de Normandie, l'escole à la nation de Picardie, les escóles à la nation d'Angleterre; » sur la droite : « les escoles à la nation de Picardie, les grans escoles à la nation d'Angleterre, dans la maison des sept ars, et les escoles à la nation de Normandie ». La rue existe encore aujourd'hui.

Rue S. Julien. — La rue Saint-Julien-le-Pauvre existe encore.

La Bucherie. — La rue de la Bucherie existe encore.

La Poissonnerie. — La rue de la Poissonnerie, autrement dite la rue du Port à Maître Pierre, n'existe plus, elle allait de la rue de la Bucherie à la Seine, aujourd'hui quai Montebello, sur le parcours compris dans l'annexe de l'Hôtel-Dieu. Lebeuf se trompe en l'identifiant à la rue du Petit-Pont.

RUES DE LA CITÉ

Rue du Sablon. — Elle était parallèle à la rue Neuve-Notre-Dame, et la rejoignait par une équerre, près de la chapelle S.-Christophle.

Rue Neuve Notre-Dame. — Elle existe encore.

Rue à Coulon. — Cette ruelle partait de la rue Neuve-Notre-Dame, derrière l'abside de S.-Germain-des-Ardents, et rejoignait en tournant vers l'ouest la ruelle S.-Christophle.

Ruele de S. Christofle. — La ruelle S. Christophe a été détruite pour former l'emplacement destiné au nouvel Hôtel-Dieu. La partie de cette rue, située entre la rue aux Coulons et la rue Neuve-Notre-Dame était appelée aussi rue de Venise.

Rue du Parvis. — Cette ruelle a été détruite lors de la construction du bâtiment des Enfants-Trouvés.

Rue du Cloistre. — N'existe plus.

Saint-Père à Beus. — La rue S.-Pierre-aux-Bœufs n'existe plus depuis l'établissement, en 1828, de la rue d'Arcole. Cette dernière a disparu en 1866. — Quant à la curiosité qui intrigue l'abbé Lebeuf, il est bien facile de voir que c'est une cage.

Rue Sainte Marine. — Diminuée à l'époque où fut ouverte la rue d'Arcole, elle a été supprimée en même temps que cette dernière voie.

Rue Cocatris. — Réduite de moitié en 1836, cette rue a été supprimée en 1866. Quant à la famille de ce nom, qui était une des plus anciennes et des plus célèbres de la capitale, elle existe encore en Suisse, à Saint-Maurice en Valais. Chargé d'une mission littéraire, en 1868, à l'abbaye de S.-Maurice, j'ai eu le plaisir d'y rencontrer un membre de cette famille, qui semblait ignorer le renom dont ses ancêtres avaient joui il y a plus de sept cents ans.

Rue de la Confrarie Nostre Dame. — La rue de la Confrérie-Notre-Dame, et plus tard des Deux-Hermites, reliait la rue Cocatrix à la rue des Marmousets.

En Cheroui. — Lebeuf paraît ignorer que cette rue, appelée indifféremment rue de Charroui, de Champ roussi, de Champ pourri, de Champ rosé, de Champ flory, etc., a pris au XVIIe siècle le nom de Perpignan. Cette rue, qui joignait la rue des Trois-Canettes à la rue des Marmousets, fut coupée en deux parties lors de l'ouverture de la rue de Constantine. Elle a disparu en 1866.

Rue de la Pomme. — C'est la rue des Trois-Canettes, disparue depuis 1866.

Rue as Oubloiers. — La rue de la Licorne a disparu en 1866.

Marcé Palu. — Cette rue n'existe plus depuis la construction de la caserne de la Cité, en 1865.

La Juerie. — C'était le milieu de la rue de la Cité.

La Petite-Orberie. — La rue du Four-Basset reliait la rue de la Juiverie à la rue aux Fèves.

Rue a Feves. — La rue aux Fèves, considérablement diminuée par la rue de Constantine, a disparu en 1866.

La Kalendre. — Cette rue appelée rue S.-Michel, rue de la Calendre, rue du Marché-Palu et rue de l'Horloge, a disparu lors de la construction de la caserne de la Cité.

La Ganterie. — Cette rue, qu'on aurait pu appeler la rue Serpente, tant elle était tortueuse, portait autant de noms quelle avait de tronçons. Le premier tronçon, appelé Ganterie, partait de la rue de la Calendre, jusqu'au premier tournant qui s'appelait rue de l'Estoille.

La Grant Orberie. — C'est le quai du Marché-Neuf, dit autrefois quai S. Michel.

La grande Bariszerie. — La rue de la Barillerie a disparu en 1860 pour faire place au boulevard du Palais.

La Draperie. — La rue de la Vieille-Draperie (*Judearia pannificorum*) a été supprimée en 1828 pour former la rue Constantine, laquelle a disparu depuis pour faire place à une avenue plus large.

La Chaveterie. — La rue de la Savaterie était un tronçon de la rue S. Eloi.

Ruele Sainte Crois. — Elle a disparu.

Rue Gervese Lorens. — La rue des Lorans ou Gervais-Laurent a disparu en 1866.

Rue de la Lanterne. — Cette rue était l'un des tronçons de la rue de la Cité.

Rue du Marmouset. — Cette rue existe encore en partie.

Rue de la Coulombe. — Cette rue existe encore.

Port S. Landri. — Ce port était situé à quelques mètres en aval du pont d'Arcole.

Rue du Chevet S. Landri. — Cette rue existe encore.

Rue de l Image. — Cette rue n'est autre que la rue S. Landry.

Rue de Glateingni. — Cette rue, autrement dite rue du Val-d'Amour ou rue du Haut Moulin, a été démolie pour l'établissement du nouvel Hôtel-Dieu.

Rue Saint Denis de la Chartre. — Dite aussi rue du Haut-Moulin; a disparu en 1866

La Peleterie. — Elle disparut pour agrandir l'emplacement occupé par l'ancien Marché aux Fleurs.

LA VILLE

Rue o poisson. — Le théâtre du Châtelet couvre l'emplacement de la rue Pierre-à-Poisson.

Rue de la Saunerie. — Disparue lors de la construction du théâtre du Châtelet et de l'avenue Victoria.

La Meisgueicerie. — Le quai de la Mégisserie, appelé aussi le quai de la Saunerie, la Vallée de Misère et le quai de la Ferraille, existe encore.

Rue S. Germain a couroiers. — C'est la rue des Prêtres S. Germain qui existe encore.

Rue à Lavendières. — Une partie de cette rue existe encore. L'avenue Victoria, les rues de Rivoli et des Halles se sont emparées du reste.

Rue à Moingnes de Jenvau. — La rue des Orfèvres existe encore.

Rue Jehan Lointier. — Elle existe encore.

Rue Bertin Porée. — Elle existe raccourcie, mais très-élargie.

Rue Jean le Veillier. — Elle n'existe plus.

Rue Guillaume Porée. — Supprimée pour l'ouverture de la rue de Rivoli.

Rue Maleparole. — Supprimée pour la même cause.

Le Perrin Gasselin. — Disparue à l'époque de la formation de la place du Châtelet et de l'avenue Victoria.

La Herengerie. — L'ouverture de la rue des Halles a fait disparaître cette rue, appelée tantôt Haubergerie, tantôt Harangerie.

La Tableterie. — L'ouverture de la rue des Halles l'a fait disparaître.

Rue à petis soulers de basenne. — La rue de l'Aiguillerie, si c'est bien elle qui correspond à la *rue a petis soulers*, existe encore.

Rue S. Oportune. — La rue Court-Talon n'existe plus.

La Charonnerie. — C'était une section de la rue de la Ferronnerie, qui existe encore.

La Feronnerie. — Voyez ce que je dis ci-dessus.

La Maucherie. — Disparue.

La Cordouanerie. — Disparue.

Rue Baudouin Prengaie. — C'est maintenant une impasse entre la rue des Fourreurs et la rue du Plat d'étain.

Rue Râoul l'Avenier. — La rue du Plat-d'Étain existe encore.

Siége à Descarcheeurs. — La place aux Déchargeurs, transformée plus tard en rue, existe encore, mais considérablement modifiée.

Place à Pourciaux. — Ce carrefour, formé par la rue de la Ferronnerie et celle des Déchargeurs, n'existe plus.

Rue à Bourdonnas. — La rue des Bourdonnais existe encore, mais augmentée dans sa longueur de la rue Thibault-aux-Dés et de la rue de l'Arche-Marion.

Rue Thibaut a dez. — Elle porte, comme je viens de le dire, le nom de rue des Bourdonnais.

Rue de Bethisi. — Cette rue a disparu pour faire place à la rue de Rivoli.

Tire Chape. — La rue du Pont-Neuf l'a absorbée.

Rue au quains de Pontis. — La rue du Comte-de-Ponthieu, appelée depuis rue des Fossés-S.-Germain, n'a plus que sa partie occidentale.

Rue o serf. — La rue de la Monnaie a été complétement transformée pour faire place à la rue du Pont-Neuf.

Rue Gloriete. — La rue Baillet existe encore.

Rue de l'Arbre sel. — La rue de l'Arbre-Sec existe encore.

Col de Bacon. — Cette impasse a disparu lorsque la rue de Rivoli a été ouverte.

Fossé S. Germain. — Le fossé S. Germain, creusé par les Normands en 866, existe encore en partie sous le nom de rue des Fossés-S.-Germain.

Trou Bernart. — La façade de la mairie du 4me arrondissement, vis-à-vis la colonnade du Louvre, occupe l'emplacement du Trou-Bernard.

Grant Rue. — Elle n'existe plus depuis la démolition de l'ancien Louvre.

Osteriche. — La rue de l'Hoste riche ou de l'Autruche longeait le côté ouest du Louvre; son emplacement est compris dans la cour actuelle de ce palais.

Rue S. Honouré. — Cette rue existe encore.

Rue des Poulies. — Absorbée par la rue du Louvre.

Rue Daveron. — La rue Bailleul existe encore.

Rue Jehan Tison. — Cette rue existe encore, mais considérablement diminuée.

Crois de Tirouer. — Voy. sur ce lieu célèbre ce que j'en dis pag. 176. du t. I.

Rue de Neele. — La rue d'Orléans-S.-Honoré existe encore.

Rue Raoul Menuicet. — N'existe plus.

Rue des Estuves. — La rue des Vieilles Etuves, aujourd'hui rue Sauval, existe encore.

Rue du Four. — La rue du Four, aujourd'hui rue Vauvilliers, existe encore en partie.

Rue des Escus. — La rue des Deux-Écus existe encore.

Chastiau Festu. — C'était un tronçon de la rue S. Honoré. Voyez ce que j'en dis p. 175 du tome I.

Rue à Prouvoires. — La plus grande partie de la rue des Prouvaires est comprise aujourd'hui dans les Halles Centrales.

Rue de la Croix Neuve. — Si c'est un tronçon de la rue Traînée, elle a disparu dans la rue Coquillière.

Rue Raoul-Roissole. — La rue Traînée existe encore.

Rue de Montmartre. — Cette rue existe encore.

Pointe S. Huitasse. — La pointe S.-Eustache existe encore.

La Tonnelerie. — La rue de la Tonnellerie vient de disparaître.

La Poissonnerie, la Formagerie, la Ganterie, la Lingerie. — Toutes ces rues ont disparu. Elles étaient sur l'emplacement formé par les Halles.

La rue o Fevre. — Un côté de cette rue existe encore sous le nom de rue Berger.

La Cossonnerie. — Elle existe encore, mais très-élargie.

Rue as Prescheeurs. — Détruite en grande partie lors de l'établissement des Halles, la rue des Prescheurs n'existe plus qu'à l'état de tronçon.

La Chanverie. — Elle a disparu lors de l'ouverture de la rue Rambuteau.

Maudestour. — La rue Mondétour a été élargie et s'est confondue dans la rue Turbigo.

Carrefour de la Tour. — C'était la première entrée des Halles.

La petite Truanderie. — Cette rue n'existe plus depuis l'ouverture de la rue Turbigo.

Rue des Halles. — Elle n'existe plus.

La rue au Cingne. — La rue du Cygne existe encore.

La grant Truanderie. — La rue de la grande Truanderie a été prise en partie par la rue Turbigo.

Merderiau. — La rue Verderet a été supprimée par la rue Turbigo.

La petite ruelete Jean Bingne. — Cette rue est devenue une annexe de la rue de Turbigo.

Rue Nicolas Arode. — C'est la rue *Nicholas Buée*, de Guillebert de Metz. Jaillot croit que c'est la rue de la Pointe-S.-Eustache.

Mauconseil. — L'ouverture de la rue Turbigo a détruit la rue Mauconseil.

Rue S. Denis. — Cette rue existe encore.

Rue as oiles. — La rue aux Ours existe encore.

Rue S. Martin. — Cette rue existe encore, mais elle perd tous les jours son ancienne physionomie.

Rue des Petis chans. — Cette rue existe encore.

En biaubourc. — Le Beaubourg, qui était d'abord un quartier, a fini par désigner une seule rue qui existe encore.

Rue a Jongleeurs. — La rue des Ménétriers a été supprimée lorsqu'on a ouvert la rue de Rambuteau.

Rue Gieffroi l'Angevin. — Cette rue existe encore.

Rue des Estuves. — La rue des Vieilles-Etuves, qui existe encore, s'est appelée aussi rue Geoffroy-des-Bains.

Rue Lingarière. — Si l'auteur veut parler ici, ce qui est fort probable, de la rue de la Couroierie, elle n'existe plus.

Rue Sendebours la Trefillière. — Appelée successivement Hendebourc, Erembourg ou Herambourg, Bertaut qui dort, la rue de Venise est aujourd'hui divisée en deux tronçons.

Quiquenpoit. — La rue Quincampoix existe encore.

Rue Auberi le Bouchier. — La rue Aubry-le-Boucher existe encore.

La Conréerie. — La rue des Cinq-Diamants porte aujourd'hui le nom de la rue Quincampoix, à laquelle elle a été réunie.

Rue Amauri de Roussi. — La rue Oignard a été réunie à la rue Troussevache en 1851.

Troussevache. — Elle a pris en 1822 le nom de la rue de la Reynie et elle s'est augmentée de la rue Oignard.

Rue du Vin le Roy. — Cette rue, que Guillebert de Metz désigne sous le nom de rue Guillaume-Josse, et qui a été appelée plus tard rue des Trois-Maures, a été absorbée par le boulevard de Sébastopol.

Viez Monnoie. — Rue détruite lors de l'achèvement du boulevard de Sébastopol.

Grant et petit Marivaux. — Complétement transformées aujourd'hui à cause de l'érection de la place S.-Jacques-la-Boucherie; le grand Marivaux est devenu la rue Nicolas-Flamel et le petit Marivaux la rue Pernelle.

La Hiaumerie. — Absorbée dans la rue de Rivoli.

La Lormerie. — C'était une ruelle dépendante de la Heaumerie.

La Basennerie. — L'emplacement de la rue Trognon est occupé par la rue de Rivoli.

Rue Jehan le Conte. — La rue d'Avignon a disparu pour faire place à la rue de Rivoli.

La Savonnerie. — La grille occidentale du square de S.-Jacques la Boucherie est posée sur l'emplacement de l'ancienne rue de la Savonnerie.

Pierre o lel. — La grille septentrionale du square de S.-Jacques-la-Boucherie marque l'emplacement de cette rue.

Rue Jehan pain Molet. — Absorbée par la rue de Rivoli.

Rue des Arsis. — C'est aujourd'hui la partie de la rue S.-Martin qu va de l'avenue Victoria à la rue de la Verrerie.

Les deux rues S. Bon. — L'une des deux rues S.-Bon existe encore, mais raccourcie et élargie; quant à l'autre, il est impossible aujourd'hui d'en fixer l'emplacement.

La Buffeterie. — La rue des Lombards existe encore en partie, mais complétement métamorphosée.

La Lamperie. — C'était probablement une section de la rue de Marivaux.

Rue de la Porte S. Mesri. — N'existe plus.

Rue à Bouvetins, rue à Chavetiers, rue de l'Estable du Cloistre. — Ces trois rues, dites aussi rue des Bouveries, des Chevrotins, et de l'Estable, étaient des sections de la rue Taillepain qui existe encore.

Baillehoe. — Cette rue, qui touchait au cloître S.-Merry, n'existe plus.

Rue Neuve S. Mesri. — Cette rue existe encore.

La cour Robert de Paris. — La rue du Renard, appelée par Corrozet rue du Renard qui prêche », existe encore.

Rue Pierre o lart. — Cette rue existe encore avec son ancienne phys o nomie.

La Bouclerie. — La rue du Poirier existe encore.

Rue Symon le Franc. — Elle existe encore.

La Porte du Temple. — Cette porte n'existe plus.

Rue des Blans Mantiaus. — Elle existe encore.

Rue Perrenelle de S. Pol. — C'est probablement le cul-de-sac Pecquai, qui est aujourd'hui une rue. Quant à la rue de l'Homme-armé, mise en avant par Lebeuf, c'est impossible, puisque dans la liste du xv° s., la rue Perrenelle-de-S.-Pol et la rue de l'Homme-Armé sont citées toutes les deux.

Rue du Plastre. — Elle existe encore.

Rue du Puis. — Elle existe encore.

Rue à Singes. — Elle existe encore.

La Bretonnerie. — La rue Sainte-Croix-de-la-Bretonnerie existe encore.

Rue des Jardins. — La rue des Billettes existe encore.

Carrefour du Temple. — Il est assez difficile de déterminer exactement l'emplacement de la rue du Temple qui correspond à ce carrefour.

Rue de l'Abbaye du Bec Helouin. — La rue Barre-du-Bec existe encore.

La Verrerie. — Cette rue existe encore.

La Poterie. — Elle existe encore, très-raccourcie depuis l'ouvertui e de la rue de Rivoli.

Carefour Guillori. — L'emplacement de ce carrefour a été absorb par la rue Victoria.

Ruelete Gencien. — La rue des Coquilles ne porte plus ce nom. C'est aujourd'hui le commencement de la rue du Temple.

Rue Andri-Mallet. — C'est, en effet, la rue du Coq et non celle du Mouton. La rue du Coq est devenue une impasse qui s'ouvre sur la rue de la Verrerie, depuis la création de la rue de Rivoli.

Rue du Martrai. — Cette rue allait à la rue de la Tixeranderie. Elle partait d'une arcade célèbre alors, et qui est remplacée aujourd'hui par la grande porte de l'Hôtel de Ville, donnant accès aux appartements du Préfet de a Seine.

Rue à deux Portes. — Cette rue existe encore, mais diminuée de longueur depuis l'ouverture de la rue de Rivoli.

Viez Tieseranderie. — Absorbée par la rue de Rivoli.

L'Esculerie. — Le cul-de-sac S.-Faron n'existe plus.

Rue de Chartron. — La rue des Mauvais-Garçons existe encore, mais onsidérablement diminuée depuis l'ouverture de la rue de Rivoli.

Rue du Franc Mourier. — C'est la rue de Moussy, qui existe en

t de ruelle, fermée par une grille du côté de la rue Sainte-Croix-
e-la-Bretonnerie.

Vuiez cimetière S. Jehan. — Le marché Saint-Jean, qu'on appela pendant la Révolution la place des Droits de l'Homme, existe encore, mais
beaucoup moins grand qu'autrefois.

Rue du Bours Tibout. — La rue Bourgtibour, que l'on devrait écrire
Bourg-Thibaut, existe encore.

Rue Anquetil le Faucheur. — La rue de la Croix-Blanche a été
absorbée dans sa partie méridionale par la rue de Bercy. Le côté
nord subsiste encore.

Rue du Temple. — La vieille rue du Temple existe encore.

Rue au Roy de Sezille. — Elle existe encore, mais très-modifiée,
puisqu'elle aboutissait autrefois, en retour d'équerre, rue S.-Antoine, et
qu'elle rejoint maintenant la rue Malher.

Rue Renaut le Fevre. — Elle n'existe plus.

Rue de Pute y Muce. — Ce n'est certainement pas la rue du Petit-
Musc, qui est beaucoup trop éloignée. C'était probablement une ruelle
qui joignait la rue S.-Antoine à la rue Geoffroy-l'Asnier, et qui fut réduite
à l'état de cul-de-sac, sous le nom de cul-de-sac Putignon. C'est sur l'emplacement de ce cul-de-sac, marqué encore sur les plans du commencement de ce siècle, qu'on a élevé l'ancienne mairie du ixe arrondissement.

Rue de Tyson. — Divisée en deux tronçons depuis l'ouverture de la
ue de Rivoli.

Rue de l'Escouffle. — La rue des Ecouffes existe encore.

Rue des Rosiers. — Elle existe encore.

Grant rue de la porte Baudeer. — La rue S.-Antoine existe encore.

Rue Percié. — La rue Percée existe encore.

Rue des Poulies Saint Pou. — Le cul-de-sac de la Guepine, qui donnait
e de Jouy, n'existe plus,

Rue à Fauconniers. — Elle existe encore.

Rue du Figuier. — Elle existe encore.

Rue à Nonnains d'Iere. — Cette rue existe encore.

Rue de Joy. — La rue de Jouy existe encore.

Rue Forgier l'Anier. — La rue Geoffroy-Lasnier existe encore.

La Mortelerie. — Elle existe encore, mais diminuée de largeur, sous
nom de rue de l'Hôtel-de-Ville, qu'on lui a donné en 1835.

Rue Ermeline Boiliaue. — Le cul-de-sac Putigneux existe encore.

Rue Garnier desus l'Yaue. — Coupée en deux tronçons depuis l'ouverture de la rue Louis-Philippe.

Rue du Cimetire S. Gervais. — La construction de la caserne Napoléon a retranché le côté septentrional de cette rue, appelée successivement rue du Monceau-S.-Gervais, rue du Pourtour-S.-Gervais, et enfin
rue François-Miron.

L'Ourmetiau. — L'orme S.-Gervais n'existe plus depuis longtemps.

Rue à Moines de lonc pont. — La construction de la caserne Lobau a fait disparaitre le côté occidental de cette rue, appelée aujourd'hui rue Jacques-de-Brosses.

Rue S. Jehan de Grève. — L'ancienne rue du Martroi n'existe plus.

Ruele de Saine. — La rue de la Levrette et la rue Pernelle ont disparu lors de l'agrandissement de l'Hôtel-de-Ville.

Rue sus la rivière. — C'est le quai de la Grève.

La Greve. — C'est la place de l'Hôtel-de-Ville.

La Tanerie. — La rue de la Tannerie, qui joignait la rue de la Lanterne à la rue de la Vieille-Place-aux-Veaux, n'existe plus. Une partie du Théâtre-Lyrique est sur son emplacement.

La Vanerie. — Cette rue, que l'on aurait dû écrire rue de l'Avenerie, puisqu'elle était ainsi appelée à cause de l'avoine qu'on y vendait, a été absorbée en 1855 par l'avenue Victoria.

Rue de la Coifferie. — N'existe plus.

La Tacherie. — La rue existe encore, mais en deux tronçons, coupée par l'avenue Victoria et la rue de Rivoli.

Rue aux Commanderesses. — Jaillot prouve que cette rue joignait le carrefour formé par les rues de la Vannerie et de la Coutellerie à la rue de la Planche-Mibray.

Carefour de Mibrai. — Ce carrefour n'existe plus. C'est maintenant la rue Saint-Martin.

Rue S. Jaque. — La rue S.-Jacques-la Boucherie a été absorbée par l'avenue Victoria.

La Boucherie, rue de l'Escorcherie, la Triperie, la Poulaillerie. — Toutes ces ruelles ont été détruites. Elles occupaient l'emplacement actuel du Théâtre-Lyrique, de la place du Châtelet, du square S.-Jacques, etc., etc.

La Grande Rue. — C'est la rue S.-Denis.

MANUSCRIT DE L'ABBAYE DE SAINTE-GENEVIÉVE

Le manuscrit cité par Lebeuf est aujourd'hui conservé à la Bibliothèque Sainte-Geneviève sous la cote Z^{r}17, in-8. C'est au folio 117 que commence la liste des rues publiée par Lebeuf. Le savant abbé avait

commis dans sa lecture un nombre considérable d'erreurs[1]; il avait
même omis deux noms de rues[2]. J'ai rétabli le texte tel qu'il existe
dans le manuscrit. Les observations qui vont suivre concernent seulement les rues qui ne sont pas citées dans le Dit de Guillot.

PREMIER QUARTIER

Rue S. Saulveur. — La rue S.-Sauveur existe encore.

Rue Biaurepaire. — La rue Beaurepaire existe encore.

Rue Montroqueil. — C'est évidemment la rue Montorgueil, qui existe
encore.

Rue Pavée. — Elle sert de prolongation à la rue du Petit-Lion.

Rue Quiquentonne. — C'est l'ancienne forme du mot Tiquetonne. La
rue Tiquetonne existe encore.

Rue au Lien. — C'est certainement la rue au Lion, aujourd'hui rue
du Petit-Lion. L'abbé Lebeuf avait lu *Aubry.*

Rue Gratecon. — C'est aujourd'hui la rue des Deux-Portes.

Rue Tirevit. — Cette rue, appelée au xve s. rue Tireboudin, porte
aujourd'hui le nom de Marie-Stuart.

Rue Mal Désirant. — C'est probablement la rue Mondétour atteinte
par la rue Turbigo.

Rue Pelonnet. — C'est le nom d'une section de la rue Pirouette.

Rue Tyronne en Terouenne. — *Tyronne,* qui n'est qu'une forme
altérée de *Térouenne,* indique que là était le chef-lieu du fief de
Térouenne. C'est aujourd'hui la rue Pirouette.

Rue Tamploirie. — L'auteur doit désigner par ces mots la ruelle qui
longeait le côté méridional du Saint-Sépulcre.

Rue du Fuissel. — C'est la rue des Fuseaux, qui est détruite.

Rue Popin. — La rue de l'Arche-Pépin n'existe plus.

Rue du Foyn. — C'est la place des Trois-Maries, considérablement
agrandie en 1868.

Rue Philippe Cointier. — C'est la rue Jean-Lantier, de Guillot.

Rue Guillaume Porée. C'est aujourd'hui la rue des Deux-Boules.

Rue de la Cordouennerie. — La rue de la Cordonnerie, qui commençait
rue du Marché-aux-Poirées pour finir rue de la Tonnellerie, est détruite.

Rue de la Charpenterie. — C'était le nom de la section de la rue de
Béthizy, qui allait de la rue Tirechappe à la rue des Bourdonnais. Elle a
disparu pour laisser passer la rue de Rivoli.

---

[1] Il avait lu *Aubry* pour *au lien; Quequitonne* pour *Quiquentonne; Tyrone* ou *Terouenne,*
pour *Tyronne en Terouenne; Amaulry de Roissy* pour *Maroye de Roissy; du paus* pour *du
prais; Franc Menour* pour *Franc Meurié,* etc., etc.

[2] Rue de la Ferronnerie, rue des Juifs.

Rue de la Fosse aux Chiens. — C'était une partie de l'emplacement de la place aux Pourceaux, citée par Guillot; le cul-de-sac de la Fosse-aux-Chiens n'était séparé de la rue de la Limace que par la rue des Bourdonnais.

Rue de la Monnoie. — C'est la *rue à Serf* de Guillot.

Rue de l'Abre sec. — La rue de l'Arbre-Sec existe encore.

Rue Dantain. — Je n'ai pas retrouvé l'emplacement de cette rue.

Rue Philippe Tyson. — C'est la rue Jean-Tison de Guillot.

Rue d'Aultraiche. — C'est la rue d'Osteriche de Guillot.

Rue S. Thomas. — La rue S.-Thomas du Louvre a été détruite lors de la réunion du Louvre aux Tuileries.

Rue du Froit manteau. — La rue Fromenteau a subi le même sort.

Rue Jehan S. Denis, rue du Chantre, rue de Champ fleuri, rue de Biauvais. — Ces quatre rues ont été supprimées pour dégager les abords du palais du Louvre.

Rue du Coq. — La rue du Coq, aujourd'hui rue Marengo, est beaucoup moins longue qu'autrefois.

Rue des Petis Champs. — Elle existe encore sous le nom de rue Croix-des-Petits-Champs.

Rue de Poycon. — La rue du *Poilaucon* s'appelle aujourd'hui la rue du Pélican.

Rue des Granellières. — C'est la rue de Grenelle-S.-Honoré.

Rue de la Hache. — C'était le nom donné à la section de la rue des Deux-Ecus, qui allait de la rue des Vieilles-Étuves à celle d'Orléans-Saint-Honoré.

Rue des Escuiers. — C'est probablement la rue des Deux-Ecus.

Rue du Four. — C'est aujourd'hui la rue du Four-S.-Honoré.

Rue des Prouvelles. — C'est la *rue as Prouvaires* de Guillot.

Rue de la Ferronnerie. — Elle existe encore.

Rue de la Porte à la Comtesse. — C'est la partie de la rue Montorgueil qui va de la pointe S.-Eustache à la rue Mauconseil.

Rue Phlippe le Myre. — Cette rue, dite aussi Jean-le-Mire, est la rue du Jour.

Rue de la Plastrerie. — C'est la rue Plâtrière.

Rue des Augustins. — C'est la rue des Vieux-Augustins.

Rue de Coqueron. — C'est la rue Coq-Héron.

SECOND QUARTIER

Rue de Porte-Baudet. — C'est la porte S.-Denis, de l'enceinte de Philippe-Auguste; elle a été appelée Porte-aux-Peintres et quelquefois aussi rue de l'Ane-Rayé.

Rue du Vert-Bois. — Cette rue existe encore.

Rue de la Creux. — La rue de la Croix existe encore.

Rue de Damestati. — C'est aujourd'hui la rue Greneta.

Rue de Hulleu. — La rue du Grand-Hurleur a disparu lors de l'ouverture de la rue Turbigo.

Rue du Bourg l'abbé. — Cette rue n'existe plus depuis l'ouverture du boulevard de Sébastopol.

Rue Neuve S. Martin. — C'est maintenant une section de la rue Notre-Dame-de-Nazareth.

Rue au Mayre. — La rue Aumaire existe encore.

Rue de Freppault. — La rue Phélippeaux existe encore.

Rue de Frepillon. — La rue Frepillon a été absorbée par la rue Volta.

Rue Trasse Nonnain. — La rue Transnonnain a perdu son nom et sert de continuation à la rue Beaubourg.

Rue du Chappon. — La rue Chapon existe encore.

Rue des Gravelliers. — La rue des Gravilliers existe encore.

Cymetiere S. Nicholas. — La rue du cimetière S.-Nicolas est devenue un prolongement de la rue Chapon.

Rue de Mereanne. — C'est la rue de Montmorency. Le copiste a mal lu.

Garnier S. Ladre. — La rue Grenier-S.-Lazare existe encore.

Rue Michel le Court. — La rue Michel-le-Comte existe encore.

Rue de la Sale au Conte. — La rue Salle-au-Comte a été absorbée par le boulevard de Sébastopol.

Rue Bertault qui dort. — C'est la rue Sendebours-la-Treflière, du Dit de Guillot, devenu la rue de Venise.

Rue Maroye de Roissy. — C'est la même rue que celle appelée par Guillot « Amaury de Roussy ». Il est même assez singulier de voir Lebeuf, encore préoccupé du dit de Guillot, lire *Amaury* dans le manuscrit de Sainte-Geneviève, au lieu de Maroye.

Rue Guillaume Josse. — C'est la « rue du Vin le Roy » de Guillot.

Rue aux Lombars. — C'est la « Buffeterie » de Guillot.

Rue des Escripvains. — Absorbée par le square de la tour S.-Jacques.

Rue Phlippe le Comte. — C'est la « rue Jehan le Comte », de Guillot.

Rue d'Anjou. — Bien qu'un peu éloignée, cette rue ne peut être que la rue d'Anjou supprimée pour élever l'hôtel de Soissons, où est maintenant la Halle aux blés.

Rue du Pied de Beuf. — Supprimée lors de l'agrandissement de la place du Châtelet.

La rue aux Veaulx. — La rue de la Vieille-Place-aux-Veaux a été supprimée lorsqu'on a remanié les abords de la tour S.-Jacques.

Rue Phlipe de l'Espine. — La rue Jean-de-l'Épine a été supprimée pour agrandir les abords de la place de l'Hôtel-de-Ville.

Rue de Pain Molet. — C'est la « rue Jehan Pain Molet », de Guillot.

Rue de l'Omme armé. — La rue de l'Homme-Armé existe encore.

Rue Guillaume Jeussien. — C'est la « ruelete Gencien » de Guillot.

Rue au Coq. — C'est la rue « André Mallet » de Guillot.

Rue Baerie du Beq. — C'est la « rue de l'Abbaye du Bec-Hellouin », de Guillot.

Rue de la Boucherie. — Le copiste écrit Boucherie pour Boucleric. C'est la rue du Poirier.

Rue de Tirepet en Roye. — Je n'ai pas retrouvé l'emplacement de cette rue.

Rue aux Trouvés. — Je ne vois aucune rue dans ce quartier qui ait pu porter ce nom.

Rue Maubué. — Cette rue existe encore.

Rue Otin le Fauche. — C'est la « rue Anquetil le Faucheur », de Guillot.

Rue de la Plasterie. — C'est la « rue du Plastre », de Guillot.

Rue de Faulse Poterne. — C'est probablement la rue de la Cour-du-Mort, désignée autrefois sous le nom de la rue de la Fausse-Poterne.

Rue du Grant cul de sac. — C'est le cul-de-sac des Anglais, situé rue Beaubourg, qu'on appelait autrefois cul-de-sac de la Poterne.

Rue du Temple. — Elle existe encore.

Rue Pastourelle. — Elle existe encore.

Rue de la Parcheminerie. — C'est la rue des Blancs-Manteaux.

Rue des Saiges. — C'est la rue « as Singes », de Guillot.

Rue du Prais. — Elle existe encore.

Rue du Heaulme. — C'est la rue du Chaume qui existe encore.

Rue de Paradis. — C'est la rue de Paradis-au-Marais, dans laquelle se trouvent les Archives de France.

Rue de Clichon. — La rue de Clisson était une partie de la rue du Chaume.

Rue de Braque. — Cette rue existe encore.

Rue de la Porte Valete. — C'ette rue aboutissait probablement à l'enceinte de la ville.

Rue des Balais. — La rue des Ballets forme aujourd'hui une partie de la rue Malher.

La grant rue S. Antoine. — Cette rue existe encore.

Rue d'Espaigne. — C'est la rue Jean-Beausire, qui existe encore.

Rue du Petit Musse. — La rue du Petit-Musc existe encore.

Rue des Barres. — La rue des Barrés existe encore.

Rue S. Pol. — La rue Saint-Paul existe encore.

Rue Pavée. — La rue Pavée existe encore.

Rue Sieg^r Lasnier. — La rue Geoffroy-Lasnier est écrite ici rue Seigneur Lasnier.

Rue du Chevet S. Gervais. — C'est la rue des Barres qui existe encore.

Rue S. Philipe. — Je n'ai pas trouvé l'emplacement de cette rue.

TIERS QUARTIER

Rue du Pont Notre Dame. — C'est aujourd'hui la rue de la Cité.

Rue Vielle Pleterie. — La rue de la Pelleterie a été supprimée pour faire place au quai Desaix, aujourd'hui quai de

Rue de Glatigni. — N'existe plus.

Rue Neuve Notre Dame. — Elle existe encore.

Rue du Champ Flory. — C'est peut-être la rue des Sablons.

Rue de Hierusalem. — Le passage du cul-de-sac de Jérusalem, qui donnait rue Neuve-Notre-Dame, n'existe plus.

Rue des Creatoix. — C'est la rue Cocatrix. Le nom a été défiguré par le copiste.

Rue S. Germain le vieil. — Détruite lors de la transformation de la cité.

Rue des Herbiers. — Détruite.

Rue S. Pierre des Arsis. — N'existe plus.

Rue de la Licorne. — Détruite.

Rue S. Berthelemy. — Détruite.

Rue du Pont au Change. — Absorbée par le boulevard du Palais.

QUATRIÈME QUARTIER

Rue du Pont S. Michel. — C'est aujourd'hui la place de la Fontaine-S.-Michel.

Rue Pompée. — C'est la « rue Poupée », de Guillot.

Rue des Porteurs. — Je n'ai pas pu retrouver l'emplacement de cette rue.

Rue de l'Evesque de Rouan. — Il y avait probablement dans cette rue un hôtel possédé par les archevêques de Rouen.

Rue aux deux portes. — La rue des Deux Portes existe encore.

Rue Mignon. — La rue Mignon tombera pour faire place au boulevard S.-Germain.

Rue S. Cosme. — C'était une section de la rue de la Harpe.

Rue Perrin Gasselin. — C'est par erreur que le copiste a fait figurer cette rue dans ce quartier; elle aurait dû être placée dans la série précédente.

Rue des Parcheminiers. — C'est la rue « as Escrivains », de Guillot.

Rue du Bourg de Brie. — C'est la « rue Erembourg de Brie », de Guillot.

Rue du Palais. — C'est aujourd'hui la rue des Mathurins.

Rue des Portes. — C'est la rue « aux hoirs de Sabonne », de Guillot.

Rue S. Estiene des Grès. — Annexée à la rue des Grès, c'est aujourd'hui la rue Cujas.

Rue du Meneur. — Je ne sais pas quelle est cette rue.

Rue Ste Geneviève. — C'est la rue de la Montagne-Ste-Geneviève.

Rue S. Hylaire. — La rue S. Hilaire.

Rue de Brenot. — Probablement la rue de Bruneau ou du Clos-Bruneau, aujourd'hui rue du Mont-Saint-Hilaire.

Rue des Bernardins. — La rue des Bernardins existe encore.

Rue des Carmes. — La rue des Carmes existe encore.

Rue S. Jehan de Biauvaiz. — La rue S.-Jean-de-Beauvais existe encore.

Rue S. Jehan de l'ospital. — Absorbée par le boulevard S.-Germain.

Rue du Feurre. — C'est la « rue de l'Ecole », de Guillot.

Rue du Petit Pont. — Cette rue existe encore.

HISTOIRE
DE LA BANLIEUE
ECCLESIASTIQUE
DE PARIS,

Contenant douze Paroiſſes, pluſieurs Abbayes,
& une Succurſale de Saint Merry de Paris,

Suivie de l'Hiſtoire de pluſieurs autres Paroiſſes
ſituées tant à Saint Denis, qu'autour de la même
Ville & aux environs ; leſquelles forment le commencement du Doyenné de Montmorenci.

A V E C

L'Hiſtoire des anciennes Communautez, contenuës
dant la même étenduë, ſoit Abbayes, Collegiales
ou Prieurez, & en particulier l'Hiſtoire du Landit
de la Plaine de Saint Denis: le tout enrichi de di-
verſes remarques ſur le Temporel deſdits lieux.

Par M. l'Abbé LEBEUF, *de l'Academie*
des Inſcriptions & Belles-Lettres.

✻

A PARIS,

Chez PRAULT Pere, Quai de Gêvres au Paradis.

M. D C C. LIV.

Avec Approbation & Privilege du Roi.

AVERTISSEMENT

Sur l'Histoire de la Banlieue de Paris.

Il y a autour de Paris un certain nombre de Paroisses ou Cures qui depuis peu sont appellées de la Banlieue Ecclesiastique, quoique cette dénomination ne soit point exacte. En effet,.ce nom de Banlieue ne leur a été donné que parce qu'elles sont hors les murs et remparts, et même au-de-là des Fauxbourgs, et parce qu'elles sont comprises dans la Banlieue civile de Paris. Cette Banlieue civile doit être ancienne; mais on ne connoît de dénombremens des lieux qu'elle renferme, que depuis le XV siécle. On verra ce dénombrement cy-après.

Le véritable nom du district des Cures de la Banlieue Ecclésiastique doit se puiser dans le Pouillé de Paris écrit un peu après l'an 1200. Elles y forment deux classes. Sçavoir, celles de l'Archiprêtré de Paris, et celles de l'Archiprêtré de S. Severin. Dans ce Pouillé, les Cures de l'Archiprêtré de Paris sont toutes dans la Cité, ou dans le quartier dit la Ville, et dans le dehors au rivage droit de la Seine; et les Cures de l'Archiprêtré de S. Severin sont toutes comme l'Eglise principale de l'Archiprêtré au rivage gauche de la Seine tant dans le quartier appellé l'Université qu'au dehors. On les voit disposées dans ce Pouillé suivant l'ordre des Eglises à la présentation desquelles elles sont. Je vais en donner les noms d'après un manuscrit d'importance.

Extrait d'un manuscrit latin de la Bibliotheque du Roy cotté 5526; dans le Catalogue imprimé en 1744, et qualifié Chartularium Episcopi Parisiensis.

In Archipresbyteratu Parisiensi.

De Donatione Episcopi.	Eccl. de Vilers.
Ecclesia B. Mariæ Magdalenæ.	*De Donatione Capituli*
Eccl. S. Marinæ.	*Parisiensis.*
Eccl. S. Genovefæ.	Eccl. S. Christophori.

De Donatione S. Eligii.

Eccl. S. Crucis.

Eccl. S. Petri de Bobus.

Eccl. S. Martialis.

Eccl. S. Petri de Arsiss.

Eccl. S. Pauli.

Eccl. S. Boniti.

De Donatione Capituli
S. Germani Autiss.

Eccl. S. Germani Autissiod.

Eccl. S. Landerici.

Eccl. de Autolio.

Eccl. de Villa-Episcopı.

Eccl. S. Leufredi.

De Donatione S. Martini
de Campis.

Eccl. S. Jacobi.

Eccl. S. Dionisii de carcere.

Eccl. S. Nicolaī.

Eccl. S. Laurentii.

Eccl. de Challoel.

De Donatione S. Nicolai
Silvanectensis.

Eccl. de Charrona.

De Donatione S. Benedicti Paris.

Eccl. de Clichi.

De Donatione S. Germani
de Pratis.

Eccl. S. Germani vetuli.

De Donatione S. Dionisii.

Capella Sanctæ Genovefæ.

De Donatione Abbatissœ
Montis Martyrum.

Eccl. Montis Martyrum.

Un peu après on lit ces trois mots Ecclesia S. Gervasii, *écrits de la même main sans specification de l'Eglise à laquelle la donation ou présentation en appartient; apparemment parce qu'elle étoit contestée entre le Prieur de Meulent et l'Abbé du Bec.*

In Archipresbyteratu S. Severini.

De Donatione Episcopi.

Eccl. S. Severini.

Puis d'une main d'environ l'an 1300 *les deux articles suivans.*

Item Capella seu Vicaria quam fundavit in eadem Ecclesia Susanna de Gallandia.

Item Vicaria quam fundavit dictus Friso et ejus uxor in eadem Ecclesia.

Capella S. Maturini.

Ecclesia S. Genovefæ parvæ.

De Donatione S. Genovefœ.

Eccl. S. Medardi.

De Donatione S. Marcelli.

Ecclesia S. Martini.

Eccl. S. Ypoliti.

Eccl. S. Hilarii.

De Donatione S. Benedicti

Ecclesia S. Benedicti.

Addition d'une autre main ancienne.

De Donatione Abbatis S. Germani.

Ecclesia S. Andreæ.

Ce catalogue ne contient pas davantage de Cures des deux Archiprêtrez. Ce qui fait voir en quel temps il a d'abord été rédigé.

Toutes ces Cures comprises dans ces deux Archiprêtrez ne sont point sujettes aux visites d'aucun Archidiacre; celles qui sont dans la campagne n'y sont pas plus soumises que celles qui se trouverent renfermées dans la clôture de Paris faite en 1211, et qui auparavant étoient dans la campagne. Outre ce droit de n'être point visitées par l'Archidiacre, ces Cures des Archiprêtrez ont encore celui de n'être comprises dans aucun des Doyennez ruraux, parce que le territoire de ces Doyennez ne commence qu'au-delà de celui de ces mêmes Paroisses.

Une différence remarquable entre l'Archiprêtré de Paris, et celui de Saint Severin, est que le premier a beaucoup plus d'étendue dans la campagne que le second, par la raison apparemment qu'il porte le nom de Paris, et parce qu'il confine avec les deux Doyennez, qui subissent la visite du grand Archidiacre dit l'Archidiacre de Paris. Au contraire l'Archiprêtre de S. Severin a eu dès les commencemens un territoire plus petit, et n'a presque rien aujourd'hui dans la campagne, parce que les Fauxbourgs de Paris, sçavoir S. Victor, S. Marceau, S. Jacques et S. Germain des prez qui étoient des campagnes dans leur origine, sont venues à couvrir ce territoire. Il n'y a dans la campagne hors les limites de Paris qu'une seule Paroisse érigée au XIV siécle qui a été attribuée à l'Archiprêtre de S. Severin. C'est celle de Vaugirard, dont l'érection n'a fait que restraindre un peu vers Paris l'étendue du Doyenné de Château-fort sans en diminuer le nombre des Cures, ni par conséquent celui des Paroisses soumises à la visite de l'Archidiacre de Josais ou Josas.

ETENDUE DE LA BANLIEUE CIVILE DE PARIS en 1415.

tirée d'un manuscrit de la Chambre des Comptes dont il y a une copie à S. Victor.

Du côté gauche ou meridional de la riviere.	Le Bourg la Reine jusqu'au Pont de Châtillon *ou* Chevilly.
Vaugirard.	Ivry-sur-Seine.
Issy.	Vitry jusqu'à la fontaine du Socq.
Vanves.	Ville juive.
Baigneux Saint-Erblant.	Arcueil.

Gentilly.

Montrouge.

Du côté droit ou Septentrional de la riviere.

La Ville-l'Evesque.

Chaillot.

Auteuil.

Menues et Boulogne la petite.

Villiers la Garenne.

S. Ouen-lez-Saint-Denis.

Montmartre.

La Chapelle Saint Denis.

La Villette S. Ladre.

Pentin.

Les Hostes S. Merry et Poitronville.

Aubervillier.

Romainville.

Le Pont Charenton jusqu'au ruisseau près du Heaume.

Bagnolet.

Charonne.

La Ville Saint Denis jusqu'au greiz *ou* greil [1].

---

[1] On peut ajouter Clichy-la-Garenne, quoiqu'il soit omis dans le manuscrit.

HISTOIRE

DES PAROISSES DE LA BANLIEUE ECCLÉSIASTIQUE

DE PARIS

Comprises celles qui depuis peu sont devenues Fauxbourgs.

AUTEUIL

Avec ses deux Démembremens Boulogne et Paci.

Ce n'est que depuis la troisiéme race de nos Rois qu'il est fait mention de ce village. Cependant les premiers habitans paroissent être sortis de celui de Nigeon qu'on verra ci-après avoir existé dès le VII siécle [a]. M. de Valois avance comme une chose sûre qu'Auteuil a d'abord été appellé *Altogilum*, d'où l'on a fait, dit-il, *Altoïlum* et ensuite *Altolium*. On n'a aucuns titres sur ce village avant le commencement du XII siécle [b]; et dans ces premiers actes que j'ai vus, il est nommé *Abtoulium* ou *Altolium*. Dans les autres qui ont été redigez après le milieu de ce siécle et dans le XIII, il est toujours appellé *Autolium*. Les prairies qui sont ou qui ont toujours été dans son territoire le long de la Seine peuvent lui avoir fait donner le nom *Au* qui signifioit prairie dans le langage celtique.

Cette Paroisse n'est éloignée du milieu de Paris que d'une lieuc vers le couchant d'été sur le chemin de Saint Cloud. La plaine où elle est l'a rendue plus propre au labourage qu'à la vigne. Il y en a cependant; mais on y en a vù davantage lorsque la Paroisse comprenoit Boulogne et Pacy. On lit dans le dénombrement imprimé en 1709 qu'il y a 298 feux : mais il y a quelque faute de chiffre. Le sieur Doisy est plus exact dans celui qu'il a publié en 1745, et n'en met que 110 ou 120. Cela s'accorde assez avec le Dictionnaire Universel de la France publié en 1726, dans lequel il est marqué qu'il y a à Auteuil 480 habitans.

L'Eglise de ce lieu est sous le titre de la Sainte Vierge : Le bâti-

---

[a] *Notit. Gall.*, p. 409, col. 1. — [b] *Chart. S. Genov. Paris.*

ment ne paroît être que des deux derniers siècles. Le chœur qui est petit et la Chapelle qui est à son côté méridional sont de 150 ou 200 ans; la nef est encore plus nouvelle. Il n'y a que le portail de devant qui est d'un travail du XII siècle aussi-bien que la Tour du clocher terminée en pyramide octogone de pierre, et située hors d'œuvre au côté septentrional du chœur; on a construit devant cette porte antique un vestibule moderne. On voit dans le chœur la tombe de M. Antoine-Nicolas Nicolaï premier Président de la Chambre des Comptes, décédé à Auteuil le 15 juin 1731; et dans la Chapelle à côté du même chœur vers le midi et attachée sur le mur une plaque d'airain qui contient l'épitaphe latine de M. Gendron Medecin fort célèbre, mort le 3 Septembre 1750.

Madame Anne le Fevre d'Ormesson épouse de M. le Chancelier d'Aguesseau étoit décédée il y a quelques années sur la Paroisse d'Auteuil, et comme elle avoit ordonné d'y être enterrée, on l'inhuma au cimetiere situé devant la grande porte. On couvrit sa sépulture d'une tombe d'airain ou de potin élevée, inscrite en bosse et fermée de grillages. M. le Chancelier qui est décédé le 9 Février 1751 ayant souhaité être inhumé au même lieu y fut porté et enterré le onze, sa famille a fait détruire en 1753 les deux monumens, et dresser deux autres tombeaux plus loin de l'Eglise et proche l'entrée occidentale du cimetiere. A leur tête elle a fait ériger sur une magnifique base de marbre blanc une très-haute Pyramide d'un autre marbre qui supporte un globe couronné d'une croix de cuivre doré. Au côté Septentrional de cette base est gravée en lettres d'or l'inscription suivante :

Christo Salvatori
Spei credentium
In quo crediderunt et speraverunt
Henricus Franciscus d'Aguesseau
Galliarum Cancellarius
Et Anna le Fevre d'Ormesson
Ejus conjux,
Eorum liberi
Juxta utriusque parentis exuvias
Hanc Crucem
Dedicavere.
Anno reparatæ Salutis
M DCC LIII.

Les deux tombes de pierre élevées dans la clôture grillée vont être incessamment couvertes chacune de l'épitaphe de ces Illustres défunts.

On tient qu'en cette Paroisse l'usage a plus longtemps subsisté qu'ailleurs, de prendre par forme de droit de ceux qui se marioient le chaperon et le couvre-chef [a].

Le Pouillé Parisien marque qu'il y a dans l'Eglise d'Auteuil une Chapelle de S. Jean-Baptiste.

Une fondation [b] plus certaine est celle qu'y fit en 1658 Nicolas Fillon Bourgeois de Paris d'une Chapelle du titre de Ste Geneviéve à l'autel de son nom, à condition que le Chapelain-Prêtre tiendroit école pour les garçons d'Auteuil et de Pacy, et les conduiroit le soir à l'Eglise pour y chanter le salut de la sainte Vierge. Le même Bourgeois y fonda aussi une Maîtresse d'école aux mêmes conditions. Le fondateur se retint la présentation du Chapelain; mais aprés son décès elle devoit appartenir au Curé. Huit ans après Claude Chahu Seigneur de Pacy et Christine de Heurles son épouse fonderent à Auteuil un autre Prêtre à trois cent livres de rente, et destituable à la volonté du Curé [c].

Comme la Collegiale de Saint Germain l'Auxerrois fut rebàtie par le Roy Robert à peu près vers le même temps que se formerent les villages d'Auteuil et de Chaillot des débris de celui de Nigeon, ces deux nouvelles Cures furent données à deux Communautés de Paris par l'Evêque Diocésain. La Cure d'Auteuil la plus spacieuse fut attribuée au Chapitre de l'Eglise de Saint Germain, d'autant que cette Eglise dans les premiers temps avoit étendu son territoire presque jusqu'à Saint Cloud, et Maurice de Sully Evêque de Paris lui en accorda la confirmation [d] l'an 1192. Il paroît même qu'au XIII siécle ce Chapitre avoit une dixme de vin sur cette Paroisse d'Auteuil à raison de Curé primitif [e]. Ce même Chapitre nomma donc à cette Cure ainsi que l'assure le Pouillé du XIII siécle : Elle y est appellée *Ecclesia de Autolio;* et placée sous l'Archiprêtré de Paris : cette nomination marquée dans tous les Pouillés subséquents a duré jusqu'à la réunion de ce Chapitre à celui de la Métro-

---

[a] Hist. des Paroisses de Paris, chez La Caille, 1722. — [b] Contrat du 7 nov. 1658. — [c] *Reg. Archiep. Par.*, 1666. — [d] *Hist. Paris.*, tome III. — [e] *Lib. cens. S. Genov.*

politaine en 1745, auquel temps la pleine nomination à cette Cure
a été dévolue à l'Archevêque. On en avoit détaché Boulogne en
1343 pour y ériger une Cure; et Pacy en 1672 pour une semblable
raison. Je parlerai de ces deux Paroisses formées de celle-ci, immédiatement après cet article.

Outre la Chapelle de Notre-Dame de Boulogne et celle de Pacy,
il y a eu autrefois sur le territoire d'Auteuil une Chapelle du titre
de Ste Marie-Magdelene. C'est un fait qui m'a été fourni par l'ancien
Necrologe de l'Abbaye de Sainte Geneviéve, dans lequel on lit au
second des Ides de Décembre. *Obiit Emelina familiaris nostra quæ
dedit nobis octo libras de quibus constructa est Capella de Altolio
in honorem beatæ Mariæ Magdalenæ.* Il faut que cette Chapelle
eût été bâtie dans le XII ou XIII siécle, pour que la somme de huit
livres eût pû suffire à sa construction. Ce pouvoit être une Chapelle
seigneuriale et de très-petite étendue; car on va voir que les Chanoines de cette Abbaye devinrent Seigneurs d'Auteuil il y a plus de
six cent ans. L'Hôtel seigneurial est situé au côté méridional de
l'Eglise Paroissiale.

L'Abbaye du Bec fondée au Diocése de Rouen vers le milieu du
XI siécle possedoit la Seigneurie d'Auteuil avec quelque bien dans
Paris, qui lui venoit peut-être des Seigneurs de Beaumont-sur-Oise,
lesquels avoient fait venir des Religieux de cette Abbaye à Conflans-
Sainte-Honorine. L'Abbaye de Sainte Geneviéve de Paris, de fondation beaucoup plus ancienne, avoit de son côté des fiefs et autres
revenus à Vernon, et dans un lieu dit *Gamilliacum* ou *Carmillia-
cum* [a]. Ces deux Abbayes firent un échange de tous ces biens
l'an 1109, et l'acte fut confirmé par Louis le Gros Roi de France,
et par Henry Roy d'Angleterre [b]. Ce fut ainsi que les Chanoines de
Sainte Geneviéve qui étoient alors séculiers et sous un Doyen, entrerent en possession des serfs, censives, vignes, terres labourables,
Justice et tous autres droits que les Moines du Bec avoient eu avant
eux à Auteuil. En 1163 ces biens furent ainsi exprimés dans la
Bulle de confirmation [c] de tout ce que possedoit cette Maison de

---

a J'aurois cru que ce *Gamilliacum* ne seroit autre que le village appellé *Sainte Geneviève*
à une lieue de Vernon vers l'orient, si ce n'étoit que la carte marque tout proche Vernon
vers le midi, un lieu dit Gamilly. — b *Gall. Chr.*, t. VII, col. 707. — c *Gall. Chr.*, t.
VII. *Instrument.*

Sainte Geneviéve : *Apud Autolium terras, vineas, et capitalia et totam Justitiam terræ quam ibi habent.* Auteuil étoit devenu le titre de la Prebende d'un de ces Chanoines séculiers de Sainte Geneviéve. Celui qui la possedoit lors de l'introduction des Chanoines Réguliers en cette Eglise, nommé Simon de Saint-Denis, la garda jusqu'à l'an 1182 qu'il la leur remit, leur donnant outre cela tout ce qu'il avoit acquis en ce lieu[a]. Thibaud son neveu reclama, puis se désista moyennant d'autres biens que Simon lui donna, sçavoir un moulin à Sevre et des prez dans le marais de Ste Opportune, à quoi Etienne Abbé de Sainte Geneviève ajouta la somme de cent livres[b]. Le Pape Luce III confirma ces donations, aussi bien que le Roy Philippe-Auguste[c].

En 1226 l'Abbé Herbert fit un bail[d] de la Mairie de ce lieu, avec le Four-bannal et ce qu'on appelloit *districta, bonagia, investituras*, à la charge de payer six septiers de seigle à Sainte Geneviéve. Ce même Four-bannal étoit en 1250 à la même quantité de seigle et en 1257 à un muid de bled. Le clos Seigneurial vers 1250 renfermoit vingt-deux arpens et demi de vignes. La même Abbaye avoit à Auteuil, au canton dit Corbel[e] quatre arpens de prez, et dans l'Isle quatre arpens et demi[f]. Il lui étoit dû alors des droits de coûtume en avene, en pains et en chapons, et pour la dixme des terres de l'Isle d'Auteuil environ six septiers[g]. Plusieurs cantons de cette terre sont désignés dans un bail en villenage[h] fait à Simon qui en étoit Curé en 1250. sçavoir une pièce de terre dite *tertiolum terræ in Grois;* un demi arpent de vigne *in Marisco et ad Rotam;* une pièce de vigne *de capite villæ ;* un quartier de vigne à la fontaine et au marais; un demi arpent *apud Paciacum*; une pièce de vigne *ad Oserios*, et un arpent dans l'Isle[i]. Ceux qui jouissoient ainsi en villenage étoient tenus de rendre les biens dèslors qu'on les leur redemandoit[j].

Lorsque l'Abbaye imposoit la Taille à ses sujets d'Auteuil pour

---

[a] *Chartul.. S. Genov.*, p. 81.— [b] *Ibid.*, p. 21.— [c] *Gall. Chr.*, t. VII. *Instrum.*, p. 222. — [d] *Ibid.*, p. 267. — [e] Ce Corbel ne seroit-il point le même lieu qui est appelé Torval dans les titres de Saint Germain l'Auxerrois, qu'on dit être un fief de ce Chapitre et de la Communauté des Chapelains, situé vers Nigeon? — [f] *Lib. cens. S. Genov.*, f. 48. — [g] *Ibid.*, f. 33. — [h] C'est-à-dire dans lequel le Curé comparut non comme Curé, mais comme particulier. Il y a encore une autre explication de ce terme.— [i] *Chartul. S. Genov.*, p. 329. — [j] *Ibid.*

l'armée du Roy, cette Paroisse en payoit cent sols [a]. C'est ce qu'elle fit en 1242 et 1272.

Le Prevôt de Paris ayant attaqué la Justice de cette Abbaye en ce lieu, il y eut un Arrêt [b] du mois d'Août 1275 qui reconnut le droit des Religieux, et les déclara *in sesina Justitiæ sanguinis et latronis et alterius bassæ Justitiæ in viaria et censiva ipsorum*. On trouve même qu'en 1295 par Sentence du Bailly de Sainte Geneviéve Marie de Romainville soupçonnée de larcin fut enfoüie à Auteuil sous les Fourches [c]. C'étoit alors une maniere de faire mourir les criminels. Ce que le Roy avoit dans la Justice de Pacy et lieux voisins ayant été donné par Louis XI vers l'an 1467 à Jean de la Driesche Président des Comptes, Pierre l'Orfévre d'Ermenonville, Martin le Picard de Villeron Maîtres des Comptes, et Pierre Jousselin Correcteur, furent commis pour informer des limites d'Auteuil et de Pacy, et de l'étendue de la Haute-Justice de ces deux lieux; ils en dresserent l'assiette et la firent enteriner par la Chambre des Comptes [d]. Peut-être s'agissoit-il du Fief de la Folie Richard le Large tenu et mou-vant du Roy selon un Compte de la Prevôté de Paris qui le dit assis à Auteuil [e]. Il appartenoit en 1399 à Perrin Sacrice demeurant audit Auteuil.

La Maison de la Seigneurie d'Auteuil a été rebâtie et augmentée en ces derniers temps par les Abbés de Sainte Geneviéve qui en font maintenant leur maison de campagne.

Les habitans de ce lieu serfs et vassaux de Sainte Geneviéve furent affranchis comme plusieurs autres en 1247 par l'Abbé et le Couvent; manumission que S. Louis confirma [f], à condition qu'ils viendroient défendre les droits et biens de cette Eglise quand ils seroient mandés. Sous le regne de Charles V ces mêmes habitans et ceux de Pacy [g] obtinrent permission de ce Prince de pouvoir clorre leurs héritages de murs de six pieds, de chasser, prendre et étrangler les conils de ces mêmes héritages, moyennant la somme de douze sols qu'ils devoient payer par arpent au Receveur de Paris. Les lettres [h] du Roy Charles VI qui leur confirment en 1381

[a] *Lib. cens. S. Genov.* — [b] *Chartul. S. Genov.*, p. 358. — [c] Sauval, t. II, p. 594. — [d] Mémoriaux de la Chambre des Comptes — [e] Sauval, t. III, p. 263. — [f] *Chartul. S. Genov.*, p. 283. — [g] Mémoriaux de la Chambre des Comptes. — [h] Trés. des Chart. Reg., 119, pièce 141.

au mois de May la permission de clorre ces héritages, spécifient que ce sera à sable et à chaux. Ceux d'entre-eux qui demeuroient dans la Forêt de Rouvret (dite depuis de Boulogne) obtinrent aussi du même Prince en 1395 la confirmation de la jouissance du bois d'entrée sans fraude, et la revocation de l'article de l'Ordonnance des Eaux et Forêts qui y étoit contraire[a]. Je trouve dans les mêmes Mémoriaux qui me fournissent ces faits une mention spéciale à l'an 1403 de l'affranchissement des habitans d'Auteuil et Pacy de toutes aides et tailles. Dans les articles d'environ l'an 1470 on lit : « Relief d'adresse sur l'affranchissement aux habitans d'Auteuil en « faveur du Président de la Driesche. » A l'an 1475, don fait par le Roi au même Président des héritages situés à Auteuil et Pacy, qui furent à feu Louis de Luxembourg Connétable. Enfin à l'an 1545 ou environ il est fait mention de la recompense qui fut donnée par le Roy aux habitans d'Auteuil et de Saint Cloud pour les terres et vignes à eux appartenantes qui avoient été encloses dans le Parc de Boulogne.

J'ai deja fait remarquer cy-dessus qu'en établissant une Paroisse à Boulogne on a retranché d'Auteuil un terrain considérable qui s'étendoit vers le Septentrion et dans le Bois de Boulogne, alors appellé la Forêt de Rouvret. C'est ce qui fait que la Paroisse d'Auteuil n'a plus qu'un seul écart nommé Bilancourt dont je parlerai ci-après. Du côté de Pacy et avant l'érection de la Paroisse, Auteuil étoit plus borné, et il ne s'étendoit que jusqu'à l'endroit où sont les Minimes exclusivement, quoique quelques-uns assurent que c'est sur un fond de la Seigneurie d'Auteuil qu'ils ont été bâtis[b].

Il a été un temps que les vignes d'Auteuil étoient de quelque considération parmi celles d'autour de Paris. Les Chanoines de Sainte Geneviéve vendoient à des Evêques du vin qui en provenoit; comme ils firent à Pierre Evêque de Roschild en Danemarc au XIII siécle[c]: Des Chanoines de Notre-Dame de Paris qui en posse-doient dans ce même siécle et dans le précédent en gratifioient leur Eglise, afin que du revenu il fût fait le jour de leur Anniversaire après leur mort un repas à quatre services *ad stationem quatuor*

---

[a] Mémoriaux de la Chambre des Comptes. — [b] Sauval, t. I, p. 643. — [c] *Tab. S. Genov.*

ferculorum. Dans l'un des deux endroits du Necrologe[a] qui en font mention, ce village est appellé *Autolium*, et dans l'autre *Alteolum*.

On a dû remarquer cy-dessus qu'il y avoit aussi dans le XIII siécle un canton d'Auteuil désigné par une fontaine qui s'y trouvoit. Cette fontaine à laquelle on ne prenoit pas garde alors, qu'on négligeoit et qu'on laissoit perdre dans les terres, est devenue célebre vers le commencement du dernier siécle, ensorte que l'on vit paroître à Paris in 8° en 1628 un Ecrit sur les Eaux d'Auteuil composé par Pierre Habert Medecin[b].

Ayant été établi un Bac sur la Seine au lieu le plus commode par Arrêt du Conseil du 14 Octobre 1636, ce Bac fut placé vis-à-vis le village d'Auteuil en faveur de Meudon[c].

On croit que c'est ce village[d] qui fournit à l'Abbaye de Saint Denis au XIII siécle deux Religieux qui devinrent fameux : l'un s'appella Pierre d'Auteuil[e]. Ses connoissances le rendirent célebre sur la fin du regne de Philippe-Auguste, jusques-là qu'il devint Abbé de Saint Denis en l'an 1221. Jean d'Auteuil peut être neveu du précédent, étoit Grand-Prieur de la même Abbaye au commencement du regne de Philippe le Bel : ensuite le Pape Nicolas IV le fit en 1290 Abbé de Saint Oüen à Rouen[f].

Il y a quelques autres Illustres personnages du nom d'Auteuil : mais je croi qu'ils n'étoient pas d'Auteuil proche Paris, car on connoît en France cinq ou six autres Auteuil.

Ce fut à Auteuil-sur-Seine que mourut le 18 juin 1645 Henry d'Escoubleau Archevêque de Bourdeaux, député de l'Assemblée du Clergé de l'an 1640.

En 1636 Etienne d'Aligre Maître des Requêtes qualifié *Prœfectus œrarii regii* y avoit sa maison de campagne[g].

Le célèbre Moliere a eu aussi une maison de campagne à Auteuil[h].

M. Gendron Medecin de grande réputation a occupé en ces derniers temps la maison d'Auteuil qui avoit appartenu à M. Boileau :

---

a *Necrol. Eccl. Paris.*, 15 janv. et 17 oct. — b *Bibl. hist. de France*, n° 832. — c *Ex Sched.* Lancelot. — d *Hist. de Saint-Denis*, p. 221. — e *Hist. de Montmorency*, p. 84. — f Chron. breve S. Dion, t. II, *Spicil.*, in-fol., p. 498. — g *Reg. Ep. Par.* — h Parnasse de M. Titon, p. 418.

ce qui dicta à M. de Voltaire cet *impromptu* lorsqu'il y entra la
premiere fois :

> C'est ici le vrai Parnasse
> Des vrais enfans d'Apollon,
> Sous le nom de Boileau ces lieux virent Horace.
> Esculape y paroît sous celui de Gendron.

Cette maison est située dans la seconde rue que l'on trouve à
gauche après l'Eglise en allant à S. Cloud; c'est la premiere porte
cochere après une longue ruelle qui est à droite.

Avant l'érection de la Paroisse de Pacy, celle d'Auteuil reven-
diquoit la Muette de Madrid ; au moins ce lieu lui est-il attribué
dans une permission accordée en 1628 à François de Rebours
Ecuyer de la Reine-Mere, Capitaine de ce Château, et à Anne de
Chaune sa femme, d'y faire célébrer dans un oratoire [a],

BILLENCOURT ou Bilancourt est déclaré aussi en 1635 compris
dans la Paroisse d'Auteuil [b]. Il appartenoit alors à Magdelene Paquier
veuve de..... Rebours Procureur Général au Grand Conseil. Ce lieu
est situé dans le fond de la bosse que la Seine forme vis-à-vis
Sevre,

J'ai aussi trouvé qu'en 1697 le XI Avril il fut permis aux Chanoines Reguliers de Sainte Geneviéve de célébrer en leur Chapelle
domestique de GRENELLES Paroisse d'Auteuil [c].

Dans un Journal de l'an 1743 il est fait mention du Fief-Bau-
douin-lez-Auteuil près Paris, possédé par François Dugard Ecuyer
Seigneur de Longpré, mort le 2 Avril de cette année-là [d].

---

[a] *Reg. Archiep. Par.*, 16 Aug. — [b] *Ibid.*, 10 jul. — [c] *Ibid.* — [d] Mercure de France,
avril 1743, p. 816.

BOULOGNE

On ne peut donner connoissance de l'origine de Boulogne-sur-Seine, qu'en remontant jusques dans les siécles auxquels entre Paris et Saint Cloud alors appellé Nogent, il n'y avoit qu'un seul village appellé en latin *Nimio*, d'où l'on a fait Nijon; ce village étoit suivi d'une forêt dont le nom étoit *Roveritum* par alteration de *Roboretum*, et qui par la suite fut appellée la forêt de Saint Cloud parce qu'elle s'étendoit presque jusqu'au Pont de ce Bourg.

Lorsqu'on eut commencé à diminuer cette Forêt du côté de Saint Cloud, les premieres habitations qui y furent faites, furent appellées Menus-lez-Saint-Cloud. La forêt de Rouvret perdit aussi par la suite son ancien nom, lorsque le village de Menus commença à être appellé Boulogne.

Avant que de rapporter comment tout cela se fit, il faut citer le titre où l'on voit que la forêt étoit nommée primitivement *Roveritum*. C'est un diplome du Roy Chilperic surnommé Daniel de l'an 717, par lequel il fait donation de cette forêt en entier à l'Abbaye de Saint Denis, *Foreste nostra Roverito...., quæ est in pago Parisiacos super fluvium Sigona* [a] et ce qui confirme qu'il ne faut point chercher ailleurs la position de cette forêt qu'à l'endroit où est le Bois de Boulogne, est qu'on lit les expressions suivantes dans des lettres du Roy Philippe le Bel de l'an 1293 : *Novem arpenta terræ sita inter Rotulum et nemus de Rovreto in loco qui dicitur ad spinam pediculosam* [b]. Voilà le Roule qui en est dit voisin. Mais il faut aussi convenir que cette forêt s'étendoit alors plus qu'elle ne fait du côté

[a] *Scriptor. Rer. Gallic.*, D. Bouquet, t. V, p. 594, — [b] *Notit. Gall. Valesii*, p. 487, col. 1.

du septentrion ou du Nord-Est, et que ce qu'on appelle la Plaine des Sablons en faisoit partie. En 1448 on disoit *la Garenne de Rouvret;* et en 1469 et 1474, la Forêt de Rouvret ainsi qu'on verra cy-après [a].

A mesure qu'on établit des Paroisses dans la campagne, et qu'il y eut des cabanes dressées dans cette forêt, les différens cantons furent partagez entre les deux plus voisines, sçavoir, Auteuil d'un côté, et Villiers-la-Garenne de l'autre côté. Dans la portion de territoire attribuée à Auteuil fut compris Menus-lez Saint-Cloud ; le terrain sur lequel fut bâtie au XIII siécle l'Abbaye de Long-Champ fit aussi partie de la Paroisse d'Auteuil.

Au reste l'Abbaye de Saint Denis n'avoit peut-être pas eu cette forêt en entier, si elle l'avoit possedée entierement, il faut supposer qu'elle en vendit ou qu'elle en échangea une grande partie, puisqu'on verra un peu plus bas, que l'Evêque de Paris en possedoit une portion considérable au XVI siécle. Il s'ensuit pareillement de cette jouissance des Evêques de Paris, que tout le Bois de Rouvret ne fut pas compris dans l'achat que M. Brussel [b] dit en avoir été fait en 1212 par Philippe-Auguste. On va voir aussi que l'Abbaye de Montmartre avoit en 1320 une Seigneurie et censive à Menus qui étoit sur les bords de ce Bois, et qu'elle en jouissoit dès le XII siécle.

Le lieu de Saint Cloud ayant toujours été en plus grande réputation qu'Auteuil, de là est venu qu'en parlant de Menus, au lieu de dire Menus-lez-Auteuil, on s'accoutuma de dire Menus-lez-Saint-Cloud, quoiqu'il fût sur la Paroisse d'Auteuil. Comme Auteuil et Menus étoient séparés par la forêt, on donna à Menus le surnom de l'endroit le plus proche et le plus connu. Le premier acte [c] où l'on trouve le nom de Menus-lez-Saint-Cloud, sont des lettres de l'an 1134 par lesquelles Louis le Gros à la priere de la Reine Adelaïde donne aux Religieuses de Montmartre *villam ante S. Clodoaldum sitam quœ vocatur Mansionuillum* [d] *cum vineis, pratis et nemore.* Le

---

[a] Mémoriaux de la Chambre des Comptes.—[b] Traité des Fiefs, t. I, p. 2 et liv. XXXIV, p. 483. — [c] *Hist. S. Martini à campis*, p. 329. — [d] L'Auteur de la petite description de Paris chez la Caille 1722, n'entendant point ce *Mansionuillum* a cru que c'étoit *Mansiones villam*, et que c'étoit Maisons près Charenton ; ce qui lui a fait dire faussement que ce village est de la Justice de S. Maur, parce que Maisons en est.

second acte est tiré des Registres du Parlement où on lit à l'an 1316. *Villa de Menus in qua Abbatissa Montis Martyrum habet Justitiam altam et bassam.* Le troisième acte où l'on retrouve ce nom, sont des lettres datées du Vivier en Brie au mois de Février 1319, par lesquelles le Roy Philippe le Long donne aux Habitans de Paris et autres qui avoient été en pelerinage à Notre-Dame de Boulogne sur mer, la permission de faire construire une Eglise au village de Menus-lez-Saint-Cloud *in villa de Menus prope Sanctum Clodo-aldum* [a], et d'établir une Confrérie entre eux, avec la clause que le Prévôt de Paris ou quelqu'un qu'il déléguera sera présent aux assemblées qu'ils tiendront. Ce qui détermina les Bourgeois de Paris à choisir ce lieu de Menus, fut que deux Notables d'entre ces Pelerins, sçavoir Girard de la Croix scelleur au Châtelet et Jean son frère offrirent une place de cinq arpens de terre ou environ qu'ils y avoient en propre, pour y bâtir cette Eglise [b]. Il ne manquoit plus que des lettres d'amortissement que Jeanne de Repenti Abbesse de Montmartre leur accorda en qualité de Dame du lieu le Dimanche d'après l'Ascension 1320. Cette Eglise ayant été construite en moins de dix ans, porta le nom de Notre-Dame de Boulogne-sur-Seine, parce qu'elle avoit été bâtie sur le modele de celle de Boulogne-sur-mer, et dès l'an 1329 le Pape Jean XXII lui accorda beaucoup d'Indulgences.

Les Habitans du village de Menus ayant trouvé leur commodité dans cette nouvelle Eglise, agirent pour la faire ériger en Paroisse. Elle le fut en effet l'an 1343 par Foulques de Chanac Evêque de Paris [c]; et ce hameau fut ainsi demembré d'Auteuil. Cet Evêque fit le 10 Février un accord [d] avec les Confréres de la Confrérie touchant la nomination du Curé [e], aussi-bien que sur le droit de Procuration Episcopale, dont les successeurs eurent souvent de la peine à être payés. On ne voit pas d'où M. Grancolas a pû tirer que cette Eglise avoit été bâtie par le Roy Charles V [f]. Il est mieux fondé à dire que la Dédicace en fut faite par Guillaume Chartier Evêque de Paris. L'acte de cette cérémonie y est gravé dans la nef du côté septen-

---

[a] Du Breul, *Antiq. de Paris*, édit. 1639, p. 1040. — [b] Du Breul, *ibid.* — [c] *Gall. Chr.* t. VII, col. 132. — [d] *Chart. Ep. minus*, fo 265. — [e] *Tab. Ep.*, 1416, 1444. — [f] Hist. de l'Egl. de Paris, t. II, p. 250.

trional proche la Chapelle du Sepulcre, et a été donné en entier
par Du Breul. On y lit que ce fut le Dimanche 9 Juillet 1469 que
cet Evêque la dédia à la priere de Pierre Charpentier Prêtre Chapelain; Guillaume Barbedor, Nicolas de la Feuillé, Jean Boileau et
Nicolas Menard étant Gouverneurs et Marguilliers de cette Eglise
et de la Confrérie des Pelerins et Pelerines de Notre-Dame de Boulogne-sur-mer. Et après avoir fait mention des Indulgences accordées à l'ordinaire au jour de l'Anniversaire fixé au second Dimanche
de Juillet, on ajoute que les bienfacteurs sont associés à tous les
bienfaits de l'Ordre de Citeaux. Guillaume Michel dit de Tours a
parlé dans ses poësies du Pelerinage de ce lieu [a], et il dit qu'il y est
venu en 1516.

S'il est vrai au reste que le Roy Charles V eut fait rebâtir cette
Eglise, cela ne peut convenir à tout le vaisseau tel qu'il se voit
aujourd'hui, puisque les vitrages contiennent les noms des Bourgeois qui en ont fait la dépense, et ceux de leurs femmes qui sont
en lettres gothiques. Cet édifice est très-propre et bâti avec la déli-
catesse ordinaire du gothique du XIV siécle, mais sans ailes et en
simple forme de Chapelle. Il est couvert d'ardoise. Zeiller [b] en a
placé la représentation dans sa Topographie de France publiée en
1655. Je ne sçai si l'on ne pourroit point entendre de cette Eglise
ce qu'a écrit le fameux Nicolas Flamel qui vivoit en 1393 et 1413,
sçavoir qu'il a beaucoup dépensé à Boulogne près Paris, ou si cela
doit plutôt s'entendre des recherches qu'il y auroit faites de la
pierre philosophale [c].

Le nom de la Confrérie qui étoit celui de Notre-Dame de Boulogne
l'emporta peu-à-peu sur celui de Menus, et après qu'on eut dit
pendant plus d'un siécle *Boulogne la petite,* on se contenta de dire
simplement Boulogne. L'expression de Notre-Dame de Boulogne la
petite est usitée dans des lettres [d] de Charles VI du 12 juin 1400
adressées au Prevôt de Paris. Jacques Nivelle Chanoine d'Auxerre
est dit en 1407 Curé de Boulogne la petite lez-saint-Cloud [e]. Le
Journal imprimé du regne de Charles VII marque à l'an 1429, que
ce fut à Boulogne la petite, que « Fr. Richard Cordelier revenu

a Bibliot. Franç.. t. X, p. 315.— b Topogr. Zeiller, t. I, Francford.— c Moreri, sur le mot
Pierre philos.— d Trésor des Chartes, Regist. 155, p. 35.— e *Tab. Sacræ Capel. Paris.*

« depuis peu de Jérusalem, fit un si beau sermon, qu'après le
« retour des gens de Paris qui y avoient assisté, on vit plus de
« cent feux à Paris, en lesquels les hommes bruloient tables, cartes,
« billes, billards, boules ; et les femmes les atours de leurs têtes,
« comme bourreaux, truffes, pieces de cuir et de baleine ; leurs
« cornes, leurs quèües. »

Le premier Pouillé [a] qui fasse mention de cette Paroisse est du
XVI siécle et l'appelle *Bononia parva;* ajoutant que la Cure est
alternativement à la nomination de l'Evêque et du Chapitre de
Saint-Germain l'Auxerrois. Elle est comme celle d'Auteuil sous
l'Archiprètré de la Magdelene. Le Pouillé de 1626 la dit être à la
nomination du Chapitre de Saint-Germain seulement, et y marque
une Chapelle de Notre-Dame et de Sainte Catherine à la présentation des héritiers d'un Jean Nicier, et la collation du Seigneur, ce
que le Pelletier a adopté entierement dans le sien de l'an 1692;
quoique le Pouillé de 1648 ait mis la Cure à la nomination de
l'Archevêque sans aucune mention de la Chapelle. Il faut cependant que cette Chapellenie de Notre-Dame ait existé réellement [b].
J'en ai vu une collation [c] par l'Evêque de Paris du 28 Novembre 1498.
Le 14 Février 1520 l'Evêque la confera sous le titre de l'Annonciation Notre-Dame sur la présentation de Fiacre de Harville Seigneur
de Palaiseau et autres lieux, comme héritier de Louis de Concies
son oncle qui en étoit le patron. La Chapelle Sainte Catherine étoit
differente. Jean Chuffart la permuta en 1437 pour le Doyenné de
Saint Marcel [d].

Le nom de Boulogne ne fut point communiqué au Bois voisin
aussi promptement qu'il l'avoit été au village de Menus. On l'appelloit en 1358 le Bois de Saint-Cloud. Les Chroniques de Saint-
Denis écrites par des auteurs du temps disent à cette année que le
21 Juillet il y eut dans le Bois de Saint-Cloud des Anglois qui
s'étant mis en embuscade, en sortirent, coururent sur ceux de
Paris et en tuerent plusieurs. Mais en 1417 on voit employé le terme
de Bois de Boulogne. Il est marqué dans le Journal [e] de Charles VI,
que le Bois de Boulogne fournissoit le may chaque année pour

_____

a *Bibl. Reg. Cod.* 5218. — b *Reg. Ep. Par.* — c *Ibid.* — d *Tab. Spir. Ep. Par.* —
e Journ. de Charles VI, p. 36.

l'Hôtel du Roy. On continuoit cependant encore quelquefois d'employer le nom ancien et primitif. On voit à la Chambre des Comptes à l'an 1448 Guillaume Chenu continué dans l'office de Gruyer de la Garenne de Rouvray. On trouve dans une piece vue par Sauval[a], qu'en 1469 la Forêt ou Garenne de Rouvray fut brulée par le vacher de Boulogne, lequel fit du feu dans la partie du Bois où les habitans de ce village avoient leurs usages, et le feu s'étant communiqué aux bois du Roy, il y en eut plus de cent arpens brulés. Il y a une Ordonnance[b] de Louis XI du 13 Février 1474, qui porte que les délits commis en ses Garennes des Bois de Vincennes et de Rouvray près Saint-Cloud, soyent jugés par les Juges des lieux et desdites Garennes, et par le Concierge du Bois de Vincennes, et Garde de ces Garennes Maître Olivier le Dain son Valet de Chambre.

Dans le siécle suivant on ne trouve plus que le nom de Bois de Boulogne, soit dans les Tables de la Chambre des Comptes, soit dans les Registres du Parlement. En 1522 huit arpens de terre près la Forêt de Boulogne furent donnés à bail à Charles de Senlecque. En 1545 il y eut une compensation ordonnée pour ceux dont on avoit enfermé les vignes[c] dans le Parc de Boulogne. Le Roy et l'Evêque de Paris firent en 1552 un échange[d]. L'Evêque avoit au Bois de Boulogne des Taillis à cause de son Evêché, et y avoit Censive, Justice, Droit de Chasse; le tout ayant été enclos dans le Parc, le Roy lui donna une partie de la Forêt de Senart par lettres du mois de Juillet, registrées le 6 Février suivant[e]. Il s'agissoit de six-vingt arpens, qui furent transportés au Roy par Regnauld de Combrailles Chanoine de Paris, comme Procureur d'Eustache du Bellay Evêque. Charles IX par sa Déclaration de l'an 1573 permit au Capitaine du Bois de Boulogne, à son Lieutenant et aux quatre Sergents de ce Bois, d'y prendre chacun pour leur chauffage, le Capitaine un arpent et demi de bois, son Lieutenant un arpent, et chacun des Sergents un quartier. Le nom de Rouvray n'étoit cependant point encore éteint : car dans les Registres des chauffages accordés en 1577 le 10 Décembre, ce Bois est appellé *le Bois de Rouvray dit de Boulogne*. Mais le nom de Boulogne étoit devenu

a Antiq. de Paris, t. III, p. 650. — b I. Volume des Bannières du Chastelet, fol. 148. — c *Reg. Parlam.* — d Mémoriaux de la Chambre des Comptes. — e Regist. Parl., 26 may 1573.

si familier qu'il fut communiqué même au Château qu'on a appellé depuis le Château de Madrit. C'est pourquoy on trouve quantité d'Ordonnances ou d'Edits de Charles IX qui sont dattés du Château de Boulogne-lez-Paris, quoique ce Château soit sur la Paroisse de Villiers la Garenne *.

Le Bois de Boulogne est devenu un canton fameux pour les herborizations. M. de Tournefort en parle près de dix fois dans son Traité d'après Gundelsheimer, Clusius ou Jean de l'Ecluse Médecins, et d'après ses propres observations.

On sera peut-être surpris que le nom de Menus qui est absolument hors de l'usage vulgaire soit néanmoins encore employé dans les dénombremens de l'Election de Paris. L'article de Boulogne dans le dénombrement imprimé en 1709, est ainsi conçû : *Menus et Boulogne, Gruerie, Capitainerie de Chasse, 205 feux.* Les mêmes termes sont repetés dans le dénombrement publié en 1745, et on y marque 206 feux. Le Rolle des Tailles réunit aussi les deux noms Menus et Boulogne. Le Dictionnaire Universel de la France qui parut en 1726 y comptoit alors 668 habitans ou communians. Quelques-uns disent Boulogne-lez-Menus.

Les Religieuses de Montmartre continuent d'être Dames de ce lieu.

Je vais parler d'une Abbaye plus nouvelle. C'est celle de

LONG-CHAMP

Lorsque ce Couvent fut fondé, il étoit situé sur la Paroisse d'Auteuil, parce que le village de Menus (appellé depuis Boulogne) dont il est voisin, étoit alors de cette Paroisse. Mais depuis l'érection de la Paroisse de Boulogne par un détachement de celle d'Auteuil, ce Couvent se trouve compris dans le territoire de cette nouvelle Paroisse. Il est situé sur le rivage droit de la Seine, dans le premier coude que cette riviere forme au sortir de Paris. Le village de Surenne est à l'autre bord. Le nom de Long-champ que portoit ce terrain dès le XIII siécle, convient à sa situation dans une grande

* *Tab. de Blanchard.*

plaine à l'extrémité du bois de Rouvret, dit depuis Boulogne. Sa distance du milieu de Paris est d'une lieue et demie.

Isabelle, sœur de S. Louis, Princesse pleine de piété, ayant fait consulter Hemeric Chancelier de Notre-Dame de Paris, sur ce qui seroit plus agréable à Dieu, de la fondation d'un Hôpital [a], ou de celle d'une Maison de Sœurs Mineures, il lui conseilla la Maison de Religion; elle fonda donc celle de Long-champ, qui lui couta bien trente mille livres parisis. On remarque que ces Religieuses dans leur premiere institution n'étoient d'aucun Ordre particulier [b], n'ayant point d'autre regle que celle que le Pape Alexandre IV mort en 1261, avoit dressée exprès pour elles, en laquelle elles sont appellées *les Sœurs Incluses de l'Humilité de Notre-Dame*, du nom que la Princesse avoit choisi. Agnès de Harcourt écrit que cette regle fut *éprouvée* par Frere Bonaventure et quatre autres de l'Ordre des Mineurs [c]. Ce fut S. Louis bui dans la suite souhaita que le nom de *Mineures* fût ajouté à celui de ces Religieuses, afin qu'elles fussent censées de l'Ordre de S. François [d]. Il écrivit pour cela une Lettre au Pape Urbain IV, en laquelle il le pria aussi de corriger sur quelques chefs la regle donnée par son prédecesseur. Ce Pape chargea de la commission le Cardinal Simon de Brie qui étoit pour lors à Paris. Cette Regle ainsi corrigée et adoucie fut inserée dans une Bulle que ce Pape donna à Orviette en 1263, adressée *A l'Abbesse et au Couvent des Sœurs Mineures Incluses du Monastere de l'Humilité Notre-Dame Diocèse de Paris*, marquant dans la Préface que ce titre de *Mineures* s'accordera fort bien avec celui de *l'Humilité* qu'elles s'étoient donné.

Les premieres Religieuses qui habiterent ce Monastere en 1260, étoient tirées en partie de Reims, où il y avoit dès-lors un Couvent de Filles de S. Damien d'Assise, qui fut le premier nom des Filles de Ste Claire. On croit communément que le changement que le Pape Urbain IV apporta à la regle de Long-champ, fut cause que par la suite toutes les Religieuses qui suivirent le même Institut mitigé, furent appellées *Urbanistes* [e]. Le vrai de cela est que ce Pape n'eut pas plutôt envoyé sa Bulle à Long-champ, qu'il fit retoucher

a Vie d'Isabelle, par Agnès d'Harcourt. — b Martyrol. Univ. de Chastelain, Bimestre au 22 fév., p. 716. — c *Ibid.*, p. 714. — d *Ibid.*, p. 716. — e *Ibid.*, p. 717.

encore à cette Regle, afin qu'elle pût servir de mitigation à celle
que S. François avoit donné à Ste Claire; ce qu'il fit par une
seconde Bulle de la même année, adressée à tout l'Ordre de cette
Sainte, qu'on appelloit alors l'Ordre de S. Damien, parce qu'il
avoit commencé à S. Damien d'Assise. Au reste, le nom *d'Humilité de Notre-Dame* ne subsista pas long-tems, et l'on voit que dès
le siécle suivant ce Monastere étoit appellé Long-champ, ainsi
qu'on l'appelle aujourd'hui : cependant on connoît une charte de
l'an 1447, où l'Abbesse est désignée encore ainsi, *Abbatissa Soro-
rum Minorissarum Inclusarum Humilitatis nostræ Dominæ de
Longo campo* [a].

Il paroît par des Lettres de S. Louis de l'an 1269, et par celles
de ses successeurs des années 1285, 1317, 1320 et 1355, que le
meilleur bien de la fondation de ce Monastere consistoit en droit
d'Usage dans le bois de Rouvret avec celui du chauffage [b], reglé à
douze arpens de bois remplis par chacun an : et que de plus ces
Princes lui donnerent pour subvenir à d'autres nécessités deux
cens dix-sept arpens : mais en 1679 le Roi leur assigna deux mille
quatre cens livres de rente en place de tout ce que ses prédécesseurs
leur avoient donné dans ce bois, qui est celui là même qu'on
appelle maintenant le Bois de Boulogne. En 1310 le 7· Mai un
Arrêt du Parlement adjugea à ces Religieuses le Tonlieu de la Ville
de Paris, c'est-à-dire un droit sur les charrettes, et charges à cheval [c].
A l'égard du spirituel, ce ne fut qu'en 1345 que Foulques de
Chanac Evêque de Paris leur accorda des lettres d'exemption [d].

La premiere Abbesse de cette Maison fut Agnès d'Anneri. La
seconde, Mathilde de Guiencourt; et la troisiéme fut Agnès d'Harcourt. La Bienheureuse Isabelle qui demeuroit dans cette Communauté dans un appartement séparé, sans en être Religieuse, quoique
Nangis l'ait cru, avoit eu à son service cette Agnès, laquelle ensuite
prit l'habit et devint Abbesse. La pieuse Princesse étant décédée
pendant son gouvernement en 1269 le 22 Février, elle en écrivit la
vie en françois : cette vie a été publiée par M. Du Cange après

---

[a] Collection Gaignières. *Gall. Chr.*, t. VII, col. 517. — [b] Requête d'Isabelle de Mailly,
présentée au roi vers l'an 1670. — [c] Petit Livre blanc du Châtelet, fol. 54. — [d] *Gall.
Chr.*, t. VII, col. 682.

celle de S. Louis faite par Joinville. On y remarque une naïveté qui fait plaisir.

S. Louis voulut assister aux funérailles de sa sœur. Elle fut inhumée d'abord dans le cloître avec les habits de Religieuse, comme c'étoit assez l'usage des personnes de piété. Mais au bout de neuf jours il fallut tirer son corps de-là pour satisfaire la dévotion du peuple, et le transporter dans l'Eglise, où il fut renfermé dans un tombeau de pierre que l'on voit encore à moitié du côté du Chœur des Religieuses et à moitié en dehors. Agnès raconte jusqu'à quarante miracles opérés par elle. Le Pape Leon X en ayant été informé par les Religieuses, la mit au rang des Bienheureuses par sa Bulle du 3 Janvier 1521; et le Cardinal de Boissy, Légat en France, leur permit de célébrer sa fête le 31 Août, veille de l'Octave de S. Louis. Depuis ce tems-là le Pape Urbain VIII permit de tirer son corps du tombeau et de l'enchâsser; ce qui fut fait le 4 juin 1647 par Jean-François de Gondi, premier Archevêque de Paris. Vers l'an 1669 la Chapelle de son nom fut reparée par l'Abbesse Catherine de Bellievre. L'Abbesse suivante, Isabelle de Mailly, qui l'honoroit particulierement, obtint du Pape d'en célébrer l'Octave dans son Couvent. Dans le Nécrologe [a] et les Calendriers de cette Maison écrits au XIII siécle, elle est simplement appellée *Illustrissima Domina Isabellis mater nostra, fundatrix istius Ecclesiæ*. Ce n'est que depuis le tems de François I, qu'elle est appellée dans le Martyrologe : *Sacratissima mater nostra sanctissima Ysabellis*. Et enfin il s'y fit une autre addition à la fin du XVI siécle, dans laquelle on assure hardiment contre le témoignage d'Agnès de Harcourt, que la Bienheureuse Isabelle avoit fait profession de la vie Religieuse dans ce Couvent.

Dès le milieu du dernier siécle, on comptoit déja la quarantiéme Abbesse. On peut voir dans le Gallia Christiana et dans Du Breul [b] les Epitaphes de plusieurs Dames qualifiées qui l'ont été durant cet intervalle. Les Elections d'Abbesses ont été beaucoup multipliées depuis cent ans, puisqu'il y en a déja eu vingt-six jusqu'à l'an 1740. Ce fut apparemment en vertu de quelque reforme que ces Abbesses

a Chastelain, p. 712. — b Du Breul, liv. IV.

devinrent triennales. Le *Gallia Christiana* ne marque point s'il y eut du changement vers la fin du regne de François I. Il y a lieu de le croire, puisqu'on trouve dans les Registres du Parlement un Arrêt du 19 Octobre 1543, qui porte que le Général de S. François ou deux Religieux, y mettroient la reforme avec un Conseiller de a Cour.

L'Eglise et le Monastere sont en grande partie dans leur état primitif; l'Eglise surtout se ressent entierement du goût du XIII siécle, à la reserve de l'Autel, etc. Le cloître et le réfectoire ont été embellis de peintures, faites depuis quelques années par une Religieuse du lieu, qui sçavoit l'art de peindre. La Communauté est composée de quarante Religieuses, ou environ [a].

Deux Princesses du Sang y sont mortes Religieuses au XIV siécle, sçavoir Blanche de France, quatriéme fille de Philippe le Long, laquelle y prit l'habit l'an 1317 ou 1327, et décéda le 26 Avril 1358. 2°. Jeanne de Navarre, dont l'épitaphe est conçue en ces termes : *Icy gist très noble Dame et de bonne memoire Madame Jehanne de Navarre Sœur Mineure en l'Eglise de ceans, fille du Roi de Navarre, qui mourut à Granate pour la foy de N. S. J. C. et trespassa ladite Jehanne l'an de grace M CCC LXXXVII le III jour de Juillet.* Je n'examine point si tout y est fort exact.

Entre les Rois successeurs de S. Louis qui sont venus à Longchamp, on pourroit croire à l'inspection de certains monumens, que Philippe le Bel y seroit venu souvent : mais il ne faut pas confondre un Philippe Roi avec un autre de même nom.

Philippe le Long qui a regné depuis 1316 jusqu'en 1321, a souvent logé à Longchamp. On a de lui quelques Déclarations ou Edits qui sont du mois de Juillet 1319, et datés *apud Longum campum juxta Sanctum Clodoaldum*. Il est certain qu'il y passa les mois d'Août, Septembre, Octobre, Novembre et Décembre de l'année 1321, pendant lesquels il tomba deux fois malade. La premiére fois, qui étoit pendant l'été, il fut affligé de la dissenterie et de la fiévre quarte [b]. Alors l'Abbé et les Religieux de S. Denis vinrent en procession nuds pieds jusqu'à Long-champ, lui apporterent la

---

[a] *Gall. Chr.*, col. 950. — [b] *Continuat. chron. Nangii*, t. III. *Spicil.*, in-fol., p. 79.

Vraie-Croix de N. S. et le saint Clou, avec le bras de S. Simeon. Il se sentit gueri, ou beaucoup mieux, après avoir touché et baisé ces saintes Reliques; mais la maladie étant revenue par sa faute, il y fit ses dernieres dispositions; ensorte que son codicile portant confirmation de son testament, est daté de ce lieu le 2 Janvier 1321. Il y mourut la nuit du lendemain, et fut porté le 6 du mois à Saint Denis. Il avoit occupé apparemment l'Hôtel où avoit logé la B. Isabelle sœur de S. Louis. Cette longue résidence de ce Prince dans l'Abbaye de Long-champ porte à croire que c'étoit dès l'an 1317 que Blanche sa fille y avoit pris l'habit, et qu'il ne faut pas reculer ce fait jusqu'à l'an 1327.

Pour ce qui regarde Philippe le Bel pere de Philippe le Long, ce qui reste d'actes connus de son tems, ne le marquent présent à Long-champ près Saint-Cloud qu'en 1303 le 20 Août [a]. Car il ne faut pas confondre ce lieu de Long-champ avec un village de même nom situé du côté de Rouen dans l'Election de Lyons, où l'on trouve qu'il étoit en Juillet 1301, aussi-bien que les 13 et 14 Septembre 1308 [b].

Les Evêques de Paris ont toujours veillé à ce qu'un trop grand concours à ce Monastere n'en troublât la retraite. La Bulle du Pape Gregoire XIII sur un Jubilé, en avoit assigné l'Eglise pour une des sept Stations. Pierre de Gondi Evêque, mit l'Eglise de Saint Roch à la place de celle de Long-champ; et lorsque le Pape eut appris ses raisons, il loua sa prudence par un Bref que j'ai vu daté du 10 Mars 1584 [c].

---

[a] Regist. des Chartes, 35 et 36 ou 37, litt. 5. — [b] Regist. 38, Table de cire de Genève, des Voyages de ce Roy en 1308. — [c] *Archiv. Ep. Par.*

PACY OU PASSY

Le second démembrement qui a été fait de la Paroisse d'Auteuil consiste dans Pacy, où il y eut une Cure érigée en 1672. Le plus ancien titre que je connoisse où il soit fait mention de ce lieu comme voisin d'Auteuil[a] est un bail de l'an 1250; il y est nommé *Paciacum*. C'est à l'occasion d'une petite piéce de terre que l'Abbaye de Sainte Geneviéve y possédoit[b], et qu'elle donna en *villenage* au Curé d'Auteuil, c'est-à-dire, selon quelques-uns, pour tant de tems que bon lui sembleroit. Il est bien vrai que l'on trouve au XII siécle un *Magister Simon de Passiaco*[c], lequel avec Osmond son frere établit les deux premiers Prêtres de Saint Denis du Pas dans les années 1148 et 1164 : et que cela peut induire à croire que ces deux bienfacteurs d'une Eglise située au milieu de Paris, tiroient leur nom de Pacy voisin de cette ville : mais la maniere de l'écrire étant différente, on peut aussi penser qu'ils étoient d'un autre Passy, puisque l'on compte en France sept ou huit Paroisses de ce nom, et qu'outre cela il y a un Fief dit Pacy dans la Brie sur la Paroisse de Cocigny au Diocèse de Paris.

Le village de Pacy n'est qu'à une petite lieue du milieu de Paris. Sa situation est sur une montagne au rivage droit de la Seine, avec quelques maisons cependant plus bas que le haut de la côte, c'est-à-dire sur la pente qui regarde le midi.

Le nombre de feux est marqué à 250 dans le dénombrement imprimé l'an 1709; mais il y a apparemment un erreur de calcul, car dans celui que le sieur Doisy a donné au public en 1745, il n'y en est marqué que 144 : Le Dictionnaire universel de la France

---

[a] Il n'y a de distance qu'un quart de lieue. — [b] *Chartul. S. Genov.*, p. 329. — [c] *Hist. Eccl. Paris*, t. II, p. 114.

qui parut en 1726, s'accorde avec cette derniere supputation, assurant qu'il y a à Pacy 646 habitans.

Christine de Heurles, veuve de Claude Chahu Seigneur de Pacy, poursuivit durant les dernieres années de l'Episcopat de M. de Perefixe Archevêque de Paris, l'érection d'une cure dans sa Terre. L'Eglise y étoit construite dès l'an 1667. Le sieur Loyseau Curé d'Auteuil, Aumônier du Roi, en avoit fait la bénédiction, comme aussi celle du cimetiere dès le Vendredi 26 Mai[a] de la même année. Cependant l'établissement d'un Curé ne fut pleinement consommé qu'au commencement de l'Episcopat de M. de Harlay. Il avoit été stipulé que cette Cure seroit unie à la Communauté des Barnabites de la Maison de Saint Eloi de Paris; et la Dame avoit transigé avec les parties interessées, sçavoir le Chapitre de Saint Germain l'Auxerrois, nominateur de la Cure d'Auteuil, dont Pacy faisoit membre, et avec le Curé de ce village, tant pour lui que pour son Eglise, moyennant une indemnité. On dit que la cause pour laquelle on choisit une communauté pour la conduite de cette Cure, est que M. de la Brunetiere Vicaire Général, s'étoit aperçu que les habitans de ce lieu profitant du voisinage de Paris, attiroient si souvent leurs Vicaires en cette Ville, qu'ils ne restoient presque jamais à Pacy[b]. Enfin le Roi accorda au mois de Mai 1672 ses Lettres patentes touchant cette érection, lesquelles furent enregistrées en Parlement le 21 Juin suivant[c].

L'Eglise de ce lieu qui cessa dès-lors d'être simplement qualifiée de Chapelle, a pour Fête Patronale l'Annonciation. Il avoit été réglé que ce jour-là le Chapitre de Saint Germain y enverroit un Chanoine pour y faire l'Office, lequel prendroit son repas chez les Peres Barnabites: ce qui s'est pratiqué exactement[d]. En conséquence de la clause des Lettres Patentes qui porte, que dans cette union à la Communauté des Barnabites, il n'y aura rien de contraire aux Ordonnances et Priviléges de l'Eglise Gallicane, l'Office de cette Eglise se fait suivant le Rit de Paris et dans les livres de Paris. Les Barnabites ont en ce lieu une petite Communauté qui est imposée au Rolle des Décimes. Celui d'entr'eux qui est Curé, est

a *Reg. Arch. Par.*— b *Reg. Archiep. Paris*, 18 maii 1672.— c Hist. de la Ville de Paris, in-fol. t. V, p. 217. — d Almanach Spirituel de Paris.

choisi par la Maison de Saint Eloi, désigné par le Général, agréé par le Seigneur du lieu et par les Chanoines de Saint Germain, et pourvû par l'Archevêque. Il peut être en même tems Superieur de la Communauté de Pacy, mais cela n'est pas toujours. Au moins il doit demeurer dans cette Communauté, et il lui doit rendre compte du revenu de la Cure. Il a un Presbytere à côté de l'Eglise, mais il ne l'occupe point. Cette Communauté de Pacy est logée dans un bâtiment que lui vendit M. De Rieux Conseiller au Parlement de Paris, par le déplaisir qu'il eut de ce qu'un Bourgeois de Paris, qui avoit perdu un Procès dont il étoit le Rapporteur, avoit élevé son bâtiment situé à my-côte au dessous du sien, de maniere à l'offusquer et lui ôter sa plus belle vûe. C'est dans cette Communauté que le Pere Champigny Barnabite avoit composé ses Sermons, qui ont été imprimés.

Il n'y a d'Epitaphe mémorable dans l'Eglise de Notre-Dame de Pacy, que celle de M. le Ragois nommé ci-aprés en parlant des eaux minerales. Quoique l'édifice n'eût la forme que d'une simple Chapelle, on n'a pas laissé que d'y ériger plusieurs autels, qui constituent d'autres Chapelles, tant d'un côté que de l'autre.

On n'y célebre point d'Anniversaire de Dédicace; ce qui fait croire qu'elle n'a été que simplement bénite en qualité de Chapelle. Le 2 Janvier et le 19 Novembre on y fait des prieres pour la fondatrice et pour son mari.

Depuis plusieurs siécles on trouve des Seigneurs de Pacy proche Paris, outre l'Abbé de Sainte Geneviéve qui en est qualifié Seigneur dans le Procès-verbal de la Coutume de Paris rédigé l'an 1580. En l'année 1416 Jeanne de Paillard se disoit Dame de Pacy, Espigneul et Espignolet sur Seine [a]. Le Fief de ce lieu étoit retourné au Roi Louis XI, puisqu'il le donna le 2 Janvier 1468 au sieur Jean de la Driesche, Président de la Chambre de Comptes [b], sous lequel les limites de cette terre furent faites par les Commissaires du Roi. Mais peu de tems après il fut possédé par un nommé Jean Petit, dont on ne dit point la qualité; ensuite par Pierre Danès Avocat en Parlement, qui le vendit [c] à Mathieu Macheco Huissier en la

---

[a] Hist. de Montmorency, Preuves, p. 165.— [b] Mémoriaux de la Chambre des Comptes.— [c] Ordinaire de Paris, 1530. Sauval, t. III, p. 610.

même Cour en 1530. Ce dernier mourut en 1532, comme il paroît par son Epitaphe [a] aux SS. Innocens, où il est dit Seigneur de Passy. Isabeau le Clerc sa veuve vécut jusqu'en 1521; après lui jouit de ce Fief Jean Cerlieu, qui fit faire en 1542 une information pour être indemnisé des terres enfermées dans le Parc de Boulogne; puis Mathieu Macheco Chanoine de Paris, qui décéda en 1592. Au reste, l'époque ci-dessus, marquée de l'acquisition [b] faite par Mathieu Macheco Huissier, est peu sûre, s'il est vrai qu'il étoit déjà Seigneur vers 1512 ou 1515, et qu'il arrenta alors des terres pour être mises en vigne, à la charge que le vin fût pressuré au pressoir bannal [c].

Au milieu du siécle suivant, cette Seigneurie étoit entre les mains de Claude Chahu, Trésorier de France en la Généralité de Paris. Ce fut sa veuve qui y fit établir une Paroisse, comme on a vu ci-dessus. Depuis elle, la Terre a été possédée par M. Orceau, M. d'Orsigny, Madame de Fontaine, à laquelle le droit de Pressoir bannal fut attribué par Arrest en 1730 : C'est de son tems que le château a été bâti. M. Bernard de Rieux Président au Parlement, en a joui ensuite. Enfin M. le Président Bernard de Boulainvilliers son fils, qui l'a vendue à vie à M. le Riche de la Popeliniere Fermier Général, qui en jouit présentement, et qui l'a fort embellie.

Il est fait mention des habitans de Pacy comme de ceux d'Auteuil dans des lettres du Roi [d] Charles V, qui furent renouvellées et confirmées en 1381 par celles de Charles VI, dans lesquelles on lit une permission qui leur est accordée de clore leurs héritages de murs faits à sable et à chaux, et même de prendre et étrangler les conils (lapins) qui y faisoient du dégast.

Il y avoit en 1305 à Pacy un lieu appelé l'Echansonnerie. Ce qui m'en donne la connoissance, est un article du livre de l'ancienne Justice [e] de Sainte Geneviéve de Paris, dans lequel on lit, qu'en cette année-là un homme fut arrêté par-delà les hayes des Bruyeres, lequel avoit volé de l'argenterie à l'Hôtel de la Reine Marie, et pris des cueilleres en l'Echançonnerie de Pacy. La Reine

a Recueil d'Epit. de Paris à la Bibliot. du Roy, p. 497. — b Epit., ibid., ad Inn. — c Guyot, Traité des Fiefs, t. I, pp. 438 et 738. — d Trésor des Chartes. Regist. 19, pièce 141. — e Lib. Just. S. Gen., fol. 39.

Marie en cet endroit est Marie de Brabant, veuve de Philippe le
Hardi. Elle ne décéda qu'en 1321.

Quoique Pacy ne soit qu'un démembrement de la Paroisse d'Auteuil, son territoire ne laisse pas que d'être encore assez étendu.
Il commence en venant de Paris aux maisons qui sont vers l'entrée
du Couvent des Minimes, lequel est sur la Paroisse de Chaillot, et il
continue jusqu'à la porte du Parc de Boulogne, dite la Porte
Maillot. Il comprend dans cet espace le Château Royal de la Muete,
ainsi dit selon quelques-uns (aussi-bien que celui du Parc de Saint
Germain) parce que c'étoit le lieu ou l'on changeoit de chiens pour
la chasse. On a un Edit [a] de Charles IX, daté de Passy-lez-Paris
au mois de Juin 1572, qui probablement a été donné en ce Château. C'est dans ce Château, tel qu'il est aujourd'hui, que mourut
le 21 Juillet 1719 Madame la Duchesse de Berry âgée de 24 ans.
Il y avoit eu une difficulté entre Nicolas Niobet Curé de Chaillot,
et Alexis Fleuret Barnabite, Curé de Pacy [b], touchant les quatre
maisons voisines de l'entrée du Couvent des Minimes, et que les
Religieux avoient fait bâtir sur la grande rue devant la porte de
leur Eglise. Chacun des deux prétendoit qu'elles étoient de sa Paroisse. Mais comme il y avoit eu une Sentence du 3 Septembre
1698, qui les déclara être de la Justice de Pacy, et qu'il y avoit déjà
eu des enfans nés dans ces maisons baptisés à Paci qui est plus
proche que Chaillot, l'Archevêque statua le 13 Février 1699, que ces
quatre maisons étoient et seroient toujours de la Paroisse de Pacy.

On peut compter parmi les hommes illustres qui ont porté le
nom de cette Terre, ou qui sont décédés sur cette Paroisse, Pierre
de Pacy Doyen de Notre Dame de Paris sur la fin du XIV siécle.
Il est nommé *de Paciaco* dans le Nécrologe de cette Eglise, où son
décès est marqué au 9 Octobre 1402. Jean-François d'Estrades,
fils du Maréchal de ce nom [c], Abbé de Moissac au Diocése de
Cahors, est mort à Pacy près Paris le 10 mai 1715, et François
Coentin, Abbé du Mont Saint Quentin, y est décédé le 5 Janvier 1739 [c].

Deux Chapellenies de Notre-Dame de Paris ont été anciennement

Tables de Blanchard, p. 995. — [b] *Reg. Archiep. Par.* — [c] *Gall. Chr.*, t. VII, col.
1325. — [c] Merc., janv. 1739,

dotées de quelques pièces de vigne situées à Pacy. L'une des Cha·
pellenies du titre de S. Eustache y en possédoit un arpent, lieu dit
Les Bauches; et l'autre du titre de S. Pierre et S. Paul, fondée par
Jean Houdart et sa femme, avoit un demi arpent aux carrieres de
Pacy, appellé La Vigne aux Clercs [a].

Les eaux minerales de ce village sont ce qui lui donne aujourd'hui
plus de réputation. M. Duclos, de l'Académie des Sciences [b], en ayant
fait l'analyse en 1667, conjectura que le sable fort fin qu'il y vit étoit
un sel nitreux que l'eau avoit emporté des carrieres voisines. On les
déclara dès-lors bonnes pour les intempéries chaudes des visceres.
Depuis, M. Lemery le fils a assuré qu'elles paroissent composées
d'un esprit vitriolique et d'une matiere qui renferme un sel acide,
et qui est jointe à une poudre très-fine de rouillure de fer.

Le lieu où sont les anciennes eaux, a appartenu successivement
à Messieurs George pere et fils, puis à la veuve de ce dernier, et
enfin à Madame Chevalier.

Les nouvelles eaux de Pacy demandent un plus grand détail.
L'Abbé le Ragois est celui qui découvrit, pour ainsi dire, ces nouvelles sources dans le fond qui lui appartenoit, par le moyen des
expériences qu'il fit sur l'eau du puits de sa maison. Depuis cette
seconde découverte, il en fut encore parlé dans les Mémoires de
l'Académie des Sciences [c]. Le Jardin où elles furent trouvées est un
peu plus du côté du couchant d'hiver ou d'Auteuil, que l'endroit
où sont les anciennes. Il y avoit au-dessous de ce jardin celui de
la maison du sieur Guichou Marchand d'étoffes de soye rue S. Honoré, qui trouva le moyen d'attirer chez lui les eaux de l'Abbé le
Ragois. Sur quoi y ayant eu procès au Conseil d'Etat, le Marchand
fut condamné à vendre à l'Abbé la portion de terrain où il avoit
fait venir les eaux, à prix fixé par arbitres. M. le Ragois qui avoit
eu un grand profit de ces eaux, fit en mourant une disposition tes-
tamentaire, par laquelle il les laissoit à M. le Marquis de Breton-
villiers; à son refus à M. de Bercy, et au refus des deux, aux Freres
de la Charité, chargeant celui qui accepteroit le legs, d'acquitter
quelques dettes, et de payer une pension à Madame de Pouilly sa

---

[a] *Collect. Mss. Du Bois*, t. V, *ad calcem.* — [b] Hist. de l'Acad., t. I, p. 30. — [c] Mémoires de l'an 1726, p. 30.

nièce. Aucun n'ayant voulu accepter le legs, la Dame de Pouilly en hérita, et étant devenue propriétaire des eaux, elle les conserva jusqu'à son décès. Alors elle en fit aussi un legs à trois personnes comme avoit fait son oncle. M. Belamy qui étoit le premier, accepta la donation, et il en jouit.

Ces eaux en sortant du réservoir, s'écoulent dessous terre dans des canaux qui se rendent dans la Seine. Le jardin où elles sont est ombragé en partie par un bois de haute futaye, qui donne des promenades charmantes aux buveurs, et qui est dominé par quatre terrasses élevées l'une sur l'autre, sous lesquelles il y a des galeries pour les mêmes buveurs quand il pleut.

Il n'est point de la compétence de cet ouvrage de juger de ces eaux, sur lesquelles il paroit que les sentiments ont varié. Mais je ne puis omettre l'observation déjà faite par un auteur connu [a], que depuis fort long tems on trouva à Pacy des pyrites, dont les Carriers vendoient autrefois une grande quantité aux Apotiquaires, qui en faisoient une espece de vitriol, avec quoi ils guérissoient les fievres intermittantes [b]. M. Moullin de Marguery Médecin, qui dit avoir fouillé dans le sein de la terre de la colline de Pacy, jusqu'à l'endroit le plus profond où il ait pû pénétrer, distingue dans cette colline cinq couches de terres très-différentes, et après les avoir soigneusement examiné, il conclut qu'il y a dans ce côteau une mine de fer encore crue ou altérée, et médiocrement abondante en bon fer. Elle donne aussi du souffre; ce qui est prouvé par les pyrites, par l'odeur et par la terre bitumineuse. Elle donne enfin du salpêtre qui se montre lui-même dans les souterrains.

Entre plusieurs maisons remarquables de ce village, on distingue celle qui a appartenu au duc d'Aumont, par l'art avec lequel on a tiré parti du terrrain sur lequel elle est située. Ensuite celle qui a appartenu à M. Berthelot, puis à M. Carel Receveur Général des Finances de la Généralité de Paris, et après lui au Duc de Lauzun, puis à la Duchesse son épouse, qui a été vendue à la Marquise de Seissac. Elle est sur le grand chemin de Versailles.

Dom Lobineau a fait Nicolas du Pré Maître des Requêtes en 1558 Seigneur de Paci dont il s'agit. Mais c'est un fait incertain [c].

[a] Piganiol. *Descript. de Paris*, t. I, p. 53. — [b] Traité des Eaux de Pacy, in-12, 1723. — [c] Hist. de Paris, t. II, Tabl., p. XL.

CHAILLOL OU CHAILLOT

La dissertation qui fut imprimée en 1736, chez Prault pere à Paris, sur l'antiquité de ce village, n'ayant jamais passé pour un ouvrage sérieux, je n'en parle en commençant cet article, que pour faire voir que j'en ai eu connoissance.

Nous n'avons aucuns titres où le village de Chaillot soit mentionné avant la fin de l'onzième siécle. Le premier qui en parle, est une Bulle du Pape Urbain II de l'an 1097 à l'occasion de l'Eglise de ce lieu, qui est nommée *Ecclesia de Caleio*[a]. Depuis lequel tems elle est appellée dans ceux du douziéme *de Callevio*, ou *de Calloio*, ou bien *de Challoto*, ou bien enfin le lieu est appellé *Caloilum :* et si le nom ne se trouve pas latinisé dans quelques titres de ce même siécle et du suivant, il est simplement écrit *Challoel* au milieu de quelques actes latins [b]. Tout ce que l'on peut conjecturer sur son origine, est que ce nom n'a qu'une seule racine Celtique ou Gauloise, qui est *Chal* ou *Cal*, et qu'il doit avoir la même origine qu'une infinité de noms de lieu de ce Royaume, qui commencent en France par *Chal* ou *Chel*. Au XIV siécle on l'écrivit quelquefois Chailluyau, au XV Chailleau et Chaleau et Chailliau. Il faut d'abord sçavoir que l'unique village qu'il y a eu primitivement sur la côte qui commence à Chaillot et qui regne jusqu'à Boulogne, le Bois compris, s'appelloit *Nimio* en latin au VII siécle[c]. S. Bertran Evêque du Mans, Poitevin de naissance, et qui avoit eu ce village et les vignes qui en étoient voisines, tant par acquisition lorsqu'il n'étoit encore que laïque, que par la donation du

---

[a] *Hist. S. Mart. a Campis*, p. 148. — [b] Une charte de Louis VII de l'an 1176, concernant les Chanoines de Ste Opportune parle d'un marais *qui jacet inter Parisius et Montem Martyrum, et protenditur à Ponte Petrino usque subtus villam quæ appellatur Challoel.* (Histoire de Paris, t. 3, p. 34.) — [c] *Villa Nimione sita in territorio Parisiaco.*

Roi Clotaire II, déclare dans son Testament qu'il veut que ce
même village dit *Nimio*[a], depuis nommé Nijon[b], appartienne
entierement après sa mort à l'Eglise de Paris, dans laquelle il avoit
été élevé : il y spécifie que les vignes étoient situées dans un lieu
où il y avoit quelques petites sources, et qui pour cela étoit nommé
Fontanitum, lesquelles vignes étoient possédées alors par les Marai-
chers et Vignerons du canton, *quæ Fontanito ad palustrias et vini-
tores esse noscuntur.* Ce saint Evêque mourut en l'an 623. Il est
vraisemblable que par la suite du tems, les habitans appartenans
au village de Nijon, s'écarterent dans les deux côtés ; les uns vers
l'endroit des sources et du marais ; ce qui forma peu à peu un
nouveau village, qui prit le nom du canton qui étoit Auteuil, nom
fondé sur ce qu'il y avoit eu d'abord beaucoup de prés et de marais
en ce lieu ; les autres se transporterent un peu plus près vers Paris
sur l'extrémité de la côte vers l'orient, dans le canton où l'on avoit
abbatu le bout de la Forêt de Rouvret, dite depuis de Boulogne, et
ce lieu eut le nom de *Chal* ou *Chail*, ou quelquefois celui de *Cal*,
lequel encore dans un titre du XIV siécle signifioit *destructio arbo-
rum*[c]. Ces deux villages formés ainsi des débris de celui de Nijon, eurent en conséquence leur territoire particulier ; et s'étant peuplés considérablement, ils furent érigés en Paroisse, mais assez inégales pour
l'étendue du terrain, vû que celui d'Auteuil a depuis produit deux
autres Paroisses, et qu'on ne voit point que rien ait jamais été
démembré de celle de Chaillot. Ce fut alors que le territoire de
Nijon se vit distribué partie à Auteuil et partie à Chaillot ; de sorte
que si quelques-uns de nos Princes n'y avoient pas eu un Hôtel, le
nom de Nijon seroit peut être tombé dans l'oubli, et l'on n'auroit
sçu où retrouver la place de ce village, qui subsistoit il y a onze
cens cinquante ans. Je passe sous silence la pensée qui étoit venue
à M. de Tillemont dans sa vie de S. Denis, que Chaillot étoit peut-
être le *Catulliacum* ou *Catolacum* des actes de ce Saint. Cette idée
n'a été adoptée de personne, et n'est nullement recevable. A la
simple inspection des Actes, on voit que *Catulliacum* est le nom

---

[a] *Analect. Mabill.*, t. III, p. 113, vel. in-fol., 256— [b] J'écris Nijon qui vient de *Nimio*,
de même qu'on écrit Dijon qui vient de *Divio*. Je sçai qu'il y a au Diocése de Toul un
village du nom de Nijon, et que le Pouillé imprimé de ce Diocése appelle *Nijuncus* en latin,
mais ce mot latin paroit forgé. — [c] Le mot *Eschalas* vient de là.

primitif de la ville de Saint Denis, ou d'un lieu qui étoit contigu à l'endroit où l'Abbaye et la ville ont été bâties.

Le village de Chaillot n'est éloigné que d'une petite lieue de la Cité de Paris, d'où on l'apperçoit vers le couchant d'été. Comme il est très-voisin des extrémités de la ville et du faubourg S. Honoré, on en a fait aussi un faubourg de cette grande ville, ainsi que je le rapporterai ci-après. Son territoire consiste en quelques vignes et jardinages, avec des terres labourées. Sa situation est sur le haut du côteau, d'un aspect fort riant, et d'où l'on apperçoit Paris avec le canal de la Riviere de Seine qui partage cette ville. Le nombre des feux marqué dans le livre de l'Election de 1709, est de 220 feux. Le dénombrement publié en 1745, marque le même nombre. Le Dictionnaire Universel de toutes les Paroisses du Royaume qui a paru en 1726, et dans lequel on compte par habitans ou communians, en met à Chaillot 538.

L'Eglise Paroissiale est sous le titre de S. Pierre [a]. C'est un bâtiment tout neuf, à la reserve du sanctuaire, terminé en demi-cercle sur la pente de la montagne, lequel peut avoir été construit il y a cent ans. Il est supporté de ce côté-là par une Tour solidement bâtie; cette Eglise a un aîle de chaque côté, mais ces deux aîles ne se rejoignent point derriere le grand autel. L'Anniversaire de la Dédicace s'y célebre le Dimanche d'après la S. Martin. En 1651, l'Archevêque de Paris permit d'y exposer des Reliques données par l'Abbesse de Montmartre, et par François Gresset Minime [b]. Je ne connois point ces dernieres; mais les premieres étoient sans doute des reliques des Martyrs de Montmartre même, dont il est parlé au long à l'article de Montmartre. On y voit dans le chœur la sépulture d'Amaury-Henri Gouyon de Matignon, Chevalier, Comte de Beaufort, Province de Bretagne, décédé le 8 Août 1701.

L'Eglise de Chaillot avoit été donnée au Prieuré de Saint Martin des Champs, apparemment dès le tems que ce Monastere fut fondé par le Roi Henri I [c]. La Bulle du Pape Urbain II, qui la met parmi celles qu'il confirme au Prieur Ursion, est de l'an 1097. Celle de Callixte II de l'an 1119 [d], la met à la tête de toutes les Cures de la

---

[a] Hist. S. Mart. a Camp. — [b] Reg. Archiep. Par., 4 janvier 1651. — [c] Hist. S. Mart. à Camp., p. 148. — [d] Ibid., p. 157.

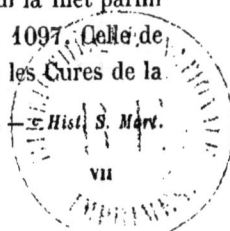

dépendance du Prieuré de Saint Martin, *Altare et decimam de Callevio :* ce qui est suivi en tout par celle d'Innocent II de l'an 1142 [a].
La Bulle d'Eugene III donnée en 1147, met *Altare et decimam de
Calloio* [b]. Les Lettres de Thibaud Evêque de Paris d'environ
l'an 1150 confirment à ces mêmes Religieux *Decimam de Challoio
et altare* [c]. Le Pouillé Parisien du XIII siécle marque l'Eglise de
Chaillot sous le nom de *Chailloel,* à la nomination du Prieur de
Saint Martin : ce qui est suivi par ceux des tems posterieurs. Elle
est marquée dans le district de l'Archiprêtré de Paris *In Archipres-
byteratu Parisiensi;* ce qu'on a depuis appellé l'Archiprêtré de la
Magdeleine : il est fait mention des revenus et charges de cette
Cure dans l'Arrêt donné en 1720 entre le Prieuré de S. Martin des
Champs et le Curé de Saint Nicolas [d].

Voici ce que j'ai pu apprendre de la Seigneurie de Chaillot et
des habitans du lieu. Il y avoit à Paris dès la fin du regne de Saint
Louis des Bourgeois, qui à leur nom *Arrode* ajoutoient celui de
Chailloüel [e]. Les enfans de Jehan Arrode de Chaillouel moururent
en 1284 et 1285. Si ces Arrode n'étoient pas Seigneurs de Challiot,
on ne peut refuser ce titre à Jean Arrode fils de Nicolas, qui vivoit
vers le même tems : sa tombe en la Chapelle de S. Michel au cimetiere de Saint Martin des Champs, le qualifie Seigneur de *Challiau;*
comme aussi Nicolas Arrode y est dit sur la sienne Sire de Chailliau,
et décédé en 1316. Des Lettres du Roi Louis XI, datées du Pont
de Samoys le 7 Octobre 1474, nous apprennent que la Terre de
Chaillot étoit possédée à la fin du XIV siécle et vers l'an 1400 par
Jacques Michel Ecuyer. Arnaud Bachelier son neveu lui succéda [f].
Il en jouit durant quelque tems; après lequel cette Terre et Seigneurie fut transportée en 1438 à Henri Roussel, qualifié Avocat
en Parlement dans un acte de l'an 1445 [g]. A sa mort, il laissa deux
filles : Simone Roussel, qui fut mariée à Aymard Durand, Conseiller au Parlement, et l'autre mariée à Jean de Colers, pareillement Conseiller en la même Cour, lesquels en 1450 renoncerent à
cette Terre; pour laquelle raison la même Terre, comme vacante et

a *Hist. S. Mart.* à *Camp*, p. 170. — b *Ibid.*, p. 179. — c *Ibid.*, p. 188.—d Arrêt de
S. Nic., p. 19.— e *Hist. S. Mart*, p. 574.— f Recueil des Ordonn., etc., en faveur du Châtelet, par M. Du Pré. 1740, in-4º, chez Chardon, p. 205. — g Hist. des Gr. Offic., t. VI
p. 340.

par défaut d'hommage, fut mise en la main du Seigneur de Marly-le-Château, nommé Gui de Levis, Seigneur féodal, qui en jouit en conséquence. Mais .comme à l'occasion de quelques prisonniers détenus en 1472 dans les prisons Seigneuriales de Chaillot, le Procureur du Roi au Châtelet connut que les prisonniers de ce lieu avoient accoutumé d'être amenés aux prisons du Châtelet [a], quand il y avoit cas appartenant à Haute Justice, ou quand le Maire de Chaillot les avoit gardé vingt-quatre heures, et non aux prisons de Marly; ensorte que par Sentence du Prevost de Paris, donnée le 6 Mars de la même année, la Haute-Justice avoit été adjugée au Roi en toute la Terre de Chaillot, avec le droit des Aubeines et biens vacans appartenans au Haut-Justicier : en conséquence, Louis XI disposa de cette Terre, comme à lui appartenante, et la donna à Philippes de Comines Sire d'Argenton et de Revescar, son Conseiller ét Chambellan, pour les bons services qu'il lui avoit rendus. Guillaume le Duc, Conseiller au Parlement, s'opposa à la vérification des Lettres, mais il y eut une Sentence du Trésor entr'eux deux; ensorte que Comines posséda cette Seigneurie le reste de sa vie [b]. Au reste, on trouve que le Seigneur de Marly ne perdit point ses droits féodaux sur Chaillot. Un Arrêt de la Chambre des Comptes du 23 Juillet 1492 nous apprend qu'il fut ordonné à Pierre de Quatre-livres, Procureur du Roi au Châtelet, de faire hommage pour le Roi au sieur de Marly pour la terre de Challeau près Paris, mais sans observer les solemnités que gardent les autres vassaux, de s'agenouiller et de baiser le Seigneur suzerain [c]. La consistance de la Seigneurie de Chaillot, est ainsi expliquée dans les Lettres du don fait à Comines l'an 1474. Une Tour quarrée et les prisons dessous. L'Hôtel de la Seigneurie qui étoit alors en masures : environ sept arpens de jardin et cerisoye qui alloit jusqu'aux fossez des Egouts de Paris; trois arpens de vignes en une piéce; seize ou vingt arpens de terre; trente livres parisis de gros cens, huit livres de menu cens; Rouage des vins qui se baillent à ferme, et six ou sept arriere fiefs tenus de la Tour quarrée; Justice moyenne et basse, avec Maire et Sergent.

[a] Regist. du Châtelet, intit. *Doulxsirc* à la Bibl. du Roy. — [b] Mém. de la Chambre de Comptes, vers 1478. — [c] Livre bleu du Châtelet, fol. 30; Sauval, t. II, p. 448.

La terre de Chaillot a eu aussi quelque Fief, relevant d'elle en tant que Terre du Roi. Jean de Boulainvillier, Chevalier, Gouverneur du Comté de Clermont en Beauvoisis, qui possédoit du côté de sa femme un Fief à Sevre, en rendit hommage au Roi vers l'an 1487 [a]. Ce fief de Sevre est apparemment le même fief situé à Sevre, dont les Celestins de Paris étant devenus possesseurs, donnerent aveu et dénombrement en 1565 au Seigneur de Chaillot, dans lequel est énoncé droit de Justice haute, moyenne et basse [b].

Depuis Philippes de Comines, le seul vestige de Seigneurs de Chaillot que j'aye vû, est dans les Registres du Parlement [c] de l'an 1524, où on lit que Jean de Thumery, Seigneur de ce lieu, ayant demandé à faire le cry à la S. Pierre, fête du village, comme on l'y faisoit lorsque cette Terre étoit en la main du Roi; il fut ordonné que ce cry seroit fait par un Huissier du Parlement, et de l'autorité de cette Cour, et il fut défendu au sieur Thumery, et à Louis d'Albiac tuteur de Jean du Fresnay mineur, de le faire. Il faut revenir ensuite au regne d'Henri III, lequel en vendit la Haute-Justice à Simon Cressé, Général de la Cour des Monnoies le 29 Décembre 1576 [d]. Il est probable qu'il posséda aussi la Seigneurie. Ce Seigneur étoit décédé dès l'an 1580; ceux qui comparurent pour la terre de Chaillot, à la rédaction de la Coutume de Paris de cette année-là, sont ainsi désignés « Jean le Tonnelier Seigneur de « Breteuil, Notaire et Secretaire du Roi, au nom et comme Tuteur « et Curateur des enfans mineurs descendans de feu Simon « Cressé.... et encore M. Matthieu Bardon, Avocat en la Cour de « Parlement, Seigneur, à cause de sa femme, avec ledit Tonnelier « audit nom, dudit Chaillot. Mais dès l'an 1583, on trouve un Cressé en cause au sujet de la Terre de Chaillot; son nom étoit Philippe Cressé, selon un acte de l'an 1586. En cette année, la veuve d'un nommé Beauquesne, qualifié Seigneur de Chaillot [e]. parce qu'il y possédoit peut-être un fief, obtint un Arrêt contre lui [f], pour lui défendre de le troubler en la Justice de ce village [g],

---

[a] Compte du Domaine. Sauval, t. III, p. 472. — [b] Recueil des Ordonn. pour le Châtelet, 1740, par le Commissaire Dupré, p. 217.— [c] *Reg. Parl.*, 27 juin.— [d] Recueil des Ordonn. cy-dessus, p. 211. — [e] *Tab. Ep. Par. in S. Elig.* — [f] Recueil cy-dessus, p. 218. — [g] Il avoit eu apparemment pour successeur Gilles de Fresnoy, lequel on trouve avoir vendu en 1594, à Jean Griffon le Fief, Terre et Seigneurie de Chaillot avec droit de haute, moyenne et basse Justice. (Rec. des Ordonn. p. 217).

Le Recueil d'où je tire ces faits puisés dans un plaidoyé, marque aussi qu'il y avoit eu un Arrêt du Parlement, par lequel Claude de Prat étant au lieu de Philippe Cressé ᵃ, fut maintenu en la jouissance et possession de la Haute-Justice de Chaillot, laquelle étoit de l'ancien Domaine du Roi : mais il n'en dit pas le tems. Dans une Sentence du premier Février 1633, le sieur de Bassompierre est dit Seigneur Haut-Justicier de Chaillot, et sa veuve est dite Dame de la Haute-Justice de ce lieu dans une Sentence de l'an 1636 et dans un acte de 1643 ᵇ. Enfin les Religieuses de la Visitation, que Marie-Henriette de France Reine d'Angleterre avoit attirées en cette Paroisse, et qui sont de fondation Royale, devinrent Propriétaires par engagement de cette Haute-Justice, qui leur fut adjugée à la Barre de la Cour le 12 Mai 1651 ᶜ, ce qui ne détruisit point les Justices subalternes du même lieu. La principale appartenoit au sieur Jean le Clerc de Boisrideau : il fut gardé et maintenu dans cette moyenne et basse Justice par Arrêt du Conseil du 3 Septembre 1664 ᵈ. Jeanne-Louise-Françoise Le Clerc de Courcel d'Erval fille majeure en jouit après lui, puis la vendit en 1684 à Marie Damond Marquise d'Estiaux, veuve de Charles Croiset Secretaire du Roi, Controlleur Général de la Grande Chancellerie. Cette veuve Croiset la revendit le 24 Mai 1686 à ces Dames de la Visitation. Il leur restoit encore une Justice subalterne à acquérir à Chaillot. André Victon, Prêtre, dont je ne connois point les auteurs, l'ayant vendue le 24 Mai 1689 à Madame de Croiset ci-dessus citée, ces mêmes Religieuses l'acquirent d'elle le 13 May 1693.

Il paroît par ce qui se lit dans l'Arrêt du Conseil du 3 Septembre 1664 ᵉ, que ces Justices subalternes acquises en dernier lieu par les Religieuses de la Visitation, n'étoient autre que l'ancienne Justice de Long-champ dans Chaillot, divisée en deux. En effet, on lit dans une Sentence du Châtelet du 6 Mars 1472, que les Dames Religieuses de l'Abbaye de Long-champ, qui sont fort voisines de Chaillot, y avoient une Justice, dont le Maire étoit un nomm Pierre Gorignet, et qu'elles y furent conservées, comme Guy de Levi Sieur de Marly dans la sienne ᶠ. Le même Arrêt du Conseil

ᵃ Recueil des ordonn. pour le Châtelet, p. 209. — ᵇ *Ibid.*, p. 212. — ᶜ *Ibid.*, p. 202 et 208. — ᵈ *Ibid.*, p. 203, note. — ᵉ *Ibid.*, p. 213. — ᶠ Regist. Castell. *Douxsire*, Liv. rouge, 3ᵉ du Châtelet, fol. 65 et 66.

fait mention d'une acquisition du 30 Octobre 1639 par un Marchand de Paris, d'une maison située à Chaillot sur le territoire du fief de Long-champ [a].

Il n'y avoit encore que cinq ans que les Religieuses de la Visitation étoient établies à Chaillot et reconnues Dames du lieu, lorsqu'elles obtinrent du Roi l'amortissement du Château de ce village, de la maison du Jardinier, Jardin et Bois clos de murs, avec la Haute-Justice, sans être tenus de payer finances, mais seulement homme vivant et mourant pour cette Haute-Justice [b]. Les Lettres sont du mois de Septembre 1656. Quelques mois auparavant il y avoit eu un Arrêt de compétence contre leurs Officiers [c]. Le Juge de Chaillot avoit fait enfermer dans les prisons du lieu des hommes pour cause de Duel. Les deux prisonniers en furent tirés pour être conduits ailleurs, avec défenses à ce Juge de connoître des crimes de Duel; et le tout fut renvoyé à la Connétablie. Mais ce qui commença à donner du relief à la Terre de Chaillot, est que trois ans après, c'est-à-dire en 1659, ce lieu fut déclaré faubourg de Paris sous le titre de Faubourg de la Conference. Comme ce changement regarde encore plus les habitans que le Seigneur, il faut qu'avant d'en parler je réunisse ce que j'ai trouvé d'antérieur à ce tems-là sur ces mêmes habitans.

On peut remonter jusqu'au regne de Louis le Gros, pour trouver quelque chose à dire sur les habitans de Chaillot. Ce lieu étoit un des villages appartenans au Roi, dans lesquels étoit en vigueur au XII siécle et avant l'origine des affranchissemens, la coutume appellée Befeht [d]. Les Chanoines de Sainte Geneviéve de Paris trouvoient cette coutume là favorable aux Terres qu'ils avoient proche celles du Roi. Ainsi, de même que cet usage subsistoit à Ville-neuve-le-Roy et à Mons proche Athies, qui étoient alors Terres Royales, il avoit aussi eu lieu à Chaillot, et les paysans d'Auteuil s'en étoient bien trouvés. L'utilité de cette coutume consistoit en ce que contre l'ordinaire la femme suivoit le sort du mari quant à la servitude, et même tous les enfans qui naissoient d'elle. Ainsi, par ce moyen, une femme de Chaillot serve du Roi par sa nais-

---

[a] Recueil cidessus, p. 217. — [b] Ibid., p. 213. — [c] Arrêt du 12 janvier 1656 dans le livre de la Connétablie, p. 130. — [d] Gloss. Cangii Voce: Befeht.

sance, épousant un homme serf de Sainte Geneviéve à Auteuil, devenoit serve de l'Abbaye de Sainte Geneviéve, aussi bien que tous les enfans qu'elle mettoit au monde; et réciproquement, si c'étoit une femme d'Auteuil qui épousât un homme serf de Chaillot, le Roi y gagnoit la femme et les enfans.

Le Roi Louis le Gros accorda à la priere d'Etienne, Doyen de Sainte Geneviéve, l'an 1124, que cette coutume fût continuée à perpétuité dans la Terre de Chaillot et les deux autres ci-dessus nommées. Du Breul parle d'une autre coutume qui avoit lieu à Chaillot, et dont il ne dit point l'origine; mais au simple récit on peut juger qu'elle étoit née dans un siécle assez reculé. Les habitans de Chaillot doivent, dit-il, chaque année pour hommage à l'Abbé de S. Germ. des Prez ou en son absence à son Rèceveur [a], deux grands bouquets à mettre sur le dressoir, et demie douzaine de petits, avec un fromage gras fait du lait de leurs vaches qui viennent paître à l'Isle Maquerelle au-deçà de la Seine, et un denier parisis pour chaque vache. En 1543, le Roi François I fit don aux habitans de Chaillot de la dépouille des vignes et terres du Parc de Boulogne pour une année seulement [b]. Il y a eu en 1717 un Mémoire imprimé chez Laurent d'Houry en faveur des Religieuses de la Visitation, Dames de Chaillot et des Habitans, contre les Traittans; pour prouver que Chaillot, s'il est faubourg de Paris sous le titre de Faubourg de la Conférence, comme il a été appellé la premiere fois en 1659 [c], ne doit que la subvention de l'entrée du vin, et non d'autres entrées comme les autres faubourgs; parce que ce droit d'entrée n'est que par commutation de quatre mille livres de Tailles, ausquelles ce village avoit été imposé chaque année depuis 1650. Comme cette somme ne pouvoit pas s'y lever, le Conseil changea la taille en droit d'entrée, tant sur le vin du crû que sur le vin de l'étranger, et dès le commencement, ce droit produisit par année au moins huit mille livres. Dans le même Mémoire, pour prouver que Chaillot n'est un faubourg qu'en figure, on allegue, que ce qui vient de Chaillot à Paris paye entrée, que Chaillot doit corvées lorsque les Princes chassent; que Chaillot ne releve pas au

[a] Du Breul, *Antiq. de Paris*, édit. 1639, p. 278.—[b] Mémor. de la Chambre des Comptes
[c] Edit. du mois de juillet 1659. Brillon, *Dict. des Arrêts.*

Châtelet, mais qu'il a ses Juges particuliers et des Notaires Royaux;
que la garde Bourgeoise n'y a pas lieu; que lorsque l'enceinte de
Paris fut déterminée avec ses faubourgs par Arrêt du Conseil de
1674 le 28 Avril, Chaillot n'y fut pas compris, non plus que dans la
division des Quartiers de Paris, fixée par Arrêt du Conseil du
14 Janvier 1702 : qu'enfin on paye la dîme à Chaillot, ce qui n'est
pas dans les Paroisses des Faubourgs. On en conclut que Chaillot
est un village comme les autres, de plat pays. On y remarque plus
bas, que Chaillot consiste en une seule rue, qui a près d'un demi-
quart de lieue de longueur : que tout le commerce qui donne la
subsistance à la plus grande partie des habitans consiste au blan-
chissage du linge et au labourage des terres. Quoiqu'il en soit de
ce Mémoire, Chaillot n'est point un des lieux les plus peuplés d'autour de Paris : peut-être à raison de trois Communautés Religieuses
qui y occupent beaucoup de terrain. Vers le milieu du dernier
siécle, Charles Richer s'étant qualifié Notaire Royal du Châtelet,
résident à Chaillot, deux Arrêts de l'an 1661 le condamnerent à en
sortir, avec défense d'y instrumenter, à peine de faux [a].

La plus ancienne des trois maisons Religieuses de Chaillot, est
celle qui est bâtie sur le fond qui a conservé le nom de Nijon, qui
étoit le nom primitif de toute la côte, ainsi que j'ai déjà dit. Les
Ducs de Bretagne avoient en ce lieu au XIV siécle une maison de
plaisance, dite pour cette raison le Manoir de Nigeon, ou l'Hôtel de
Bretagne [b]. Gui de Bretagne Comte de Penthievre, y mourut en
1331. Marie de Bretagne, fille de Charles de Chastillon, posséda
cette maison en 1360, et la porta en mariage à Louis Duc d'Anjou
frere du Roi Charles V [c]. Cet Hôtel, ou Châtelet, qui appartenoit
en 1427 au Duc de Bretagne fit une partie des biens situés à
Chaillot, que le Roi d'Angleterre donna le 28 Avril de la même
année au Comte de Salisbury, avec un autre Hôtel et des Terres
qui appartenoient à un nommé Jean Tarenne [d]. Ce don n'étoit que
pour la vie : ainsi le Comte de Salisbury étant mort le 3 Novembre
1428, le Duc de Bretagne rentra dans ce bien, et en jouit jusqu'à
son décès [e].

[a] Collection des Chartes des Not., p. 785. — [b] Sauval, t. II, p. 131. — [c] Le Labour.
Prélimin. à la Vie de Charles VI, p. 47. — [d] Sauval, t. III, p. 323. — [e] Ibid., p. 584.

MINIMES.

Anne de Bretagne, femme du Roi Charles VIII, ayant eu cette maison de ses ancêtres, en fit la destination pour l'établissement d'un Couvent de Minimes, y ajoutant un autre Hôtel contigû, qu'elle acheta en 1496 de Jean de Censy, Bailli de Montfort l'Amaury *, lequel Hôtel dépendoit de la Seigneurie d'Auteuil, et contenoit sept arpens entourés de murs, avec un vivier au bas, et une Chapelle dite Notre-Dame de toutes-grâces. La même Reine fit commencer une Eglise plus grande, qui ne fut achevée que sous le regne de François I, et peut-être encore plus tard, puisque ce ne fut qu'en 1563 que le Roi donna à ces Religieux toutes les pierres de tailles restées sur le bord de la Seine, du côté de Grenelle ᵇ. On appella la nouvelle Eglise, du nom de l'ancienne Chapelle, Notre-Dame de toutes grâces, et elle fut dédiée sous ce titre le 12 Juillet 1578 par Henri le Meignen Evêque de Digne, au nom de l'Evêque de Paris, qui ordonna que l'Anniversaire seroit fixé au premier Dimanche de Juillet ᶜ. Ce Couvent fut le premier que cet Ordre eut aux environs de Paris, et ils en furent redevables aux soins de deux Docteurs de Paris qui s'y étoient d'abord opposés; (on ne dit pas pour quelle raison) sçavoir Jean Quentin Pénitencier de Notre-Dame, et Michel Standon Principal du College de Montaigu. Le premier logea chez lui les six Religieux que S. François de Paule y envoya, en attendant que ce Couvent de Nijon fût en état, et voulut par son Testament que son cœur fût enterré dans la Chapelle de Ste Anne de leur Eglise, où sont gravés les vers suivans :

> *Cy gist au bas de ce pilier*
> *Le cœur du bon Pénitencier*
> *Maistre Jean Quentin sans errer,*
> *Qui de ce Couvent bienfacteur*
> *Fut, et de l'Ordre amateur.*

Les autres sépultures plus remarquables qu'on voit dans la même Eglise, sont de Dame Françoise de Veyne, femme d'Antoine Duprat Chancelier de France, avant qu'il embrassât l'état Ecclé-

---

ᵃ Sauval, t. I, p. 643. — ᵇ *Mem. Camer. Comp.* — ᶜ *Reg. Ep. Par.*

siastique [a] : d'un Jean d'Alesso, petit neveu de S. François de
Paule, décédé en 1572, et de son épouse Marie de la Saussaye : de
Magdelene d'Alesso, femme de Pierre Chaillou Secretaire de la
Chambre du Roi, morte en 1583. De plus, celle d'Olivier le Fevre
Seigneur d'Ormesson, d'Eaubonne, etc. Président de la Chambre
des Comptes, décédé le 26 Mai 1600, et Anne d'Alesso son épouse,
morte dès l'an 1590. Outre cela, celle de Marie de Drac, veuve de
Jacques Avrillot Conseiller au Parlement, femme très-pieuse, dé-
cédée le 11 Septembre 1590, et d'Anne le Lieur, veuve de René
Vivian Correcteur des Comptes, aussi d'une très-grande piété,
laquelle mourut le 3 Avril 1591. Dans le dernier siécle, François
Jourdan, Angevin, Professeur Royal en Hebreu, a été inhumé dans
la même Eglise [b].

Ce fut dans ce Couvent de Notre-Dame de Grâce, que les Minimes imprimerent en 1535 leur Cérémonial dressé par un Religieux appellé Hugues de Varenne, livre curieux, et qui fait voir que
les Ordres les plus récents qui s'établissoient en France, prenoient
les Rits du Royaume [c]. Audigier parle de la Gallerie où est à présent la Bibliotheque des Minimes, et de la chute du feu du Ciel sur
ce lieu, dans le tems qu'Henri IV assiégeoit Paris. La Chapelle des
Cinq plaies, où depuis a été bâti Saint Roch dans cette Ville, avoit
été réunie le 29 Août 1603 à cette Maison de Minimes, afin qu'ils
eussent un Hospice pour s'y retirer le soir en hiver. La suite du
tems amena du changement [c].

AUTRES COUVENS.

L'année 1638 fut féconde en projets d'établissemens de Religieuses à Chaillot. Denise Bellenger et Barbe Prelat conçurent le
dessein d'établir une Congrégation de Religieuses Augustines. Elles
étoient déja dix-huit filles, et elles avoient une somme de trente-six
mille livres. Elles obtinrent le 19 Mars de Jean-François de Gondi,
Archevêque de Paris, la permission d'acheter une maison à Chaillot
pour cet établissement [d]. Les Religieuses du Prieuré de Courances
au Diocèse de Sens obtinrent permission [e] de s'y retirer en la même

---

a Voyez les Epitaphes en entier dans Du Breul, liv. IV. — b *Vita Pauli Arodii in notis*,
p. 284. — Hist. de France, t. I, liv. III, chap. 6. — c *Reg. Ep. Par.* — d *Reg. Archiep,
Par.*, Sauval, t. III, p. 187. — e *Tab. Spir. Ep. Par.*

année 1638 : et treize Religieuses y firent profession depuis le
29 Avril 1640 jusqu'au 30 Juillet 1644. Mais depuis ces Religieuses
quitterent en 1647 [a], et s'établirent à Picquepuce, où elles sont
restées. La même année 1638 le 20 Octobre, Catherine de Haraucourt Dame de Fresne ayant traité avec les Religieuses Cordelieres
ou Clarisses du faubourg Saint Marceau [b], obtint semblable permission de cet Archevêque, d'établir au même Village de Chaillot
un Couvent de cette sorte de Religieuses. Mais nous ne voyons
point que l'établissement ait eu lieu. Les Religieuses Augustines
venues de Nanterre réussirent mieux. Claudine Beurrier, sœur de
Paul Beurrier, Chanoine Regulier, étant venue en 1638 demeurer
vec lui à Nanterre, dont il étoit Curé, y commença un établissement de Chanoinesses Regulieres [c] : Etant morte au bout de huit
ns, le soin en fut confié à des Religieuses de Saint Etienne de
Reims, qui gouvernerent cette Communauté jusqu'au tems que le
Pere Beurrier fut transféré à la Cure de Saint Etienne du Mont;
après quoi ces Chanoinesses furent transférées à Chaillot l'an 1659,
quoique leurs Lettres patentes ne soient que de l'an 1671, et registrées seulement le 3 Août 1673. Elles n'avoient eu d'abord à leur
tête qu'une Prieure triennale, mais depuis l'an 1682 elles furent
gouvernées par une Abbesse, toujours sous la jurisdiction de
l'Ordinaire [d], entretenant cependant confraternité avec les Chanoines Réguliers de la Congrégation Gallicane. Le Gallia Christiana ne compte encore que cinq Abbesses de cette Maison, dont la
premiere fut Claire-Cecile Colbert, sœur du Ministre. L'Abbaye de
Ste Perrine de la Villette a été réunie à celle-ci, il y a quelques
années. Le Pere Du Molinet remarque [e], en traitant des habits de
Chanoines Reguliers, que ç'a été depuis leur sortie de Nanterre,
que ces Augustines ont pris l'aumusse noire mouchetée de blanc :
ce qui est assez rare, dit-il, et assez nouveau pour des Filles,
puisque les Aumusses n'ont été données (ajoute-t'il) autrefois aux
hommes que pour couvrir leurs têtes, et que les Religieuses ont
toujours eu des voiles pour cet usage.

Il y avoit dès l'avant-dernier siécle à Chaillot une maison en

---

a Sauval, *Ibid.*, p. 211. — b Sauval, t. III, p. 188. — c *Gall. Chr.*, t. VII, col. 871.
— d Erection du 3 sept. *Reg. Archiep. Paris.* — e Pag. 144.

forme de Palais, que la Reine Catherine de Médicis épouse
d'Henri II [a] y avoit fait bâtir, et que le Maréchal de Bassompierre
avoit embellie : Elle étoit au bout d'une des avenues qu'on appelle
le Cours-la-Reine; et sous Henri IV on la nommoit la Maison de
Grammont [b]. Sauval [c] observe qu'en creusant les fondemens on y
avoit trouvé des cercueils de briques et de petites pierres. Cette
Maison fut donnée au milieu du siécle dernier aux Religieuses de
Sainte Marie ou de la Visitation, qui furent amenées par Henriette
de France Reine d'Angleterre, et que cette Princesse eut la permission d'établir en la Paroisse de Chaillot, par Lettres registrées
en Parlement le 19 Janvier 1652. On lit qu'en 1658 elle demeuroit
chez ces Religieuses : que Louise Palatine de Baviere sa niéce
étant venue l'y trouver, elle la regarda comme sa propre fille.
Louise demeura un an à Chaillot : Elle y édifia toute la Communauté [d]. Durant l'été qu'elle y resta; elle alloit remuer les foins;
elle menoit la vie d'une Religieuse sans en avoir l'habit. Dans
l'Eglise de ces Dames de la Visitation est conservé le cœur de la
Reine d'Angleterre ci-dessus nommée, qui décéda en 1669 : Elle
étoit la troisiéme fille d'Henri IV Roi de France, et femme de l'infortuné Charles I Roi de la Grande-Bretagne. On conserve pareillement dans cette Eglise celui de Jacques II leur fils, mort en 1701,
et celui de la Princesse Marie sa fille, morte à Saint Germain en
Laye le 18 Avril 1712. La Reine Marie-Beatrix Eleonor fille d'Al-
phonse IV Duc de Modene, femme de Jacques II, morte le 7 Mai
1718, est aussi inhumée dans la même Eglise. Cette Eglise a été
rebâtie en 1704. On a vu ci-dessus comment ces Religieuses sont
devenues Dames Hautes-Justicieres de Chaillot, et ensuite propriétaires des Seigneuries subalternes. On enregistra en Parlement le
22 Août 1693 des Lettres patentes du Roi en leur faveur, portant
union du fief de Long-champ sis à Chaillot et ses dépendances à
celui de Chaillot, pour n'en faire qu'un seul relevant du Roi à cause
de la Baronnie de Marly.

Le Registre de l'Archevêché de Paris de l'an 1647, m'a appris
qu'il y a eu aussi à Chaillot dans le siécle dernier un établissement

---

[a] Sauval, t. 2, p. 311. — [b] Chronol. Novennaire de 1586, t. 1, p. 132. — [c] Sauval
t. 2, p. 188. — [d] Vie des Saints de M. Du Fossé à la fin.

de Bénédictines; mais il ne fut pas de durée; je ne le connois que par la permission que l'Archevêque leur donna le 5 Novembre 1647 de se retirer en diverses Maisons Religieuses à cause de la modicité de leur revenu.

Je n'ai point trouvé de Princes ou Rois qui soient venus à Chaillot que Louis Duc d'Orleans, qui y expédia des Lettres au mois de Novembre en 1393 [a]. Leur date est *A Challuyau-lez-Paris*. Le 10 Février 1413 le Duc de Bourgogne se mit comme en bataille entre Chaillot et Montmartre [b]. Le Roi Henri IV se tint parcillement à Chaillot pendant qu'il fit assiéger Paris.

La Savonnerie est un lieu remarquable à Chaillot; il est aux pieds de la colline auprès du grand chemin qui borde la Seine. Il a été ainsi nommé à cause du savon qu'on y faisoit autrefois. C'est à présent la Manufacture Royale des ouvrages de la Couronne de la façon de Perse et du Levant. Le grand tapis de pied que l'on conserve dans le garde-meuble du Roi, a été fait en cette Maison. A l'entrée du village du côté de la Seine est une Verrerie. Le 30 Mars 1708, le Parlement registra les Lettres Patentes, qui accordoient à Louis Gouffé, Maître de cette Verrerie, le privilége pour vingt ans de faire toutes sortes de cristaux et d'émaux : Et le 11 Mars 1726, d'autres Lettres en faveur des Sieurs Domgrelot et Dupin, pour le privilege de fabriquer du verre à vitre et toute sorte de matière vitrifiée; mais la vérification fut faite sans préjudice des Statuts des Verriers-Fayanciers, de la profession desquels les Impétrans furent déclarés tenus de se faire recevoir, et d'avoir toujours un de leurs ouvriers Maître.

Guy Patin a écrit qu'en 1658, au tems de l'Automne, on montroit dans une grande sale proche les Minimes de Nijon la peau et le squelette d'une baleine prise entre Nantes et la Rochelle [c]. Ceci ne fut que passager. Mais voici d'autres curiosités naturelles de Chaillot; c'est l'argile, qui cependant est moins fine que celle de Gentilly [d]. On y trouve aussi des marcassites, mais fort différens de celles du même Gentilly. On ne se sert de cette terre que pour faire des tuiles.

[a] *Ex. Sched. Lancelot*, — [b] *Regist. Parlam.* — [c] Lettre de Patin à Spon, p. 161. — [d] Piganiol, t, I. p. 53.

Parmi les personnes qualifiées dans l'antiquité, il ne s'en rencontre aucune qui porte le nom de Chaillot, qu'un *Petrus de Challoël*, qui étoit Chanoine de Notre-Dame de Paris sur la fin du regne de S. Louis [a].

De ce village étoit natif Jean du Housset, célèbre Reclus du Mont Valerien, qui mourut en odeur de sainteté l'an 1609 [b]. Voyez ce que j'en dis à l'article du Mont Valerien sous le titre de Nanterre. Le nom du Houssay est mentionné comme usité à Chaillot dès le XV siécle dans des Registres de l'an 1497 [c].

Mezerai, Historiographe de France, dont le vrai nom étoit François Eudes, avoit une maison de campagne à Chaillot [d]. On dit de lui qu'il avoit eu dessein de se faire enterrer dans l'enclos de cette maison sur une éminence à l'extrémité de sa vigne, et de s'y faire construire une espece de Mausolée en pyramide soutenu d'un pied-d'estal, orné de bas reliefs, où devoient être gravés cinq ou six volumes avec le titre d'Anecdotes et une Inscription. Il avoit eu même la témérité de nommer l'Abbé de la Chambre pour exécuteur d'un projet si bizarre.

Le Président Jeannin a eu pareillement sa maison de campagne à Chaillot en 1619 [e].

L'Anonyme qui a badiné sur Chaillot en 1736, a ajouté une Note à son Ecrit [f], pour dire que ce lieu est devenu célébre dans la Littérature, par une piéce comique représentée en 1723 sur le Théâtre Italien, intitulée Agnès de Chaillot.

---

[a] *Necrol. Eccl. Paris*, 23 nov. — [b] Du Breul, p. 949, édit. 1639. — [c] *Reg. Ep. Par.*, 1497. — [d] Nicéron, t. V, p. 310. — [e] Pierre de chap. dom., 20 sept. — [f] Page 14.

CLICHY-LA-GARENNE

ou

CLICHY-SUR-SEINE

On ne connoît en France que deux villages du nom de Clichy, et tous les deux dits en latin *Clippiacum,* sont situés dans le Diocèse de Paris. Le plus ancien est celui-ci, qui n'est qu'à une lieue et demi ou environ du milieu de cette Ville, vers le couchant d'été, sur le rivage droit de la Seine. L'Abbé Chastelain a expliqué comment de la racine Clipp, dont en latin on a fait *Clippiacum,* on a pu en venir à dire Clichy : sçavoir en retranchant d'abord un p, et rendant ensuite consonne la lettre i, de voyelle qu'elle étoit, ensorte qu'on avoit écrit et prononcé *Clipjacum,* de même que dans *serviens* on a prononcé *servjens,* ce qui a formé le nom de Sergent. Or dès-là qu'on a pu dire *Clijacum* par le retranchement total de la lettre p, il a été facile de changer la lettre j consone en *ch,* ce qui a fait *Clichacum* et *Clichiacum*; et comme le françois abrege ordinairement les noms, *Clichiacum* a été abregé et rendu par Clichy. Au reste, si ce lieu a eu d'abord le nom de Clipp, c'est apparemment que ce mot se rapportoit à ce que l'on appelle un clapier, une retraite pour les lapins[a]. En Provence, le mot *clapier* signifie un amas de pierres. Le surnom de *Garenne* actuellement en usage a un rapport visible à celui de Clapier. Ce seroit rechercher les choses de trop loin, que de penser que le nom *Clippiacum* pût faire allusion au mot Clip, en tant qu'il est un nom porté autrefois par quelques Rois Lombards[b].

Clichy-la-garenne comprenoit primitivement tout le territoire

[a] *Not. Gall.,* p. 414, col. 1. — [b] *Epitom. Greg. Tur.*

qu'on laisse à gauche, en allant des environs de Montmartre à Saint Denis de l'Etrée, dont une grande partie a été démembrée autrefois pour ériger la paroisse de S. Ouen, qui occupe le milieu du terrain que je viens de nommer, et depuis pour l'érection de celle du Roulle. La vérité de cette étendue de territoire peut être appuyée encore de ce qu'avant le XIII siécle la rue de Paris que nous appellons de S. Honoré[a], et qui conduit au Roulle et à Clichy, étoit appellée la rue de Clichy. Ainsi, un grand nombre des faits que je vais rapporter dans cet article, parce que Clichy y est nommé, ne sont pas pour cela arrivés précisément dans le canton où sont situées les maisons qu'on appelle aujourd'hui Clichy, ni dans celles qui sont sur l'étendue de cette Paroisse du côté de Paris ; mais quelquefois dans la partie de Clichy qui s'étendoit jusqu'auprès de S. Denis, connue maintenant sous le nom de Saint Ouen ; et quelquefois aussi dans la partie qui en a été détachée du côté de Paris pour aggrandir la Paroisse du Roulle ; d'autres fois même dans celle de Villiers, que le voisinage et la réssemblance du terrain a fait surnommer Villiers-la-Garenne.

La première occasion où nos anciens Historiens font mention de Clichy, est à l'année 42 du regne de Clotaire II, qui revient à l'an 625 de J. C. Fredegaire écrit qu'alors Clotaire étoit à Clichy[b], *non procul Parisius*, et que Dagobert l'y étant venu trouver de son ordre avec les Leudes[c] du Royaume, s'y maria avec Gomatrude sœur de la Reine Sichilde ; que le troisiéme jour d'après les nôces, le pere et le fils entrerent en ce lieu en de grandes contestations sur le partage des Etats, et en remirent la décision à douze Francs, la plùpart evêques. Comme le territoire de Clichy étoit alors deux fois plus étendu qu'il n'est, c'est ce qui facilite l'intelligence du texte où le même historien dit plus bas que le lieu où Dagobert avoit épousé Gomatrude, s'appelloit *Romiliacum*, et qu'à son retour de Bourgogne en 629, après être arrivé à Paris, il la quitta en ce lieu, et y épousa Nantechilde, qui étoit auparavant servante dans la maison Royale. Car à ce compte ce ne peut être Reuilly au bout du faubourg de Saint Antoine, comme M. de Valois[d] l'a cru,

---

[a] Du Bois. *Collect. mss.* — [b] Fredeg. *num.*, 53. — [c] Vassaux principaux. *Gloss. Cang.* — [d] *Not. Gall.*, p. 428. *Diplomat.*, p. 321.

et comme l'a écrit Dom Michel Germain ; ce doit être plutôt le Roulle ; et il n'y a pas de difficulté à s'imaginer que le lieu dit Roule ou le Roule n'ait fait partie de l'ancien territoire de Clichy, puisque Villiers-la-Garenne dont il est détaché, a dû même être démembré du chef-lieu de Clichy. Je ne vois que ce seul moyen d'accorder la prétendue contradiction de Fredegaire auteur du tems, qui à l'an 625 dit que le lieu où se fit le mariage de Goma-trude, s'appelloit *Clippiacum*, et à l'an 629 qu'il s'appelloit *Romiliacum villa*.

En l'an 627, pendant que les Evêques et les Grands du Royaume, tant de Neustrie que de Bourgogne étoient assemblés à Clichy pour les affaires de l'Etat [a], Ermenaire Gouverneur du Palais de Caribert fils de Clotaire, y fut tué par les domestiques d'un Seigneur Saxon nommé Ægyna, et il y eût eu bien du sang répandu en ce lieu, si le roi Clotaire ne l'eût empêché par ses soins : car à cette occasion Ægyna dressa une armée sur Montmercre, *in Monte Mercori*, comme on disoit alors, voulant se défendre des troupes que Caribert et Brodulfe son oncle avoient ramassé pour tirer vengeance de cette action : mais le Roi donna ordre à ses Barons de les accorder.

Il paroit qu'on a droit d'inférer que Sigebert fils de Dagobert étoit né à Clichy en 630, de ce que ce fut alors que S. Amand Evêque de Mastrict fut prié de venir le baptiser, et que ce fut à Clichy que le Roi résidoit, lorsque ce Saint se rendit à sa priere. Quelques-uns même ont cru que le jeune Prince avoit été baptisé par lui en ce lieu, quoique Fredegaire assure que ce fut à Orléans.

Dagobert étoit à Clichy l'an 636, que l'on comptoit le quator-ziéme de son regne, lorsqu'il envoya dans la Basse-Bretagne faire sçavoir aux Bretons qu'ils réparassent promptement le mal qu'ils avoient commis [b]. Ce fut aussi dans le même lieu que Judicaël leur Roi se rendit avec des présens, promettant de donner satisfaction au Roi de France sur ce qu'il souhaitoit, et reconnoissant que son Royaume étoit soumis à celui de France. Dagobert l'ayant invité à dîner, il n'osa se mettre à table avec lui, mais le Roi étant assis,

---

a Fredeg. ad an. 627. — b *Fredeg.*, n. 7.

il se retira du Palais, et il alla dîner dans la maison de Dadon le
Referendaire, qu'il connoissoit pour un très-saint homme. C'est
celui qu'on a depuis appellé S. Ouen. Il y avoit eu la même année le
premier jour de Mai une Assemblée d'Evêques à Clichy [a], où le
même Saint Ouen obtint un privilége pour le Monastere de Rebais.
La vie de S. Eloy écrite par Saint Ouen, parlant de la soumission
que Judicaël vint faire à Dagobert, dit que ce fut dans un village
nommé *Crioilum*, ce que quelques-uns ont pris pour Creil, d'autres
pour Ruel; mais ne seroit-ce point encore le Roulle qu'il faudroit
entendre par ce mot, puisque c'étoit un lieu compris dans l'étendue
de la Terre de Clichy; et en ôtant le C qui souvent n'est qu'une
aspiration, ce nom latin *Crioilum* n'est pas fort éloigné de celui
du Roule.

En 637, les Gascons ayant le Duc Aginan à leur tête, vinrent
trouver à Clichy le Roi Dagobert [b]. La terreur les ayant saisi à
leur arrivée, ils allerent à l'Eglise de Saint Denis, comme en un
lieu d'asile, pour se remettre de leur frayeur et être en sûreté. Le
Roi voulut bien leur donner la vie sauve, et ils y promirent d'être
toujours fidéles à ce Prince et au Royaume de France.

En l'an 640 Æga Maire du Palais [c] ayant été attaqué de fiévre
dans le village de Clichy, y mourut sous le regne de Clovis II.

Il y eut dans le même lieu une Assemblée d'Evêques, tenue
l'an 653. On la connoît par une charte du Roi Clovis II, concernant
quelques immunités de l'Abbaye de S. Denis [d] que le Prince et les
Prélats y souscrivirent.

Sous le regne de Thiery III, S. Ouen Evêque de Rouen, de
retour du voyage de Cologne où ce Prince l'avoit prié d'aller, vint
à Clichy pour lui rendre compte de sa négociation; y étant tombé
malade de fiévre, il y mourut le 24 Août de l'an 683 [e]. Pendant sa
maladie il pria le Roi qui tenoit assemblée en ce lieu, de lui donner
pour successeur Ansbert Abbé de Fontenelle au Diocèse de Rouen.
Le Roi l'ayant mandé à Clichy sous un autre prétexte; l'y fit sacrer
Evêque par S. Lambert Evêque de Lyon, et les autres Prélats
assemblés. Dom Michel Germain n'a pas oublié ce fait, lorsqu'il

a Vita S. Agili, *Diplom.*, p. 273. — b *Fredeg.* num., 78. — c *Fredeg.* num., 83. — d *Diplomat.*, p. 466. — e *Vita Ansb. per Ansgrad.*

parle de Clichy dans son traité Palais des Rois de France : mais il en ajoute un qui auroit eu besoin d'un bon garant[a] : Il dit que le corps de S. Ouen fut transporté au bout de trois ans par le même S. Ansbert dans celle des Chapelles du Palais de Clichy, qui depuis fut appellée de son nom *La Chapelle de Saint Ouein,* où s'est depuis formé un village à une petite distance de Clichy. Ce sçavant Bénédictin a apparemment confondu la translation que S. Ansbert fit dans la ville de Rouen même, le jour de l'Ascension 687 ; car il est visible par la vie de S. Ouen, que son corps avoit été transporté à Rouen aussi-tôt après sa mort.

Quelques-uns ont cru qu'un lieu appellé Clichy, que le Roi Dagobert donna à l'Abbaye de Saint Denis, étoit cette Terre-cy : mais ce Clichy donné par Dagobert est fort différent ; l'auteur qui rapporte cette donation, l'appelle *Clippiacum superius,* parce qu'il est situé sur une montagne [b]. C'est Clichy en l'Aunois : et d'ailleurs on vient de voir que Clichy sur Seine, voisin de Paris, étoit une Terre Royale sous Clovis II et sous Thieri III, successeurs de Dagobert. Ce qu'il y a de véritable, est que dans le siécle suivant, et dès l'an 717, le Monastere de S. Denis posséda du bien au vieux Clichy, de la libéralité du Roi Chilperic III[c]. Ce Prince lui fit don de la maison, terres et prés que Lupicin son Forestier avoit en ce lieu ; et cela à la priere de Rainfroy Maire du Palais, à qui l'on croit que l'abbé Turnoald Evêque nommé dans la Charte, l'avoit demandée. Ainsi le Clichy dont il s'agit ici, étant dès-lors nommé le Vieux Clichy, *Vetus Clippiaco,* c'est une marque qu'il avoit existé dès le commencement de la Monarchie [d]. Charles Martel qui avoit ôté aux Eglises beaucoup de bien, fit présent de cette Terre à l'Abbaye de Saint Denis l'an 741, sans aucune restriction[e], *cum terris, domebus, œdeficiis, accolabus, mancepiis, vineis, sylvis, campis, pratis, pascuis, aquis, etc.* On apprend par ce détail, qu'il y avoit encore des bois dans l'étendue du territoire, et que dès-lors il y avoit des vignes.

Environ cent ans après que la terre de Clichy fut entrée dans la mense du Monastere de Saint Denis, l'abbé Hilduin entreprit un

a *Diplomat.,* lib. iv, p. 274. — b Voyez l'article de ce village au Doyenné de Chelles. — c Doublet et Bouquet, t. IV, p. 694. — d *Diplomata, Chartœ,* etc., t. II, p. 380; Doublet, p. 690. — e Bouquet, t. IV, p. 707.

partage des terres avec ses Religieux, et fit une destination de quelques-unes. Comme les Moines Benedictins mangeoient alors de la volaille, Clichy-sur-Seine fut l'une des terres que l'Abbé destina pour leur en fournir entre Pâques et Noël. La suite de la charte qui est de l'an 832, met encore Clichy au rang des terres qui étoient du lot des Moines, mais une lacune empêche de voir ce dont il s'agissoit [a] : il semble seulement que le revenu avoit servi à avoir du savon pour les Religieux. Dans la suite de ces Lettres le même Abbé dispose du lieu dit *la Chapelle de Saint Ouein* située sur la Seine, et la destine simplement à servir de place où les Moines déposeront leurs filets, et les raccommoderont. C'est là le plus ancien monument qui parle du lieu de Saint Ouen, lequel depuis fut démembré de la Seigneurie et de la Paroisse de Clichy, et dont je reserve à parler dans un article particulier, sous le Doyenné de Montmorenci, où il est compris.

La confirmation du partage des biens de l'Abbaye de Saint Denis, qui fut faite en 862, nomme encore Clichy-sur-Seine au rang des Terres qui devoient fournir la volaille aux Moines entre Pâques et Noël. Cette confirmation par l'Abbé Louis fut autorisée la même année au Concile de Soissons.

On ne trouve plus de mention de Clichy depuis ce tems-là jusqu'au regne de Louis le Gros, lequel en l'an 1134 donna, conjointement avec la Reine Alix, au Monastere des Religieuses de Montmartre *molendinum apud Clipiacum cum conclusione aquœ et molitura totius villœ*. Voilà un moulin cédé par le Roi avec ses écluses, et le droit de mouture de tout le village. En effet, la charte de Charles Martel de l'an 741 en faveur de l'Abbaye de Saint Denis ne fait mention d'aucun moulin, ce qui laisse à penser que le Domaine se les étoit réservé. Le Domaine avoit encore d'autres droits à percevoir à Clichy, quoique devenue Terre de l'Abbaye de Saint Denis : c'est ce qui doit s'inferer d'un Traité que le Roi Philippe-Auguste fit avec Gaucher de Chastillon à Mante l'an 1193 [b]. Ce Prince voulant jouir du Château et de la Terre de Pierrefont entre Crespy et Soissons, qui étoit une place importante, assigna à

---

a *Diplomat.*, p. 520. — b Hist. de la M. de Chastillon, Preuves, p. 31 ; et *Ampl. Collect.*, 1, col. 900.

Gaucher quatre-vingt livres de rente sur le revenu que la Couronne avoit à Clichy proche Paris; de maniere cependant que si Clichy ne produisoit pas par an ces 80 livres, ce qui manqueroit seroit pris à Montreuil proche Paris.

On ignore si Clichy-la-Garenne étoit une Paroisse, avant que nos Rois y eussent un Palais, ou s'il faut dire que ce fut la construction du Palais qui donna origine à la Paroisse. Mais à juger de son ancienneté par le Saint qui est patron de l'Eglise de temps immémorial, sçavoir S. Medard, elle n'a pu être consacrée sous son invocation avant l'an 545 de J. C. qui est le temps de sa mort. Si cependant cette Eglise a été d'abord sous le titre du Sauveur, comme on le tient dans le lieu, on peut en faire remonter l'antiquité plus haut.

L'Eglise qui subsistoit à Clichy avant celle qu'on y voit aujourd'hui, avoit été dédiée par l'Evêque de Paris le Dimanch premier jour d'Octobre 1525 sous le titre de S. Medard, et le Prélat en avoit fixé l'Anniversaire à pareil jour, c'est-à-dire au premier Dimanche d'Octobre. Mais il falloit que dès-lors elle fût déjà ancienne. Le Curé qui prit possession du Bénéfice l'an 1612, appellé M. Vincent de Paul, a trouvé le moyen de la rebâtir à neuf, et même il fut permis le 3 Mars 1628 d'aliéner des fonds de la Fabrique pour refaire le clocher [a]. Cette nouvelle Eglise fut achevée la Semaine Sainte de l'an 1630, et elle porte, comme l'ancienne le titre de S. Medard. Charles Moreau, premier Valet de Garde-robe du Roi, ayant obtenu de Jacques de Nucheze Evêque de Challon, Abbé de Saint Etienne de Dijon un morceau du chef de ce saint Evêque de Noyon, tiré de sa châsse conservée en la même Eglise de Dijon, l'Archevêque de Paris permit le 17 Août 1660, vu les attestations, de l'exposer dans l'Eglise de Clichy. En la rebâtissant, on a eu l'attention de conserver une tombe, sur laquelle il reste assez de caracteres gothiques du XIV siécle pour y voir que c'est la sépulture d'Alips, femme de Nicolas de Provins, Maire de Clichy la Garenne, laquelle mourut en 1367, et lui en 1379. Plus une autre tombe, sous laquelle gist Jean Benard Prêtre, Prieur et Seigneur de Saint Blaise près Poissy, Curé de Sermelle sous Dourdan, mort en 1558.

[a] *Reg. Archiep. Paris.*

Cette Eglise a eu au commencement du dernier siécle deux Curés illustres. Le plus ancien a été M. Bourgoin, qui quitta pour entrer parmi les Prêtres de l'Oratoire, dont il devint le troisiéme Général en 1641. Ses Prônes ont été imprimés chez Leonard en 1665. L'Illustre M. Bossuet prononça son Oraison funebre en 1662. M. Bourgoin est auteur de plusieurs autres ouvrages. Le second Curé que j'ai nommé ci-dessus, est devenu encore plus célébre par son grand zéle pour la conversion des ames et par sa sainteté, puisqu'il a été canonisé. On ne l'appelle plus depuis sa canonisation autrement que S. Vincent de Paul. Il avoit succédé à M. Bourgoin, et avoit préféré cette Cure à un Abbaye qu'on vouloit lui donner. L'Eglise de Clichy possede une petite partie de ses reliques, et l'on y célebre sa fête avec solemnité. Je n'ai apperçu dans les Registres de l'Archevêché de Paris le nom de M. Vincent avec la qualification de Curé de Clichy, que trois fois seulement. 1° au 28 Juillet 1623, à l'occasion de la permission accordée à Catherine de Chaillou, veuve de Fréderic Versoris Avocat au Parlement, d'avoir un Oratoire où l'on pourra, dit-on, dans le tems de la contagion administrer la Pénitence et l'Eucharistie, il est dit que ce sera du consentement du Curé qui est nommé. 2° Au 22 Septembre de la même année, le même Curé obtint permission d'établir à Clichy une association de Charité et de l'unir à la Confrerie du Rosaire déja établie. 3° Au 14 Avril 1625 la permission d'aller lui et les siens prêcher, confesser et absoudre des Cas réservés dans tout le Diocèse, est ainsi énoncée, *Dilecto nostro venerabili viro Domino Vincentio Paul Presbytero, Juris Licentiato, Ecclesiæ Parochialis Clichiaci in Garenna Curato : Nos de tuis ac sociorum tuorum doctrina, probitate, experientia informati, etc.* On célebre dans l'Eglise de Clichy, outre la fête de Saint Vincent de Paul celle de Saint Sigebert Roi d'Austrasie, dans l'opinion où l'on est que c'est à Clichy qu'il est né, et celle de S. Ansbert Evêque de Rouen.

Le Pouillé Parisien du XIII siécle marque la Cure de Clichy dans l'Archiprêtré de Paris, et dit qu'elle est à la nomination du Chapitre de Saint Benoît de la même Ville; ce qui est suivi par tous ceux des derniers tems. La même Collégiale y possede le tiers de la dixme. On ignore d'où ce bien est venu à ce Chapitre,

Trois autres Collégiales ont aussi part dans les dixmes de Clichy : sçavoir Saint Germain l'Auxerrois pour le territoire voisin de Pacy ou d'Auteuil : celle de Saint Honoré pour un autre quartier, et celle de Saint Denis de l'Etrée située dans la Ville de Saint Denis. Chacune de ces Eglises fait un supplément de revenu au Curé.

Quelques Mémoires portent qu'au commencement du XIII siécle, Alix de Chatillon femme de Guillaume de Garlande, cinquiéme du nom, étoit Dame de Clichy-la-Garenne [a]. Cela s'accorde avec ceux où on lit que cette Seigneurie étoit au milieu du même siécle dans la maison de Beaumont, dont descendit Jean de Beaumont qui étoit Seigneur du même Clichy en 1262 [b]. On lit ailleurs que Jean de Beaumont, Chevalier et Chambellan de S. Louis, avoit épousé Jeanne Dame de Clichy, et qu'elle mourut en l'an 1275. Il y eut après cela un second Jean de Beaumont, Seigneur en 1288. Il reconnut en cette année-là le droit des Religieux de Saint Denis sur la Seine, depuis le Blanc-port jusqu'à Saint Germain en Laye [c]. Il y eut ensuite un troisiéme Jean de Beaumont, lequel fut Maréchal de France, et se qualifia Seigneur de Clichy et Courcelles-la-Garenne en 1315. Il mourut en 1318. Puis un quatriéme, aussi Seigneur de Courcelles en 1323. Ces Beaumont tiroient leur origine d'un lieu dit Beaumont le Déramé, et possédoient en 1387 ces deux Seigneuries de Clichy et Courcelles.

Il est fait mention dans les Registres du Parlement du 26 Avril 1370, de l'appel d'une Sentence du Prevôt de Paris : et on y lit qu'il y eut arrêt de ce jour-là, lequel adjugea à la Dame de Clichy-la-Garenne a moyenne et basse Justice sur une maison du Port de Nully. Cette Dame étoit sans doute la veuve d'un Beaumont [d].

En 1423 fut faite en la Chambre des Comptes une délibération [e] pour l'estimation de la Terre de Clichy, qui venoit d'être donnée à Jean de Saint-Yon et à Marguerite sa femme, moyennant trois cens livres par an. J'ai trouvé en 1478 une Jeanne de Villiers Adam, qualifiée dame de Villacoublay et de Clichy. Elle épousa cette année-là Jean de Monceaux Chevalier, Seigneur de Monceaux, Maître-d'Hôtel du Roi Louis XI [f].

a Hist. des Gr. Off., t. VI. p. 32.— b Ibid., t. V, p. 128, et t. V, p. 658.— c Doublet, p. 935. — d Petit livre blanc du Chastelet, fol. 250, — e Memor. de la Ch. des Comptes, fol. 158. — f Gen. de la M. du Belloy, p. 67.

En 1509 paroit Guillemette l'Huillier Dame de Clichy. En 1518, cette Terre étoit possédée par Olivier Alligret, Avocat au Parlement de Paris, lequel mourut le 23 Septembre 1535, Avocat Général au même Parlement : c'est ce que nous apprenons de son épitaphe en la Chapelle des Alligrets, qu'il fit bâtir à Saint André des Arcs. Son fils Jean Alligret, qui épousa Guillemette l'Huillier lui succéda en la jouissance de cette Terre, et fut Lieutenant Civil : mais comme Louis Hennequin, Seigneur de la Baziniere, Procureur Général en la Cour des Monnoies, épousa Anne Alligret sa sœur, la Seigneurie de Clichy fut partagée, et la moitié lui en fut adjugée 'an 1562 pour la somme de cinq mille six cens livres : Il en jouissoit encore en 1575, mais ce fut sa veuve qui comparut en la Coutume de l'an 1580, où elle est mal nommée Anne d'Aligre[a]. Pour ce qui est de Jean Alligret, possesseur de l'autre moitié, il mourut le 2 Juillet 1583. Il repose aux Grands Augustins[b]. On ne voit pas qu'il ait laissé aucuns enfans. Louis Hennequin succéda à son pere; mais n'ayant pas non plus laissé d'enfans, la Terre tomba à Alexandre son neveu, né de Pierre Hennequin en 1583, et au jeune de la Baziniere, desquels le sieur Marillac étoit tuteur en 1595. Je n'ai pu découvrir sur quel fondement il y a dans le Procès-verbal de la Coutume de Paris dressé en 1580, un second Seigneur de Clichy-la-Garenne, qui se qualifie Ecuyer, et se nomme Claude Du Crocq.

En 1630, un nommé Macé de la Baziniere est dit Seigneur de Clichy; le même peut-être qui vient d'être nommé, et que Macé Bertrand Trésorier des Epargnes, qualifié par l'Historien des Grands Officiers[c], de Seigneur du même lieu vers 1620. En 1643, Marguerite de Verthamont, veuve du sieur de la Baziniere, étoit Dame de Clichy. En 1671, Edouard-François Colbert Comte de Maulevrier, et Nicolas de Bautru Marquis de Vaubrun, Lieutenant Général des Armées du Roi, étoient Seigneurs en commun. La veuve de ce dernier contribua beaucoup au changement qui fut fait au cimetiere de la Paroisse en 1702[d].

Le Seigneur actuel de Clichy est M. Grimod de la Reynière, Fermier Général.

[a] Hist. des Presid., page 259. — [b] Epitaphes de Paris. — [c] Hist. des Gr. Off., t. VI, p. 589. — [d] *Reg. Archiep. Paris.* 12 *Martii.*

La Paroisse de Clichy paroît dans le dénombrement de l'Election de Paris, comme composée de 129 feux. Le Dictionnaire Géographique Universel du Royaume y compte 669 habitans.

On a été fort partagé sur la maniere de compter sa distance de Paris. Le petit livre des Environs de Paris, imprimé chez La Caille en 1722, ne mettant qu'un petite demie-lieue dans cet intervale, a paru contredire trop ouvertement M. de Vallois [a], qui assure qu'il y a environ deux lieues, et M. Baillet [b], qui y a compté une lieue et demie. La question mise en these par le sieur Binet, auteur de la Géographie des Nouveaux Breviaires, a été agitée dans le Mercure de France de l'année 1744 [c]. Le livre de La Caille est absolument en faute, à moins que l'auteur n'ait voulu compter des dernieres maisons des faubourgs de Paris de ce côté-là jusqu'aux premieres terres de Clichy qui sont vers le Roulle, et qui sont appellées le Bas-Roulle. Comme il est assez probable que le hameau appellé *Romiliacum* ou *Rouilliacum*, et quelquefois *Riollum* ou *Criollum*, et situé sur le territoire de Clichy, étoit placé de ce côté-là; c'est ce qui rend encore plus légitime et convenable l'expression du *Gesta Regum Francorum*, ouvrage de plus de mille ans, dans lequel Clichy est dit, *Villa regalis in suburbana Parisiorum civitate* [d]. Quant à la distance de la Cité de Paris au clocher de Clichy, l'expression de Messieurs de Valois et Baillet n'est point outrée; ce clocher n'est qu'à 250 ou 260 toises de la riviere de Seine, qui fait la séparation du Village d'avec celui d'Anieres situé à l'autre bord.

Une des belles maisons situées sur le territoire de Clichy, est celle qui appartenoit à feu M. le Président Crozat de Tugny. Il fit percer, il y a quelques années, dans son puisard un trou de trois pouces de diametre : quand on fut parvenu à 98 pieds plus bas que la surface de la riviere, il en sortit un jet d'eau qui monte quatre pieds plus haut que l'eau de la Seine, et qui actuellement fournit tous les jours deux cens seize muids.

Un des hameaux de Clichy le plus digne de remarque, est celui de Mouceaux, situé dans la plaine entre les dernieres maisons de

---

a *Not. Gall.*, p. 414, col. 2. — b Baillet, *vie de S. Ouen*, 24 août. — c Mois de Mars. — d Bouquet, t. II, p. 570.

Paris et le clocher de la Paroisse. Il y a en ce lieu une Chapelle
vers les dehors du Château, dans laquelle les habitans entrent par
une porte pratiquée sur la rue, et où l'on fait l'Office comme à une
succursale. Elle fut bénite le Dimanche 26 Mars 1529, par Gui
Evêque de Megare [a], sous l'invocation de S. Etienne premier
Martyr, qui y est représenté avec S. Laurent. L'Anniversaire de
cette bénédiction que l'on qualifie de Dédicace, s'y célébre le quatriéme Dimanche de Carême. Le Seigneur du lieu présent à la
cérémonie, s'appelloit Etienne des Friches. On tient que c'est lui
qui l'avoit fait rebâtir. Un Prêtre demeurant dans le lieu, dit dans
cette Chapelle deux Messes par semaine. Je m'abstiens, comme je
me le suis proposé, de parler des ossemens que l'on y conserve,
quoique j'aie vu le livre imprimé qu'un Capucin natif de ce lieu a
composé à ce sujet. On peut recourir à ce que j'ai rapporté à la
page 199 du premier tome de cet ouvrage.

On lit sur une tombe de pierre mise dans le dernier siécle au
milieu de cette Chapelle, qu'elle couvre les cendres de Messieurs
Charron originaires de Grece, qui ont servi la France sous le regne
de Philippe le Hardi : Que Robert Charron descendu d'eux, a été
Capitaine et Gouverneur des Ville et Château de Dourdan, et est
mort en 1400, et qu'Etienne son fils qui lui succéda dans les
mêmes honneurs, décéda en 1446, etc. (1632.) La terre de Mou-
ceaux étoit venue à Messieurs Charron, par la vente qu'en fit
Germain des Friches en 1569 à Jean Charron Valet de Chambre
du Roi. Une de leurs descendantes a vendu en 1746 cette terre à
M. Grimod de la Reyniere, Fermier Général, Seigneur de Clichy.
Le Château s'appelle Belair. Gui de Monceaux, Abbé de Saint
Denis en 1363, pouvoit tirer son nom de ce lieu, et être issu dès
Seigneurs. Je ne croi pas qu'on doive appeller ce lieu en latin
Monticellum ni *Monticelli*. On n'y voit aucune élévation. Il y a
plus d'apparence qu'il vient de *Muscellum* ou de *Muscelli*, lieu
mousseux ou mousceux, c'est-à-dire où il croit beaucoup de mousse,
par opposition aux autres cantons situés dans la Garenne.

La Planchette et Courcelles sont deux lieux situés entre le clo-

Reg. Ep. Paris.

cher de Clichy et celui de Villiers-la-Garenne, et qui tous les deux sont de la Paroisse de Clichy.

Je ne sçai si ce Courcelles seroit le *Curteciolum* que le Roi Philippe I donna à l'Abbaye de Saint Denis en 1060[a]. On a vu ci-dessus que durant presque tout le XIV siécle cette terre étoit possédée par les Beaumont. Quant à la Planchette, on lit que le Château de ce nom fut donné en 1528 par le Roi François I à Adrien de Courcelles[b] : Jacques Amelot, premier Président de la Cour des Aydes, et Elisabeth Du Pré sa femme y avoient leur maison de campagne en 1648.

Ternes qui est entre Villiers et le Roulle, est en partie sur la Paroisse de Clichy, et en partie sur celle de Villiers. Quelques-uns croyent que ce nom lui vient de ce que ce terrain fut gagné par un coup de ternes au jeu de dez. Mais il est permis d'en douter, parce qu'il y a plusieurs autres lieux en France qui portent le même nom. On trouve un Ternes au Diocése de Saint-Flour; Ternes, Château en Limosin, où étoit né le B. Roger, mort Archevêque de Bourges en 1367, et qui y bâtit un Couvent de Célestins. Ne seroit-ce donc point plutôt, parce que cet endroit est à trois mille de la Cité de Paris *terno milliario*, qu'il auroit eu le nom de Terne ? Je le trouve écrit l'Esterné dans le Registre de l'Archevêché de Paris de l'an 1632. Ce lieu est un fief. L'ancien bâtiment étoit flanqué de tours et environné de fossés. Terne a appartenu au Baron de Beauvais vers l'an 1660. Joseph Hinselin, Correcteur des Comptes, étoit Seigneur de ce lieu et des Carrieres en 1670. Il a depuis appartenu à M. Bombarde, Trésorier de l'Electeur de Baviere; ensuite à M. Mirei, Receveur des Consignations des Requêtes de l'Hôtel, qui a dépensé des sommes immenses pour la construction d'un nouveau Château, et pour l'embellissement des jardins. Après sa mort, ce lieu a été acheté par M. Mas, qui y a encore fait de nouveaux embellissemens dans le jardin.

Il y avoit sur la Paroisse de Clichy en 1372 un territoire appellé Chanteloup, où étoit une vigne dite de la censive de la Commenderie de S. Jacques du Haut-pas, et reconnue telle

---

[a] Doublet, p. 834. — [b] Tables de la Chambre des Comptes, t. III, f. 343.

par Pierre Taibert, Chevecier de Saint Jacques de la Boucherie[a].

La Paroisse de Clichy, malgré le démembrement, s'étend encore très-près de Paris, puisqu'elle va jusqu'au fief du Coq, dit de l'Homme riche proche les Porcherons. On voit dans un échange [b] fait par le Roi avec le sieur d'Antin, que Sa Majesté eut de lui en 1724 des terrains en marais au terroir de Clichy, dit le *Bas-Roule*. En 1731 le 18 Décembre, le Conseil d'Etat donna un Arrêt, qui nonobstant l'opposition du Seigneur et des habitans de Clichy, soumettoit aux entrées deux maisons construites proche la nouvelle pepiniere, qui ne sont séparées du faubourg du Roulle que par une rue, et qui sont de Clichy.

Pierre Versoris [c], célebre Avocat de Paris sur la fin de l'avant-dernier siécle, avoit sa maison de campagne à Clichy-la-Garenne. On lit qu'il s'y retira l'an 1581, pour éviter la contagion qui régnoit à Paris, et qu'il y composa sa généalogie.

L'Ordonnance que le Roi Philippe de Valois donna contre les blasphémateurs au mois de Février 1343, est datée de Clichy dans l'ancien Livre rouge du Châtelet [d]. Blanchard la date de l'Hôpital de Lisy. Fevr. 1347.

Dom Germain dans son Traité des Palais de nos Rois, met un *Clippiacum* proche Saint Germain en Laye, où certainement il n'y en a point [e].

En finissant l'article de Clichy je dois dire que M. Soubrat, curé, attentif à aider les antiquaires en ce qu'il découvre, m'a fourni plusieurs traits historiques sur la Paroisse.

---

[a] *Tab. Ep. Paris. in S. Jac. de Passy.* — [b] *Reg. Parl.*, 1724, 29 août et 9 déc. — [c] Dict. Menage au mot *Versoris*. — [d] *Fol.* 75. — [e] *Diplomat.*, lib. IV, p. 273.

VILLIERS-LA-GARENNE .

———

Comme il n'y a que cinq ou six Villiers dans le Diocèse de Paris, ils ont chacun leur surnom. Celui-ci est appellé Villiers-la-Garenne, à cause que son territoire s'étend sur la Garenne qui est au rivage droit de la Seine, à la partie septentrionale du Bois de Rouvret, dit aujourd'hui de Boulogne. Clichy qui est contigu à ce Villiers du côté du Nord, est pareillement surnommé *La Garenne* pour la même raison. Il faut se souvenir que Villiers, en latin *Villare*, est un nom générique qui signifioit presque la même chose que *Villa.*. Il avoit coutume d'être donné à une portion de terrain auprès de laquelle étoit un chef-lieu dont il étoit une dépendance. Ainsi Clichy étant le nom d'un Château Royal sur le bord de la Seine dès la première race de nos Rois, le lieu où demeuroient les serfs, et ensuite les paysans qui y cultivoient ce qu'il y avoit à cultiver, et qui servoient les Princes à la chasse, ou qui vaquoient à la pêche, s'appelloit le Villier, *Villare*. Comme il y a deux Villiers nommés dans les partages des biens de l'Abbaye de Saint Denis de l'an 832 et de l'an 862, et que l'un des deux étoit celui qui est voisin de Belloy, et qu'on appelle aujourd'hui Villiers-le-Sec, il résulte que l'autre est celui-ci, d'autant plus que la même Abbaye en possede encore la Seigneurie. Probablement elle lui avoit été donnée par Charles Martel avec celle de Clichy, dont elle faisoit partie. Ce Monastere par la suite des tems aliéna la terre de Clichy-la-Garenne, et il se reserva celle de Villiers.

Ce village est à une lieue et un peu plus du milieu de Paris; son territoire borde le rivage droit de la Seine, depuis les environs de l'Abbaye de Long-champ, compris le Château de Madrid, jusques proche Courcelle. Toute cette longueur est de la Paroisse de Villiers.

La plaine dès Sablons est un terrain inculte de cette Paroisse; il ne laisse pas que d'y avoir de bonnes terres proche le canton où l'Eglise est bâtie. Ce canton étoit autrefois plus peuplé qu'il n'est: mais depuis qu'il y a eu un bac établi à Neuilly, hameau de cette Paroisse, et ensuite un pont qui est devenu le grand passage pour Saint Germain en Laye, Poissy, etc. aussi-bien que pour la Normandie, le lieu de Villiers a été abandonné peu à peu, et il s'est fait des établissemens d'abord de blanchisseurs, puis de tous les arts et métiers à ce hameau de Neuilly : de sorte qu'à la réserve d'un seul feu, qui est resté à Villiers avec trois maisons Bourgeoises et quelques Bergeries, le reste de la Paroisse formant le nombre de sept à huit cens Communians, se trouve être à Neuilly. Selon le dénombrement de l'élection de Paris de l'an 1709, il n'y avoit alors en toute la Paroisse de Villiers-la-Garenne que vingt feux. Le Dictionnaire Universel de la France y comptoit 345 habitans. Le nouveau dénombrement qui a paru en 1745, assure qu'il y a en tout 76 feux.

L'Eglise de Villiers-la-Garenne est sous l'invocation de S. Martin Evêque de Tours. Il y a lieu de croire que la Paroisse est un démembrement de celle de Clichy. On ignore en quel tems elle fut érigée, mais seulement on sçait qu'elle l'étoit en 1217, comme on le verra un peu plus bas. L'édifice de cette Eglise de Villiers tel qu'il se voit, quoique déjà reparé, et soutenu par une tour neuve, n'a que deux cent ans d'antiquité. Il est fort simple et assez bas. On lit sur le mur septentrional de la nef l'inscription suivante.

Mil V cent XLIX le XXII jour du mois d'Apvril en l'honneur de Dieu et de la Glorieuse Vierge Marie et de Mons. S. Martin fut dediée cette présente Eglise de Villiers-la-Garenne par Reverena Pere en Dieu Messire Charles Boucher Evesque de Megarance[a] Abbé de saint Magloire à Paris à la supplication de Messire Fran-çois Suzanne Prestre Vicaire pour lors, et de Claude Aubry et Nicolas Coste Marguilliers en ce même temps. Ledit Suzanne veilla la nuit que cette Eglise fut dédiée. Et sera la Dédicace festée le deuxiéme jour de May. Tout cela s'accorde avec le Registre de l'Archevêché, qui ajoute que cet Evêque y bénit cinq autels.

  [a] De Megare.

La boiserie du grand autel avec le tableau des disciples d'Emmaüs, a été donnée par le Duc de Baviere pere de l'Empereur défunt, parce que dans le tems qu'il étoit retiré en France, il emeura sur cette Paroisse. Il étoit logé dans la maison de M. Moreau pere de M. de Sechelles.

Dans la Chapelle à côté du chœur vers le septentrion, est la tombe de M. Pierre Moreau, Secretaire du Roi, décédé en sa maison de Villiers le 5 Mai 1725.

Au cimetiere, derriere le grand autel, entre le mur du sancuaire et la Croix, repose dans un cercueil de plomb Damoiselle Marie-Therese le Petit de Vernot de Chausseraye, laquelle décéda le 24 Mars 1733, âgée de 69 ans, dans une maison dépendante du Château de Madrid, aux funérailles de laquelle assisterent une infinité de personnes de la Cour. Elle avoit demandé de n'être pas inhumée dans l'Eglise. Elle fut enterrée le 26 du même mois en présence de M. Louis-Henri d'Andigné Docteur de Sorbonne [a], de Charles Ricard, Ecuyer, Sieur de la Chevalleraye, Concierge du Château de Madrid [b].

Le Pouillé de Paris rédigé au XIII siécle, met l'Eglise de *Vilers* au rang de celles qui sont à la pleine collation de l'Evêque dans l'Archiprêtré de Paris. Les Pouillés manuscrits du XV siécle et du XVI siécle, ceux qui furent imprimés en 1626 et 1648 marquent la même chose. On lit seulement dans celui du sieur Pelletier [c], qui est de l'an 1692, à l'article du Chapitre de Saint Honoré, que la Cure de Villers près le Roulle dépend de cette Collégiale. En effet, les Chanoines de Saint Honoré y présentent. La Caille l'a aussi marqué de même dans ses Environs de Paris de l'an 1722. Je ne connois rien qui soit relatif à cela, sinon un NOTA [d] écrit en 1532,

---

[a] Reg. mortuaire de Villiers. — [b] Je profite de cette occasion pour marquer ici ce que j'ai pû apprendre de plus sur cette défunte. C'étoit une Demoiselle de condition de la Province de Bretagne. Madame, Mere du duc d'Orleans Régent, l'avoit prise comme Demoiselle d'honneur à l'âge de 18 ou 19 ans. Cette Duchesse étant toujours à la Cour avec Louis XIV, et menant par toute avec elle Mademoiselle Chausseraye, le Roy avoit goûté son esprit, et avec raison, puisque c'étoit un esprit supérieur, ensorte qu'il eut en elle une extrême confiance, et il lui donna pour sa vie le corps de logis du château de Madrid où elle est décédée ; et qui depuis a été occupé par Mademoiselle de Charollois. Après la mort de Louis XIV, elle eut l'entière confiance de M. le Duc d'Orleans Régent. Elle avoit aussi de grandes liaisons avec M. le Cardinal de Noailles. Elle passa les dix dernières années de sa vie dans la piété. M. Esnault Curé de Saint Jean en Gréve l'assista à la mort, et elle décéda entre les bras de l'abbé d'Andigné. Elle avoit donné presque tout son bien aux pauvres. — [c] Pouillé de J. le Pellet., p. 30. — [d] Reg. Ep. Paris, 1532, *ad calcem.*

par lequel on marque que cette Cure avoit été unie à la mense du Chapitre Saint Honoré, avant le tems de l'Episcopat de Louis de Beaumont.

Cette Paroisse ne s'étendoit autrefois pas moins du côté de Paris que du côté de Long-champ, puisque la place où est bâtie l'Eglise du Roulle en étoit. Lorsqu'il fut question de bâtir une Chapelle proche la Léproserie du Roulle, il fut besoin du consentement du Curé de Villiers. Pierre Evêque de Paris marqua dans ses lettres de l'an 1217, que ce seroit sauf le droit Paroissial du Curé de Saint Martin de Villiers; que le Chapelain ne recevroit en sa Chapelle aucun des Paroissiens aux Fêtes annuelles, non plus qu'aucun droit Curial. Il étoit même tenu de jurer la fidélité dans l'observation du réglement au Curé de Villiers, et de lui payer par an dix sols parisis. Enfin, cette Chapelle du Roulle est devenue elle-même Paroissiale, il y a environ cinquante ans, par un démembrement fait de Villiers et de Clichy.

Il n'y a rien à remarquer sur les Seigneurs de Villiers-la-Garenne, dès-lors qu'il est constant que depuis mille ans, ou environ, cette Terre a toujours appartenu à l'Abbaye de Saint Denis. Depuis que la Mense Abbatiale a été accordée aux Dames de Saint-Cyr, cette Terre et ses dépendances leur appartient. En 1738 le premier Octobre, fut donné un Arrêt du Parlement, où est mentionnée la Prieure et Communauté de Saint Cyr, comme Dames de la Prévôté du Port de Neuilly, Villiers-la-Garenne et le Roule. Mais à l'égard de Villiers, il faut entendre qu'elles n'en sont Dames qu'en partie [a], puisque dans l'acte de l'érection de la Paroisse du Roule [b] qui est de l'an 1697, il y comparoît deux personnes qui se disent Seigneurs de Villiers.

On assure que dans quelques anciens titres il est fait mention d'une rue des Orfévres sur le territoire de Villiers-la-Garenne. Cela ne signifie point que cette rue fût habitée par des Orfévres, mais seulement que les Officiers de la Monnoye de Paris y avoient du bien, comme ils en ont encore au Roulle, qui est un détachement de cette Paroisse. On y a trouvé en 1744 plusieurs piéces d'or.

---

[a] Recueil d'Ordonn. en faveur du Châtelet de Paris, 1740, par M. Du Pré Commissaire, p. 201 — [b] Voyez le Roule.

Le Roi Philippe de Valois faisant une fondation à l'Abbaye de Saint-Denis en 1341, assit le revenu sur les biens situés à Villers-la-Garenne, à Neuilly et au Roulle, qui avoient été à Pierre Louvain Chevalier [a], et qui lui venoient de Raoul Louvain son pere Chevalier, qui en avoit fait l'acquisition.

NULLY ou Neuilly, aujourd'hui hameau considérable de la Paroisse de Villiers-la-Garenne, et éloigné d'un bon quart de lieue de l'Eglise Paroissiale, a commencé par un Port situé vis-à-vis les chemins qui conduisent à Nanterre, à Besons et autres lieux. Un titre de l'Abbaye de Saint Denis daté de 1222, l'appelle *Portum de Lulliaco*. Un autre acte du même Monastere [b], et de deux ans après, appelle ce lieu *Lugniacum*. Il y est parlé d'héritages situés *apud Curvam-viam et Asnerias et in censu Portûs de Lugniaco*. Avant qu'il eût été arrêté que le Port et la Seigneurie de ce lieu seroit dans le lot de l'Abbé de Saint-Denis, ces biens appartenoient au Chantre de l'Abbaye. Le monument qui indique ce fait, ajoute qu'on avoit dit anciennement *Port de Luny* [c] : mais le changement de la lettre L en celle de N, qui n'est pas rare dans notre langue, s'étoit déja fait sentir dans ce mot en 1316. Il est écrit Neuilly dans un Arrêt du Parlement de cette année-là, donné entre Adam de Meulent Panetier du Roi, et Jean Arrode Bourgeois de Paris, au sujet d'une maison sise en ce lieu, et dans ceux qui suivirent durant le même siécle [d]. Aussi l'un des continuateurs de Nangis parlant des lieux voisins de Paris, où les Anglois mirent le feu en 1346, dit-il que c'étoit vers Saint Germain en Laye *usque ad Portum de Nully* [e].

L'un des endroits des Registres du Parlement ci-dessus cités, contient les plaintes que les Religieux de Saint Denis firent, de ce que le Prévôt de Paris avoit pris et amené à Paris leur batteau du Port de Nully, dont ils retiroient chaque semaine cent sols, et leur Fermier autant. La raison qu'avoit eu le Prevôt de faire remonter à Paris le batteau des Moines, étoit la rupture du grand Pont (qui est de Beaulce) ce qui pourroit dénoter le Pont de Sevre. Il ajouta pour s'excuser, qu'il restoit encore un Bac à Nully. Ce qu'on lit au

---

[a] Doublet, Hist. Saint-Denis, p. 964. — [b] *Chart. S. Dion. Bibl. Reg.*, p. 265 et 464. — [c] Pouillé de Paris, 1643, p. 132. — [d] *Reg. Parl.*, 26 apr. 1370. — [e] *Spicil. in fol.*, t III, p. 107, col. 2.

septiéme volume des Ordonnances[a], fait voir qu'en 1383 il n'y avoit pas de Pont en ce lieu. Les grandes chroniques de Saint Denis font pareillement mention du lieu dont nous parlons. On y lit qu'en l'an 1373 aux mois de Janvier et Février, les eaux furent si grandes, qu'on alloit en batteau depuis la Porte Saint Antoine jusqu'au Roulle et au Port de Nuilly.

Au reste, en quelque état que fût ce Port, le Roi François premier y logea en 1518. Il y donna le 29 Mars avant Pâques un Edit touchant le Bailly de Touraine[b]. Il n'y avoit encore qu'un Bac en ce même lieu en 1606; mais ce qui arriva cette année-là détermina à y construire un Pont. Voici comment Du Breul[c] auteur du tems raconte la chose.

» Le Vendredi 9 Juin 1606, sur les cinq heures du soir, le Roy
» Henri IV revenant de Saint-Germain en Laye, et voulant passer
» la riviere au Port de Neuilly; comme Sa Majesté qui étoit en ca-
» rosse entroit dans le bac, n'ayant voulu descendre à cause de la
» pluye, les deux derniers chevaux tirant trop à côté, tomberent
» dans l'eau, et de leur poids emporterent le carosse, où étoient
» avec le Roi et la Reine, Monseigneur de Montpensier, Mgr le
» Duc de Vendosme et Madame la Princesse de Conti. Les premiers
» et les plus prompts au secours, furent Messieurs de l'Isle-Rouhet
» et de Chastaigneraye, qui préférans avec ceux qui les suivirent,
» le salut de leur Prince au leur propre, se jetterent dans l'eau,
» sans avoir loisir d'ôter ni leurs manteaux ni leurs épées... Ils
» accoururent donc à l'endroit où ils avoient vu le Roi, lequel
» retiré de son danger.... se remit dans l'eau pour aider à retirer
» la Reyne et M. de Vendosme... Le Roy voulant obvier à de tels
» malheurs, fit depuis bâtir un Pont en ce lieu, lequel il qualifia
» de son nom, ordonnant qu'il seroit appellé le PONT-HENRI. » Ce qui toutefois n'a pas été suivi. On croit qu'une fleur de lys placée sur la porte d'une maison sur le bord de la Seine à Neuilly même, est une marque d'honneur que le Roi accorda au batelier qui aida le plus à retirer le Roi, etc.

Ce Pont, que Du Breul qualifie de beau et excellent pont, ne

a Ordon. VII vol., p. 529. — b Tables de Blan hard. — c Du Breul. Antiq. de Paris, liv. IV, à la fin dura pas trente-cinq ans. On voit par les Registres du Parlement[a] du vingt-six Janvier 1638, qu'il étoit déjà tombé. La Cour permit alors d'y mettre des bacs et des batteaux, et elle en régla les droits. Lorsqu'il eut été réparé quelques mois après, le Roi Louis XIII fit don de la jouissance de ce Pont pour l'espace de trente ans à la Demoiselle de Hautefort[b]. Le 2 Septembre 1667, on enregistra en Parlement les Lettres[c] accordées par Louis XIV à Dame Marie de Hautefort, Duchesse de Schomberg, portant prorogation de la jouissance des Ponts de Neuilly et Courbevoie pour quarante années, à commencer en 1671, suivant les Lettres à elle accordées trente ans auparavant, à condition de faire rebâtir ces Ponts. Et si par guerre ou par désordre ces Ponts venoient à être rompus, il fut dit qu'ils seroient réparés aux dépens du Roi. Il fut aussi spécifié, que les droits seroient reçus au profit de cette Dame, sans qu'il pût être fait aucune taxe ou retranchement au Conseil du Roi; et même il y eut permission accordée de construire des moulins sur ces Ponts. Enfin l'an 1711 le 26 Août, il y eut enregistrement de Lettres patentes[d] en faveur de Louis-Charles de Hautefort, Marquis de Surville, portant prorogation à lui et à ses successeurs pendant quarante ans, de la jouissance du Pont de Neuilly, à condition qu'il feroit rétablir ce Pont et la chaussée qui est entre-deux, et qu'il payeroit à la Communauté de Saint Cyr représentant Saint Denis, la somme de trois mille livres par an, et autres conditions.

En 1554, il existoit un lieu dit le Vivier de la Mairie du Port de Neuilly, situé dans la censive d'Etienne des Friches[e], à cause de son fief qui avoit appartenu aux Mathurins.

On voit à Neuilly sur le bord de la Seine une Chapelle du titre de S. Jean-Baptiste bâtie depuis environ cent ans. Elle sert en quelque maniere de Paroisse aux habitans dans les mauvais tems; et elle est desservie par le Vicaire de Villiers. Mais il n'y a ni tabernacle ni Fonts-baptismaux.

M. le Comte d'Argenson, Ministre de la guerre fait bâtir à Neuilly une très-belle maison.

Ce fut dans ce hameau de Neuilly que Sebastien Vaillant[f] fut

---

[a] Reg. du Cons. du Parl. — [b] Registré en Parl. le 7 Mai 1638. — [c] Reg. du Parl. — [d] Ibid. — [e] Tab. S. Elig. Paris. — [f] Vie de M. Vaillant en la Pref. du Botanicon Paris.

attiré en 1692 par un Chirurgien qui y résidoit, et il y exerça la Chirurgie. Il venoit assiduement de ce lieu aux leçons que M. de Tournefort donnoit à Paris, et s'en retournoit le même jour. On sçait
qu'il devint depuis Directeur du Jardin Royal des Plantes.

M. Chauveau, Curé de Villiers, voyant l'assistance à l'Office
Divin fort négligée dans l'Eglise Paroissiale, et plusieurs autres
inconvéniens à cause de l'éloignement des habitans, dont la partie
la plus considérable est à Neuilly, où l'on compte huit cent ames
ou environ, a acheté dans ces derniers tems un terrain en ce lieu
de Neuilly, pour y bâtir une nouvelle Eglise Paroissiale. La premiere pierre de l'édifice fut posée en 1749 le 27 Novembre par
Mademoiselle Louise-Anne de Bourbon Condé, Princesse du Sang,
et la premiere pierre du chœur le fut le 26 Mai 1750 par M. Boucher, Conseiller de la Grand-Chambre du Parlement en sa qualité
de Chantre du Chapitre de Saint Honoré de Paris, gros Décimateur
de Villiers : mais l'édifice est resté imparfait par la mort de
Madame de Vougny, qui avoit promis pour le construire douze
mille livres par an. Le Mémoire imprimé chez Simon, rue des Mathurins, d'où sont tirés ces faits, nous apprend que M. Fleuriau
d'Armenonville Garde des Sceaux, dans le tems qu'il occupoit le
Château de Madrid, avoit formé le projet de construire à Neuilly
'Eglise Paroissiale de Villiers, et qu'il en avoit même désigné la
place.

MADRIT. Ce Château est situé sur la Paroisse de Villiers, à trois
quarts de lieue de l'Eglise. L'origine de son nom est assez certaine,
puisqu'il est sûr qu'il a été bâti par François I, sur le plan et mo-
déle de celui de Madrit en Espagne. Dupleix parlant de ce Château
et de la Reine Marguerite, premiere femme d'Henri IV, dit : « Je
» la fus trouver à Madrid qu'elle faisoit nommer Boulogne, du
» nom d'un Bourg prochain; la mémoire de Madrid en Espagne,
» où le Roi François son ayeul avoit été prisonnier, lui étant
» devenue odieuse. » Bassompierre [a] releve ainsi cet endroit de
Dupleix. « Cette maison, dit-il, s'appelle aussi de Boulogne; mais
» es Courtisans du tems du Roi François, qui s'y retiroit souvent
» en particulier, pour témoigner que delà on ne voyoit point le

[a] Remarq. du Maréchal de Bassomp. sur Dupl. an. 1665.

» Roi, disoient qu'il étoit à Madrid. » Aussi y a t'il apparenc
que c'est de ce lieu, et non de Boulogne le village, que sont datés
certains Diplomes de Charles IX, qui portent ces mots : *Donné à
Boulogne.*

Dès les commencemens, il y avoit eu en ce Château une Chapelle qui n'étoit pas dotée. Louis XV, sur la démission du Prieuré
de S. Serein de la Celle au Diocèse de Troyes, faite par M. Besnard
de Rezay, y a uni ce Prieuré par Lettres du mois de Janvier 1724 :
ce qui a été confirmé par Lettres de M. le Cardinal de Noailles du
mois de Juin suivant, qui nous apprennent qu'en même tems il y
fut établi un Chapelain secondaire pour soulagement du Titulaire;
que le Chapelain en titre est à la présentation du Capitaine du
Château, aussi-bien que le second qui est pareillement au choix
du même Capitaine et amovible ; que ni l'un ni l'autre ne peuvent
faire aucunes fonctions dans cette Chapelle de S. Louis sans la
permission de l'Archevêque. Cet établissement se fit du tems et du
consentement d'Hervé Pinel Curé de Villiers, qui déclara que ce
seroit sans préjudice au droit et à la possession où il est de porter
les Sacremens dans le Château; que les deux Prêtres n'y feroient
aucune fonction Curiale que de son consentement; que lui Curé
continueroit d'aller en Procession à ce Château le lundi de Pâques
et celui des Rogations, d'y donner la Communion à Pâques, et a
l'égard des cendres, de les donner aux habitans du Château et des
environs, ou de les envoyer au Chapelain pour les distribuer en la
Chapelle. Selon le procès-verbal dressé alors, il y avoit environ
cent Communians dans ce lieu.

La maison du lieu dit Bagatelle, celles de la Porte Maillot et de
la Porte de Neuilly sont de la Paroisse de Villiers ; et même aussi
le Château de Ternes, s'il en faut croire le Mémoire imprimé au
sujet de la future Eglise de Neuilly ; car ci-dessus page 77 en parlant de Clichy, je le lui ai attribué en partie, sur le rapport qui
m'en a été fait.

LE ROULE

Quoique ce lieu soit maintenant compris dans l'étendue de Paris, je n'ai pas cru pouvoir me dispenser d'en parler ici, parce que cette attribution est toute nouvelle. Le territoire du Roulle étoit primitivement de la Paroisse de Villiers-la-Garenne ; et par conséquent il avoit fait originairement partie de la Terre et Châtellenie de Clichy, Château Royal, qui au VI siécle avoit de grandes dépendances.

J'ai conjecturé à l'article de Clichy-la-Garenne, que le Roulle pourroit bien représenter aujourd'hui l'ancien *Romiliacum*, dont parle la Chronique de Fredégaire ; car suivant cet auteur, ce *Romiliacum* étoit censé ne faire qu'un avec *Clippiacum*. J'avoue que depuis ce tems-là ce nom se trouveroit fort abregé : mais c'étoit fort l'ordinaire en France. Dès le XIII siécle, on varioit sur la maniere de rendre en latin le nom de Roulle : un titre latin de l'an 1217 se sert de l'expression vulgaire Roule : un autre de l'an 1222 met *usque ad pontem de Rollo ;* d'autres des années 1260 et 1293 mettent *apud Rotulum* [a]. Aussi ai-je conjecturé en parlant de Clichy, que le Roule pouvoit être le *Crioilum* de la vie de S. Eloy, parce qu'il devoit être voisin du même Clichy [b].

Ce que nous avons de plus ancien touchant ce lieu du Roulle, nous apprend qu'il y avoit une Léproserie en cet endroit au commencement du XIII siécle. Il fut besoin d'y ériger une Chapelle pour la commodité des Lépreux et de ceux qui les servoient. Pierre de Nemours, Evêque de Paris en 1217, ne le permit qu'après avoir eu le consentement du Curé de Villiers-la-Garenne [c],

---

[a] *Hist. Eccl. Paris*, t. II, p. 272 et 447. — [b] *Notit. Gall.*, p. 187, col. 1. — [c] *Hist. Eccl. Paris.*, t. II, p. 262.

sauf les droits Curiaux, et à condition que le Chapelain n'y recevroit aucun Paroissien à Pâques, à la Pentecôte, à la Toussaint, à
Noël, et à la S. Martin Fête patronale de Villiers. Cet Evêque y
régla les droits des funérailles; par exemple, si un Paroissien de
Villiers s'y faisoit porter étant atteint d'autre maladie que la lepre,
et qu'il vînt à y mourir revêtu de quelque habit de Religion, on
devoit porter son corps à la Paroisse pour y chanter la premiere
Messe; après quoi le Chapelain et les Freres de la Léproserie le
rapportoient chez eux pour l'enterrer : mais les corps des Paroissiens qui y prenoient l'habit de la Religion de cette Léproserie, ne
devoient point être portés à la Paroisse. Les Legs testamentaires
furent aussi un objet de réglement. Au reste, quel que fût le Prêtre
que l'Evêque commettoit à la desserte de cette Chapelle, soit sécu-
lier, soit régulier, il devoit promettre par serment au Curé de Villiers, d'observer l'Ordonnance ci-dessus. Si ceci prouve l'antiquité
du lieu du Roulle sous ce nom de Roulle, il fait voir en même
tems l'ancienne subordination des Chapelains envers les Curés, et
que le Roulle n'a commencé que par une Chapelle de Léproserie.
Celui qui en fit la visite pour l'Evêque de Paris l'an 1351, a
marqué que ce fut en la présence de Jean le Vaillant et Jean Fouré,
Prevôts des ouvriers en la Monnoie de Paris, qui se disoient avoir
droit dans cette Léproserie, par accord passé entre l'Evêque
Foulques de Chanac et eux [e]. En effet, dans le traité de l'an 1343,
on étoit convenu avec ces ouvriers, que l'Evêque n'installeroit que
le Maître de Saint Lazare du Roulle, et non les autres [b].

Sauval [c] parlant du Roulle, s'est expliqué d'une maniere très-
équivoque, l'appellant tantôt Commanderie, et tantôt Maladerie.
Comme les termes de Léproserie et Maladerie sont assez synonimes,
il auroit pu employer l'expression sûre et laisser l'incertaine.
Cependant on assure qu'anciennement les armes de l'Ordre de
S. Lazare étoient au-dessus de la porte de la Chapelle. Ce que je
puis dire, est que le Maître et les Freres appelloient dès l'an 1260
leur maison *Monasterium nostrum*, et que leur sceau représentoit
un *Agnus Dei* [d].

a Reg. visit., f. 160. — b Chart. min. Ep., f. 25. — c Antiq. de Paris, t. 1, p. 335. —
d Tab. Episc. Paris.

Au milieu du XIII siécle, l'Evêque de Paris avoit un domaine et censive au Roulle, *apud Rotulum*, selon que le témoigne une charte de S. Louis de l'an 1260[a]; et c'est même encore aujourd'hui un fief de l'Archevêché. J'ai trouvé que le 13 Février 1475[b], Nicolas Roullin Avocat, ayant un domaine au Roule, en fit hommage aux Vicaires Généraux de l'Evêque de Paris, à cause de sa femme. L'Abbaye de Saint Magloire[c] y possédoit des prés en 1426. Il y a apparence que les Officiers de la Monnoie y avoient aussi du revenu, et que c'est par quelque espece de compensation qu'ils jouissent de certains biens de la Maladerie, ainsi que l'assure Sauval, qui la qualifie le plus souvent de Commenderie. Je ne sçai s'il y faut comprendre le clos appellé La Pepiniere, que j'ai appris encore être attaché à l'Hôtel de la Monnoie de Paris. Il est certain qu'encore au XVI siécle le Roulle étoit au rang des Maladeries du Royaume : et même par un article de l'Arrêt du Parlement[d] 29 Août 1545, qui en réformoit les abus, on contraignit les Maîtres et Freres du Bas Roulle-lez-Paris à recevoir deux ladres. On accordoit même encore en 1598 des places en cette Léproserie, comme des especes de bénéfices[e].

Sur la fin du dernier siécle, cette Maladerie fut érigée en Paroisse pour le soulagement des habitans de ce lieu, au nombre de soixante-quinze ménages, qui étoient de la Paroisse de Villiers, éloignée de trois quarts de lieue; il y eut aussi quelques meuniers qui étoient ci-devant de la Paroisse de Clichy, qui furent attribués au Roulle : cette érection fut faite le premier Mai 1699. Le Decret qui est plus ancien de deux ans[f], ne fut arrêté qu'après avoir ouï les Dames de Saint Cyr, Dames de Villiers-la-Garenne, du Pont de Neuilly et du Roulle en partie, les Religieux de Saint Denis, hauts, moyens et bas Justiciers de ces lieux et du fief des Mathurins et de Socoly, (la Dame de Vaubrun Dame de Clichy défaillante) les Prevôt, Lieutenans, Ouvriers Monnoyeurs de Paris, Jacques Rioul, Secretaire du Roi Seigneur de Villiers-la-Garenne, le Chapitre de Saint Honoré gros Décimateur de Villiers, celui de Saint Benoit gros Décimateur de Clichy. Ceux de Saint Honoré demanderent à

---

[a] *Hist. Eccl. Paris.*, t, II, p. 447. — [b] *Reg. Ep. Par.* — [c] *Tab. S. Magl.* — [d] Regist. du Parl. — [e] *Reg. Ep. Par. Jan.* 1598. — [f] *Reg. Archiep.* 28 *Febr.* 1597.

continuer d'aller en procession à cette Eglise le premier Mai.
L'Archevêque se retint la collation pure de la Cure, et statua qu'on
payeroit quarante livres chaque année au Curé de Villiers, et
cinq liv. à la Fabrique. François Socoly Ecuyer, Seigneur de
Villiers, se conserva en la nouvelle Paroisse le droit d'une part de
pain-béni et d'un bouquet le premier de Mai jour de la Fête patronale. Sauval[a] dit que cette Paroisse est dotée de la moitié du
revenu de la Leproserie, et que l'autre moitié est demeurée aux
soins des ouvriers de la Monnoye de Paris, qui l'ont appliquée
pour le secours de leurs confréres malades. Au moins il est constant qu'ils avoient eu quatre places dans cette Maladerie[b].

L'Eglise du Roule reconnoit S. Philippe et S. Jacques pour
Patrons. On y solemnise aussi le 16 Août la Fête de S. Frambould
solitaire du Pays du Maine en qualité de second Patron[c].

Comme cette Eglise quoique non-ancienne menaçoit ruine, elle
a été abbatue depuis quelques années; et l'Office, transféré dans
une grange à côté, décemment accommodée.

Depuis l'an 1722 le Roulle est faubourg de Paris. Par Arrêt[d] du
30 Janvier, et Lettres patentes du 12 Février de cette année, ce
lieu fut déchargé de la Taille, et assujetti aux entrées; et les Fermiers Généraux chargés de payer au Receveur des Tailles la
somme de quatre mille huit cens trente-cinq livres par chaque
année. L'enregistrement est du 14 Mai suivant.

---

[a] Antiq. de Paris, t. I, p. 335. — [b] Reg. E). Par., 9 Juin. 1569. — [c] Sauval, ibil., et l'Almau. Spirituel, — [d] Reg. Parl.

MONTMARTRE

Si nous n'avions pour assurer l'antiquité du nom de cette montagne voisine de Paris, que le témoignage des actes de S. Denis composés par Hilduin, il faudroit nous en tenir à ce que cet Auteur dit, que son premier nom étoit *Mons Martis*, et qu'à cause que S. Denis et ses compagnons y ont selon lui souffert le martyre, on 'a depuis appellée *Mons Martyrum*, comme c'étoit l'usage de son tems. Mais nous avons Fredegaire, Ecrivain du septiéme siécle, qui l'appelle *Mons Mercore*, qui est une altération du nom *Mons Mercurii*. Il semble donc que le nom que nous lui donnons depuis le IX siécle, et dont Hilduin est peut-être l'inventeur, comme l'a pensé M. Grancolas, ne soit qu'une corruption des mots Mont Mairte, ou plutôt des mots Mont Mercre. On veut aussi qu'il y ait eu sur cette montagne un temple de Mercure et un autre de Mars [a]. Sauval va jusqu'à assurer qu'il en a vu des restes dans le siécle dernier, et qu'ils ont été abbatus. Mais comme il n'est pas sûr que cet Ecrivain se connût en bâtisse Romaine des premiers tems, il pourroit se faire que lui et ses contemporains eussent pris pour des restes du temple, quelques vieilles masures du bas Empire, telle qu'étoit celle que l'on a découverte remuée et fouillée sur la fin de l'année 1737 et au commencement de 1738 vers le Nord de cette montagne. Il suffiroit qu'il y eût eu, comme cela est possible, une statue de Mercure élevée dans un endroit, une de

[a] Je ne parle pas de l'idée qu'a eue l'auteur d'un écrit inséré dans un Journal de France il y a vingt ans et plus, que cette montagne avoit été formée des terres que les débordemens de la Seine ont ramassé; non plus que de ce qu'a écrit Raoul de Prelles au XIV siécle en ses Commentaires sur sa Traduction Françoise de S. Augustin sur la Cité de Dieu, que cette montagne servoit aux Gaulois à mettre un fanal qui répondoit à celle de Court Dimanche au-dessus de Pontoise, et celle-ci à Montjavoux en Vexin. Cet auteur a tiré tout cela de son cru.

Mars placée en un autre lieu de la même montagne, pour lui avoir fait donner le nom de ces fausses divinités. Frodoard dit à la vérité que de son tems, c'est-à-dire en l'an 944, un grand ouragan renversa à Montmartre une maison très-ancienne et très-solidement bâtie. Mais il ne marque point que cette maison passât pour être un temple. J'ai vu du côté du couchant quelques fondemens de l'édifice qui a passé pour être un reste du temple de Mercure; ces fondemens m'ont paru trop peu épais pour avoir soutenu un temple. A l'égard de l'édifice dont parle Frodoard, qui passoit au X siècle pour être très-ancien, et que je suis persuadé être le même dont on a découvert les restes, en l'examinant exactement lors de la fouille qui a duré plusieurs jours, je me suis convaincu que c'étoient des bains de la maison de quelque ancien habitant du troisième siècle ou environ, où l'eau d'une fontaine située un peu au-dessus se rendoit par des tuyaux; et que la salle et le reste n'avoit été renversé par l'ouragan de l'an 944, que parce que ces bâtimens n'avoient presque point de fondemens.

En l'an 627 de J. C. il y avoit en quelque endroit de Montmartre une maison, dans laquelle le Roi Clotaire II étant à Clichy, envoya Ægyne grand Seigneur Saxon, dont les gens avoient tué Ermenaire, Maire du Palais de Caribert son fils, et ce Seigneur y resta avec ses amis et quelques troupes, s'attendant bien d'y être assiégé; mais le Roi assoupit cette affaire[a].

Il pouvoit aussi y avoir dès-lors sur cette montagne une Eglise du titre de Saint Denis, ou bien il faut dire que ce fut dans le siècle suivant que l'on y en bâtit une, puisque l'auteur de la première collection des miracles de ce Saint, qui écrivoit sous Charles le Chauve, assure que l'Eglise du titre de ce Saint située sur la montagne depuis peu appellée *Mons Martyrum*[b], eut besoin de son tems d'une charpente neuve, tant l'ancienne étoit usée : et peut-être que ce fut lorsque cette Eglise fut bâtie pour la première fois sur cette montagne vers l'an 700 ou 750, et dédiée sous l'invocation de S. Denis et de ses compagnons, que l'on commença à changer le nom de la montagne en celui de Mont des Martyrs, expression par laquelle on ne doit pas nécessairement entendre

a Fredeg. Chron., n° 86. — b Liber Miracul. S. Dionys.

S. Denis et ses deux compagnons, puisque d'autres qu'eux paroissent y avoir souffert, comme on verra ci-après : ce n'est au reste que sur le témoignage d'Hilduin Abbé de Saint Denis, que l'on a cru depuis lui que c'étoit sur cette montagne que le Saint et ses compagnons avoient été décolés, et le nom de l'Eglise bâtie sur la même montagne fut le fondement de son opinion.

Les bâtimens qui pouvoient avoir été construits sur cette montagne, souffrirent beaucoup durant le siége de Paris par les Normans en l'an 886. Ce fut de dessus la hauteur de ce lieu, que pendant ce siége[a] Eudes Comte de Paris, qui étoit allé trouver le Roi Charles le Gros pour avoir du secours, se fit voir aux assiégés afin de favoriser son passage à travers les ennemis. Ce fut aussi là que ce même Prince étant arrivé, campa avec son armée. Enfin ce fut de-là que Thiery et Alderan, freres si renommés dans l'Histoire, se détacherent avec six cens hommes, et malgré les Normans entrerent dans Paris, leur passant sur le ventre.

Ce ne fut que dans le tems de l'ouragan de l'an 944, que l'Eglise de Montmartre fut abbatue. Frodoard[b] dit que les diables y contribuerent; et cela sur le bruit du peuple qui veut toujours du merveilleux. On va voir que cent cinquante ans après il en substitue une sur la même montagne.

L'Empereur Othon II qui porta ses armes assez avant dans la France, vint camper jusques sur Montmartre l'an 978; mais il défendit qu'on touchât aux Eglises. D'ailleurs, il n'y vint que pour accomplir ce qu'il avoit fait dire à Hugues-Capet renfermé dans Paris, que l'*Alleluia* qu'il feroit chanter pour remercier Dieu de ses victoires, seroit dit si haut, qu'il n'en auroit jamais oüi un semblable. En effet, ayant réuni sur le faîte de Montmartre un grand nombre de Cleres, il leur dit d'y chanter le plus haut qu'ils pourroient l'*Alleluia*. *Te Martyrum candidatus laudat exercitus, Domine*, qui se trouve au Commun de plusieurs Martyrs dans les anciens Graduels (où il est du cinquième mode ou ton), que Hugues-Capet lui-même et tout Paris l'entendit, et en fut fort surpris. Ce fait est rapporté dans la Chronique des Evêques de Cambray[c],

---

[a] *Abbo carmine de Obsid. Paris.* — [b] *Chron. Frodoardi.* — [c] *Chron. Camerac. lib. IV. cap. 96.*

composée au siècle suivant par Baudry de Cambray : Chantre de l'Eglise de Terouenne.

Le Roi Robert confirmant en 996 à l'Abbaye de Saint Denis l'étendue du territoire qui avoit été nommé dans un diplôme qui passe pour être du Roi Dagobert, marque que d'un côté il s'étendoit jusqu'à la montagne des Martyrs, *usque ad Montem Martyrum ubi ipse præcellentissimus Domini testis agonem suum feliciter explevit.* Il n'est pas dit si la montagne y est comprise : mais il y a apparence que non; et il est constant par d'autres monumens que l'Abbaye ne jouissoit pas alors de toute la plaine qui est entre l'Abbaye et cette montagne.

La famille du nom de Bouchard qui a formé la maison de Montmorency, ayant produit de grands hommes durant le cours du premier siècle de la troisième race de nos Rois, mérita qu'une partie au moins de Montmartre lui fût donnée en bénéfice par le Prince. Un de ces Seigneurs de Montmorency que l'on comptoit en 1096 pour le quatrième du nom de Bouchard, donna cette année-là un acte[b], par lequel il est évident que l'Eglise située sur cette montagne avec l'autel et le sanctuaire, le cimetière, un espace considérable de terrain aux environs, la troisième partie de la dixme et le tiers des Hôtes, avec la moitié d'un labourage, étoient compris dans le territoire qu'il y possédoit bénéficiairement. Cet acte qu'il mit sur l'autel de Saint Martin des Champs, n'est autre que le consentement qu'il donne à la cession que Vautier Payen et Hodierne sa femme, qui tenoient de lui toutes ces choses, venoient d'en faire aux Moines de ce Prieuré. Il s'agit ici de l'Eglise qui étoit sur le haut de la montagne, et qui paroit par-là avoir été il y a six cens ans une Paroisse dont Vautier étoit possesseur, quoique laïque, suivant l'usage de ces tems-là.

Ainsi l'Eglise qui n'avoit été jusqu'alors que Paroisse, devint un Couvent dépendant de Saint Martin des Champs[a], par le moyen du présent que fit Vautier d'un certain terrain pour cet effet, *tantum atrii ubi fierent Officinæ Fratrum :* et il y a apparence que si dès-lors les Religieux ne la rebâtirent pas à neuf et dans une autre forme, ils en réservèrent une partie pour servir d'autel Paroissial,

Hist. S. Mart., p. 518. — [b] *Ibid*

ainsi qu'il y en avoit un avant qu'ils y fussent. Urse ou Ursion étoit alors Prieur de Saint Martin.

Le nom et le tems de ce Prieur nous sert à fixer l'époque du don qui fut fait au même Monastere de Saint Martin des Champs [a], de la petite Eglise qui étoit sur la colline, *parva Ecclesia quæ in colle Montis Martyrum est et à vulgo appellatur Sanctum Martyrium*. Ce fut à lui que des laïques qui la possédoient, la remirent en présence des Senieurs : les conditions sont à remarquer : ces Laïques voulurent que les offrandes qu'on apportoit en cette petite Eglise appartinssent désormais à un autre Laïque nommé Bernard, qui en rendroit dix sols chaque année au Couvent de Saint Martin, consentant qu'après sa mort elles revinssent à cette Communauté, avec tous les biens du même Bernard, qui se reconnut chargé de faire célébrer dans la même petite Eglise, tant qu'il vivroit, deux ou trois Messes par semaine. On apprend par-là que dès-lors cette Eglise ou Chapelle étoit un pélerinage ou lieu de concours, qu'il y avoit du revenu, et que son nom n'étoit pas *S. Denis*, ni *les Martyrs*, mais *le Saint Martyre*, sur l'opinion où l'on étoit que quelques Chrétiens avoient souffert en ce lieu, et qui sera prouvée ci-après par les reliques de plusieurs que l'on y a conservé, et que l'on y conserve encore.

On ignore s'il y eut un Monastere ou Prieuré de Moines de Saint Martin érigé à Montmartre, aussitôt après la donation rapportée ci-dessus. Supposé qu'il fut construit, les Moines de l'Ordre de Cluny n'y resterent pas long-tems. Car dès l'an 1133 ils cédérent l'Eglise de Montmartre au Roi Louis le Gros et à la Reine Adélaïde. et à leur fils Louis le Jeune déja nommé Roi, afin que ces Princes la donnassent à des Religieuses [b]. Ils leur cédérent aussi pour la même fin la Chapelle du Saint Martyre, un lieu appellé la Couture-Morel et la maison de Guerry le Changeur; en récompense de quoi le Roi leur donna l'Eglise de Saint Denis de la Chartre à Paris, dont ils jouissent encore. Les auteurs du Gallia Christiana [c] paroissent douter qu'il y ait eu un Couvent de Moines à Montmartre : mais il me semble que selon les Lettres de Pierre Maurice Abbé Général de Cluny de cette même année 1133. les Religieux de

[a] *Hist. S. Mart.*, p. 312. — [b] *Ibid.*, p. 325. — [c] *Gall. Chr.*, t. VII. col. 612.

l'Ordre y avoient demeuré et servi Dieu jusqu'alors : *Ibidem Deo
servientes*, dit-il, et par l'exposé des biens-fonds qui appartenoient
à cette nouvelle maison, tant par donation que par achat, on voit
qu'il pouvoit y avoir de quoi entretenir plusieurs Religieux [a].

La dixme de l'Eglise dont avoient joui les Religieux de Cluni
avec plusieurs vignes et coutures, aussi-bien qu'un labourage à
Drancy, ayant été ainsi transportés au Roi pour passer aux Religieuses, ce Prince déclara par une Charte de l'année suivante [b]
(1134) qu'il dotoit l'Eglise et l'Abbaye qu'il venoit de bâtir à Montmartre, du village de Menus proche Saint Cloud, et de plusieurs
autres biens situés aux environs de Paris et dans Paris même.
Mais on n'y trouve de spécifié comme situé à Montmartre, que la
maison de Guerry le Changeur ci-dessus nommée, avec des étaux
et boutiques, à quoi le Roi ajoute la Voierie du même Territoire,
que Guillaume de Senlis qui en jouissoit lui avoit remise pour
d'autres biens. Un peu après ce tems-là, Mathilde premiere femme
d'Etienne Roi d'Angleterre, et fille d'Eustache Comte de Boulogne,
donna aux mêmes Religieuses cinq milliers d'harengs à prendre
chaque année à Boulogne sur mer [c].

Les Religieuses qui furent établies à Montmartre, étoient du
même Ordre que les Religieux qui en sortoient; sçavoir de celui
de S. Benoît. La premiere Abbesse, nommée Adelaïde, fut tirée
du Couvent de Saint Pierre de Reims [d]. Elle ne le fut pas long
tems, puisque dès l'an 1137 il y en avoit une autre, nommée
Christienne ou Christine, dont il est fait mention dans une Bulle
d'Innocent II. Ce monastere étoit sur la cime de la montagne, et
non où il est depuis le dernier siécle. Christienne en étoit encore
Abbesse, lorsque le Pape Eugène III vint y faire la Dédicace de
l'Eglise. Il avoit célébré dans l'Abbaye de Saint-Denis la Fête de
Pâques [e], qui arriva l'an 1147 le 20 Avril. Le lendemain s'étant
rendu à Montmartre, il y fit la cérémonie, assisté de S. Bernard
Abbé de Clervaux, et de Pierre le Vénérable Abbé de Cluny, dont
l'un fit l'office de Diacre, et l'autre celui de Soudiacre. Dom Ma-
billon entre dans un assez grand détail sur la cérémonie de cette

a *Hist. S. Mart.* p. 527. — b *Ibid.*, p. 330. — c Sauval, t. I, p. 3?6. — d *Gall. Chr.* t.
VII, col. 614. — e *Annal. Bened.*, t. VI, p. 417.

Dédicace, mais sans rien citer. Il dit que cette Eglise étoit composée de deux parties; que la partie occidentale, sçavoir la nef où étoit l'autel Paroissial, fut dédiée sous le titre de la Sainte Vierge et de Saint-Denis : l'autre partie qui commençoit au milieu de l'Eglise, et qui alloit jusqu'au fond vers l'orient, le fut sous l'invocation de S. Pierre Apôtre. C'étoit, dit-il, celle qui étoit particuliere aux Religieuses [a]. Je ne disconviendrai point que l'Eglise du fond où étoit le chevet, l'abside, en un mot la partie orientale n'ait été celle des Religieuses; mais il me semble que c'étoit celle-là, et non pas l'autre qui étoit sous le titre de la Ste Vierge et de S. Denis. Aussi, lorsque le même Pape y revint le Dimanche d'après l'Ascension pour la consécration du grand autel, ce fut en l'honneur des Saints Martyrs Denis, Rustique et Eleuthere qu'il le consacra, selon les termes de la Bulle d'Indulgences qu'il accorda; et je ne voi pas que cette consécration puisse s'entendre de l'autel de la Chapelle de la colline, où il n'y avoit point de *Majus altare* [b].

La situation de ce Monastere sur le faîte d'une montagne assez roide de presque tous les côtés, fut peut-être la cause de la violence de l'incendie qui le réduisit en cendres l'an 1559. Cet incendie le priva des ornemens que l'on disoit avoir servi à Saint Bernard [c], lorsqu'il officia avec le Pape Eugene III, et du beau Missel couvert d'or dans lequel ce souverain Pontife avoit célébré la Messe. Mais heureusement on sauva une châsse de reliques des Martyrs qui ont souffert sur cette montagne, et qui paroissent être différens de S. Denis et de ses deux compagnons. Je croi devoir en rapporter la preuve ici, personne n'ayant encore parlé de ces Martyrs, que le Pere Leon Carme Exprovincial, qui dans un volume in-8º intitulé *Octave de S. Denis*, imprimé en 1661, dit à la tête de cet ouvrage, que le 15 Mars 1517 il se fit en l'Abbaye de Montmartre la Translation de plusieurs corps de Martyrs par Martin Deschamps Abbé de Livry, et qu'on en a le Procès-verbal dans les Archives

---

a Sauval a très-mal conjecturé, t. I, p. 350 et 351, lorsqu'il a cru que Sainte Ursule et ses compagnes pouvoient avoir été Patrones de l'Abbaye : il se fonde sur un acte de 1622 où il a lu *Abbatissa et Sanctimoniales S. Marthæ de Monte Martyrum*; mais il a dû lire *S. Mariæ* et non *S. Marthæ*. Peut-être que s'il fut venu à bout de faire croire qu'une Sainte Marthe compagne de Sainte Ursule a été reconnue Patrone, il en auroit inferé que les Reliques qu'on y conserve en grande quantité sont des Martyrs de Cologne. — b *Annal. Bened.*, t. VI. *Instrum.*, p. 701. — c Sauval, t. I, p. 356.

de l'Abbaye. Cet acte fut vu en 1612 par un des Vicaires Généraux de l'Evêque de Paris : et voici la Note qui en fut faite dans le Registre du Secrétariat, au 10 Mars.

Silvius à Petra viva Vicarius Generalis aperit capsam ligneam retro majus altare Montis Martyrum ad instantiam Abbatissæ, et eam invenit plenam ossibus variarum partium corporum humanorum cum instrumento sequente in pergameno.

» In hac capsa plurimæ Reliquiæ Sanctorum Martyrum qui
» passi sunt in hoc loco continentur; quæ translata est à sacristia
» domus hujus et posita solemniter in hoc loco publico per Nos
» Fratrem Martinum de Campis humilem Abbatem Livriacensem,
» Visitatorem Regularem Abbatiarum Virginum Reformationis
» Parisiensis Episcopii, ad supplicationem Abbatissæ et Conventûs
» ejusdem domûs anno Domini millesimo quingentesimo decimo
» septimo die XV Martii, in præsentia Reverendorum Dominorum
» et Patrum Matthæi Le Lieur Parisiensis Ecclesiæ Canonici et
» Succentoris, Jacobi Merlin sacræ Theologiæ Doctoris et Archi-
» presbyteri Magdalenes, Petri Pasquier Prioris Curati Villæ-
» Mobilis [a], Guillelmi Heron Patris Confessoris Filiarum Montis
» Martyrum, Joachim Chastelain Patris Confessoris de Giffo,
» Guillelmi Bory Curati de Noisiaco Magno Procuratoris Domûs,
» et aliorum plurimorum. Signatum Frater Martinus de Campis,
» humilis Abbas Livriacensis cum chirographo. »

Monsieur de Pierre-vive ayant tiré copie de cet acte, le remit dans la châsse, en présence de J. Baudoyer, Chanoine de Saint Germain l'Auxerrois, et la referma ledit jour 10 Mars 1612.

Voici encore ce qu'on lit dans le Registre de l'an 1614 au 18 Juillet.

» Nous Henri de Gondi, par la grace de Dieu Evêque de Paris,
» certifions à tous qu'il appartiendra, que les Reliques qui sont
» dans les châsses de l'Eglise de Montmartre ont toujours été
» tenues et reconnues par nos Prédécesseurs Evêques comme
» vrayes et Saintes Reliques et vénérées par les Fideles Catholiques
» comme telles. Desquelles Reliques la Translation a été faite
» solemnellement par l'autorité de notre Prédécesseur Evêque

[a] Ville-momble.

» le xv jour de Mars 1517, auquel jour N. S. Pere le Pape Paul V
» a donné Indulgences plenieres à tous Fidéles qui confessez et
» communiez visiteront ladite Eglise de Montmartre en laquelle
» est faite Fête solemnelle chacun an de ladite Translation. Et
» Nous, en suivant la foi, piété et devotion de nosdits Prédéces-
» seurs, reconnoissons et venerons aussi lesdites Reliques pour
» vrayes et saintes. En témoin de ce donné à Paris le 18 Juil-
» let 1614. »

Il résulte de tout ceci que d'autres Martyrs que S. Denis, S. Rustique et S. Eleuthere, dont les corps sont à Saint Denis, ont souffert
sur cette montagne, peut-être dans le même temps qu'eux, peut-
être aussi devant ou après, et qu'au lieu de penser que ce fut à
cause de ces trois Martyrs qu'il y eut primitivement en ce lieu une
Chapelle dite *de Sancto Martyrio*, il seroit plus prudent d'en douter
et de croire que ce fut à cause des autres Martyrs dont on ignore
les noms. Quoiqu'il en soit, on trouve qu'il s'en étoit fait des dis-
tributions depuis la Translation de 1517 et avant la reconnoissance
faite en 1612 et 1614. L'Abbesse Marie de Beauvilliers en avoit
donné quelque partie à Quentin Gesnault Curé de Saint Sauveur[a],
qui obtint le 30 Mai 1707 de l'Evêque de Paris non seulement
l'approbation de ces Reliques comme étant tirées *des châsses de
Montmartre*, mais même des Indulgences pour le jour de la Translation : et je ne crois pas que ce soit d'autres Reliques que de celles
de ces mêmes Martyrs, qu'elle avoit données l'an 1609 sous le nom
de S. Denis à Claude Potier Benedictin[b]. La distraction faite en
1633 en faveur de l'Abbaye de Gif au Diocèse de Paris est sous le
nom des Martyrs de Montmartre, aussi-bien que celle en faveur de
l'Eglise Paroissiale de Chaillot.

Outre les Reliques de ces Martyrs anonymes qui sont conservées
à Montmartre de tems immémorial, et qui furent peut-être cause
de l'érection de la premiere Eglise où elles furent conservées, les
Dames de l'Abbaye furent enrichies en 1625 d'un ossement de
S. Benoît qui fut tiré le 17 Octobre de la châsse de ce Saint gardée
à Saint-Benoît-sur-Loire, et cela par concession du Cardinal de
Richelieu qui en étoit Abbé. L'Archevêque de Paris leur donna le

---

[a] *Reg. Ep. Paris.* — [b] *Gall. Chr.*, t. VII, col. 620; *ex Tabul. S. Vitoni.*

30 Janvier 1626 permission [a] de l'exposer. Je ne dirai point ici le
nom dont fut qualifié un corps des cimetieres de Rome que le
Cardinal Chisi donna à l'Abbesse vers l'an 1666; de crainte qu'on
ne le confonde un jour avec d'autres Saints fameux du même
nom [b]. D'autres Reliques plus certaines que ces dernieres sont
celles de Saint Aigulfe Abbé de Lerins au VII siécle; les Religieuses en considération de ce qu'elles en possedoient, obtinrent
de l'Archevêque de Paris le 30 Août 1666 la permission [c] de faire
de ce Saint Abbé l'Office de rit-Double le 3 de Septembre jour de
sa mort.

Parmi les sépultures de l'ancienne Eglise Abbatiale, la plus considérable a été celle de la Reine Adelaïde de Savoye femme de
Louis le Gros et fondatrice de la maison. Ayant été mariée en
econdes noces au Connétable Matthieu de Montmorency [d], elle se
retira sur la fin de ses jours en cette Abbaye et elle y mourut l'an
1154 après lui avoir légué la Terre de Barbery village du Diocése
de Senlis qui lui venoit de son doüaire. Elle fut inhumée dans
l'Eglise de ce Monastere devant le grand autel; son fils le Roi
Louis le Jeune vint visiter sa sépulture au retour de son voyage de
Saint Jacques, et confirma la donation faite par sa mere. On a
remarqué qu'à sa représentation sur la tombe l'ornement de sa couronne consistoit en quatre fleurons. Cette tombe resta au même
endroit jusqu'à l'an 1643, que Marie de Beauvilliers Abbesse la fit
transporter dans le chœur des Religieuses. Quelques années après,
l'Abbesse Françoise-Renée de Lorraine fit renouveller cette tombe
qui fut accompagnée d'une inscription en Prose Françoise et de
douze vers dans la même langue. La tombe et les inscriptions ont
depuis été transportées avec l'Abbaye au Prieuré situé au milieu
de la côte [e].

J'ajouterai ici une observation faite par Sauval [f]. Selon lui « On
» dit que dans cette Abbaye est le corps de Olanus Roi de Mo-
» resque *alias* de Norvegue jadis payen et depuis converti par
» Robert Archevêque de Rouen. » Si c'est Olanus Roi de Norvege
dont il a voulu parler, le temps auquel il vivoit convient à la

[a] *Reg. Archiep.* — [b] *Ibid.* — [c] *Ibid.* — [d] *Charta Ludov. VII. in Prob.* Hist. Montis.
Mor., p. 50. — [e] Voyez le tout dans Piganiol, t. II. — [f] Sauval, t. I, p. 356.

vérité avec celui de cet Archevêque : mais comment le reste peut-il
être vrai ; et comment sera venu en France le corps de ce Saint
Roi mort en 1026 ?

Le nombre des Religieuses de cette Abbaye et leur façon de
vivre furent sujettes à diverses révolutions. Il leur fut fait défense
au XII siécle d'exceder le nombre de soixante [a]. L'ordre du Roi
Louis VII confirmé par le Pape Alexandre III est de l'an 1173. Les
guerres du XIV siécle acheverent d'en diminuer tellement le
nombre, qu'en 1403 elles n'étoient plus que six. La diminution de
la Communauté fit que le relachement y fut introduit. Elles sortoient alors du Monastere pour les cérémonies extraordinaires, et
l'on trouve qu'en 1462 elles assisterent aux funerailles du Roi
Charles VII [b]. Sauval [c] parle d'une réforme que Jean Simon qui fut
Evêque de Paris depuis 1492 jusqu'en 1502 y introduisit : mais ce
qu'il en dit y est combattu par le catalogue des Abbesses, où il ne
s'en trouve point qui ait été sœur de ce Prélat. Il se trompe aussi
lorsqu'il dit qu'il n'arriva rien de mémorable dans le temps de la
réforme qu'Etienne Poncher son successeur y établit. On doit
trouver d'abord assez extraordinaire que l'Abbesse Marguerite
Langlois qui mourut le 11 Juin de l'année 1503, en laquelle cette
réforme fut commencée, fit chanter pour elle un service des Morts
un peu avant, comme si elle eût été décédée. Sauval n'avoit pas
vu non plus les Registres du Parlement au 18 Juillet de la même
année, où on lit ce qui arriva en conséquence des ordres des
Vicaires Generaux, et que quelques raisons m'empêchent de rapporter. Ce fut là même année que Marie Cornu tirée de Chelles fut
faite premiere Abbesse triennale de cette Abbaye. A l'égard de la
réforme sous l'Evêque Jean du Bellay en 1547, le Gallia Christiana [d]
marque la déposition de l'Abbesse faite alors ; et que depuis ce
temps-là le Roy y nomma des Abbesses Titulaires. La premiere
fut Catherine de Clermont. Elle fut bénite le Dimanche 11 Août
1549 dans le chœur de son Eglise par François de Dinteville
Evêque d'Auxerre [e]. On voit qu'il y avoit alors plus de 60 Religieuses dans le Couvent.

Sauval, t. 1, p. 357. — b Hist. S. Denis. p. 358. — c Sauval, t. 1, p. 354. — d Gall. A
, VII, col. 619. — e Hist, d'Auxerre, t. II, p. 214. des piè.es.

La réforme entreprise au commencement du dernier siécle se trouva également nécessaire. Plusieurs Religieuses avoient quitté le Monastere du temps des guerres de la Ligue; celles qui y étoient restées y vivoient sans beaucoup de régularité. Le camp que forma Henri IV sur la montagne lorsqu'il assiégea Paris acheva de déranger la maison. Mais après que la paix fut survenue, l'Abbesse Marie de Beauvilliers travailla à faire revivre l'ancien esprit monastique dans son Abbaye, aidée des avis de plusieurs pieux Religieux. Il paroit cependant qu'il y eut un article sur lequel elles auroient pû rester comme elles étoient, si quelqu'un (comme un Reformateur de Religieux) ne les en avoit porté à quitter l'ancien usage, je veux dire l'habit blanc qu'elles avoient porté de temps immémorial, ainsi que toutes les autres anciennes Religieuses. On les engagea à présenter à Henri de Gondi Evêque de Paris[a] une Requête par laquelle elles demandoient à le changer en noir, disant qu'elles n'avoient pas fait profession de l'Ordre de Saint Augustin mais de Saint Benoît, et d'autres raisons aussi mauvaises, comme de dire que l'habit blanc est sujet à vanité, et qu'elles n'étoient pas à portée de l'entretenir propre, faute d'eau. Leur Requête fut enterinée par le Prélat le 13 Mars 1612 : et même il y eut aussi alors quelque changement dans la forme de leur voile selon le Gallia Christiana[b]. Sauval[c] ajoute que le même Evêque consentit encore en 1617 sur un second exposé, qu'elles s'abstinssent de l'usage de la viande autant que leur santé le pourroit permettre.

Il faut se souvenir que tout ce qui a été dit jusqu'ici regarde le Monastere de Montmartre dans sa situation primitive; c'est-à-dire au sommet de la montagne où l'air est encore plus vif que dans le Prieuré. Le grand froid qui se faisoit sentir dans l'ancien Couvent où les Religieuses ont resté cinq cent cinquante ans, avoit été cause de l'indulgence qu'avoient eu les Abbesses dès le tems de S. Louis de leur donner dequoi avoir des bottes fourrées[d]. Cela se lit en particulier de l'Abbesse Helisende à l'an 1231. Elle statua

a Reg. Ep. Paris. — b Sauval, i. I, p. 355. — c Je crois qu'il y a une faute dans cet ouvrage à l'endroit où il est parlé du changement de couleur. J'y lis col. 620 : Cum Reformatio suscepta est, vestem album, et certam relaudi capitis rationem assumpserunt. L'Errata n'y change rien. — c Gall. Chr., t. VII, col. 615.

que dans la suite on payeroit à chacune à la Toussaint la somme
de trois sols pour s'en pourvoir.

Nonobstant l'éloignement dont cette Eglise est de la Cathédrale
de Paris, il a été établi dans l'antiquité et peut-être dès le VI siécle
lorsque les Rogations instituées à Vienne s'étendirent dans les
Gaules, que le Clergé de Paris y viendroit faire la Station le premier jour de ces Processions. On trouve aussi parmi les anciennes
Stations du Chapitre dans le temps du Carême au vendredi de la
semaine de la Passion : *Statio ad S. Mariam in Monte Martyrum.*
Juvenal des Ursins parle d'une Procession qui fut faite durant
l'hyver de l'an 1392 à Montmartre, en reconnoissance de ce que
le Roi Charles VI avoit évité le péril d'être brulé.

Les Religieux de l'Abbaye de S. Denis ont eu de leur côté la
devotion d'y venir processionnellement avec une partie de leurs
Reliques, leur Clergé et leurs Officiers l'une des Fêtes de Pâques
ou de Pentecôte chaque septiéme année [a], parce que les six autres
années leur Procession alloit à Aubervilliers, à la Cour-neuve, à
S. Oüen, à Pierrefitte, à Stains et à la Chapelle : Cette coûtume
subsistoit encore en 1616. Les six Stations étant supprimées, ils
ont réservé seulement celle de Montmartre, et l'ont fixée au 1 Mai.
Le chef de S. Denis qu'on y porte est présenté à baiser à toutes les
Religieuses durant le *Te Deum*. Les Religieux de S. Denis eurent
en 1721 la permission de M. le Cardinal de Noailles d'entrer ce
jour-là dans le chœur intérieur. Il a paru plusieurs relations imprimées de cette Procession septenaire. La plus digne d'être lue
m'a paru celle qui fut imprimée en 1749 à l'occasion de la Procession de la même année. L'auteur est M. Chapotin Commis à la
Bibliothéque du Roi.

CHAPELLE DU SAINT MARTYRE. Avant que de rapporter
comment toute la Communauté des Religieuses de Montmartre
quitta le haut de la montagne pour venir demeurer à l'autre
Eglise qui est plus bas du côté de Paris, il est bon de faire l'Histoire de cette seconde Eglise dont je n'ai dit qu'un mot ci-dessus.
Le premier titre qui en parle n'est que de l'an 1096. Mais il sup-
pose qu'elle existoit longtemps auparavant, puisqu'elle étoit

[a] Felib., p. 439.

tombée entre les mains des Laïques, et que ce ne fut que lorsque
le scrupule fut venu à ceux qui en jouissoient, qu'ils la cederent
aux Religieux de Saint-Martin des Champs et à leur Prieur Ursion.
Il ne paroît pas que cette Eglise que le titre qualifie de *parva Ecclesia quæ in colle Montis Martyrum est et à vulgo oppellatur
Sanctum Martyrium* eut alors d'autre revenu que les offrandes
qu'on y apportoit[a]. On veut que ce soit le grand Autel de cette
Chapelle que le Pape Eugène III soit venu bénir le Dimanche dans
l'Octave de l'Ascension premier jour de Juin 1147, et que c'est
d'elle qu'il faut entendre la Bulle par laquelle ce même Pape
accorde sept cent jours d'Indulgence à ceux qui la visiteront au
jour de l'anniversaire de cette consécration. Je croi que tout cela
doit plutôt être entendu de la consécration du grand Autel de
l'Eglise de l'Abbaye, le Pape s'étant contenté lorsqu'il vint au
Monastere le lundi de Pâques précédent de faire la Dédicace de la
Basilique, cérémonie assez longue d'elle même. D'ailleurs il n'est
pas vraisemblable que dans une Chapelle telle qu'étoit alors celle
du Saint Martyre il y eût plusieurs Autels.

Elle n'est encore qualifiée que de Chapelle en l'an 1181. Ce fut
alors que Constance Comtesse de Toulouse fille du Roy Louis le
Gros y fonda un Chapelain[b] tenu de prier pour les ancêtres du Roi
et de la Reine et pour l'âme de son frere le Roi Louis le Jeune
nouvellement mort. Elle avoit constitué pour cet effet une somme
de 145 livres sur les Chevaliers de Saint Jean de Jerusalem, qui
devoient payer cent sols chaque année au Chapelain. Elle s'en
retint la nomination sa vie durant, et l'Evêque de Paris Maurice
de Sully consentit qu'après elle l'Abbesse y présentât. En 1304 le
Roi Philippe le Bel averti du peu de revenu de cette Chapelle, lui
assigna sur son Trésor de Paris vingt livres Parisis de rente[c].

En 1305 Hermer ou Hermener Ecuyer et Catherine sa femme y
fonderent un second Chapelain, qui fut chargé de prier pour le
Roy Philippe le Hardi et sa femme, pour Philippe le Bel regnant et
la Reine Jeanne sa femme[d]; et même il paroît que pour l'érection
de la seconde Chapelle ils firent construire un autre autel au-dessus

a *Annal. Bened.*, t. VI. — b *Gall. Chr.*, t. VII, col. 614. — c Sauval, t. I. p. 352. —
Tab. Ep. Paris. in Spir.

du premier qui étoit un peu enfoncé dans la terre. Car dans l'acte de confirmation de cet établissement [a] donné par l'Evêque de Paris Guillaume Baufet, les fondateurs reservent aux Religieuses tout droit de Seigneurie, propriété, patronage, etc. et l'Abbesse Ade de Mincy approuvant l'année suivante cette fondation, se reserva le pouvoir de démolir les maisons des deux Chapelains si elle vouloit établir un Prieuré en ce lieu, à la charge de leur en rebâtir d'autres [b]. Cette Chapelle avoit un Chapelain en exercice, encore vers l'an 1440.

On voit par un acte de l'an 1501 que la Dédicace de cette Chapelle se célébroit alors le 19 Avril [c]. Un Prêtre qui y avoit fait chanter en ce jour une grande Messe à Diacre et Sous-Diacre sans la permission de l'Abbesse fut condamné par Sentence du Châtelet du 17 Décembre 1502 a réparer cette entreprise.

Ce fut dans cette Chapelle que S. Ignace de Loyola s'étant rendu le jour de l'Assomption 1534, avec neuf de ses compagnons, y reçut leurs premiers vœux ; ainsi qu'il est marqué dans une Inscription en memoire du fait, quoique la Chapelle qui subsistoit alors n'existe plus depuis long-temps. D'autres Instituteurs de Communautez y sont aussi venus comme pour puiser dans ce lieu l'esprit des premiers Chrétiens.

Les Orfévres de Paris ont porté autrefois une grande devotion à cette Chapelle. Ils y faisoient célébrer une Messe basse tous les Dimanches, et les Fêtes de S. Denis une Messe haute [d]. Mais comme leur association accompagnée d'offrandes détournoit les devotions de l'Abbaye, il y eut en 1609, 1610 et 1611 différens Arrêts rendus en Parlement, pour les mettre en règle avec l'Abbesse de Montmartre. On ne voit pas que ce concours des Orfévres ait précédé le rétablissement qui fut fait de la Chapelle vers l'an 1600 : car les guerres de la Ligue avoient rendu cette Chapelle impraticable. En 1598 l'autel étoit demoli, les murailles entr'ouvertes, la voute et la couverture tombées, le dedans dont la longueur n'étoit que de neuf toises comblé de démolitions. Mais l'Abbesse Marie de Beauvilliers aidée des charités de différentes personnes travailla promptement au rétablissement de ce Saint lieu, et même à en aggrandir le vaisseau.

a Du Breul, liv. IV. — b *Tab. S. Magl.* — c Du Breul, liv. IV. — d Du Breul, *ibid.*

En 1611 le 13 de Juillet comme on fouilloit au chevet de la Chapelle pour continuer les nouveaux fondemens, c'est-à-dire du côté du levant, les maçons percerent une voute sous laquelle ils trouverent un escalier ou descente droite, large de plus de cinq pieds [a]; et au bout d'environ quarante degrez faits de vieille maçonnerie de plâtre, une cave prise dans la carriere de plâtre, qui avoit de longueur en tirant vers la cloture des Religieuses, c'est-à-dire vers le haut de la montagne, plus de six toises, inégale dans sa largeur, mais ayant à l'endroit le plus large seize pieds, et au fond en approchant de la clôture du Couvent sept pieds seulement. On trouva aussi dans cette cave à la partie de l'Orient un autel de quatre pieds de long sur deux et demi de large; la pierre de plâtre qui le formoit étoit marquée au milieu d'une croix gravée en largeur de demi pouce, longue et large de six pouces. Aux murailles on apperçut aussi une ou deux petites croix; dans un endroit quelques lettres qui faisoient M A R, le reste ne pouvoit pas se lire; dans un autre CLEMIN, avec des lettres effacées, et ailleurs DIO avec d'autres lettres qu'on ne pût distinguer. Cette découverte fit croire que c'étoit là le lieu où S. Denis avoit célébré les Saints Mysteres en secret. La Reine Marie de Medicis et plusieurs Dames de qualité l'étant venues voir, on y accourut de tous côtés, et le concours procura beaucoup d'argent pour le nouvel édifice. Mais les plus grandes libéralités furent celles de Pierre Forget de Fresne Secrétaire des Commandemens qui avoit épousé Anne de Beauvilliers sœur de l'Abbesse. De ces sommes l'Abbesse fit aussi aggrandir l'enceinte de son Couvent, ensorte que la nouvelle Eglìse des Martyre y fut renfermée; la Duchesse de Guise donna depuis de quoy bâtir des galleries couvertes qui conduisoient les Religieuses de l'Abbaye jusqu'à cette Eglise. Ce qui fut fait en 1622. La même année le 7 Juin l'Archevêque de Paris à la priere de l'Abbesse et de la Dame Forget sa sœur érigea cette Eglise des Martyrs en Prieuré [b] Régulier dont la collation devoit appartenir à cette même Abbesse, la demission préalablement faite par les deux Chapelains. Alors dix Religieuses de l'Abbaye commencerent à y faire l'Office Divin. On assure que le Dôme de cette Eglise est de ce temps-là.

[a] Du Breal, liv. IV. Marrier, *Hist. S. Mart.*, p. 322. — [b] *Reg. Ep. Paris.*

Il y eut donc de cette maniere deux Communautés à Montmartre dans une même enceinte. L'une sur le haut de la montagne dans la Maison Conventuelle, l'autre au-dessous, dite la Maison des Martyrs. Ce qui forma par la suite quelques difficultés. Mais comme le Roy Louis XIV eut fait bâtir à celle d'en bas un corps de logis suffisant pour toutes les Religieuses, la Communauté d'en haut obtint le 12 Août 1681 de M. de Harlay Archevêque de Paris la permission de venir habiter dans le bas et d'y transporter les Reliques de l'ancienne Eglise; ensorte qu'il n'y eut plus qu'un seul Office. Cette ancienne Eglise fut destinée à augmenter celle de la Paroisse, et il y eut ordre de démolir tous les lieux Réguliers excepté qu'on y laissa une grille pour les Stations que les Religieuses y feroient. Le fond de cette même Eglise sert à l'inhumation des Religieuses, et l'on y célèbre chaque jour une Messe basse. Il étoit couronné d'un petit clocher qu'on a abbatu vers l'an 1754. Le rond-point est plus bas que le reste. Depuis ce tems la Procession septenaire de l'Abbaye de Saint Denis se rend à la nouvelle Eglise, aussi bien que la Procession du lundi des Rogations par le Clergé de Notre-Dame de Paris. L'ancienne entrée du Monastere se fait encore reconnoître proche le cimetiere de la Paroisse : on y voit les armes de la Maison de Lorraine.

Sauval[a] écrit que dans la Chapelle des Martyrs avoient été enterrés en 1574 la Mole et Coconas Favoris du Duc d'Alençon frere du Roy Charles IX. Et que depuis qu'elle fut érigée en Prieuré, on y donna la sépulture à Antoine Boesset Intendant de la Musique de la Chambre de Louis XIII, et de celle de la Reine.

Le même auteur [b] nous fait connoître une Chapelle de S. Benoît bâtie sur la même Montagne à l'endroit où avoit été une terrasse qui fut démolie de son temps; cette terrasse étoit si solide et si large qu'on tenoit qu'elle servit à Henri IV pour braquer le canon contre Paris lorsqu'il en fit le siége en 1590.

Je reviens à l'Eglise Paroissiale. On a vû qu'il en existoit une au moins dès le onziéme siécle, et que de la main laïque elle passa aux Religieux de S. Martin des Champs. Elle fut rebâtie dans le XII, et unie sous un même toit avec l'Eglise de l'Abbaye de Filles.

a Sauval, t. 1, p. 353. — b Ibid , p. 357.

Je persiste toujours a soutenir que la Dédicace s'en fit sous le titre
de S. Pierre qui en est encore à présent le Patron. Depuis que les
Religieuses ont quitté le haut de la montagne l'Eglise Paroissiale
paroît avoir été augmentée d'une partie de ce qui composoit la
leur. Au moins on y voit des tombes de Religieuses placées dans
le côté méridional. Le portail entier de cette Eglise Paroissiale et
la nef sont d'une architecture qui ressent le XIII siécle. La tour e
à côté du Portail paroît à l'extérieur fort nouvelle. L'exposition
sur une éminence a empêché de pouvoir lui donner de l'élévation.
On montre dans cette Eglise un petit Reliquaire sur un pied de
cuivre, dans lequel est un ossement des compagnons de S. Denis.

Les Religieuses succederent aux Moines de Saint Martin dans le
droit de présenter un Curé à l'Evêque. Aussi le Pouillé du
XIII siécle y est-il formel. Il en donne la nomination à l'Abbesse;
ce que fait pareillement celui du XV siécle dont l'auteur transcri-
vant d'un plus ancien la quotité du revenu de la Cure observe qu'il
est de vingt livres. Les Pouillés suivans s'accordent sur le droit de
l'Abbesse. On compte parmi les illustres Curés de Montmartre le
célébre Jacques Merlin sous François I. Après l'avoir été quelque
temps, il fut fait Archiprêtre de la Magdelene, puis Chanoine de
Notre-Dame. Son plus considérable ouvrage est l'édition des Con-
ciles, la premiere qui ait été donnée. Il mourut en 1541. Si l'on ne
peut point assurer qu'il y ait rien eu de composé par lui à Montmartre; il existe un autre petit ouvrage qui doit sa naissance à ce
lieu. C'est le livre des Retraites que Jacques Bertot de Caën Confesseur du Couvent y fit en 1662 pour Madame de Guise Abbesse
et pour Mademoiselle sa sœur [a]. Cette Ecclésiastique décéda à
Montmartre le 27 Avril...., et y fut inhumé.

Montmartre a été compté en 1709 sur le pied de 440 feux, suivant le dénombrement qui fut imprimé alors : le Dictionnaire Universel de la France publié en 1726 n'y comprend cependant
qu'environ mille habitans. Un dénombrement qui a paru en 1745,
marque sur cette Paroisse seulement 223 feux. Il n'est pas besoin
de spécifier pour ceux qui demeurent à Paris la distance de ce lieu,
puisqu'il est contigu au faubourg, ni sa situation et exposition.

[a] Huet, *Origines de Caen*, p. 399. Seconde Edit.

Personne n'ignore non plus que la montagne est pleine de carrieres de plâtre, ni qu'elle est couvertes de moulins en grande partie. Il ne laisse pas que d'y avoir encore des vignes, ainsi qu'il y en avoit dans le XII et XIII siécle[a]. La Chapelle du Palais Episcopal de Paris y en avoit en 1243 dans la censive de Marie *de Monte calvo*[b]. Un compte de la Prevôté de Paris[c] de l'an 1425, fait mention de celles qui appartenoient à Henri de Marle. Mais le vin de cette montagne n'a jamais eu de réputation. On peut voir dans Sauval[d] les proverbes faits à son occasion.

On voit sur cette montagne un obelisque de pierre, mis par ordre de l'Académie des Sciences, rélativement au méridien de Paris. On y lit sur la face de la base qui regarde le midi ces paroles : *L'an M DCC XXXVI cet obélisque a été élevé par ordre du Roi pour servir d'alignement à la méridienne de Paris du côté du Nord. Son axe est à 2931 toises deux pieds de la face méridionale de l'Observatoire.*

Un peu plus loin du côté du couchant en descendant, se trouve la Fontaine Saint Denis, qui est célébrée dans la vie de Gaston Baron de Renty[e], comme un lieu de dévotion où il prit quelquefois ses repas, et où il se distingua par la ferveur de son zèle pour le salut des ames.

Du côté qui regarde la ville de Saint-Denis, au couchant de Clignencourt, est une autre fontaine aussi sur la pente, dont l'eau étoit portée, comme j'ai déja dit, il y a quinze cent ans dans une maison de campagne de quelque ancien Romain ou Gaulois, située un peu plus bas à la droite en descendant. C'étoit en ce lieu qu'étoient les bains dont on a trouvé les fourneaux, la grille et des fragmens d'inscriptions au commencement de l'année 1738, dans la fouille qui y fut faite, laquelle attira presque tout Paris, par les faux bruits qui furent répandus à son sujet; c'est ce qui me fournit occasion de faire paroître alors dans un Journal[f] un petit écrit, où je marquois en quoi consistoit la nature de cette découverte, que j'avois pris la peine d'examiner de fort près sur les lieux. Le

a Litt. *Petri Venerab.* supra, pag. 101.— b *Tab. Ep. Paris.* — c Sauval, t. III, p. 324. — d *Ibid.*, t. I, p. 350. — e Vie du Baron de Renty. 1651, in-4, p. 127. — f *Mercure* de Janvier 1738, pag. 47.

sieur Piganiol, T. 2. pag. 625 de sa Description de Paris, laisse à penser qu'on y trouva un souterrain qui fut visité par gens éclairés : en quoi il fait voir qu'il a été mal instruit.

ECARTS OU DEPENDANCES DE MONTMARTRE

Du côté de Paris on regardoit comme une dépendance de Montmartre en 1657, le canton appellé la Nouvelle France, ou Faubourg Ste Anne, ainsi dit à cause de la Chapelle du nom de cette Sainte. Je trouve que le XI Août de cette année l'Archevêque de Paris permit[a] d'y faire célébrer pour les habitans, à condition qu'ils reconnoîtroient le Curé de Montmartre pour leur Pasteur. Je trouve aussi au 13 Octobre 1678 la Chapelle Notre-Dame des Porcherons[b], dite située sur la Paroisse de Montmartre.

CLIGNENCOURT est situé à l'opposite et sur le côté de la montagne qui fait face à la Ville de Saint Denis. Ce que j'en ai trouvé de plus ancien est dans le Cartulaire de l'Evêque de Paris[c], dont le compilateur a remarqué qu'il existoit au XIII siécle un Seigneur de ce lieu *Dominus de Clignencourt*, lequel tenoit à Paris un terrain du Seigneur de la Tour de Senlis relevant de l'Evêque de Paris. Il n'est pas aisé de deviner d'où peut avoir été formé le commencement de ce nom. Je pense cependant qu'il vient d'un ancien propriétaire qui se seroit appellé *Cleninus*, en sorte que sa Terre en auroit pris le nom de *Clenini cortis*, ou *Clenini curtis :* En ce cas, ce pourroit bien être ce nom qui auroit été gravé dans la cave ou plâtriere découverte à Montmartre en 1611, et non celui de S. Clement, comme André du Saussay l'a prétendu[d]. Les auteurs du Procès verbal ont pu facilement se tromper dans l'assemblage des lettres, et par une mauvaise application des jambages (surtout si les caracteres étoient un peu gothiques) avoir lu *Clemin* où il y avoit *Clenini*, ainsi écrit Clemin; car il est sûr qu'autrefois on ne mettoit aucun point sur la lettre i. Au surplus, si c'eût été le nom de S. Clément que l'ancien graveur eût voulu mettre, pourquoi auroit-il gravé *Clemin* et non pas *Clemen* ? Sans

a *Reg. Archiep.*, 1657 et 1 oct. 1659. — b *Ibid.* — c *Chartul. Ep. Par. Bibl. Reg. circa initium.* — d Panoplia Sacerd.

donc trouver gueres plus de mystere dans ce souterrain, que n'y
en a trouvé Sauval, je pense que cette cave pratiquée dans le
plâtre a servi aux habitans de cette montagne à cacher du tems
des guerres ce qu'ils pouvoient avoir de plus précieux : qu'une
partie marquée par *Clemini cortis* étoit destinée pour ceux de ce
canton, l'autre désignée par *Dio*, pour ceux du haut de la montagne, où étoit une Eglise de Saint Denis dès le VIII siécle, et que
la troisiéme partie où il avoit gravé *Mar...* étoit reservée pour les
effets de ceux qui demeuroient au canton du Saint Martyre, *de
Sancto Martyrio :* qu'au reste l'autel qu'on y a trouvé, avoit servi
à célébrer la Messe pour les habitans, dans ces tems de guerre où
il eût été dangéreux de le faire dans les Eglises.

Si l'on veut un exemple de ces guerres, sans remonter à celles
des Normans, ni à celles des Anglois arrivées en différens tems, ou
même à celles des Armagnacs et Bretons leurs associés en 1411,
voici ce qu'on lit dans la Chronique de Louis XI[a] à l'an 1475.
» Le lundi 9 Septembre les Bretons et Bourguignons furent ès ter-
» rouers de Clignencourt, Montmartre, la Courtille, et aatre
» vignobles, d'entour de Paris, prendre et vendanger toute la
» vendange qui y étoit, jaçoit ce qu'elle n'étoit point meure. »

L'Abbaye de Saint Denis avoit à Clignencourt au XV siécle une
Prevôté qui étoit un simple Office du Monastere. L'Evêque de Paris
la conféra[b] sous cette qualité le 28 Septembre 1486 *jure devoluto*,
à Gui de Montmiral Religieux de cette même Abbaye. Il en paroit
encore une autre collation[c] par l'Evêque de Paris du 27 Septembre
1499 au même Gui de Montmiral, qualifié Abbé de Montebourg au
Dìocèse de Coutances.

Ce lieu de Clignencourt appartenoit en 1579, au moins en
partie, à Jacques Liger ou Legier, Trésorier du Cardinal de
Bourbon. Il y avoit fait bâtir sur la descente de la colline une
Chapelle de la Trinité. Il obtint de l'Evêque de Paris[d], vu qu'il
étoit incommodé des gouttes, de pouvoir y faire célébrer par le
Curé de Montmartre, ou par un des Prêtres approuvés, pourvu que
cela ne détournât point les habitans d'aller à la Paroisse. Le nom

---

[a] Chron. dite scand. Edit. 1611, p. 78. — [b] *Reg. Ep. Paris.* — [c] *Ibid.* — [d] *Reg. Ep.*,
3 mars 1579.

de ce même Seigneur paroît l'année suivante dans le Procès-verbal
de la Coutume de Paris. Il y prend aussi la qualité de Seigneur de
Montmartre, et on la lui a donné en 1581 dans son épitaphe à
Saint Severin de Paris. Son fils Jacques Liger Secretaire du Roi
lui succeda. Il obtint en 1615 de l'Evêque de Paris [a] la permission
de faire chanter dans la Chapelle bâtie par son pere, une grande
Messe le jour de la Trinité, et Vêpres la veille, par le Curé ou le
Vicaire de Montmartre, du consentement de l'Abbesse; mais toujours avec défense d'y faire la bénédiction de l'eau, ni celle du
pain. De plus, par son testament passé devant Fardeau Notaire à
Paris le 30 Avril 1620, il y fonda une Messe tous les jours de
l'année, en ce comprises les Messes des Dimanches fondées par
son pere. Il mourut la même année, et fut inhumé à Saint Severin.
Les Dames de Montmartre qui étoient chargées de l'exécution de
ces fondations, en obtinrent la réduction en 1728.

Dom Felibien [b] a cru devoir faire remarquer que lorsque la Procession septennaire de Saint Denis arrive à Montmartre, les Chapelains de ce lieu viennent au-devant jusqu'à cette Chapelle de la
Trinité.

Quoique dès l'an 1579 Jacques Liger fût dit Seigneur de Clignencourt, Sauval [c] ne laisse pas d'assurer que ce fut à lui que l'Abbaye
de Saint Denis, en vertu de l'Arrêt du Parlement du 9 Avril 1595,
vendit en 1596 la part qu'elle avoit dans cette Seigneurie [d] : et le
sieur Piganiol [e] observe que l'Abbaye de Montmartre possede au
même lieu de Clignencourt un fief du Monastere de Saint Denis :
ce qui est cause, dit-il, qu'à chaque mutation d'Abbesse, cette
Abbaye de Filles doit payer mille livres à la Mense Abbatiale de
Saint Denis.

[a] Reg. Ep. Par., 1 juin 1615. — [b] Hist. S. Denis, p. 439. — [c] Sauval, t. I, p. 356.
[d] Hist. S. Denis, p. 427. — [e] Pigan., t. I, edit. 1742, p. 116.

LA CHAPELLE SAINT DENIS

ou

LA CHAPELLE PRÈS PARIS

Nous avons dans le Diocèse de Paris plusieurs Paroisses, que l'on se contente de nommer simplement *La Chapelle,* lorsqu'on est dans le lieu même ou dans le voisinage, et lorsqu'il n'y a point de méprise à craindre : telles Sont la Chapelle Gautier au Doyenné de Champeaux, la Chapelle Milon dans celui de Châteaufort, et la Chapelle dont il s'agit, qui est au bout du faubourg Saint Laurent, et dans l'Archiprêtré de la Magdelene.

Son nom primitif n'étoit pas la Chapelle Saint Denis, mais la Chapelle Sainte Geneviéve. Elle est indiquée sous ce titre dans le Pouillé de Paris du XIII siécle, *Capella S. Genovefæ.* De même dans l'acte d'affranchissement accordé aux habitans l'an 1229 par Odon Abbé de Saint Denis. Dans des Indulgences de 1397 et 1446, elle est appellée *Ecclesia S. Genovefæ Capellæ S. Dionysii prope Parisios.* Dans le Pouillé du XV et du XVI siécle, il y a simplement *Curatus Capellæ S. Genovefæ.* Je ne voi pas qu'on puisse entendre d'un autre lieu que de celui-ci, ce que j'ai lu dans un censier de l'Evêché de Paris d'environ 300 ans. Il y est fait mention de trois arpens de vigne situés entre Montmartre et la Chapelle Ostran, aboutissans au chemin du Val Jaronneux [a], tenant à Pierre de Dormans. Mais je n'ai rien trouvé qui apprit l'origine de ce surnom d'Ostran.

En conséquence de ce que je viens de marquer plus haut, il faut dire que l'Abbé Chastelain [b] n'a pas conjecturé heureusement, quand

[a] *Tab. Ep. in* Folie Regnaud, n. 5. — [b] Martyrol. univ. Bimestre de Janv., p. 57.

il a cru que ce village avoit toujours été appellé la Chapelle de Saint Denis, que ce Saint avoit été Patron de l'Eglise et que ce ne seroit que depuis peu qu'on auroit pris Ste Geneviéve pour Patrone, parce qu'on croyoit que c'étoit là l'Eglise que cette Sainte auroit fait construire en l'honneur de cet Apôtre de Paris et de ses compagnons.

La proposition qu'a avancé le Pere Felibien [a] est plus vraisemblable : sçavoir, que comme la sépulture de ces Saints étoit à l'endroit où est la ville de S. Denis, cette Sainte avoit choisi un hospice au lieu où est le village de la Chapelle [b], d'où elle venoit avec les Vierges de sa compagnie la nuit du Samedi au Dimanche, pour célébrer les Vigiles au tombeau de ces Martyrs : mais sans prétendre que ces pieuses fiilles s'exposassent durant la nuit à un si long trajet, et en supposant que l'Eglise de Saint Denis où elles se rendoient, étoit dans la Cité de Paris où elles faisoient leur demeure, il faut peut-être se contenter de dire que S. Geneviéve avoit eu à moitié du chemin de Paris à *Catuliacum* une retraite qu'elle auroit donnée à l'Eglise des mêmes Martyrs, située dèslors au même lieu où elle est. Au moins il est certain que le Monastere de Saint Denis en France possede cette Terre de tems immémorial, et que ce ne peut être que parce que les Religieux en sont Seigneurs, qu'au lieu de continuer à distinguer ce lieu de La Chapelle d'avec les autres de même nom, par le nom du Saint Patron d la Paroisse, on s'est accoutumé dans l'usage à dire *La Chapelle Saint-Denis*; ce qui a fait que ce Saint a commencé à être regardé comme l'un des Titulaires avec Sainte Geneviéve. A la Villeneuve S. Denis en Brie, (village ainsi surnommé à cause qu'il appartient à l'Abbaye Saint Denis, et pour le distinguer de Villeneuve-le-Comte qui est voisin) Ste Christine en est la Patrone et non S. Denis.

L'Eglise Paroissiale de la Chapelle a un chœur qui paroît avoir été bâti au XIII siécle : la nef n'est pas d'un tems si reculé; mais cependant ancien, comme il se voit par l'inscription du nom de Dreüe, famille du lieu, gravée à un pilier en lettres capitales gothiques d'environ l'an 1400. Le couronnement de la porte de cette

a Hist. de l'Abb. de S. Denis. — b Vita S. Genov.

Eglise; ou sont représentés en relief quelques faits de la vie de Sainte Geneviéve, semble être aussi un ouvrage du XIII ou XIV siécle. L'époque de la construction de l'Eglise s'accorde avec ce qu'on lit au *Gallia Christiana*, sçavoir qu'en l'an 1204 Eudes de Sully, Evêque de Paris, approuva la donation de quelques arpens de terre pour le Presbytere [a] (apparemment le chœur) de la Chapelle que l'on vouloit construire près de Paris. L'anniversaire de la Dédicace s'y célebre un Dimanche du mois de Juin : on ignore l'année qu'elle a été faite. Je n'y ai vu aucune ancienne inscription outre ce qui est au pilier ci-dessus, que celle de la fondation du *Veni Creator* avant la Messe des quatre Grandes-Fêtes, par Nicolas Moreau Huissier, moyennant un revenu sur la maison des Trois-pavillons. Elle est sans date; mais l'écriture gothique dénote environ 200 ans. Cette Eglise avoit été tellement ruinée par les guerres de la Religion vers la fin du XVI siécle, qu'on fut obligé en 1595 d'aliéner des fonds de la Fabrique pour la réparer, sçavoir quelques arpens de terre. L'inventaire des titres [b] nouvellement rédigé assure cependant qu'il en reste une cloche de l'an 1512, qui est la grosse. Un M. Leschassier a fait bâtir la sacristie en 1644.

On vit subsister, il y a cent ans, durant plusieurs années dans la même Eglise une dévotion particuliere envers S. Jerôme. Cinq ou six Prêtres fort dévoués à ce Saint Docteur, venoient y célébrer l'Office en son honneur deux fois par an, du consentement d'André du Saussay Vicaire Général [c], sçavoir le 30 Septembre, et le 9 Mai jour de sa Translation. Leur zéle pour le culte de ce Saint alla jusqu'à obtenir un os de son corps, que l'Abbesse du Pré-lez-Douai, Ordre de Cîteaux, fit tirer de la Table d'autel du chœur de cette Abbaye. L'Archevêque de Paris Jean-François de Gondi, leur permit de l'exposer dans l'Eglise de la Chapelle Saint Denis; et par lettres du 10 Octobre 1657, il accorda quarante jours d'Indulgences à ceux qui la venereroient pour la premiere fois seulement. Maintenant il ne reste aucun vestige ni de la Fête ni de la Relique. Je serois porté à croire cependant que la Relique n'est pas perdue; mais qu'elle n'est autre que le fragment de l'un des pouces de

[a] *Gall. Chr.*, t. VII, col. 82. — [b] *Tab. Ep.* — [c] *Reg. Archiep. Par*, 10 oct. 1657.

ce Saint, que l'on conserve à présent chez les Maturins de Paris [a].

L'auteur de la Notice des villages de la Banlieue de Paris, imprimée chez la Caille en 1722, veut comme les habitans, que S. Denis soit le Saint Patron de la Chapelle, et n'y met Ste Geneviéve qu'en second. Mais on doit juger par ce que j'ai dit ci-dessus qu'il se trompe, et ceux qui le croyent après lui. Réellement et de fait S. Denis n'y a pas plus été reconnu autrefois pour premier Patron, qu'à la Villeneuve-Saint-Denis au même Diocèse de Paris. Il ajoute que la Cure est à la nomination du Prieur-Vicaire de Saint Denis. Le Pouillé du XIII siécle dit qu'elle étoit à celle de l'Abbé de Saint Denis; ce qui avoit été suivi par les autres, jusqu'à l'extinction du titre Abbatial.

L'auteur anonyme de la Notice ci-dessus, parlant du Temporel de ce lieu, dit qu'il est de la Chatellenie de Saint Denis et de Saint Maur. Il veut dire sans doute, quant à Saint Maur, que l'Archevêque de Paris comme Prieur de Saint Eloy, membre de l'Abbaye de Saint Maur des Fossez a quelques droits dans la partie de la Chapelle qui est située à la Villette.

Cette Paroisse de la Chapelle s'étend fort peu du côté de Paris; et la Paroisse de Saint Laurent en approche d'assez près, puisqu'en venant de Paris, les premières maisons à gauche en sont jusqu'à la première rue, et celles à droite jusqu'à l'angle que forme le chemin non pavé qui conduit à la porte Saint Martin. Les habitans firent au commencement du regne de Louis XV quelques efforts pour comprendre dans le rolle des Tailles les maisons qui sont entre la derniere Barriere ou bornes de Paris et le gros de leur village [b]. Toutes les procédures furent cassées par Arrest du Conseil d'Etat du 25 juin 1718, et la Paroisse de la Chapelle restrainte dans ses anciennes limites. En 1709, on y comptoit 136 feux, suivant le dénombrement de l'Election. Le Dictionnaire Universel de la France y marque 748 habitans; et selon le dernier dénombrement, il y a maintenant 165 feux. Ce nombre de feux et d'habitans font, en y comprenant la rue du village de la Villette, à commencer au coin de Ste Perrine où finit celle de Saint Laurent,

[a] Almanach Spirituel de Paris. — [b] Notice de la Caille p. 127.

et continuant du même côté jusqu'au bout, qui est ce que les anciens titres appellent la Villette S. Denis. Le tout ensemble fournit 600 communians. Il y avoit un vignoble du tems de Philippe-Auguste vers l'an 1200. Ce fut alors que Dreux Connétable de France qui y possédoit des vignes, en donna cinq arpens à l'Abbaye de Livry[a], dans le tems qu'elle commença à se former. Les biens qu'y avoit Pierre de Dormans en 1368, étoient en la censive du Commendeur de Saint Denis. On apprend par des comptes de la Prevôté de Paris[b], que les Mallet, famille estimée par Charles VI, avoient des héritages à la Chapelle Saint Denis, et que Jean de Dormans[c], l'un de leurs héritiers, en jouit sous le regne de Charles VII, Jeanne de Dormans en 1433, puis Jean Girard, qui avoit épousé une Dame de Dormans, celle apparemment que je viens de nommer.

Mais les endroits les plus importans de notre Histoire, où il est fait mention de la Chapelle, sont la continuation de la Chronique de Nangis. Il y est dit qu'en l'an 1358, pendant que le Roi de Navarre étoit à l'Abbaye de Saint Denis, ses gens et les Anglois sortis de Paris se répandant par la campagne, y brulerent entr'autres lieux *Capellam juxta Sanctum Lazarum, et Burgum S. Laurentii de Parisius et horreum de Landeto*[d]. Voilà le Grenier de L'Indit qui subit le même sort. Il n'est pas loin de la Chapelle, et peut-être étoit-il sur son territoire ; c'étoit le Grenier de cette fameuse foire appelée Indict, puis l'Endit, qui se tenoit autrefois entre la Chapelle et la ville de Saint Denis. Il est spécifié dans des comptes du Domaine de l'an 1438, que durant la tenue de cette Foire au mois de Juin[e], il y avoit des Sergens commis par le Prevôt de Paris, à la garde de la Chapelle Saint Denis pendant douze jours, et qu'on leur donnoit taxe.

Les Mémoires que l'on a sur l'arrivée de l'Empereur Charles IV à Paris l'an 1377, portent que ce fut à la Chapelle que le Roi Charles V son neveu alla au-devant de lui, et que là se fit la premiere entrevue. C'étoit au mois de Janvier. On comptoit à Rome

---

a *Chartul. Livriac, fol.* 1. — b Invent. des tit. de la Chap. Sauv., t. III, p. 340. — Inv. de la Chapelle. — d *Contin. Naugri, Spicileg.*, in-fol. t. III. — e Sauval t. III, p. 336.

1378. L'Empereur avoit passé par Louvres en venant, et y avoit couché.

Le Moine de Saint Denis qui a vécu sous Charles VI, écrit en la vie de ce Prince[a], que la Chapelle fut un lieu où le parti d'Orleans eut une forte garnison durant l'hiver de l'année 1411 : que pendant le grand froid cette garnison fut toujours en action avec ceux de Paris, qui jour et nuit la venoient harceler, tantôt avec des machines de guerre, et tantôt dressant des partis : ce qui fit que comme elle ne pouvoit plus soutenir contre, les Princes conclurent qu'on en feroit un corps-de-garde avancé qui se leveroit de trois jours en trois jours. Ce village fut brulé par le parti des Armagnacs le 8 Juillet 1418. La Chapelle Saint Denis fut aussi le lieu où les Magistrats de Paris[b] firent loger au mois d'Août 1427 une bande de gens venus de la basse Ægypte, au nombre de plus de cent; ce qui y attira un concours pareil à celui qui se faisoit à la Foire du Lendit, comme le rapporte Pasquier d'après un écrit du tems[c].

Les Registres du Parlement portent que le lundi 5 Juillet 1484, le Roi Charles VIII revenant de se faire sacrer, resta quelque tems à la Chapelle S. Denis, avant que de faire son entrée dans Paris, et que le Parlement vint au-devant de lui jusqu'à ce village. On lit dans les titres de l'Eglise que ce lieu étoit nouvellement fermé en 1589, et que ce fut alors qu'on y fit bâtir des portes, qui couterent 48 écus.

Nous avons eu parmi nos Poëtes François un écrivain célèbre, qui n'a été connu sous le nom de Chapelle, que parce qu'il étoit né à la Chapelle Saint Denis. Son vrai nom étoit Claude-Emmanuel Loullier ou Lullier[d]. Il étoit fils naturel de François Lullier Maître des Comptes, qui lui donna pour Précepteur Gassendi, depuis devenu fameux. Chapelle est mort à Paris au mois de septembre 1686, âgé d'environ 65 ans[e].

François Eudes, plus connu sous le nom de Mezeray, s'est retiré à la Chapelle pendant un tems considérable, pour travailler à sa grande Histoire de France.

a *Hist. de Charles VI*, par le Laboureur p. 736. — b Journ. du reg. de Charl. VI. — c *Recherche de la Fr.* 1. 4. s. 19. — d *Parnasse François* de M. Titon p. 411. — e Voy. à la fin du Tome III.

Sur la fin du dernier siècle, il y eut quelques tentatives faites. pour l'établissement d'une Communauté à la Chapelle Saint Denis. Les Filles de Ste Agathe, que Sauval [a] qualifie de Religieuses du silence de la Trappe ou de S. Bernard, s'étant retirées de Paris, y vinrent occuper une maison vers l'an 1698. Le même Auteur ajoute que le Curé les poursuivit, et les fit mettre à la Taille ; c'est pourquoi elles rentrerent bientôt dans Paris.

Si je suis entré dans un certain détail sur cette paroisse, c'est à la faveur d'un inventaire fort exact des titres de l'Eglise, qui a été dressé nouvellement par les soins de M. Jean-Paul Arrault des Bazins, qui en est actuellement Curé ; quoique je ne me sois pas astreint à suivre le sentiment de l'auteur, qui prétend que Saint Denis est le premier et le véritable patron de l'Eglise, puisque les plus anciens titres sont contre cette opinion. Il serait à souhaiter au reste que dans toutes les Cures on eût pris la peine de dresser un pareil Inventaire.

[a] *Antiq. de Paris*, t. I. p. 126.

LA VILLETTE

Ce que nous appelons aujourd'hui simplement la Villette étoit autrefois distingué par le surnom *de Saint Lazare* ou *de Saint Ladre*, à cause de la Villette-Saint-Denis qui n'en étoit pas éloignée, et de laquelle je dirai un mot à l'article de Pentin.

La Villette-Saint-Lazare étoit une dépendance de l'Hôpital de S. Lazare fondé proche Saint Laurent dans le XII siècle, et gouverné par des Chanoines Réguliers de l'Ordre de S. Augustin, comme on a vû ci-dessus. Soit que c'eût été une simple ferme ou labourage alors appelé du nom de Couture *Cultura*, ou qu'il y eût eu en ce lieu une Maison de Lepreux pour la décharge de Saint Lazare ; on trouve que dès le milieu du XIII siècle son nom en latin étoit *Villeta Sancti Lazari.*

Rien ne doit arrêter ici le lecteur ; ni l'étymologie que je viens de donner, puisqu'il est clair que *Villeta* est comme *Villula* un diminutif de *Villa*, ni la distance de Paris, puisque ce lieu est contigu au faubourg de S. Laurent qui s'étend d'un côté jusqu'à Ste Perrine inclusivement. Ce n'est que depuis cet endroit du grand chemin de Louvres et encore à la main droite seulement que commence la Paroisse de la Villette-Saint-Lazare : le reste des maisons qui sont à main gauche de la rue étant de la Paroisse de la Chapelle.

Dans ces trois parties de la Villette réunies on comptoit 132 feux en 1709. Selon le Dictionnaire Universel de la France il y a 637 habitans. Le dernier denombrement publié l'an 1745 fait monter les feux au nombre de 141. Le territoire consiste en labourages et jardins.

On ne connoît pas clairement l'origine de cette Paroisse. La Cure n'est marquée dans aucun des anciens Pouillés. Elle ne paroît point dans celui du XIII siécle ; je suis persuadé qu'elle n'existoit point encore alors, et que le peu de maisons qui pouvoient être dans ce lieu après la derniere maison de la rue à main gauche, laquelle est de la Chapelle, étoient de la Paroisse d'Aubervilliers. Elle ne paroît pas non plus dans le Pouillé du XV siécle. Le premier acte[a] où je la trouve, sont des provisions de la Cure du 15 Juillet 1450 , où elle est nommée *Ecclesia Parochialis de Villeta S. Lazari*, et qualifiée *de præsentatione Prioris S. Lazari*. Ensuite on voit au 12 Juillet 1578 une permission accordée par l'Evêque de Paris à Henri le Meignen Evêque de Digne, de dédier l'Eglise de ce lieu sous le titre de S. Jacques et de S. Christophe, et de statuer que l'Anniversaire en sera célébré chaque année le 20 Juillet, qui est le jour auquel elle fut faite, et qui tomboit un Dimanche en 1578. Les Anniversaires de Dédicace se célébroient alors même les jours ouvriers, et le peuple cessoit le travail. Les Curé et habitans y ayant trouvé de l'incommodité, à cause des moissons, et de la proximité de la Fête de S. Jacques, obtinrent le 3 Juillet 1635, que cet Anniversaire fût fixé au Dimanche avant ou après le 25 Juillet. C'est à quoi se réduit tout ce que j'ai pu apprendre en matiere Ecclésiastique sur La Villette. Ce qui confirme la pensée que j'ai eu, que les habitans de ce lieu étoient primitivement d'Aubervilliers, est que la Dédicace dont je viens de parler, a été faite sous le titre de S. Christophe, qui est aussi patron d'Aubervilliers. Aucun des Pouillés modernes imprimés en trois années différentes, n'a fait mention de la Cure de la Villette. J'ai seulement lu dans une petite Notice des Eglises de la Banlieue de Paris, imprimée à Paris, chez La Caille en 1722, que cette Cure est à la nomination du Général ou Prieur de la Maison de Saint Lazare à Paris, et qu'elle est située dans l'Archiprêtré de la Magdelene. Le Général est obligé d'y nommer un Régulier.

La Maladerie de ce lieu de la Villette est au rolle des Décimes.

L'auteur de la Notice citée ci-dessus ajoute, que lorsque la Villette-Saint-Lazare fut devenu assez peuplé, on obligea les habitans,

a *Tab. Spir. Ep. Paris.*

comme ceux des autres villages, de fournir au Roi les provisions accoutumées. Il ne dit point d'où il a tiré ce fait, ni de quel tems il est : mais j'apprend par le Recueil des Ordonnances de nos Rois, que dès le tems du Roi Jean ils étoient assujettis à ces fournitures. Charles V étant à Melun au mois de Novembre de l'an 1374, donna une Ordonnance [a] qui modéroit ce que fournissoient à la Cour les habitans de la Villette-Saint-Ladre-lez-Paris, à cause que leurs labeurs en souffroient. Ce village eut le malheur d'être brulé avec celui de la Chapelle [b] qui y touche , par le parti des Armagnacs le vendredi 8 Juillet 1418.

Pierre de Martigny Evêque de Castres, fort bien venu auprès de François premier, avoit une maison de plaisance à la Villette ; mais comme il n'y avoit point d'eau, et que le Roi y alloit quelquefois passer le tems, il y eut ordre au Prevôt et Echevins d'y en faire conduire de la grosseur d'un pois. Après plusieurs jussions, dit Sauval [c], à la fin ils obéirent, et ils permirent en 1528 à l'Evêque de prendre un fil d'eau de la grosseur d'un grain de vesse, et de la faire venir à la Villette à ses dépens, à condition de le pouvoir reprendre quand ils en auroient besoin, et de plus, que leur Maître des œuvres en feroit le regard, et qu'eux-mêmes en auroient la clef.

Ce même village est mémorable dans l'Histoire des troubles qui suivirent la mort du roi Henri III. Après les conférences tenues à Surenne sur la conversion du Roi Henri IV au mois de Mai 1593, il y en eut quelques-unes entre les Royaux et ceux de la Ligue, qui furent ouvertes le 11 Juin suivant à la Villette dans la maison du sieur Emeric de Thou [d]. Ce fut aussi en ce lieu que les Commissaires du Roi conclurent et arrêterent la Tréve avec ceux de la Ligue le 30 Juillet de la même année 1593.

Après le Prieuré de Saint Eloy de Paris, qui jouissoit dès le XIII siécle de dixmes, censives et droits Seigneuriaux à la Villette, lesquels revenus appartiennent maintenant à l'Archevêque de Paris, par la réunion faite à sa crosse de l'Abbaye de S. Maur et de ce Prieuré, je n'ai trouvé que l'Abbaye de Saint Denis qui prétende avoir des droits sur le même territoire ; et c'est ce qui

a Recueil des Ord., t. p. 77. — b Journal du regue de Ch. VI., p. 43. — c Antiq. de Paris, t. II, p. 264. — d Ex Schedis D. Lancelot.

donne l'intelligence de ce qu'a dit l'Auteur de la Notice déjà citée, que la Villette est des Chatellenies de Saint-Denis et de Saint Maur. On lit que Jean de Rosoy, Abbé d'Hermieres, vendit en 1265 huit arpens de terre situés à la Villette[a], aux Religieux de Saint Denis; et ailleurs il est marqué que le Grand-Aumônier de Saint Denis jouit de la moitié des dixmes de la Villette près Paris[b].

Il est aussi fait mention de ce village dans les Comptes de l'Ordinaire de Paris. Vers le tems que cette ville reconnoissoit Henri VI Roi d'Angleterre, ce Prince, pour recompenser un nommé Jean Gilles, l'un de ceux qui favoriserent l'entrée des gens du Duc de Bourgogne, lui donna l'Hôtel qu'avait à la Villette-Saint-Ladre Maître Regnaud Freron, attaché au Roi Charles VII[c].

[a] *Gall. Christ.*, t. VII, *col.* 941. — [b] Pouillé de Paris, 1648, page 132. — [c] Sauval, t. I, p. 324.

BELLEVILLE

ANCIENNEMENT SAVIE ET POITRONVILLE

J'ai montré dans une dissertation imprimée en 1741, que le nom primitif de cette montagne qui fait face à Paris vers l'orient d'été, est *Savegium* ou bien *Saveiœ*, ou *Savegiœ*, quelquefois par abrégé *Saviœ*, et que ce nom pouvoit venir du même ancien mot que celui de Savard, qui signifie en plusieurs pays une terre en gazon et non cultivée. Dès le VIIe siècle, Clotaire III avoit donné une partie de cette montagne au Monastère des Fossez dit depuis Saint-Maur[a]. C'est pourquoi cette Abbaye y possédoit encore, trois cent ans après, sept maisons ou mans qui formoient dix familles, lesquels étoient sujets à des redevances de brebis, de vin et de volaille[b]. L'Abbaye de Saint-Denis avoit aussi un manoir *in Savegia* en 862, suivant un titre de la diplomatique, liv. V, page 537. Les distractions que nos Rois ont fait de cette Terre en faveur de diverses Eglises, prouvent assez qu'elle leur appartenoit, et qu'ils y avoient une Maison de plaisance : outre qu'il reste encore de la monnoye qui y a été frappée, sur laquelle on lit *Save*, monnoye qui est constamment de la première race.

Le Roi Hugues-Capet affectionnant l'Abbaye de Saint Magloire de Paris, lui donna un clos de vigne *juxta Saveïas*. C'est du Roi Henri premier, fondateur du Prieuré de Saint Martin des Champs, que cette Maison tient les vignes, pressoirs et maisons qu'elle a *in monte Savias*. L'Abbaye de Montmartre y avoit une vigne au XII[e] siècle : *In monte Savies vineam*[c]. Celle de Saint Victor y avoit

---

[a] *Vita S. Baboleni apud Autor. Francos.* D. Bouquet, t. III, p. 570. — [b] *Polypt. Fossat. Balus. Capitular.* — [c] *Bulla Eugen. III. an.* 1147.

une censive, et y eut par la suite du tems quelques vignes [a]. Le
Prieuré de Saint Eloy de Paris [b] y a eu aussi quelques dixmes ou
autres droits depuis plusieurs siècles. Je finirai cette énumération
par les vignes que la Cathédrale de Paris y eut au XII[e] siécle, du
don de Barbedor son Doyen, Chapelain du Roi Louis VII, et d'un
autre Prêtre nommé Roger [c]. En tous les titres qui rapportent ces
faits, ce lieu est toujours nommé de l'une des manières ci-dessus,
ou bien on y lit *apud Sauveyas.*

Ces anciennes donations dont la plûpart viennent de la libéralité de nos Rois, sont ce qui a donné occasion au grand nombre de
Seigneuries qui sont sur cette montagne et sur la colline, que
l'on fait aller jusqu'au nombre de dix-sept ou dix-huit. Mais il n'y
en a qu'une qui ait conservé le nom primitif et foncier; c'est celle de
Saint Martin des Champs, dont la maison est encore appelée actuellement *l'Hôtel de Savy* : Elle est située au haut de la montagne en entrant du côté de Paris. Les Paysans l'appellent la *Ferme
des Savies,* ou tout simplement *La Ferme* [d].

L'origine du droit de l'Eglise de Saint-Merry en ce lieu est plus
obscure. Il est très ancien, puisque dès l'an 1273 il en est parlé
dans un des petits Registres du Trésor des chartes, au sujet de la
contestation de la Justice sur cinq *hostises* ou maisons, situées
depuis celle de Jean Sarrazin, ainsi que le chemin [qui] conduisoit
à Bruyères *ad Bruerias,* jusqu'au territoire de l'Abbaye S. Denis.
Depuis ce tems-là je n'ai trouvé aucuns titres qui en parlent, sinon
une Description de la Banlieue de Paris du temps de Charles VI,
où en faisant le détail de tout ce qui composoit les habitans de la
montagne, on a mis les *Hostes de Saint Mery et Poitronville.* On
lit dans une autre description écrite il y a deux cent ans : *Poitronville dit Belle-Ville, les Hostes Saint Merry, l'Hostel de Savy dit
l'Hostel de Saint Martin.* Il semble par là que Poitronville soit le
nom qui a succédé à celui de Savies, après qu'ils ont été usités
ensemble durant quelque tems ; car on voit dans le Cartulaire de
S. Eloy en des titres du XIII[e] siècle les lieux de *Saviis et Poitron-*

---

[a] *Necrol.,* S. *Victor. apud Savias.* — [b] *Chartul. S. Elig., an.* 1391. — [c] *Necrol. Eccl.,
Paris,* 20 *Sept. et* 21 *Jul.* — [d] *Almanach Royal. Description de la Banlieue du* XVI
siécle tirée d'un livre du Châtelet.

villa désignés comme assez voisins l'un de l'autre, et quelquefois
en françois *Les Savines et Poitronville* sont marqués comme des
lieux où ce Prieuré avoit des droits.

Poitronville paroît avoir été la partie du terrain de Belleville la
plus éloignée de Paris. et avoir tiré son nom de quelque seigneur
appelé Poitron ou Boitron. [a] Les Hôtes de Saint Mery paroissent
avoir été placés vers le milieu de ce qui forme le village, et avoir
été ainsi dénommés, parce qu'ils habitoient sur le territoire qui appartenoit à l'Eglise de Saint Mery, soit en conséquence d'une donation, soit par une échange faite peut-être avec l'Abbaye de Saint-
Maur, laquelle au moins depuis cinq cent ans n'a plus rien sur
cette montagne. Les Savies ou Savines ont été surement la partie
de cette même montagne la plus proche de la descente du côté de
la Courtille. On vient de voir que le nom subsiste encore. Mais le
nom de Poitronville étoit le plus commun aux xive et xve siécles.
Dans l'exposé d'une grace obtenue du Roi Charles VI, il est parlé
de gens *qui s'étoient allé esbattre et jouer à Poitronville assez
près de Paris en une certaine taverne séante audit lieu et ville*[b].

Les maisons bâties sur cette montagne n'étoient pas toutes d'une
même Paroisse ; la Paroisse de Pentin y en avoit le plus grand
nombre, et apparemment tout Poitronville: celle de Bagnolet avoit
aussi sa portion ; S. Paul de Paris s'approchoit aussi de ce côté-là,
au moins jusques dans le vallon. Chaque habitant reconnaissoit
l'Eglise où il avoit été baptisé. Mais les Hôtes de S. Merry, en
qualité de vassaux de cette Eglise étoient tenus de regarder la
même Eglise de S. Merry comme leur Paroisse, quoiqu'ils en
fussent plus éloignés que les autres ne l'étoient de Pentin et de
Bagnolet. Lassés d'aller si loin, ils présentèrent requête au Vicaire
Général d'Eustache du Bellay, Evêque de Paris, par laquelle, à
raison de la trop grande distance, ils demanderent qu'il leur fût
permis de faire célébrer la Messe sur un autel portatif, aussi bien
que le reste de l'Office, dans une Chapelle qui venoit d'être bâtie
à Belleville : ce qui leur fut accordé de l'agrément des Chefcier et

---

[a] M. Lancelot a cru que ce mot venoit de *Pastorum Villa*, village des Bergers;
mais pour que cette étymologie fut vraie, il auroit fallu qu'on eut dit d'abord, en langage
vulgaire, *Patronville*. — [b] Trés. des Chart. Registre 146, piece 207.

Curé de Saint Merry, le 22 Octobre 1543, *jure cujuslibet salvo.*
Cet acte [a] est le premier avec date certaine, où j'ai trouvé le nom
de Belleville ; ce lieu y est appelé en latin *Bella villa super sabu-*
lum, sans qu'on en sçache la raison ni par qui ce nom a été donné.
C'étoit cependant proprement Poitronville qui recevoit ce nouveau
nom, et non pas les Hôtes de Saint Merry, ainsi qu'il est évident
par les expressions de l'Etat de la Banlieue écrit vers ces tems-là,
et rapportées ci-dessus, sçavoir *Poitronville dit Belleville,* expressions encore actuellement usitées dans le rôlle des Tailles, quoique
par corruption on mette *Pontrouville dit Belleville.*

L'Eglise qui subsiste aujourd'hui à Belleville, ne paroit pas être
la même Chapelle qui fut bâtie vers 1548. Je ne la crois pas si ancienne, et on ne l'auroit d'abord pas bâtie si grande pour les seuls
Hôtes de Saint Merry. Elle a pu être rebâtie dans le dernier siécle.
Sa bâtisse ressent assez le goût de ce tems-là, aussi-bien que sa
tournure vers le Septentrion. C'est apparemment la situation du
village sur une éminence, qui n'a pas permis d'en élever beaucoup
le clocher. S. Jean-Baptiste est le patron de cette église. De l'étendue dont elle est, elle sert maintenant de Paroisse à ceux des habitans qui étoient de celles de Pentin et de Bagnolet ; mais le curé
de Pentin a conservé le temporel qui lui appartenoit, sçavoir la
dixme du territoire de son côté, évaluée depuis à vingt écus, et
celui de Bagnolet une redevance sur cinq ou six maisons. On
compte que le total des communians de ce lieu monte à neuf cent.
Le Prêtre desservant n'est regardé que comme Vicaire. Le Curé
de Saint Merry y vient officier le jour de S. Jean, ou le Dimanche
suivant.

J'ai marqué ci-dessus qu'il y a en ce village dix-sept ou dix-huit
Seigneurs. On compte dans ce nombre Notre-Dame de Paris, ou
l'Archevêché, qui est aux droits de l'Abbaye de S. Magloire et du
Prieuré de S. Eloy ; l'Abbaye de Saint Denis qui a eu autrefois
quelque chose au-dessus du Pré Saint Gervais aux environs de
Poitronville [b], et qui a été dans le lot du Panetier; le Prieur de
Saint Martin des Champs, dans le partage duquel est la Ferme de
Savies, avec deux ou trois moulins et des vignes ; l'Abbaye de

_____

[a] *Reg. Ep. Par.* — [b] Voy. l'article de Pentin.

Saint Antoine; le Chapitre de Sainte Opportune; Saint Lazare et
sans doute aussi Saint Victor pour la Ferme de Saint Paul des
Aulnois. Le reste de ces Seigneurs sont apparemment des Séculiers;
par exemple, le fief de Mauny qui est sans manoir, et qui vient de
Madame la Duchesse de la Force. Il appartient maintenant à M. le
Duc d'Orléans. On m'a assuré que la nouvelle Eglise est sur la
censive d'un de ces Seigneurs Séculiers : mais aucun d'entr'eux
n'est nommé au Prône. Ce lieu de Belleville est séparé de la Paroisse de Saint Merry par le territoire de celles de Saint Nicolas et
de Saint Laurent. Il ne jouit point des priviléges de la ville et faubourgs de Paris, et l'on y paye la Taille.

LE COUVENT DES PÉNITENS du Tiers-Ordre de Saint François, bâti dans ce village, a été fondé en 1638 par Jean Bordier
Argentier de la petite Ecurie du Roi, et Marie Bricart son épouse,
qui laisserent pour cela une Maison qu'ils y avoient, avec d'autres
biens situés à Paris. L'Archevêque Jean-François de Gondi permit
le 30 Juillet 1649[a], à huit Religieux, tant Prêtres qu'autres, de s'y
établir[b], à condition de ne point quêter, de ne rien entreprendre
contre les droits de l'Eglise Paroissiale ou succursale, et de ne point
prêcher à la même heure. Les statues de S. Denis et Ste Marguerite sont au-dessus de l'autel. La concession de l'Archevêque appelle ce lieu *Belleville sur Sablon*. Le Fondateur de ce couvent
ayant donné un fonds situé en la censive de l'Evêque, les Religieux
lui constituerent une rente en 1665. Il y a en France une ville et
huit autres villages du nom de Belleville[c].

Cette montagne fournit des eaux pour la commodité de Paris.
On parloit de leur aqueduc dès l'an 1457. L'utilité de ces eaux est
connue par deux inscriptions qu'on voit dans le Pere Felibien,
dont la première est du xv[e] siécle.

Il y a un canton de la Paroisse de Saint-Merry en ces côtés-là,
appelé la Fosse aux Flamans, dans la dixme duquel le Prieur de
S. Eloy[d] avoit été maintenu en 1360. Je fais cette remarque, à
cause que ce nom de lieu paroit être relatif à quelque déroute des
Flamans.

---

[a] *Reg. Archiep.*, *Paris*, et Sauval, t. III, p. 212. — [b] *Diction Univ. de la Fr.* —
[c] *Tab. S. Elig.* — [d] Sent. des Req.

CHARONNE

Il y a en France plusieurs Paroisses qui portent le nom de Cha-
ron ; mais on n'en connoît aucune du nom de Charonne que celle
qui est voisine de Paris. L'étymologie de tous ces lieux me paroît
devoir être la même : cependant je n'espère point la donner, persuadé qu'on ne peut le faire qu'en devinant. Je sens bien de quel
mot latin ce nom approche le plus, mais cela ne suffit pas. Ce mot
peut venir d'une autre langue, et probablement de celle des
Gaulois.

Quoique le mot *Carronenses* qui se trouve dans la Notice des
Gaules, dressée vers le tems de l'Empereur Honorius à l'occasion
des troupes ainsi dénommées, ait une ressemblance entière avec
celui de Charonne ; je n'ose avancer comme certain, que ce soit de
ces garnisons que Charonne ait tiré le sien ; parce que je crains
qu'au lieu de *Carronenses* il ne faille lire *Garronenses*, d'autant plus
que ce nom se trouve joint avec celui de *Blabia*, qui est plus vraisemblablement Blaye sur la Garonne, situé sur les côtes Armori-
canes des Gaules, qu'un lieu prétendu de Bretagne qui auroit été
dit Blavet. Cependant, comme M. Lancelot de l'Académie des
Belles-lettres fort versé dans nos Antiquités[a], a cru que le village
d'Andresy situé au confluent de l'Oise et de la Seine tiroit son
nom des garnisons Andericiennes, j'ai cru pouvoir penser aussi que
le territoire où sont bâtis Charonne et Charenton, auroit eu sa
dénomination des *Carronenses* et *Cataronenses*, lesquels après
avoir résidé à Blaye aux environs de l'embouchure de la Garonne,

---

[a] Mem. manuscrit.

auroient été transférés au confluent de la Marne et de la Seine pour
la sûreté de Paris.

Parmi les titres parvenus jusqu'à nous, le plus ancien qui fasse
mention de Charonne est du Roi Robert, lequel confirmant les donations que Hugues-Capet son père avoit faites au Monastère de
Saint-Magloire de Paris [a], et celles qui venoient de lui-même,
marque *In potestate quoque Cataronis mansus unus arabilis terræ
cum vinearum fæcunditate.* Il est évident par une charte posté-
rieure, que ce que cette Abbaye eut de plus considérable à Charonne, venoit du Roi Robert même. C'est Louis le Jeune qui
l'assure dans son diplome [b] de l'an 1159. On y lit ces mots : *In
villa que dicitur Karrona quam dedit Robertus Rex cum vineis et
terris et torcularibus, servis et ancillis liberis ejusdem ville, hospitibus
à theloneo .... et quod in procinctu ejusdem ville nullus torcular
possit construere vel habere.*

L'Eglise de Charonne est une des plus anciennes de la Banlieue
de Paris ; elle paroît avoir commencé par un oratoire que les Parisiens firent bâtir en mémoire de quelque miracle opéré en leur
présence par S. Germain évêque d'Auxerre, dans l'une des deux
fois qu'il passa par Paris pour aller dans la Grande Bretagne, je
dis en leur présence, parce qu'il est certain qu'ils vinrent en
affluence au-devant de lui, et que le chemin le plus ordinaire pour
arriver d'Auxerre et de Sens à Paris, étoit de ce côté-là [c]. Cette
Eglise dédiée de tems immémorial sous l'invocation de ce Saint,
fut accordée et confirmée par écrit l'an 1140 aux Religieux Béné-
dictins du Prieuré de Saint Nicolas proche Senlis (dit autrement
Saint Nicolas d'Acy) par Etienne de Senlis, alors Evêque de Paris [d].
Le titre imprimé porte *Ecclesiam de Carrona cum omni minuta
decima et tertia parte majoris decimæ tam vini quam Segetis.* Ce
don fut confirmé avec les autres biens de Saint Martin des Champs
et de ses dépendances par le Pape Eugène III l'an 1147 [e]. On lit
dans sa Bulle : *Ecclesiam de Carrona cum tertia parte decimæ,* et
dans la charte de Thibaud, Evêque de Paris d'environ 1150, la
même chose, avec un mot de plus : *Ecclesiam de Charrona cum*

---

[a] *Thes. anecd.,* t. 1, p. 108. — [b] Cartul. de S. Magl., fo 11, vo. — [c] *Vita S. Genovefa.*
Boll., 3 Jan. — [d] *Hist. S. Mart. à camp., p.* 296. — [e] *Ibid., p.* 180.

tertia parte decimi vini [a]. Le droit de la dixme en ce lieu causa des difficultés dans le siècle suivant. Elles furent réglées en 1246 par une sentence arbitrale de Frère Guy Prieur de Saint Lazare de Paris, et de Gautier Prêtre de Saint Nicolas des Champs, qui décidèrent que le Prieur de Saint Nicolas d'Acy recueille une année la dixme de Charonne, et l'Abbaye de Saint Magloire deux autres années [b]. Le Curé de cette Paroisse est nommé parmi les treize Prêtres, soit Curés soit autres, qui au XIIIᵉ siècle étoient appelés *Presbyteri Cardinales.*

Il paroît difficile de concilier cette prérogative accordée à un curé de la banlieue, avec ce que dit Sauval sur Charonne [c] : « Charonne, « dit-il, gros bourg à une bonne demie-lieue de la porte S. Antoine, « est tellement voisin de la Croix-Faubin, qu'on tient par tradition « qu'autrefois il faisoit partie de la Cure de Saint Paul, et que les « Religieux de Saint Nicolas de Senlis l'en ont adroitement dé- « membré. » Il ne faut que faire réflexion au rang que tient le Curé de ce lieu dans l'énumération des treize Prêtres où il est nommé le sixième, pour se convaincre de l'antiquité de la Paroisse et qu'elle devoit exister plusieurs siècles avant que l'Eglise en fût cédée aux Religieux de Senlis. En effet, c'étoit un lieu si considérable, que dans le diplome du Roi Robert, antérieur de plus de cent ans aux lettres de l'Evêque Etienne, il est appelé *Potestas,* c'est-à-dire une Seigneurie qui avoit eu un grand district et étendue. De là j'ai jugé que c'étoit de cette Paroisse que pouvoient être émancés Fontenay-sur-Bois, Romainville et Pentin, avec d'autant plus de raison que les Eglises de ces lieux ont S. Germain d'Auxerre pour patron, de même que Charonne ; j'en dis autant de Bagnolet et de Montreuil, quoique le Patron de l'Eglise soit différent ; et je le dis, parce qu'ils sont enclavés entre Charonne, Fontenay et Pentin, et que l'on connoît l'époque de l'établissement de ces Cures, au lieu que celle de Charonne se perd dans les siècles reculés. Ainsi Sauval auroit mieux fait de dire que c'est la Paroisse de Saint-Paul, dont l'époque est plus récente, qui a été aggrandie par quelque démembrement de celle de Charonne, que d'écrire que Charonne est un démembrement de Saint Paul. Charonne avoit un

a *Ibid.*, p. 187. — b *Chart. S. Magl.*, fᵒ 84, rᵒ et 85 vᵒ. — c Antiq. de Paris., t. I, p. 38.

territoire presque aussi étendu que celui de Saint-Germain l'Auxerrois, dont huit ou neuf Paroisses ont été formées : et de même que les labourages de l'Evêque de Paris étoient dans les plaines de la Paroisse de Saint Germain, les vignes du même Evêque et celles du Chapitre de la Cathédrale étoient sur le territoire de Charonne, ainsi que le prouvent une infinité de titres, qui font mention de ces vignes et des pressoirs de l'Evêque et du Chapitre situés en ce lieu, outre ce que j'en rapporte à l'article de Montreuil.

Le Pouillé Parisien du XIIIe siècle comprend l'Eglise de Charonne dans l'Archiprêtré de Paris, qu'on a depuis appelé l'Archiprêtré de la Magdelene, et la Cure y est dite être à la présentation du Prieur de Saint Nicolas de Senlis : ce qui a été suivi dans ceux de 1626 et de 1648, et qui est exact, à l'exception de la qualité que ce dernier Pouillé imprimé [a] donne à cette Eglise de Senlis, la désignant sous le nom de Chapitre. Les Pouillés manuscrits du XVe et du XVIe siécle ont marqué qu'elle étoit à la nomination du Prieur de Saint Martin des Champs ; ce qui est faux : car jamais on ne l'a vue dans le Pouillé de ce Prieuré. L'Eglise Paroissiale est bâtie sur la pente du côteau où est situé le village. L'édifice qui subsiste aujourd'hui est presque quarré, attendu que deux ou trois arcades ou travées du devant de la nef ont été abattues, parce qu'elles avoient été brulées autrefois, ainsi qu'il en reste encore des marques à un pilier sous l'orgue du côté du septentrion. Cette Eglise a une aîle de chaque côté, dont la voute est aussi élevée que celle du milieu, et en construisant ces aîles, on a eu l'attention de faire plus étroite celle qui est du côté du septentrion, à cause de la chute des terres et des eaux de la montagne qui est de ce côté-là. La plus grande partie de tout ce bâtiment est d'environ trois cent ans. Il n'y a que les quatre piliers de la tour placée dans l'aîle méridionale, qui sont d'environ l'an 1200. On y lit cette inscription effacée en partie sur la muraille, en lettre gothique : *L'an mil CCCC.... le XVII jour de juillet fut l'Eglise de Charonne dédiée par le Révérend Père en Dieu M. Guillaume Evesque de Paris : Et ordonna que la Dedicasse seroit d'hui en*

[a] Page 33.

*avant le Dimanche devant la Saint-Germain : et donna à tous ceux
qui ladite Eglise visiteroient XL jours de vrai pardon.*

*L'an mil CCCC et XXVIII le XX jour de Mars Reverend père
en Dieu Mons. Jacques Evesque de Paris y donna quarante jours de
vrai pardon.*

Cette inscription fait voir l'attention de deux Evêques de Paris
pour l'Eglise de Charonne. Celui qui donna les quarante jours
d'Indulgence pour la Dédicace qu'il fit en personne, étoit Guillaume Chartier, qui siégea depuis l'an 1448 jusqu'en 1472. Celles
que Jacques Chastelier, l'un de ses prédécesseurs, avoit données
en 1428, étoient apparemment pour ceux qui contribuoient à la
construction de l'Eglise à laquelle on travailloit alors.

Le 22 Juillet 1527, Gui de Montmirail Evêque de Megare, de
la permission [a] de François de Poncher Evêque de Paris, bénit trois
autels en cette Eglise : Le premier et principal, en l'honneur de
Saint Germain Evêque d'Auxerre [b], le second en l'honneur de
la Ste Vierge, et le troisième en l'honneur de S. Blaise, le tout
en présence de Charles Boucher Abbé de Saint Magloire, et
de Frère Pierre Luillier Prieur de Saint Mandé : et le lendemain
23 Juillet il fit la bénédiction d'une [c] pièce de terre proche le
cimetière. Jean Bizet Curé de cette Paroisse en 1661, avoit fait la
remarque de la bénédiction des autels au bout d'une autre observation écrite de sa main sur du parchemin, lorsque l'autel fut
posé contre le mur.

*Anno 1661 die XV Aprilis hoc majus altare instauratum,
parieti appulsum, consilio et suasu Magistri Joannis Bizet Curati;
et præter pixidem plumbeam inventæ sunt cum destrueretur figuræ
SS. Claudii et Germani. A me de licentia Vicarii Generalis Des
Contes benedictæ sunt : illius quidem quia Capellæ unde Ecclesia
initium sumpsit fuit patronus; hujus verò, quia principalis patronus Parochiæ est, Sanctus autem Blasius Patronus minus principalis, ex devotione Regis Karoli hujus Ecclesiæ fundatoris, ut*

---

[a] *Reg. Ep. Paris.* — [b] De temps immémorial S. Germain étoit le Patron. Des Provisions accordées le 23 Septembre 1516 à Firmin Caron mettent *Ecclesia S. Germani de
Charrona.* Parmi les Charges du Prevôt de S. Magloire, en 1361, étoit celle d'envoyer des
gardes aux Fêtes Patronales de leurs Terres; on y lit, *et à Charronne à la S. Germain.* —
[c] *Ibid.*

videre est ex indiciïs tam intra quam extra Ecclesiam. Datum Charonæ anno et die ut supra.

Jean Bizet, Curé de Charonne, paroît s'être trompé dans cet écrit, lorsqu'il nomme S. Claude avant S. Germain. Il est vrai qu'il ne dit pas que S. Claude soit patron de la Paroisse, comme en effet il est très-rare de trouver des Paroisses de son nom dans la France. Mais il prétend sans citer aucun garant ni aucun titre qu'il y a eu une Chapelle de S. Claude à l'endroit où l'Eglise a été bâtie en l'honneur de S. Germain, tandis que ce doit être tout le contraire, et que c'est dans l'Eglise de Saint-Germain, Eglise rebâtie plusieurs fois, que vers les derniers siècles le pèlerinage de S. Claude avait apparemment fait ériger une Confrérie. L'observation de ce Curé sur S. Claude ne me semble pas mieux fondée que la tradition des paysans sur l'origine d'une Chapelle de S. Blaise au même lieu, et qui leur a fait choisir ce Saint pour leur second patron. Ils disent qu'un de nos Rois, du nom de Charles, ayant gagné un grand enrouement et un mal de gorge, pour avoir crié contre une cloche qui écartoit son gibier, et en avoir été guéri par l'intercession de S. Blaise, fit bâtir une Chapelle en son honneur.

Ce qu'il y a de certain, est qu'on voit les armes du Roi à trois fleurs de lys à la clef de la voute de l'Eglise ; que celles du Grand Chambrier, sur le fief duquel on tient que l'Eglise est bâtie, sont au vitrage ; et que le 4 Février lendemain de S. Blaise, on dit dans l'Eglise de Charonne une Messe avec offrande *pro Rege Carolo*, sans sçavoir lequel des Rois de ce nom. En sorte que pour ne pas révoquer en doute tout le fond de la tradition de Charonne, voici à quoi je m'en tiendrois.

Je pose d'abord pour constant, que l'Eglise de Saint Germain de Charonne étoit fort petite, lorsqu'elle fut donnée aux Moines de Senlis. La Tour approche assez de ce tems-là, qui étoit le XIIe siécle environ le régne de Louis le Gros ; mais elle devoit ou servir d'entrée par sa face occidentale, ou plutôt elle étoit construite sur le chœur, comme on le voit dans un grand nombre des Eglises Monastiques du XIe et du XIIe siécle. Les chœurs étoient alors très-resserrés, et les cancels ou sanctuaires encore davan-

tage. Lors donc qu'on voulut bâtir vers le règne de Charles VI
ou de Charles VII une Eglise plus spatieuse [a], et qui fut accompagnée d'aîles, il fut besoin d'avoir du terrain ; et alors apparemment le Chambrier du Roi, qui étoit de la maison de Bourbon,
consentit de céder une partie du sien, soit vers l'orient, le nord, ou
le couchant, et il ne le fit qu'à la charge qu'on érigeroit dans le
nouvel édifice un autel du titre de S. Blaise, auquel il avoit
dévotion ; et le Roi ne confirma cette aliénation, qu'à condition
que l'on prieroit Dieu pour lui. Ces prières furent fixées au lendemain de S. Blaise, jour auquel on avoit prié pour le Chambrier. On m'a assuré que dans un compte de Fabrique il est marqué
que l'obit de ce jour est pour Charles VII. Peut-être a-t-on voulu
dire Charles IV dit le Bel, qui mourut à Vincennes le premier
Février 1328, peu de tems après avoir cédé sa garenne de Charonne aux habitans, ainsi qu'on verra ci-après. Il est parlé fort
au long de l'Eglise de Charonne dans un livre intitulé *Loix des
bâtimens*, à la page 73, à l'occasion des réparations qui étoient à
y faire en 1702, et qui furent faites en vertu d'un Arrêt du Conseil. On y lit qu'il fut décidé que celles de la Chapelle du Seigneur
au bout d'un des bas côtés proche le grand autel, seroient faites
aux dépens du Seigneur seul.

Je n'ai aperçu dans l'Eglise de Charonne que deux épitaphes.
Sur une tombe qui est placée dans l'aîle méridionale, est gravé en
gothique minuscule : *Cy gist Demoiselle Claude le Vigneron en son
vivant veuve de feu Noble homme Robert Berruier.* Elle y est
représentée vêtue comme une Religieuse. Son épitaphe attachée
au mur dit qu'elle mourut en 1533. Elle laissa à l'Eglise de Charonne une certaine somme pour des Services.

Dans le chœur est l'épitaphe latine de Denis Bourgonneau,
Chanoine de Saint-Honoré, et Curé de Charonne pendant trente
ans, décédé en 1626. L'auteur a affecté d'y faire graver plusieurs
mots en caractères grecs.

Au-dessus de l'autel de la Chapelle du fond du collatéral septentrional, est représenté dans le vitrage d'environ l'an 1500 S. Ma-

[a] *Tab. S. Magl., ad ann., 1497-1516.*

turin Prêtre, en qualité de patron d'un bourgeois, avec six garçons,. et Agnès femme de ce bourgeois avec ses cinq filles.

Dans le cimetière derriere l'Eglise, se voit une tombe sur la
sépulture de Marie Framery, femme de M. Brussel Auditeur des
Comptes, auteur du Traité de l'usage des Fiefs. Son décès est
marqué à l'an 1736. Il y a quelques singularités dans l'épitaphe
gravée sur cette tombe.

J'ai produit ci-dessus, pour prouver l'antiquité du nom de Charonne, quelques diplomes qui regardent la Seigneurie que l'Abbaye de Saint Magloire y a possédée. C'est ici le lieu de continuer
à rapporter ce qu'on sçait sur cette Seigneurie. On ne peut gueres
placer plus tard qu'à l'an 1030 l'origine de la possession des biens
qu'y a eu l'Eglise de Saint-Magloire. Une charte [a] de Louis le
Gros de l'an 1117, nous apprend qu'un appellé Henry le Lorrain
Lotharingus venoit de donner à la même maison pour l'établissement de deux Moines dans la Chapelle de S. Georges et de
S. Magloire, un pressoir et un arpent de vignes à Charonne.
On voit par ces titres l'antiquité du vignoble de Charonne, puisque
l'un des principaux biens qu'on pût y posséder, étoient les pressoirs. Mais l'Abbaye de Saint Magloire y avoit aussi des serfs. En
1138, Louis le Jeune rendit justice à Guinebaud Abbé de ce
Monastère, sur ce qu'un homme serf de Charonne avoit épousé
sans sa permission une femme qui étoit sous la servitude ou
main-morte du Roi [b]. Il fut dit que les enfants qui provien-
droient de ce mariage, seroient partagés également entre le
Roi et l'Abbé. On lit de même que sous l'Abbé Pierre second du
nom, le Roi partagea avec lui quatre femmes serves de la terre de
Charonne [c]. C'étoit l'an 1152. Cela fait voir que le Roi Robert
n'avoit pas donné toute la terre, et qu'il s'étoit réservé un canton
ou un certain nombre de serfs. D'un autre côté, les donations se
multiplierent envers l'Eglise de Saint-Magloire, laquelle y avoit ses
Officiers. Ives de Gaillon est dit indirectement Maire de Charonne
dans l'acte de concession qu'Alix sa femme qualifiée *Majorissa de*

---

[a] *Thes. anecd.*, t. I., et Sauval. t. I., p. 576. Cartul. de S. Magloire, fo 7 vo. —
[b] *Chartul. S. Magl. Porte*, Gaignier. 221 f. 17. — [c] *Gall. Chr. nova*, t. VII., col. 312.
Cartul. de S. Magloire. fo 11 vo.

Charrona[a], lui fit d'un four l'an 1221, ce qui fut confirmé la même année par Guillaume de Seignelay Evêque de Paris [b]. Il est certain qu'en 1294 Louis Abbé de Saint Magloire y créa un Maire [c]. Il ne faut point non plus douter que les pressoirs qui venoient de la libéralité du Roi Robert, ne fussent des pressoirs bannaux. Il est marqué que François de Chanteprime Conseiller du Roi, qui avoit des vignes dans ces cantons-là en 1392, fut obligé de dédommager l'Abbé de Saint Magloire pour avoir fait pressurer son vin à Charonne ailleurs qu'aux pressoirs de l'Abbaye [d]. Entre un grand nombre d'autres témoignages que je pourrois ajouter en faveur de la Seigneurie de Saint Magloire, je me borne à ces trois-cy qui sont du XVe siécle, et qui nous apprennent les usages de ce tems-là [e]. Aimery Courtois, bourgeois de Paris, avoit acquis à Charonne une place proche et au-dessous de l'Eglise, étant en la haute justice de Saint-Magloire, et il eut le dessein d'y faire élever une croix de pierre sur un fond de terre d'environ deux toises, mais il ne le put; les exécuteurs du testament de Jean Du Plessis et les Marguilliers de Charonne voulurent y suppléer, mais ils ne le purent qu'avec la permission de l'Abbé de Saint Magloire, donnée le 29 Mars 1426. Il fut défendu par Arrêt du Parlement du 29 Mars 1429, après Pâques, aux habitants de Charonne, de dresser dans la suite échaffaut ou autre édifice en la place commune du village [f], *le jour ou la veille de la Fête de Saint Germain l'Auxerrois, Feste de ladite ville, pour faire la Feste en icelle ville ne autrement, sans le congié des Religieux de Saint Magloire, de leur Maire ou Justice.* En 1497 le 20 Avril, Jean le Clerc Avocat, Maire de la Justice de Saint Magloire à Charonne [g], prononça une sentence contre une truye qui y avait mangé le menton d'un enfant, lequel en mourut; il l'a condamna à être assommée et ses chairs distribuées aux chiens : et à l'égard du propriétaire de la truye, il ordonna que lui et sa femme iroient à la Pentecôte en pélerinage à Notre-Dame de Pontoise, *où ils crieroient mercy,* et dont ils rapporteroient certificat.

a *Chartul S. Magl.*, fo 91. — b *Gall. Chr. nova*, t. VII. Col. 91. *Ibid.*, col. 318. — f *Chartul. de S. Magl.* fo 90. — d *Chartul. S. Magl.*, fo 61 ro. — c *Tab. S. Magl.* — f *Ibid.* — g *Ibid.*

Le plus ancien fief situé à Charonne s'appelloit au XIVe siécle *Le fief de la Cour Point-Lasne*. Celui qui le possédoit, en fit hommage en 1348 à un des Seigneurs de Levi, alors Seigneur de Marly-le-Chatel ; c'était un Bourgeois de Paris nommé Louis Bonnetin. On verra plus bas qu'un propriétaire de ce fief est devenu Seigneur de Charonne.

Jean le Teuillier, Bourgeois de Paris, ayant épousé une Bonnetin, en rendit hommage l'an 1370 à Bertrand de Levi, Seigneur de Marly-le Chatel.

Jean Chanteprime, Seigneur de Sucy en Brie, étant aux droits de Jean le Teullier, fit hommage en 1442 à Philippe de Levi archevêque d'Auch Seigneur du même Marly, et il en donna un dénombrement, dans lequel on lit les cantons ou noms de lieu qui suivent, sçavoir Montibœuf, Vignoles, Mezieres, la Garenne.

Je n'ai plus rien trouvé touchant la Terre en question, que sous le regne de François Ier, auquel tems Robert Nicolas, Marchand et Bourgeois de Paris, s'en disoit Seigneur en partie. Au moins est-il qualifié tel dans son épitaphe en l'Eglise du Sépulcre à Paris, où on lit qu'il décéda le 18 Février 1543 [a].

Après lui Roger de Vaudetar, Conseiller au Parlement, est dit Seigneur de Charonne vers l'an 1560 [b]. Mais il faut en excepter sans doute les Fiefs possédés par d'autres, tel que Jacques le Bossu ; car on trouve qu'en 1548 Marguerite Menant, veuve de Jacques le Bossu Marchand Bourgeois de Paris, vendit le fief de la Court Point-l'asne [c], et celui des Ouches à Martin de Bragelonne Conseiller du Roi, Lieutenant de la Prévôté de Paris, moyennant sept vingt livres. Ce Seigneur en rendit hommage en 1559 à Claude de Levis, Seigneur de Marly-le-Chatel et de Magny-l'essart. Depuis, Martin de Bragelonne son fils, Conseiller au Parlement, en fit hommage au même Seigneur de Marly l'an 1570.

Ce même Bragelonne fit quelques années après une acquisition plus considérable à Charonne. Pierre de Gondi Evêque de Paris, Abbé de Saint Magloire, conjointement avec le Prieur et Religieux de cette Abbaye, avoit vendu en 1576 la Terre et Seigneurie de

---

[a] Recueil d'Epitaphes en la Bibl. du Roy.   T. 6.   [b] Hist. des Prem. Pres., p. 143. — [c] Memor. de M. Gregoire, Curé.

Charonne à Simon de Fiez, Baron de Saulve, moyennant une rente de six cens livres sur l'Hôtel-de-Ville de Paris, par forme d'échange. M. de Bragelonne l'eut par Decret sur ce Baron l'an 1586 pour la somme de six mille cent soixante écus sol.

L'année suivante, M. de Bragelonne eut par échange faite avec Etienne Regnault, Seigneur de Bagnolet, Bourgeois de Paris, le fief Pannetier de l'Abbaye de Saint-Denis assis à Charonne.

Le même acquit en 1601, des Prieurs et Religieux de Saint Nicolas d'Acy-les-Senlis, le Fief du Prieuré de Charonne par forme d'échange, pour une rente de cinquante livres: et en 1603, le Fief de Saint-Denis de la Chartre au même lieu de Charonne.

Vingt ans après, un des Messieurs de Bragelonne (fils apparemment du précédent) vendit la Terre et Seigneurie de Charonne à M. Barentin, Trésorier des parties casuelles, moyennant la somme de quatre-vingt-deux mille huit cens cinquante-neuf livres. Il est désigné sous le nom d'Honoré Barentin Secretaire du Roi, dans son épitaphe aux Grands-Augustins de Paris. Il mourut le 15 mai 1639. L'Abbé de Marolles en parle dans ses Mémoires [a], mais il le fait mourir plutôt, disant que sa veuve vivoit en 1634.

Enfin, cette Terre fut vendue en 1648 aux Religieuses de Notre-Dame de la Paix, par Charles Barentin Président en la Chambre des Comptes, cent soixante et cinq mille livres : ce sont des Chanoinesses dont je parlerai ci-après.

Depuis ces Religieuses, M. Molé Abbé de Sainte-Croix de Bourdeaux a possédé cette Terre.

Le Seigneur actuel est M. de Lenoncourt, Brigadier des armées du Roi. Son château est à gauche en approchant de l'Eglise. Il est accompagné d'un grand enclos.

Il y a eu sur le village de Charonne différens établissemens de Communautés de Filles. Vers l'an 1640, Jean-François de Gondi, Archevêque de Paris, fut prié par Marie L'Huillier Dame de Villeneuve, de permettre l'établissement de certaines filles et femmes dévotes à Charonne, de même qu'à Brie-Comte-Robert ; c'étoit ce qu'on a appelé depuis les Filles de la Croix. Le Prélat leur permit cet établissement en ces deux lieux par les Lettres du 13 Février

[a] Page 102.

1640, et approuva leurs Statuts [a]. L'établissement réussit pour Brie-Comte-Robert. On ne voit pas qu'il en ait été de même à Charonne.

Au lieu de cet institut, il s'en forma deux autres. 1° Madame la Duchesse d'Orléans, Marguerite de Lorraine, femme de Gaston Duc d'Orléans, y établit en 1643 des Religieuses de la Congrégation N. D. sous le nom de N. D. de la Paix, suivant l'institution du V. Pere Fourrier Lorrain ; et elles furent placées dans le terrain même de la Seigneurie que la Duchesse avoit acheté pour pour elles. Le Roi voulant favoriser ce nouvel institut, accorda en 1661 des Lettres patentes [b], qui permettoient l'établissement d'un Marché à Paris proche la Porte Saint-Jacques, dont ces Dames de la Paix devoient avoir les profits. Ce fut chez ces Religieuses que les entrailles de la feue Duchesse fondatrice, veuve du Duc Gaston Jean-Baptiste d'Orléans, furent portées après sa mort, arrivée le 3 Avril 1672. En 1680, l'élection d'une Supérieure pour cette Communauté fut l'occasion de quelques différens entre la Cour de Rome et celle de France : cette affaire produisit un recueil de diverses piéces imprimées en 1681, et fut le sujet de quelques discussions dans l'Assemblée du Clergé de France en 1682 [c]. Vers le même tems, cette Communauté se trouvoit si endettée, qu'elle étoit obligée de vendre ses effets. C'est pourquoi le Promoteur en ayant requis la suppression, M. de Harlay l'ordonna [d] : Alors le Saint Sacrement et les Reliques furent portés à la Paroisse, et les Religieuses dispersées. L'Abbé Chastelain qui vit ce lieu en 1684, écrit que l'ancienne Eglise de ces Dames qu'il qualifie de Chanoinesses, Eglise toute brillante de marbre et de dorure, servoit alors d'Orangerie à M. Molé, Abbé de Sainte-Croix de Bourdeaux, qui avoit acheté d'elles la Seigneurie, et que dans la maison étoit le chenil des chiens du Roi pour le chevreuil. Madame Isabelle d'Orléans, duchesse d'Alençon, Douairière de Guise, employa en œuvres pies la vente de cette maison. Elle donna entr'autres aux Enfans-trouvés, après la mort d'une Dame, la somme de 6000

---

[a] Sauval, t. II., p. 193. — [b] Regist. du Parl., 6 Sept. 1661. — [c] Piéces sur le Monastere de Charonne. Cologne ; Schouten, in-12. — [d] Regist. de l'Archev., 21 Jan., 1681. Voyages manuscrits.

livres, exigeant une Messe quotidienne pour sa famille. Cette fondation a été réduite à une Messe par semaine le 23 Juillet 1707 [a].

Le second établissement de piété fait à Charonne vint de Marie
Lumague [b], veuve du sieur Pollalion Gentilhomme ordinaire du
Roi. Elle retira de Fontenay sous Bagneux quelques filles qu'elle
y avoit établi vers l'an 1630, dans le dessein de former une Communauté sous le nom de la Providence de Dieu ; elle les transféra
à Charonne dans une maison qu'elle loua d'abord, et qu'elle
acheta par la suite. Les accroissemens de cette Communauté
furent si prompts que dès l'an 1643 elles étoient déjà cent Dames
ou Filles réunies à Charonne ; desorte qu'elles songerent à déchar-
ger cette Maison par un établissement à Paris que Louis XIII leur
permit par ses Lettres Patentes du mois de Janvier de la même
année [c]. Ce fut cette même Maison de la Providence établie à Charonne qui donna naissance aux Filles de l'Union Chrétienne après
la mort de Madame Pollalion en 1657, M. le Vachet qui dirigeoit
les Filles de la Providence, en sépara quelques-unes pour entrer
dans les vues de la défunte. Une des Filles de cet Institut naissant
eut une riche succession, et hérita entre autres biens d'une maison
située à Charonne. Ce fut là que la sœur de Croze commença ce
second établissement en 1661, quoiqu'elle ne donna absolument la
maison qu'en 1672. Ce ne fut aussi qu'après cette année-là et
après la donation de la maison que l'établissement de cette Communauté fut approuvé par l'Archevêque [d], sçavoir le 28 Juin 1673.

Elles n'avoient encore eu cette année qu'une Chapelle du titre
de Saint Joseph où tous les jours on leur disoit la Messe [e] : mais
en 1675 on leur permit d'y conserver le S. Sacrement. Claude
Joly Chantre de Notre-Dame parle en son livre des Écoles [f], de la
Demoiselle Croze Supérieure d'une Communauté qui tenoit une
nouvelle École à Charonne en 1678 : ce fut la même année qu'on
enregistra en Parlement les Lettres Patentes [g] en faveur de la
même Supérieure Anne de Croze des Bordes et Consœurs, portant
confirmation de leur établissement en forme de Communauté

---

a *Reg. Archep.* — b Vie de Marie Lumague, 1744 ; in 8, p. 72 et suiv. — c Sauval.
Antiq. de Paris, t. I, p. 740. — d *Regist. Archiep. Par.* — e Sauval, t. I, p. 780. —
f *Pag.* 458. — g *Reg. Parl.* 16 *Mast.*

séculière. Deux ans après le 12 May le Roy accorda des Lettres
Patentes[a] qui confirmoient l'établissement d'une Communauté
faite à Angoulême sur le modèle de celle de l'Union Chrétienne de
Charonne, et en 1687 de semblables[b] pour celui de la rue S. Denis.
Comme elles y avoient été toutes transférées ; alors on cessa de les
appeller les Filles de Charonne[c].

Cette translation fit naître la pensée de former encore dans le
même lieu où avoient été les Filles de l'Union Chrétienne un autre
établissement. C'étoit celui d'une Communauté de Filles ou
Femmes Séculières sous le nom de la Sainte Famille de l'Adoration
perpétuelle du Saint Sacrement[d], pour y recevoir et instruire les
jeunes filles de Charonne et des environs, et pour le soulagement
des malades sous la conduite du Curé[e]. On obtint à ce sujet des
Lettres Patentes[f] qui furent registrées en Parlement le 14 Juillet
1689. Ce fut une Dame le Maire veuve d'un Procureur au Parlement à qui Dieu inspira cette bonne œuvre, et qui acheta la Maison des Filles de l'Union Chrétienne. Cette Communauté subsiste
encore au nombre de douze.

Tout ce qui est voisin de Paris devant intéresser, j'insererai ici
ce que j'ai trouvé sur les maisons de plaisance, qui paroissent
avoir été situées sur le territoire de Charonne. Il y avait en 1296
un canton de cette Paroisse qui s'appelloit Farfaigne, mais ce
n'étoit qu'un lieu planté en vignes[g]. Comme le Roy avoit encore
dans le siécle suivant un territoire à Charonne dont il pouvoit dis-
poser ; sur la représentation que Bénédict Dugal Marchand de
Lucques fit à Charles VI des bons et agreables services qu'il avoit
rendu à Charles V son Père, il lui donna en 1384 une maison avec
ses appartenances, et environ trois arpens de vigne *séans* comme
disent ses lettres[h] *en la ville, finaige* ou territoire de Charonne, et
environ dix arpens de terre seans à la Tuillerie-lez-Paris.

La Folie Regnauld, ainsi nommée parce que c'étoit au XIV
siécle la maison de délassement d'un nommé Regnauld Espicier,
avoit une certaine étendue de terrain, et une partie étoit comprise
dans le territoire de Charonne au XV siécle. Il en est fait mention

a *Reg. Parlam.* 12 May 1684. — b *Ibid.*, 18 Nov. 1687. — c Sauval, t. I, p. 719. —
d Inscription sur la porte. — e *Reg. Archiep. Paris*, 1686. — f *Reg. Parl.* — g *Chart.
S. Magl. Gaignier, f.* 95. — h Lettres du 24 Déc. Trésor des Chart. Reg. 125. Piece 291.

parmi les biens confisqués par Henri Roi d'Angleterre lorsqu'il
devint maître de Paris sous le règne de Charles VII[a]. Ce terrain
appartenoit alors à Jean d'Avignon *Menestrel* du Roi : on voyoit
encore en 1600 des mazures de cette maison. Quelques extraits
des Registres du Chapitre de Paris m'ont appris qu'il avoit en
1560 des terres à Charonne dont il fut passé un bail à ferme avec
celles de la Folie Regnauld ; et il l'a encore. En 1562 Michel de
l'Hôpital Chancelier de France[b] avoit une maison à Charonne où
le Parlement lui envoya quelques Députés au mois de Décembre.
L'auteur du Supplément de du Breul[c] imprimé en 1639 écrit que
Charonne étoit alors renommé pour deux belles maisons qu'on y
avait bâties depuis vingt ans, sçavoir celle de Nicolas le Jay premier Président au Parlement : L'autre de M. Barentin beaucoup
plus belle. Il a voulu parler d'Honoré Barentin Sécrétaire du Roy
Seigneur de Charonne nommé ci-dessus. Enfin presque de nos
jours Louis XIV a fait bâtir près du village de Charonne et dans
une situation très-avantageuse une grande et belle maison pour le
Pére la Chaise Jesuite son Confesseur[d] ; elle appartient maintenant
aux Jesuites de la Maison Professe rue S. Antoine, ausquels elle
sert de maison de campagne. Sa situation et le nom du Roy l'ont
fait appeller Mont-Louis. Une partie de cette maison est sur la
Paroisse de Charonne. Elle est dans le même canton qui au XIV
siéclé avoit été appellé la Folie-Regnauld. Il y a plusieurs maisons
dans ce hameau dont sept ou huit seulement sont de Charonne.
Le Pressoir de l'Évêque étoit alors au territoire de Charonne entre
l'Hôtel de la Folie et le Pressoir du Chapitre contigu à des vignes
dont le vin étoit pour l'Office du Mandé du Jeudi-Saint à N. D.
Au bas étoit une fontaine, et par le hant des restes de carrieres de
plâtre appartenantes à la Demoiselle Jeanne de Sens, ce qu'on
appelloit une Douve ; et qui est peut-être l'origine du Fief de Dive
dont le souvenir subsiste encore en ce lieu. Dive s'appelloit aussi
Engrenet vers 1400. On m'a assuré qu'il appartient aujourd'hui
au Seigneur de Ménilmontant.

---

a Sauval, t. III, p. 323. — b *Regist. Consil. Parlam.*, 30 Dec. 1562. — c Suppl. des
Antiq. de Paris, p. 36. — d Brice, t. IV, p. 386.

Un autre écart de Charonne est ce qu'on appelle aujourd'hui le Petit-Charonne à l'entrée de la grande avenue de Vincennes au sortir de Paris à main gauche [a]. C'est peut-être ce qu'un titre de 1489 appelle Charonneau et autrement Maisires ou Mezieres. Ce dernier nom étoit connu dès le XIII siécle.

Vignoles a été connu en 1425 par la maison et les vignes que les Haudriettes y avoient, et en 1538 par la vigne qui y étoit et que Blaise Floret Principal du Collége de Chanac à Paris assigna pour fondation à Saint-Gervais. La fontaine Servaye ou Sernaye étoit en ce même canton.

Clos-Ferry étoit en 1400 un vignoble au territoire de Charonne.

Montibeuf étoit un canton de vignes dès l'an 1255.

Les Communautés qui ont eu autrefois des fonds à Charonne sont les Religieuses de Haute-Bruyere Ordre de Fontevrault Diocèse de Chartres : Elles y possedoient dès l'an 1286, un clos de vigne situé sur la censive de Saint Magloire et sur celle d'André Point-l'Asne, j'en ai vu un bail à rente fait en 1319 par Marguerite de Donizi Prieure et Jean Triquet Prieur. Les Religieux Croisiers de Paris y ont eu aussi du bien du côté de la Folie Regnaud, et pareillement les Religieuses de Saint Antoine. Les Carmes Billettes y ont une maison vers l'entrée du village au bout du faubourg de S. Antoine.

Le nombre des feux à Charonne étoit en 1709 de 159 selon le denombrement des Elections alors imprimé. Le Dictionnaire Universel de la France fait monter le nombre des habitants à 715. Cette Paroisse commence après la dernière barrière du faubourg à main gauche : Une partie de son territoire s'étend dans le Parc de Bagnolet et dans celui de Ménilmontant : Tout est presque planté en vignes, sur tout depuis un siécle il s'en trouve à l'endroit où étoient des prés. On y en compte 500 arpens, et vers le milieu est un petit étang formé des écoulements des fontaines qui se trouvent en allant à Ménil-montant. Il y avoit encore dans le XIV siécle en ce village et à Montreuil une garenne appartenante au Roi, mais Charles le Bel en fit la concession aux habitans en 1328 pour une somme d'argent que chacun paya [b]. Les lettres du Roy marquant

---

[a] Du Pré sur ce lieu, p. 256. — [b] Tab. S. Maglor.

qu'il fait ce don *aux bonnes gèns de Charonne*, j'ai déjà conclu cy-dessus de ce don que ce doit être pour ce Roy Charles que l'on fait un service chaque année dans l'Église de Charonne.

Un Poëte du XIII siécle dont les vers sont joints au Cartulaire de l'abbaye de Saint-Magloire nous apprend [a] qu'en 1230 au commencement du règne de Saint Louis il y eut à Charonne une femme qui se mêloit de deviner. Le peu qu'il en dit est une marque qu'il supposoit que chacun étoit informé de ce qu'il y avoit eu d'extraordinaire dans cette femme [b] :

> L'an mil deux cent et vingt et dix
> Fut Dammartin en flamble mis,
> Et sçachiez que cel an meisme
> Fu à Charonne la devinne.

En 1358 dans le tems de l'entrevue de Charles Regent de France sous le Roi Jean, et du Roi de Navarre proche l'Abbaye de Saint Antoine ; l'armée de ce Roi composée de huit cent hommes au plus étoit rangée en bataille entre Charonne et Montreuil sur une petite montagne d'où elle n'osa descendre [c].

On sçait par la date d'un Edit [d] du 13 Mars 1541 que François I est venu à Charonne. Cet Edit qui concerne les monnoies de Bayonne fut donné en ce lieu.

On assure que dans le tems de la guerre des Princes, sous la minorité de Louis XIV, ce jeune Roi étoit dans le Parc de Charonne, vers les hauteurs de Menil-montant, pendant que Mademoiselle de Montpensier fit tirer de ce côté-là le canon de la Bastille.

Outre les personnes de distinction, que j'ai marqué ci-dessus avoir eu leur maison de campagne à Charonne, j'ai lu que Pierre Nivelle Evêque de Luçon y fit quelque résidence en 1632 avec un Officier de son Diocèse [e].

Julien Brodeau, issu d'une illustre famille de la Touraine, excellent Avocat à Paris, et auteur de plusieurs ouvrages, venoit se délasser de ses travaux à Charonne en 1642 [f].

---

[a] Bibl. Reg. *Portef. Gaignier.* 221. — [b] Dissert sur l'Hist. de Paris; in-12, t. II, an 1741, p. CXLIII. — [c] Sauval, t. I, p. 620, à la fin du vol. — [d] Tables de Blanchard. — [e] Perm. de Chap. domest. Idem. — [f] Idem.

Madame de la Roche-sur-Yon a eu aussi à Charonne une maison, dont elle n'a pas joui long-temps.

M. de Tournefort est venu souvent herborizer à Charonne [a], surtout dans le Parc de l'Abbaye.

Je n'ai trouvé aucun personnage surnommé de Charonne dans l'antiquité, qu'un Curé de Saint Paul de Paris. Il est appellé *Richardus de Charrona* dans un acte de l'an 1297 [b].

On peut lui joindre un Arnoul de Charonne, qui vécut apparemment dans le siécle suivant, et qui se trouva assez distingué à Paris pour donner son nom à la rue que l'on nommoit vers l'an 1425 *La rue Arnoul de Charonne* [c].

[a] T. II, p. 169. Herboriz. 5 et 6. — [b] *Gall. Chr*, t. VII, *col.* 318. — [c] Compte d'ord. de Paris, Sauval, t. III, p. 312.

VAUGIRARD

Dans le tems que le territoire qu'on appelle aujourd'hui Vaugirard, situé à demie lieue de Paris au bout de la plaine de Grenelle, faisoit partie de la Paroisse d'Issy et de la Seigneurie, on lui donnoit un autre nom. L'Histoire de l'Abbaye de Saint Germain des Prez atteste qu'on l'appelloit Valboitron, ou Vauboitron; ce qui venoit du latin *Vallis Bostroniæ* ou *Vallis Bostaroniæ* [a]. Comme donc Abbon, Moine de cette Abbaye, se sert dans ses Poésies du terme *Bostar* [b] pour signifier une étable à vaches, et que cette vallée étoit très-propre à en faire paitre le long de la Seine, et à les mettre à couvert durant la nuit, je ne chercherois point ailleurs d'où lui seroit venu ce nom primitif. Mais ce nom ne passa pas le XIII siécle. Gerard de Moret, qui fut Abbé de Saint Germain depuis l'an 1258 jusqu'en 1278, s'attacha singulierement à rebâtir ce lieu ; il y construisit une maison pour servir à retirer les Religieux après leurs maladies; il y ajouta des lieux Réguliers avec une Chapelle de S. Vincent, afin que les Moines, quoique convalescens, y observassent la règle. Tant de notables changemens mériterent bien qu'en place de l'ancien nom de Vau Boitron, ce lieu fût appellé Vau Gerard, du nom du restaurateur. Telle fut l'origine de cette dénomination, et l'on ne peut pas la faire remonter plus haut. Ainsi, c'est une méprise dans M. Grancolas [c], d'avoir insinué en son Histoire de Paris, que le *Gerardi villa*, où fut d'abord porté le corps de Ste Honorine, est ce *Gerardi vallis*, confondant avec Vau Girard, Girardville, que l'on a abregé en Graville, et qui est situé en Normandie.

[a] *Abb. lib. 2. de Bello Paris.* — [b] *Gloss. Cangii voce* Bostar. — [c] *Hist. de Paris de* Granc., t. 1, p. 263.

L'Abbé Gerard ne fut pas le seul qui prit ce lieu en affection. Dans le siécle suivant, l'Abbé Jean de Precy fit enfermer de murs le clos entier de Vaugirard, y comprenant même le moulin, et il en vint à bout sans qu'il lui coutât beaucoup, parce que les habitans d'Issy ayant besoin d'un certain terrain pour augmenter leur Eglise, s'engagerent en l'obtenant de cet Abbé de faire la dépense de cette clôture [a]. Ceux qui demeuroient à Vaugirard y contribuerent sans doute, comme ceux qui étoient logés à Issy, puisqu'ils ne formoient tous qu'une même Paroisse, avant qu'on eût érigé une Cure à Vaugirard.

Cette érection est très-bien détaillée dans [b] l'Historien moderne de l'Abbaye de Saint Germain. Il dit que les habitans étant augmentés en grand nombre, obtinrent de ce même Abbé Jean de Precy la permission de bâtir une Chapelle à Vaugirard ; que l'ayant construite dans une place qu'ils avoient achetée, et qui avoit été amortie par cet Abbé, ils prierent Foulques de Chanac, Evêque de Paris, de l'ériger en Paroisse, offrant de donner au Curé d'Issy dix livres de rente pour son dedommagement, et quarânte sols à la Fabrique, et de payer au nouveau Curé vingt livres de rente chaque année. Simon de Bussy qui étoit du Conseil du Roi, fut d'un grand secours aux habitans en cette occasion. A sa prière, le Roi Philippe de Valois leur permit d'acheter un fond de trente-deux livres de rente sur les terres de son domaine, dont il leur remit les amortissemens. Ce Conseiller fit plus ; car en 1352 il donna ce que les habitans étoient convenus de payer pour le nouveau Curé [c], et même davantage ; assignant pour cela des fonds sur le territoire de l'Abbaye, que Geoffroy Abbé amortit gratuitement. Par ce moyen, lui et Nicole son épouse furent reconnus fondateurs et Patrons de la Paroisse [d] : ensorte que depuis ce tems-là ses successeurs ont été regardés comme Seigneurs de l'endroit où l'Eglise est bâtie, et ils présentent même à la Cure [e]. Les Lettres d'érection de cette Paroisse sont de l'an 1342.

La Chapelle devenue Paroisse quelque tems après sa construction, étoit sous l'invocation de la Sainte Vierge, mais dans le

---

[a] Hist. de S. Germ., p. 152. — [b] Ibid., p. 154. — [c] Ibid., p. 156. — [d] Tab. Ep. Par. — [e] Env. de Paris, de la Caille, 1722.

siécle suivant, il s'y forma une dévotion à S. Lambert Evêque de
Mastrict, apparemment à l'occasion de quelques reliques, car on
y en conserve encore. On assure que le concours y fut si grand [a],
qu'il y eut dès l'an 1455 une Confrérie érigée en son honneur. Il
est certain qu'elle existoit au moins l'an 1478, puisque l'on trouve
à la Bibliothéque du Roi un volume manuscrit [b] venant de cette
Confrérie, qui porte cette date. S. Lambert est donc regardé
comme le second patron de Vaugirard, et on y accourre le 17
Septembre jour de sa fête et durant l'Octave. Ce n'est cependant
point à cause de cela que sa mémoire est conservée dans les Calendriers du Missel et Breviaire de Paris ; car elle y étoit auparavant.
On l'y trouve dès le XIII et le XIV siècle. Cette Eglise a été rebâtie
plus grande qu'elle n'étoit il y a cent ou six vingt ans. Elle est
encore trop petite pour le peuple que contient la Paroisse. L'édifice
n'a qu'une seule aîle, qui est du côté du midi ou de la rue. Dans
une épitaphe qu'on y voit de l'an 1635, on lit *Saint Lambert de
Vaugirard*, comme si ce Saint étoit le seul patron, et c'est de
même dans les provisions de la Cure de l'an 1564. Elle a eu après
le commencement du XVI siécle un Curé célèbre, nommé Jean de
Monthelon, qui est auteur de quelques ouvrages. Il vivoit en 1515.
Les Chartreux de Paris l'ont placé dans leur Nécrologe au 19 Août,
comme l'un de leurs bienfaeteurs. On verra ci-après que ces Mon-
thelons ont aussi été de la Terre de Vaugirard.

Les Curés de ce lieu ont souffert quelquefois difficulté. Premièrement, dans le tems qu'il n'étoit qu'un hameau d'Issy, l'Archiprêtre de Saint Severin et les Chartreux qui ne faisoient que d'arriver à Paris, en eurent à ce sujet: mais Regnaud de Corbeil
Evêque de Paris, qui siégea depuis 1250 jusqu'en 1268, pacifia ce
procès [c]. La seconde contestation naquit dans l'avant dernier siècle.
L'Historien de Saint Germain des Prez dit que le Curé de Vaugirard s'étoit mis en possession de la dixme du territoire de ce lieu ;
mais que les Religieux obtinrent en 1592 un Arrêt qui les main-
tenoit dans le droit de la lever [d]

[a] Ibid. — [b] Cod. 855. Bibl. Reg. — [c] Necro. François des Chartreux de Paris à l'article
de Regnaud, 6 Juin. — [d] Hist. de S. Germ., p. 206.

On ne trouve la Cure de Vaugirard dans aucun des Pouillés manuscrits ou imprimés du Diocèse de Paris. Elle ne peut pas être dans celui du XIII siécle, puisqu'elle n'étoit pas encore érigée. Ceux qui ont été écrits au XV et XVI siécle, ni ceux qui furent imprimés en 1626 et 1648, ne l'ont point encore marquée, pas même dans le Catalogue des bénéfices de la Banlieue où elle se trouve aujourd'hui comprise. Elle ne paroît que dans le Pouillé que le sieur Pelletier fit imprimer en 1692, où elle est dite être en patronage laïque. M. Joly, Chantre de l'Eglise de Paris, assure [a] qu'il avoit vû un Cartulaire de l'Evéché écrit en l'an 1400, conte-nant les bénéfices de la Ville et du Diocèse, dans lequel, sous l'Ar-chiprêtré de Saint Severin, est nommée la Cure de Vaugirard, puis celle de Mont-rouge ; mais il y a sujet de douter de ce qu'il a avancé. Entre plusieurs nominations que j'ai trouvé de cette Cure, faites par le Seigneur du lieu durant l'avant-dernier siécle, j'ai remarqué surtout celle de Louis Lasseré, Prêtre du Diocèse de Tours et Maître-ès-Arts, faite l'an 1537 par Matthieu Chartier Avo-cat [b]. Ce fut un sçavant du temps. Il mourut en 1547 possédant cette Cure outre celle de S. Bénoît [c].

On ne comptoit en 1709 que 98 feux à Vaugirard, suivant le dénombrement de l'Election imprimé alors. Celui de 1745 y en marque 115. Le Dictionnaire Universel des Paroisses de France a marqué le nombre des habitans sur le pied de 522. Ce livre et Piganiol [d] font observer que ce village n'est presque composé que de cabarets. On peut ajouter qu'il ne consiste que dans une seule rue, mais extrêmement longue.

La Seigneurie principale appartint toujours aux Religieux de Saint Germain des Prez, qui ont en même temps la Haute-Justice. Leur Historien moderne écrit que les anciens bâtimens élevés par leur Abbé Girard de Moret, sont tombés de vétusté, et que la Cha-pelle de S. Vincent qui y étoit jointe, a été abattue sur la fin du dernier siécle ; il a voulu dire au commencement du siécle pré-sent ; la requête des Religieux de l'Abbaye pour en obtenir la démolition n'est que du 11 Juin 1704 [e]. Ils y exposèrent que cette

[a] Traité des Ecoles, p. 537-538. — [b] Reg. Ep. Par., 7 Jul. 1537. — [c] Ibid., 13 Sept. 1547. — [d] Descript. de Paris, t. VIII, p. 191. — [e] Reg. Archiep.

Chapelle, reste de leur ancienne Infirmerie, étoit située derrière ce village dans un champ.

On peut regarder comme second Seigneur de Vaugirard, celui qui succede au fondateur de l'Eglise, et qui a le droit de présenter à la Cure. On a vu plus haut qu'il se nommoit Simon de Bussy ou de Bucy. Il est le même qui donna le nom à la rue de Bucy, qui touchoit à une porte du même nom, par laquelle on alloit de la rue Saint André à Saint Germain. Ce Chevalier logeoit dans une grande maison, contigue à cette porte, que Jean de Precy Abbé de Saint Germain lui avoit cédé en 1352. Ses descendants jouirent aussi de la seconde Seigneurie de Vaugirard. On lit que Simon de Bucy Chevalier avoit en 1423 des héritages situés en ce lieu [a]; que le Roi d'Angleterre se disant Roi de France, les lui ôta pour les donner à Matthieu Hola, l'un de ceux qui avoit fait entrer dans Paris les troupes du Duc de Bourgogne ; mais que depuis ils lui furent rendus. La même Seigneurie du clocher de Vaugirard étoit possédée au commencement du siécle suivant par Guillaume Coudurier Souchantre et Chanoine de Paris, Chanoine de Saint Thomas du Louvre et Curé d'Issy. Il mourut le 7 Décembre 1510 [b]. Il avoit présenté deux ans auparavant à la Cure de Vaugirard. Matthieu Chartier Avocat jouissoit de cette Seigneurie dès l'an 1537 [c], selon un acte de présentation à la Cure du 7 Juillet, déjà cité ci-dessus. Dans un autre acte [d] du 18 Avril 1564, la nomination est faite par Mathieu Chartier, Conseiller en Parlement, Seigneur de Lassy, Marie Chartier Dame de Couvray, François de Montholon Avocat en Parlement, et Geneviéve Chartier sa femme: ce qui fait voir que la Seigneurie étoit à plusieurs par indivis [e]. En 1582 le 4 Juillet, François de Montholon Avocat est dit seul Seigneur.

Matthias Marechal, Maitre des Requêtes de Monsieur le frère unique du Roi, étoit Seigneur de Vaugirard en 1630 [f]; et Denis Maréchal, Conseiller en la Cour des Aydes, l'a été depuis lui. Il avoit épousé Clemence Briçonnet qui mourut en 1691. En ce présent siécle M. Angran a joui de la même Seigneurie, et main-

a Compte de la Prév. de Paris, vers 1423, Sauv., t. III, p. 327. — b Epitaphe à Notre-Dame. — c Reg. Ep. Par. — d Ibid. — e Ibid. — f Reg. Archiep., 17 Sept.

tenant elle est possédée par M. Maréchaux, Conseiller honoraire du Parlement de Metz.

Dans le Procès verbal de la Coutume de Paris dressé l'an 1580, les Religieux de l'Abbaye de Sainte Geneviéve sont dits Seigneurs en partie de Vaugirard. Cela peut leur être venu de cette ancienne distribution des Terres du voisinage de Paris de ce côté-là, qu'on attribue au Roi Clovis I. Je n'entreprendrai pas de rien assurer là-dessus. Il est de notoriété que la Paroisse de Saint Etienne du Mont a des Paroissiens habitans dans la plaine de Grenelle. On voit aussi par les anciens titres de Sainte Geneviéve [a], que dans le XIII siécle elle eut de ces côtés-là des prés dans un canton appellé Javet, qui peut-être a donné le nom au moulin de Javet, qui est un moulin à vent peu éloigné de la rivière, et dont le nom a été corrompu en celui de Javelle. On apprend enfin par d'autres titres de la même maison, qu'il y avoit alors entre le faubourg de Saint Germain et Varíves (ce qui approche fort de Vaugirard) un vignoble dit *Brueria* [b].

Ce fut à Vaugirard qu'en 1559, sous le regne de François II s'assemblerent d'abord ceux qui étoient mécontens du gouvernement de l'État, un peu avant la conspiration d'Amboise [c].

Il y a cent ans, ou environ, qu'on projetta d'établir à Vaugirard une Communauté de Filles et Femmes-veuves sous la Dame de Villeneuve. Le Roi en accorda la permission, qui fut registrée en Parlement le 3 Septembre 1646. Ces Filles y ont eu un Hospice pour les pauvres, jusqu'à ce que l'Archevêque de Paris [d] les en retira au mois de Décembre 1669, pour les placer au faubourg Saint Germain, Heleine de Voluyre de Ruffec du Bois de la Roche étant leur procuratrice.

Ce fut aussi à Vaugirard que furent faits vers l'an 1642 ou 1648 les premiers exercices du Séminaire qui a donné naissance à celui de Saint-Sulpice.

Les Théatins de Paris ont un Hospice en ce village dans le bout qui est du côté d'Issy.

---

[a] *Chartul. Genov.*, p. 381. — [b] *Lib. Cens. S. Genov.* f. 2 et 25. — [c] *Rech.* de Pasquier, l. r. 55. — [d] *Reg. Archiep.*

M. de Tournefort n'a point oublié le territoire de Vaugirard dans les Herborizations[a]. M. Pierrequin a fait observer dans les Journaux de Verdun[b], qu'entre Vaugirard et Issy il y a des bancs de petites coquilles qui regnent bien avant sous les terres.

[a] Pag. nr. 6. — [b] Journ., Juill 1798.

NOTES

ET

ADDITIONS

AUTEUIL

Altogilum, d'où est venu *Auteuil*, signifie petite colline, de la racine celtique *all* qui veut dire coteau, hauteur, et du suffixe diminutif *ogilum*, qui s'est contracté de bonne heure en *olium* et a produit *Altolium*, la forme de basse latinité la plus répandue de toutes celles qui ont été employées par les scribes pour désigner Auteuil.

Depuis l'abbé Lebeuf, Auteuil a non-seulement changé d'aspect, mais il a encore subi bien des transformations administratives.

Par Lettres patentes du 4 mars 1790, publiées en conformité des décrets de l'Assemblée nationale des 15 janvier, 16 et 26 février 1790, la France fut divisée en départements, et les départements en districts.

Le département de Paris, aujourd'hui département de la Seine, fut divisé en trois districts : Paris, Saint-Denis et Bourg-la-Reine.

Par la constitution du 14 septembre 1791, les départements, divisés en districts, furent subdivisés en cantons.

D'après la loi relative à la division territoriale de la République du 19 vendémiaire an IV (10 octobre 1795), le département de la Seine fut divisé ainsi par la Convention :

Districts de....		
	Paris	Paris
		Franciade, aujourd'hui Saint-Denis.
		Belleville.
	Franciade en 8 cantons	Clichy.
		Colombes.
		Nanterre.
		Pantin.
		Passy.
		Pierrefitte.
		Bourg-Égalité, aujourd'hui Bourg-la-Reine.
		Charenton.
	Bourg-Égalité en 8 cantons	Châtillon.
		Choisy-sur-Seine.
		Issy-l'Union.
		Montreuil.
		Villejuif.
		Vincennes.

Auteuil était alors une commune du canton de Passy. Lorsque Neuilly fut élevé au rang de chef-lieu de canton, Auteuil fit partie de ce nouveau canton. Il avait pour hameaux : le Point-du-Jour, Billancourt et l'île de Sèvres. La loi du 16 juin 1859, qui étendait les limites de Paris jusqu'au pied de l'enceinte des fortifications, donna Auteuil et le Point-du-Jour à la capitale, et rattacha Billancourt à Boulogne. Auteuil, qui protesta énergiquement contre son absorption, forme, avec une partie de l'ancien Chaillot, le seizième arrondissement.

L'église est toujours à la même place, et elle n'a subi aucun changement. Il y a cependant à citer deux épitaphes qui ont été placées, l'une, dans les premières années de ce siècle; l'autre, il y a vingt-quatre ans à peine. La première se trouve en entrant à gauche, elle est gravée au-dessous d'un très-beau bas-relief en marbre blanc, en forme de cénotaphe, sculpté par de Bay, en 1819.

On lit :

A CAROLINE BLANCHE ROVSSEAV

NÉE A PARIS LE 9 JVIN 1786, MORTE LE 8 OCTOBRE 1817

MONVMENT ÉLEVÉ A LA MÉMOIRE DE SA PIÉTÉ
DE SA TENDRESSE POVR SA FAMILLE
ET DE SA CHARITÉ POVR LES PAVVRES
PAR SON ÉPOVX
ET^{NNE} N^S L^{VIS} TERNAVX

Sur le même côté, on a scellé dans la paroi du pilier une table de marbre noir, sur laquelle on a gravé en lettres d'or l'inscription suivante :

SEBASTIANVS GVILLIÉ

IN FACVLTATE PARISIENSI DOCTOR MEDICVS
PRÆSTANTISSIMVS, LEGIONIS MILITVM HONORATORVM
NEC NON MVLTORVM ORDINVM EQVES CONSPICVVS
INSTITVTIONIS JVVENVM LVTETIÆ CÆCORVM RECTOR
HONORARIVS QVI PER MVLTOS ANNOS PAROCHIAM ISTAM INCOLVIT
QVATVOR MISSAS PRO QVIETE ANIMÆ QVE SVÆ
SOLATIO IN HAC ECCLESIA IN PERPETVVM FVNDAVIT
QVÆ MISSÆ QVOTANNIS ERVNT CELEBRANDÆ
SCILICET
PRIMA, DIE QVARTA MENSIS MARTII
SECVNDA, DIE DECIMA QVARTA MENSIS APRILIS
TERTIA, DIE SECVNDA MENSIS JVLII
QVARTA DENIQVE, DIE OBITVS SVI ANNIVERSARIA
IDQVE SICVT ADSTIPVLATVM EST ILLVM
INTERDVM VITAM DEGERET ET ISTIVS ECCLESIÆ
ADMINISTRATORES QVI DELIBERATIONEM TABVLIS SVIS
INSCRIPSERVNT DIE 18ᴬ JANVARII, ANNO 1850
ORATE PRO EO.

Beaucoup d'autres personnes ont été enterrées dans l'église d'Auteuil. J'en donne ici la liste, liste dressée par moi en 1869, d'après les registres de l'état civil, conservés alors à l'Hôtel-de-Ville, et qui ont été brûlés en 1871, pendant les derniers jours de la Commune de Paris.

Marguerite Leroy, tapissière (2 juillet 1655). De Platmont, bourgeois de Paris (23 septembre 1655). Marguerite Levesque, femme de François de Torsy (30 novembre 1655). Constantin Bustoof, natif de Cologne (7 août 1656). Jacques Boudet, prêtre (27 septembre 1656). Geneviève Lorensin (19 octobre 1656). Robert Marchant, chirurgien (18 février 1657). Marie Corblet (20 août 1658). Jacques Guedier, curé de Restigni en Touraine, chanoine de Tours, protonotaire apostolique (6 mai 1660). Marie de Mavidat, fille de Pierre de Mavidat, conseiller au grand Conseil (19 juin 1660). Anne, fille de Mallet, trésorier des finances (2 juillet 1660). Geneviève, fille de Christophe Lambin, libraire-imprimeur de la paroisse de Saint-Pierre-des-Arcis (22 septembre 1660). Antoinette du Friche (2 novembre 1661). Françoise Guiniers, femme de Jean de Villiers, de Passy (3 février 1662). Pierre Le Conte (9 février 1662). Thomas Bruneau, noyé (18 juin 1663). Angélique-Madeleine Cheret, fille de Cheret, maître des comptes (21 juillet 1663). Madeleine de la Coyre (23 septembre 1664). Catherine Gaillard, femme de Fulvio-Laurent de Montavri, chevalier de l'ordre de Saint-Michel (2 octobre 1664). Charlotte Bonvalet (23 janv. 1665). Un fils de Claude Foucaut, cons. au parl. (20 sept. 1666). Pierre Le Chevé, vicaire d'Auteuil (22 juillet 1662). Charles de Lorraine, évêque de Condom (1er juillet 1668). Marie-Anne, fille de Louis de Prost (?), escuier, seigneur de la Ronde, gentilhomme ordinaire de la chambre du roi (29 août 1670). Hervé le Mercier, sieur de Bourepos (21 juin 1670). Madame mère de Mademoiselle de Beaufort (17 janvier 1670). Barloyer (sic)? évêque de Condom (9 juillet 1668)? Jean Coursy, facteur de lettres de la grande poste (20 juin 1695). Henri Lozou, jardinier (29 octobre 1697). Philippe-Auguste de Baux, fils de François-Nicolas de Baux, chevalier, sieur de Sainte-Fricque, lieutenant de vaisseau (13 juillet 1699). Anne-Ursule de Marseille, épouse de Claude Jolivet, sieur de la Prade, officier de la duchesse de Bourgogne (29 juin 1700). Marie Brissacq, épouse d'Antoine Forest, inhumée dans la chapelle Sainte-Geneviève de l'église Notre-Dame, en présence de Henri Jabach, directeur de la manufacture royale des buffles de Corbeil (12 août 1701). Luc Louis Le Boultz, écuyer, fils de François Le Boultz, conseiller au Parlement de Paris et commissaire aux requêtes du Palais (10 septembre 1702). Marie Davignon, femme d'Etienne Breant, greffier de ce lieu (9 avril 1703). Louise Voille de la Garde, veuve de messire Jean-Baptiste Patoulet, avocat, intendant de justice, police et marine au département de Dunkerque (28 octobre 1706). Marie-Anne de Cressé, veuve de......sieur de Bruzelley, conseiller du roi, ancien échevin de l'Hôtel-de-Ville de Paris (14 juillet 1710). Pierre Champion, bourgeois de Paris (19 septembre 1710). Nicole-Louise Perreau, veuve de Jacques Mareschaux, ancien avocat au Parlement et bailli du chapitre de Paris (1er octobre 1710). Agnès-Jeanne Soullet, fille d'un conseiller au Parlement (13 juin 1711). René d'Aubers, chevalier, seigneur, marquis d'Aubeuf (26 septembre 1711). Jean-François Bobie, vicaire de la paroisse (26 novembre 1711). Judith de Champion, veuve de Jean

Damien Martel, lieutenant-général des armées navales, les commandant en chef, conseiller d'état ordinaire (dans le cimetière) (4 avril 1712). Louis Euldes, conseiller du roi, directeur de la Monnaie de Paris (17 mai 1712). Madeleine Pousset, fille du fontenier du duc d'Orléans, veuve d'Etienne Breau, greffier du lieu (1712). Anne de Vansouest, épouse de François Luttein, seigneur de Canneries, colonel des cuirassiers bavarois (14 septembre 1716). Marie-Anne de Béthune, fille de Louis de Béthune, chevalier, seigneur, marquis de Chabry, et Marie-Thérèse Martin (18 mai 1717). Amable de Malon, écuyer, seigneur de Croiche ? conseiller du roi, commissaire ordinaire prov. des guerres (31 août 1717). Jeanne Hasfray, veuve de Philippe Lourdet, écuyer, directeur de la manufacture royale des ouvrages de Perse et du Levant établie à Chaillot (21 novembre 1719). Hyacinthe Ranc, fils de Jean Ranc, peintre du roi et de Marguerite-Elisabeth Rigaut, son épouse (dans le cimetière) (14 février 1720). Barbe Tissart, veuve en premières noces de M. de Lamotte, et en secondes noces de Armand Josse Garnier, écuyer, seigneur de Grandvilliers, chevalier de Saint-Louis, écuyer du duc d'Orléans, etc. (24 juin 1718). Jean-François, marquis de Taillefer, capitaine dans le régiment de Normandie, inhumé en présence de Gabriel-Marie Talleyrand, comte de Périgord, colonel de ce régiment, etc. (8 septembre 1748). Guillaume Colombe, maître d'hôtel de M° Berthelot de Pleneuf (26 novembre 1748). Anne Marpond, fille d'un procureur au Parlement (10 juin 1681). Charles de Ferrero, chevalier de Boucqueval, fils du marquis de Saint-Laurent de Ferrero, brigadier des armées du roi, coronel du régiment de Nysse (27 avril 1693). Théophile Cordemoy (22 août 1693). Marie-Madeleine Rouillé d'Orfeuil, fille de défunt Jean-Louis Rouillé d'Orfeuil, maître des requêtes, et de dame Henriette-Madeleine de Caze (3 juillet 1737). Jeanne-Roberte Roberdeau, veuve du sieur Lubin Levassor, seigneur de Hyerville (13 mai 1738). Hervieux Duhamel de Forgeville, chevalier, mestre-de-camp de cavalerie, premier maréchal-des-logis de la première compagnie des mousquetaires de la garde, chevalier de Saint-Louis et de Saint-Lazare (30 septembre 1739). Suzanne Maugé, veuve de Claude-Firmin Leclerc, écuyer, sieur du Mousseau (9 avril 1740). Marie-Anne de Groud de Beaufort, veuve de messire François du Gard, chevalier, seigneur de Lompré, inhumé en présence de René Duvernay, écuyer, sieur de la Vallée, gouverneur de la Samaritaine, son neveu, etc., etc. (22 décembre 1740). Marie-Marthe, fille de Guillaume-Marcel Isabeau de Brinvilliers, conseiller du roi, auditeur de la chambre des comptes, et de Catherine Robin de Belaire (29 septembre 1741). Louise Lemaistre, fille de Guillaume-Auguste Lemaistre, conseiller du roi et auditeur en la chambre des comptes, et de Louise Groud de Beaufort (11 juin 1742). Marguerite Dupré (12 janvier 1679). Mademoiselle de la Morlière (30 janvier 1679). Marie-Anne Poclin [1], fille de M. Poclin, banquier, et de Marie-Anne Bosc (27 septembre 1689). Louis de Montagniac, capitaine au régiment de la reine, fils de M. Montagniac,

---

[1] Ce mot est, je crois, mal écrit, car, dans un acte de baptême du 15 juillet 1688, le parrain Jean-Baptiste Pocquelin, qualifié de bourgeois de Paris, tient un enfant sur les fonts avec Marie-Anne Bosc, fille de M. Bosc, marchand joaillier, et il signe Pocquelin, et non Poclin. Appartient-il à la famille de Molière? C'est ce que je ne sais pas.

auditeur des comptes à Montpellier (2 octobre 1690). Robert Arrouet, fils de messire François Arrouet, conseiller, notaire, au châtelet de Paris, et de dame Marguerite Domar, ses père et mère, de la paroisse de Saint-Germain-le-Vieux, rue Calandre (28 janvier 1691). Marguerite Bréant (30 mars 1723). Catherine de Guiscard, épouse de Louis-Marie d'Aumont, duc d'Aumont, premier gentilhomme de la chambre (9 juillet 1723), transportée à Saint-Gervais, le 11 juillet suivant. Hugues Jérôme, fils de Hugues Desnots, premier valet de chambre du duc d'Orléans, chevalier de Saint-Louis, gouverneur de la Tour de Cordouan, et de Thérèse Brion (31 octobre 1723). Charles Parent, sieur d'Esnay, chevalier de Saint-Louis, lieutenant-colonel d'infanterie (31 juillet 1724). Charles-François Felibien, fils de messire Jean-François Felibien, écuyer, seigneur des Avaux, des Poulies, de Coltainville, en partie et autres lieux, conseiller historiographe des bâtiments, et garde des Antiques du roi, et de Catherine-Elisabeth Minet [1] (16 mars 1725). Marie-Catherine Besme (6 août 1725). Pierre Corbonnoys, curé de la paroisse (10 août 1725). Jacques de Netz, chevalier, seigneur de la Veronnière (6 octobre 1725). Jacques-Antoine Des Notz, fils de Hugues Des Notz, gouverneur de la Tour de Cordouan (17 mars 1726). Elisabeth Vastel (23 août 1726). Marguerite Buschel, femme de Pierre Gardin, sieur de la Glaitière, directeur général des postes à Brest (22 septembre 1728). Catherine Vleughels, veuve de Jacques de Netz, sieur de la Veronnière (29 mai 1731). Antoine-Nicolas Nicolay, chevalier, seigneur d'Osny, de Saint-Mandé, de Beaumets, conseiller du roi en tous ses conseils et reçu en survivance en la charge de premier président de la chambre des comptes, fils de messire Jean-Aimar Nicolay, chevalier, seigneur de Goussainville, et de Marie-Catherine Le Camus, inhumé en présence d'Aimar-Jean Nicolay, marquis de Nicolay, mestre de camp du régiment de dragons de son nom, de Aimar-Chrétien-François-Michel Nicolay, chevalier non profès de l'Ordre de Saint-Jean-de-Jérusalem, tous deux frères consanguins, de messire Anthoine-Louis-François Lefevre de Caumartin, chevalier, et autres seigneurs soussignés (17 juin 1731). Simon Langlois, bourgeois de Paris (11 septembre 1732). Thomas Ameline, prêtre (19 avril 1733). Anne Lefebvre d'Ormesson, femme de Henri-François Daguesseau, chancelier de France, âgée de 57 ans 6 mois et 15 jours (1er décembre 1735, 4 heures du matin), inhumée dans le cimetière, en présence de Henri-François-de-Paule Daguesseau, chevalier, conseiller d'État; Jean-Baptiste Paulin Daguesseau de Fresnes, chevalier, conseiller d'État; Henri-Louis Daguesseau, capitaine-lieutenant des gendarmes de Flandre; Henri-Charles Daguesseau de Plaintmont, conseiller du roi, avocat au Châtelet, ses enfants; de Henri-François de Paule d'Ormesson, conseiller d'État, intendant des finances, son frère; et de Joseph-Antoine Daguesseau, conseiller honoraire du roi au Parlement, son beau-frère (3 décembre 1735). Marie-Anne Driancourt, veuve de Jacques Louvet, épicier (17 avril 1759). Marie-Anne Bidault d'Aubigny, fille de Robert-Charles Bidault d'Aubigny, conseiller du roi en la cour des Monnaies de Paris, et commissaire en ladite cour, et de Anne Thuyard, son épouse (29 août 1761). Jacques-Georges Picquet, curé de la paroisse d'Auteuil (20 novembre 1761). Jeanne Edmée Gobert (30 avril

---

[1] Cet enfant, mort chez Louis Alan, vigneron, était enterré dans le cimetière.

1767). Jacques Ferey, prêtre du diocèse de Coutances, vicaire de la paroisse
d'Auteuil (25 mai 1736). Catherine-Philiberte de Bauldry, veuve en secondes
noces de Michel-César, marquis d'Aligres, ancien exempt des gardes du roi ;
inhumé dans le cimetière (15 juillet 1776). Henri-François d'Aguesseau, chevalier, chancelier de France honoraire, commandeur des ordres du roi, âgé
de 82 ans 2 mois et 10 jours, veuf d'Anne Lefevre d'Ormesson, inhumé dans
le cimetière en présence de Henri-François de Paule d'Aguesseau; Jean-
Baptiste-Paulin d'Aguesseau de Fresnes, conseiller d'État, ses fils (11 février
1751). Charles de Romieu, intéressé dans les affaires du roi (2 juin 1752).
François-Camille de Vaulx, écuyer, chevalier de Saint-Louis, mestre de
camp de cavalerie, ancien maréchal-des-logis de la première compagnie des
mousquetaires du roi (21 septembre 1752). Nicolas Girardin, maître-
peintre, ancien directeur de l'académie de Saint-Luc, en présence de Jacques-
Nicolas Girardin, son fils, peintre et directeur de l'académie de Saint-Luc
(17 juin 1754). Joseph Picquet, écuyer, seigneur de Bonnecourt, fourrier des
logis du roi, exempt des chasses de la capitainerie de la varenne du Louvre
(18 décembre 1754). Marie-Anne Boullay, veuve d'Étienne-Louis Duport, ancien greffier en chef de la cour supérieure pour le roi, au Cap français (7 mai
1755). Pierre Boulogne, procureur fiscal de la prevôté d'Auteuil (16 mai
1755). Louis-Jean Véron, écuyer, fils de Louis-Henri Véron, secrétaire du
roi et de ses finances, ancien échevin de la ville de Paris (27 octobre 1755).
Madeleine Dupout, veuve de Jean Tisset, bourgeois de Paris (7 octobre
1756). Claude Fleuret, écuyer, ancien contrôleur de la maison du duc
d'Orléans (5 février 1771). Jean-Baptiste-François Calmard de Sarra, seigneur
de Sarra, chevalier, conseiller du roi au Parlement (1er sep. 1772). Pierre-
François Rolland de Fonferière, écuyer, conseiller, secrétaire du roi,
maison et couronne de France, seigneur d'Angervilliers (25 mai 1774).
Marie-Jeanne Dugard de Lomprè (31 octobre 1774). Julien Cabart de
Danneville, vicaire de la paroisse (19 avril 1775). Charlotte-Elisabeth
Darnelle? femme de Jean-Baptiste Hubinon de Mansard, officier de maison
(19 mai 1775). Marie-Catherine Angilbert, veuve de Louis-Henri Delamare,
conseiller du roi, contrôleur de l'Hôtel-de-Ville, l'un des grands messagers
jurés de l'Université, ancien commissaire des pauvres, ancien marguillier
de la paroisse, ancien garde du corps de la mercerie (16 janvier 1782?
Louis-Auguste-Arnould Rigault (22 août 1784). Guillaume-Marcel-Isabeau
de Breconvilliers, chevalier, conseiller du roi ordinaire, auditeur en la
chambre des comptes (26 mars 1785). Marie-Anne Gérard, épouse d'André
Potor, écuyer, conseiller, secrétaire du roi et de ses finances (29 mai 1786).
Michel Pignon, écuyer, conseiller, secrétaire du roi et de ses finances
et l'un des fermiers généraux du roi (5 septembre 1787). Charles-Jean-
Baptiste Sohier, prêtre, chanoine de la congrégation de France, ancien
prieur de la maison et l'un des assistants, décédé dans la maison seigneuriale
de ladite abbaye (16 avril 1788). Quentin Martin, bourgeois de Paris
(21 août 1789). Pierre-Jacques Baudelot, maître d'école (14 octobre 1789).
Camille Metra de Sainte-Foy, ancien général de l'ordre des Célestins (dans
le cimetière, 2 janvier 1790). Marie-Françoise Reculé (21 mars 1791).

Dans les registres de la paroisse d'Auteuil, conservés, il y a deux ans encore, à l'Hôtel-de-Ville, j'ai trouvé quelques noms, soit dans les actes de baptême, soit dans les actes de mariage, que je n'aurais pas signalés, si la perte irréparable de ces registres n'en rendait le souvenir plus nécessaire à conserver. Je reproduis mes notes par ordre chronologique :

1536. Madame la première huyssière [1].

1545. Claude de Lyon, capitaine de la garenne du bois de Boulogne, et garde des portes du bois de Boulogne.

1547, 8 août. Loys Corlieu, fils de maître Mathieu Corlieu, seigneur des Umbretz et de Pacy.

1559, 24 février. Maistre Françoys Rusé, mademoiselle Marie Rusé, dame des Umbretz.

1595, 2 août. Emmanuel la Sailly, héraut d'armes du roi.

1601, 17 janvier. Mathieu Lallemant, seigneur de Passy, conseiller et procureur du roi et maître des requêtes de son hôtel.

1663, 9 août. Baptême de Jehan-François, fils de Robert le jeune, grand valet de pied de Monsieur, et d'Anne Martin, ses père et mère. Le parrain, monseigneur Jehan-François de Gourdon de Genouillac, marquis de Vaillac; la marraine, madame Chrestienne Christine de Heurles, femme de messire Claude Chaü, seigneur de Passy.

1668. Baptême de Jeanne-Thérèse Olivier. Son parrain, Jean Racine, et sa marraine, Marie-Anne du Parc; le parrain, de la paroisse Saint-Eustache; la marraine, de la paroisse Saint-Roch.

1671. Acte de baptême, signature de Molière.

1680, 13 septembre. Marraine, mademoiselle Marguerite de Rambouillet, fille de messire Jean de Rambouillet, chevalier et seigneur de la Causière, conseiller du roi en tous ses conseils.

1698, 16 mai. Transport de Marie Desmares, épouse de Charles de Chevillé, sieur de Champmeslé.

1749, 13 novembre. Bénédiction de la quatrième cloche de l'église.

1750, 6 juillet. Mariage de Jean Mansart de Jouy, architecte à Paris, fils de Jean-Jacques Hardouin Mansart, comte de Sagone, et de Madeleine Dugueny, avec Marie-Marguerite-Julien de la Villette, fille d'Antoine-Julien de la Villette, bourgeois de Paris, et Marie-Aimée Raflé.

1760, 24 avril. Baptême de Barthélemy-Pierre Clairiadus de Berulle, fils d'Amable-Pierre-Thomas de Berulle, chevalier, marquis de Berulle, conseiller du roi en ses conseils, premier président du Parlement du Dauphiné, et de Catherine-Marie Rolland.

1763, 2 juillet. Mariage de Jean-Baptiste de Francqueville avec Marie-Françoise de Sassenage, en présence du duc de Chaulnes, de Talaru, etc.

[1] C'est Mme Trudaine.

1790, 20 mai. Baptême de Jean-Baptiste-François Bin, fils de Nicolas Bin, marchand-orfèvre. Marraine, Françoise-Pierrette de Beuvry, mineure [1].

La lecture attentive des actes de décès m'a fait remarquer que les grands seigneurs qui perdaient leurs enfants en nourrice dans la banlieue de Paris, ne se rendaient pas à l'enterrement, et se faisaient représenter simplement par des domestiques d'un ordre plus ou moins relevé, tels que : chef de cuisine, valet de chambre, etc.

L'abbé Lebeuf dit avec raison que la cure d'Auteuil était à la nomination du chapitre de Saint-Germain-l'Auxerrois. « Il paroit même, ajoute-t-il, qu'au xiiie siècle, ce chapitre avoit une dixme de vin sur la paroisse d'Auteuil. » Le chapitre de Saint-Germain avait non-seulement la dîme du vin, mais aussi celle du blé et bien d'autres droits, comme on peut le voir par la charte suivante :

Universis presentes litteras inspecturis, Officialis curie parisiensis salutem in Domino. Notum facimus quod in nostra presencia constitutus dominus Symon, presbyter de Autolio, asseruit et recognovit coram nobis quod capitulum S. Germani autisiodorensis Parisius habet jus patronatus in ecclesia parrochiali de Autolio. Item, asseruit et recognovit dominus presbyter coram nobis quod dictum capitulum Sancti Germani habet et percipit in parrochia de Autolio tam decimam bladi et vini magnam quam minutam, hoc excepto, quod presbiterium de Autolio habet annuatim, ut dicebat dictus presbiter, in dicta decima bladi duos modios siliginis et in decima vini tres modios vini, et tres agnos in Pascha et tres denarios et tres caseos in vigilia Ascensionis. Item, asseruit et recognovit dictus presbiter coram nobis quod dictum capitulum habet apud Autolium annuatim in festo Omnium sanctorum duas partes candelarum et in Natali Domini duas partes candelarum, et in crastino Natalis Domini medietatem panis, et in festo Purificationis Beate Marie duas partes candelarum et tres solidos in festo S. Germani predicti a presbitero qui pro tempore fuerit apud Autolium capitulo S. Germani predicti annuatim persolvend. Item, dictus Symon recognovit se emisse a magistro Haymone officiale archidiaconi par. et aliis prebendariis dicti Sancti Germani qui percipiunt prebendas suas apud Autolium, in vindemiis ultimo preteritis, decimam vini predicti et duas partes candelarum et medietatem panis

1 Cette jeune Pierrette de Beuvry, née à Paris, le 7 octobre 1770, était fille de Jean-Baptiste Guillaume le Pileur, marquis de Beuvry, lieutenant au régiment de Picardie, puis capitaine de dragons au régiment de Choiseul, chevalier de Saint-Louis. A la Révolution, toute sa famille quitta la France. Seule, elle ne voulut pas émigrer ; elle entra comme demoiselle de magasin dans une maison de broderie, où elle ne tarda pas à donner des preuves de son intelligence ; et elle avait refait sa fortune lorsque l'Empereur lui rendit ses biens de noble. Lorsqu'elle se maria, le 13 mai 1818, elle eut pour témoins le roi Louis XVIII et Monsieur, son frère, le futur Charles X. Elle possédait alors le château de la chapelle Saint-Mesmin, près d'Orléans, qui avait appartenu à la célèbre tragédienne Mlle Rocourt, château où elle mourut, le 1er juillet 1842, bénie de tous ceux qui avaient eu l'honneur de l'approcher ou d'en recevoir des bienfaits. Le continuateur de l'abbé Lebeuf n'aurait pas consacré une note si étendue à Mlle Le Pileur de Beuvry, s'il n'avait pas cru devoir profiter de l'occasion, peut-être unique, qui se présentait à lui, pour consacrer quelques lignes à une grande tante vénérée, dont la mémoire lui sera toujours chère.

predicti pro anno presenti, pro decem libris parisis, quos dictus Symon promisit se redditurum eisdem ad requisitionem ipsorum. Quia autem audivimus hoc testamur, salvo jure alieno. Datum anno Domini millesimo ducentesimo quinquagesimo primo, die martis in Vigilia beati Martini Hyemalis [1].

Le monument élevé en l'honneur du chancelier d'Aguesseau a été abattu à la Révolution et rétabli en 1801.

Au lieu de *Christo Salvatori*, donné par Lebeuf, il y a *Christo Servatori*. Le reste de l'inscription est exact.

Les trois autres faces du socle, sur lequel on a élevé la colonne commémorative de d'Aguesseau, sont occupées par des inscriptions.

Celle qui fait face au portail de l'église est ainsi conçue :

AVX MANES DE D'AGVESSEAV
MONVMENT
RESTAVRÉ PAR ORDRE
DV
GOVVERNEMENT
AN IX

L'inscription, placée vis-à-vis la maison de retraite de M. Chardon Lagache, est beaucoup plus longue. Elle est contemporaine du monument.

SOBRIE JVSTE ET PIE
CONSERVATI IN HOC SÆCVLO
EXPECTANT BEATAM SPEM
ET ADVENTVM GLORIÆ
MAGNI DEI ET SALVATORIS NOSTRI
JESV CHRISTI
QVI DEDIT SEMETIPSVM PRO NOBIS
IN CRVCE
VT NOS REDIMERET
ET MVNDARET
SIBI POPVLVM ACCEPTABILEM
SECTATOREM BONORVM OPERVM
ORA PRO EIS VIATOR

Pour faire pendant à l'inscription en langue vulgaire qui rappelle la restauration du monument, on a gravé cette sentence :

LA NATVRE
NE FAIT QVE PRETER
LES GRANDS HOMMES
A LA TERRE
ILS S'ÉLÈVENT, BRILLENT
DISPAROISSENT, LEVR EXEMPLE
ET LEVRS OVVRAGES RESTENT

---

[1] Cartulaire de Saint-Germain-l'Auxerrois, f° 4 (Arch. nat., reg. L. 489).

La seigneurie d'Auteuil appartenait effectivement à l'abbaye de Sainte-Geneviève.

Dans un manuscrit, conservé aujourd'hui à la Bibliothèque Sainte-Geneviève (n° 1133), on trouve quelques renseignements sur la justice rendue par des religieux. Il est intitulé :

Ce sont les cas d'Auteul.

En voici le commencement :

L'an de grâce MCCIIII^xx et VII fu trovée une truie epave que Adam Gervese et Jehan Gervese son frere d'Auteul troverent, et le recelerent et amendèrent la recelée et nous rendirent la truie à veu et à seu de plusieurs gens de la ville d'Auteul.

L'an de grace MCCIIII^xx et VIII le diemenche devant Pasques flories amenda Gautier de Lortie trieur de terre à porceque il avoit cavé souz la voierie d'Auteul à Paci, si que la voie fondi, et li fu commandé que il, la dite voie affrondrée par li, amendast de pierre, de terre et de gravois. A ceste amende fere fut Baudet le portier, Guiot de Saint-Benoit, Guillaume le potier et son frere, clerc, et Robert d'Auteul et fu le dit Guillaume le Potiers pleges de l'amende.

L'an de grace MCCIIII^xx et XVI la veille de Saint-Thoumas devant Noel que Saine et les autres iaues furent si grandes qu'eles abatirent les pons de Paris et les mesons de desus, et choirent en l'iaue dont il avint que..... le merrien vint aval l'iaue et descendi à terre seche à Auteul et Garnelles, le prevost de Paris i mist la main le roy. Freres Guille de Vaucresson, leures chamberier de Sainte-Genevieve, requist au prevost de Paris que le dit merrien li feust delivré et que la main le roy en feust ostée. Nicolas de Rosai, auditeur en Chastelet i fu present au lieu du commandement au prevost de Paris et apprist de la justice du lieu et trova que l'esglise i avoit toute justice haute et basse et delivra le merrien à l'eglise comme espave ; presens Robert Frede notre mere.

L'abbé Lebeuf ne parle pas, dans le chapitre qu'il a consacré à Auteuil, des fondations en faveur des pauvres qui ont été faites par les habitants. Il aurait dû signaler, au moins, celle du curé d'Auteuil, Guibert, qui, le vendredi après *Jubilate* 1288, légua à Marie, veuve de Martin du Mesnil (Martinus de Mesnilio), l'usufruit d'un certain pré situé proche Auteuil, dans la censive de Sainte-Geneviève, à la charge de faire annuellement un anniversaire pour le repos de son âme et de donner tous les ans, aux pauvres de la paroisse, de la bure et des souliers, *dare pauperibus de parrochia de Autolio in burellis et sotularibus, anno quolibet, viginti Parisis, pro remedio anime sue* (Arch. nat., S. 1610).

La fondation de Marie Desjobars, veuve de Louis Baranjon, écuyer, conseiller du roi et de ses finances, et de l'abbé Nicolas Bourbon, créant une pension de 200 livres de rente pour le maître d'école de charité et 300 livres de rente pour deux maîtresses d'école, était aussi à signaler (Arch. nat., S. 1610).

« Laquelle écolle de charité, lit-on dans l'acte de fondation du 20 janvier 1618, lesd. dame Baranjon et sieur abbé Bourbon, désirants fonder à perpétuité aud. village d'Autheuil, ils se sont adressez à mesdits sieurs les abbé et chanoines réguliers de Sainte-Geneviève, seigneurs dudit lieu d'Autheuil, et leur ont expliquez leurs intentions à ce sujet, qui sont :

« Que le maistre de ladite écolle sera nommé à toujours par monsieur le chantre de l'église cathedralle de Paris.

« Que ledit maistre d'écolle saura bien lire et écrire, et chanter le plein-chant, et enseigner l'un et l'autre à des écolliers.

« Qu'il sera tenu de vivre en bonne intelligence avec monsieur le curé et les marguilliers de ladite paroisse d'Autheuil.

« Qu'il tiendra ladite écolle tous les jours de la semaine, matin et soir, pendant deux heures et demie le matin et autant le soir, quelque petit que soit le nombre des écolliers qui s'y trouveront.

« Qu'il fera le catéchisme deux fois par semaine, sçavoir : le mercredy et le samedy.

« Qu'il ne fera lire les écolliers que dans les livres de piété.

« Qu'il ne recevra jamais de filles dans son écolle par rapport aux bonnes mœurs. »

L'abbé Lebeuf a raison de dire qu'Auteuil était célèbre autrefois par son vignoble. Les censiers du xvie siècle prouvent que la plus grande partie du territoire était plantée en vignes.

Comme ces vignes étaient ravagées par les lapins de la garenne de Saint-Cloud, les habitants obtinrent, en novembre 1369, de clore leurs terres par des murs de trois pieds de hauteur. Voici cette lettre :

Charles, etc., savoir faisons à tous presens et avenir. Nous avoir receu l'umble requeste des habitans de la ville d'Autuel et autres ayans heritaiges en la dicte ville et parroche, contenant : comme ils facent chascun an leurs vignes et autres heritaiges à grans labours, coustemens et missions, et les diz heritaiges ainsi labourez soient moult grevez et dommagiez touz les ans par les connins de nostre garenne de Saint Cloud, qui, les bourgons des dictes vignes en leur tendreur menjuent et gastes, parce qu'elles ne sont pas closes de murs, et autrement ycelles vignes et autres heritaiges dommagent. Et telement que par aucunes années les diz habitans et autres qui ont heritaiges devers la dicte garenne perdent les façons et autres missions qu'ils font et mectent ès diz heritaiges; supplient humblement, que comme les diz murs il n'osent faire ne lever senz nostre licence, afin que les fruiz de leurs diz heritaiges soient et demeurent seurs deorenavant et senz estre dommagez par les diz connins, par nous leur estre pourveu, et à eulz sur ce eslargir nostre grace. Nous, aians compassion du dommage des dictes bonnes genz,

à yceulz presens et avenir et à chascun d'eulz qui ont ou auront heritaiges
en la dicte ville et parroche, avons octroié et octroions par ces presentes
de nostre auctorité et puissance royal, que à la seurté de leurs diz heritaiges
il puissent faire edifier, lever et clorre leurs diz heritaiges de murs de trois
piez et demi de haut, toutes foiz qu'il leur plaira et mestier leur sera, de
present et perpetuelment pour le temps avenir, sans ce que par nous, noz
successeurs, roys de France, ou aucuns noz officiers il puissent estre contrains
de les abatre ou faire abatre en aucune maniere. Si donnons en mandement
au prevost de Paris ou à son lieutenant, aux officiers, forestiers et garen-
niers de nostre dicte garenne et à tous autres officiers à qui il appartendra
et à chascun d'eulz, que les diz habitans et autres bonnes genz laissent et
facent joir et user de nostre presente grace, sans les molester ou empescher
ou souffrir estre molestez ou empeschez en aucune maniere, au contraire et
que ce soit ferme, etc., sauf, etc. Donné à Saint Denis en France, l'an de
grace mil CCC LXIX et de nostre regne le vi^e, ou mois de novembre.

Par le Roy,

N. DE VEIRES.

(Arch. nat., trésor. des chartes, JJ. 100, n° 311).

Par des lettres de juin 1387, Charles VI permit aux habitants d'Auteuil
et de Passy de fouiller les terriers des lapins qui ravageaient leurs vignes,
à la charge par eux de payer une redevance annuelle de 12 deniers par
arpent, et de rapporter les lapins vivants à la garenne de Saint-Cloud
et les lapins morts au receveur du roi, à Paris [1].

Charles, etc., savoir faisons à touz presens et avenir, avoir veue l'umble
supplicacion des habitans des villes d'Auteul et de Pacy lez Paris et les
aians heritages en icelles villes et parroisse d'Autueil, contenant en effect :
Que comme nostre tres chier seigneur et pere, dont Dieux ait l'ame, pour
pictié et compassion qu'il avoit en son vivant des grans pertes et dommages
impctables que pour la grant multitude et quantité des connins de la
garenne de Saint Clost les diz habitans avoient, les temps passez, euz, souffers
et sousteuuz et encores avoient, souffroient et soustenoient chacun jour en
leurs vignes, friches et heritages qu'il ont ès dictes villes et finages d'icelles,
eust ausdiz supplianz octroié de grace especial par ces lettres en laz de soie
et cire vert, que pour la seurté de leurs diz heritages, vignes et friches, et
qu'il ne fussent par les diz connins ainsi grevez et doumagiez, ilz puissent
faire lever, ediffier et clorre leurs vignes, friches et heritages dessus diz de
murs de six piez de hault, toutesfoiz qui leur plairoit, et mestier leur seroit
perpetuelment, senz ce que par nostre dit seigneur et pere, ses successeurs
roys de France ou aucuns royaux officiers, les diz habitans soient ou puissent estre contrains aucunement d'iceulx murs abatre ne faire abatre ou
demolir, si comme ces choses ès dictes lettres de nostre dit seigneur et pere
sont plus à plain contenues. Et comme par vertu des dictes lettres les diz

1 Arch. nat., Trésor des chartes, J. reg CXIX, pièce 141.

habitans aient fait et fait faire certaine quantité de murs environ leurs
heritages, vignes et friches dessus dictes, toutevoies la dicte closture de
murs, selon qu'il dient, leur est et seroit à ce du tout comme innutile et de
nul prouffit, pour ce que les connins de nostre dicte garenne, pour le temps
que la dicte grace leur fut ottroiée, avoient fait grant quantité de terriers
dedens les vignes, friches et heritages dessus diz, ès quelx il se sont tous
jours tenuz depuis et se tiennent encores, et sont creuz et croissent et se
multiplient chacun jour, par lesquelx les dictes vignes, friches et heritages
sont par le temps d'iver jusques au res de terre, et en la saison du bourgon
toutes gastées, mangées et destruites, et par ainsi les diz habitans qui ont
labouré toute l'année et mis toute leur substance à faire leur dit labour, ne
cuillent riens ou peu en leurs dictes vignes, friches et heritages, dont il sont
mis à povreté, et leur convient et conviendra du tout laissier le pais et en
aler autre part pour leurs vies avoir et querir, se par nous ne leur est sur ce
pourveu, supplians que sur ce leur vueillons estendre nostre grace.

Pour ce est il que Nous, ces choses considerées et sur icelles premierement eue grant et meure deliberacion avec les gens de nostre Conseil en
nostre Chambre du domaine à Paris, et en especial sur les grans pertes et
dommages que les diz habitans ont soustenuz et à soustenir à cause des
terriers et connins dessus diz, et le petit prouffit que en ce nous avons et
prenons, avons ordonné et ordonnons de nostre certaine science et grace
especial par ces presentes, et du consentement des diz supplians ou la plus
grant et saine partie d'iceulz, que pour obvier ès diz dommages et pour
nostre prouffit, les diz habitans presens et avenir qui ont et auront vignes,
friches, prez ou autres terres labourables dedens les clox des murs faiz et
à faire dessus diz nous paieront, et seront tenuz de paier et à noz successeurs Roys de France perpetuelment chacun au douze deniers parisis pour
chacun arpent de vigne, friches, prez ou autres terres labourables dessus
dicte, et la dicte rente apporter à Paris à nostre amé receveur de Paris, à
la feste de la Saint Remy. Lesquelles vignes, friches, prez et terres laborables nous voulons ainsi estre et demourer, seront et demourront ypothe-
quées et chargiés perpetuelment de la dicte rente envers nous et noz
successeurs dessus diz. Et parmi ce, les diz habitans pourront et leur loyra
rompre, casser, destruire et estopper touz les terriers quelconques des diz
connins qui sont à present et pour le temps avenir seront en leurs dictes
vignes, friches, prés et terres laborables encloses et estans dedans les murs
faiz ou à faire dessus diz, appellez toutesfoiz avecques eulx à rompre,
despecier et destruire et estouper les diz terriers, noz gardes forestiers
ou sergens de nostre dicte garenne qui sont à present et pour le temps
avenir seront. Et se nosdiz forestiers, gardes ou sergens de la dicte garenne
ne vouloient estre presens ou ne povoient venir vacquier ou entendre à
rompre ainsi destruire et estouper lesdiz terriers, nous voulons et ordenons
par ces presentes que en ce cas yceulx habitans, appellez avecques eulx des
autres gens et habitans des dictes villes et parroisses d'Auteul jusques au
nombre de quatre ou de cinq personnes des plus notables des dictes villes,
puissent les diz terriers rompre, despecier, destruire et estouper, en mectant
toutesfoiz et faisant mectre en nostre dicte garenne les connins prins ès diz
terriers des vignes, frisches, prez et terres dessus dictes. Et en oultre ces

choses, pour plus garder et relever de dommages les diz habitans desdiz
connins, voulons et ausdiz habitans avons perpetuelment donné et octroié,
donnons et octroions par ces presentes que les connins qui sont, vendront
et qu'il trouveront en leurs vignes, friches, prés et terres dessus dictes
doresenavant il puissent chacier hors d'icelles vignes, friches, prez et terres,
senz ce qu'il soient tenuz d'appeller à ce aucunement noz gardes forestiers
ou sergens dessus diz ou aucun d'eulx, par ainsi toutesvoies que les connins
que lesdiz habitans prendroient vis (pour *vifs*) en despecant, rompant et estou-
pant lesdiz terriers ou en chassant hors de leurs vignes, friches ou autres
heritages dessus diz, il remectent et soient tenuz perpetuelment de remectre
en nostre dicte garenne, et les mors aporter à Paris à nostre dit receveur
de Paris.

Et afin que sur la closture des murs faiz ou à faire dessus diz, et estandue
d'icelle, et aussi sur la quantité des vignes, friches, prez et terres dessus
dictes qui sont et demourront perpetuelment chargiez et chargées de nous
paier ladicte rente, n'ait ou puisse estre pour le temps avenir entre nous, noz
officiers, gardes forestiers et sergens de ladicte garenne aucune question ou
debat, nous voulons et ordenons par ces presentes que la closture des murs
dessus dicte se prengne et puisse prendre et commencier et faire au premier
grant chesne qui est en saillant de la ville d'Auteuil sur le chemin publique
en alant à Saint Clost, auquel chesne aussi commaincent les dessus dictes villes
(*sic* pour *vignes*), friches, prez et terres, et que ycelle closture de murs lesdiz
habitans puissent faire et poursuivre continuelment selon le grant chemin de
ladicte garenne qui s'en vient dudit chesne au lonc des murs dessus diz et
à assembler et fenir à l'ostel qui est à present Jehan de Maucreux, bourgeois de Paris, seant en ladicte ville de Pacy, du costé devers Guillaume
Amé, en comprenant dedans ladicte closture de murs ainsi faite et à faire
le chemin des terriers, au cousté dessus devers le bois et touz autres sentiers,
par ainsi que les diz habitans seront tenuz perpetuelment d'amender et
faire fort de pierres et autrement ledit chemin des terriers par devers la
rivière de Saine, tenir et soustenir ycellui en estat, et tellement à leurs fraiz
et missions que en temps d'iver et d'esté on y puisse charrier. Et par ainsi
de toutes et chacunes les vignes, friches, prez et autres terres quelconques
estans et encloux dedans la clousture et meetes des murs dessus diz, et
depuis le coing du jardin dudit Jehan de Maucreux en alant d'illecques tout
droit par le chemin des Coupperies aboutissant ès ruelles derreriere (*sic*) la
ville d'Auteuil, et d'illecques au coing du pré Jehan Sacristre en acuillant les
vignes nommées Petit Perchaut, en alant droit au coing du jardin dudit Jehan
Sacristre, et d'illecques au coing du jardin Simon le boulengier, en tendant
droit au chesne du bois ou chemin de Saint Cloust dessus dit, nous paieront
et seront tenuz de paier les teneurs et possesseurs d'icelles perpetuelment
la rente dessus dicte, c'est assavoir de chacun arpent douze deniers parisis,
comme dessus est dit, et en seront et demourront ycelles vignes, friches,
prez et terres envers nous et noz successeurs perpetuelment chargiées et
ypotheequées, comme dit est. Et voulons encore et ausdiz suppliaus, se
mestier est, avons ottroié et ottroions et reservons par ces presentes, que
si ladicte clousture de murs ainsi désignée, comme dit est, les diz suppliaus
presens et à venir vouloient plus estandre ou leurs autres vignes et terres et

heritages des ville et parroisse dessus dictes fermer et clourre de murs pour ladicte cause, que ces choses il puissent faire selon la fourme et teneur des lettres de nostre dit seigneur et pere dessus dictes. Sy donnons en mandement par ces presentes à noz amez et feaulx conseilliers sur le fait de nostre demaine dessus diz, gens des comptes tresoriers et à nostre prevost de Paris, aus gardes forestiers et sergens de nostre dicte garenne et à touz les justiciers et officiers de nostre royaume presens et à venir ou à leurs lieux tenans, si comme à eulx et à chacun d'eulx appartendra et pourra appartenir, que les habitans supplians dessus diz et chacun d'eulx facent et seuffrent joir et user paisiblement et perpetuelment de nostre presente grace senz les molester ou souffrir estre molestez ou empeschiez en aucune maniere au contraire; laquelle chose, se faite estoit par quelconque voie, ycelle mectent ou facent mectre et ramener tantost et senz delay au premier estat et deu, selon la fourme et teneur de ces presentes, et les lettres de nostre dit seigneur et pere dessus dictes, lesquelles avec ces presentes voulons avoir leur plain effect et demourer en leur vertu. Et afin que ce soit ferme chose et estable à tousjours, nous avons fait mectre nostre seel à ces presentes, sauf en autres choses nostre droit et l'autrui en toutes. Donné à Paris, ou moys de may, l'an de grace mil CCC quatre vins et un, et de nostre regne le premier.

Par le Roy à la relacion de Mgr le duc d'Anjou et du Conseil ou quel messire Nicole Braque, P. de Bonmasel, Gile le Galoys, Philipe de Saint Pere et pluseurs autres estoient chocie.

Levé en la chambre du demaine à Paris le VIIIe jour de juing CCC IIII^{xx} et VII, presens le prieur de Chartres, le sire de Nedonchel, messire Ferry de Mes, Philipe de Saint Pere, Regnault de la Chapelle et plusieurs autres chocie.

Dans la seigneurie d'Auteuil, il y avait deux fiefs :

Le fief des Niblets, consistant en trois arpents de terre.

Le fief Baudouin, dont un nommé Gilles le Coigneux, procureur au Parlement, était seigneur en partie en 1540. Pierre Cortelot, écuyer, en était seigneur en 1631. Quelques années plus tard, l'abbaye en acheta la moitié, le 9 février 1665.

Si Auteuil ne comptait pas de dépendances considérables, il possédait en revanche un nombre considérable de maisons de plaisance, habitées par la noblesse titrée et littéraire du XVIIIe siècle. En dépouillant les censiers de l'abbaye Sainte-Geneviève et les registres de baptême et de mariage, aujourd'hui brûlés, qui étaient conservés aux Archives de l'Hôtel-de-Ville, j'ai trouvé la mention de quelques propriétés plus remarquables par le nom de leurs propriétaires que par leur étendue.

Lebeuf, en citant la maison de Boileau, parle de Gendron, mais il ne dit pas que Claude Deshayes-Gendron eut pour successeur, le 1er août 1752, le commissaire des guerres, Rahault de Richebourg, à qui succéda, le 31 juillet 1758, la duchesse d'Ayen, qui la céda, le 23 février de l'année suivante, à M. Jacques Bourjot, bourgeois de

Paris. Celui-ci vendit la maison, le 4 mai 1767, à Charles Binet de la Bretonnière, écuyer, conseiller du roi, receveur général des Domaines et Bois de la Généralité de Paris, qui la revendit, le 2 mai 1785, à Pierre-Thomas Jubault. Je n'ai rencontré qu'une fois la signature de Boileau, sieur des Préaux, c'est dans un acte de mariage du 6 août 1690, entre François de Monginot, chevalier de l'ordre du Mont-Carmel et de Saint-Lazare, seigneur de Grissé et autres lieux, avec Anne-Thérèse Petitjean-Marchand, fille d'un pourvoyeur ordinaire de la maison de Monsieur, frère du roi, et de Marie de la Treille.

Je n'ai rien trouvé de nouveau sur la maison de Molière. Je renvoie le lecteur aux *Recherches* de M. Eud. Soulié, qui connaît mieux que personne tout ce qui se rattache de près ou de loin à notre illustre auteur comique.

Je ne peux cependant pas laisser passer le nom de Molière sans faire remarquer que le nom de Poquelin, est inscrit dans un acte de baptême du 15 juillet 1688, et dans un acte de décès du 27 septembre 1689. Ces Poquelin étaient-ils de la famille de Molière? C'est une question que je n'ai pu encore résoudre.

Quant à la maison seigneuriale qui appartenait aux religieux de Sainte-Geneviève, elle était louée, par les chanoines, à des personnages de Paris. Ainsi, le 3 juillet 1645, le célèbre chancelier de France, Pierre Seguier, l'avait louée moyennant 1,200 livres par an. Le 10 février 1648, il passa son bail à son frère, Dominique Seguier, évêque de Meaux (Arch. nat., S. 1543). Peu de temps après, elle fut brûlée en partie, car on voit, par une transaction du 6 septembre 1665, que les héritiers de Geoffroy Cousturier, concierge de la maison seigneuriale d'Auteuil (Haulteuil), dédommagea l'abbaye de Sainte-Geneviève de l'incendie d'une partie de leur maison seigneuriale, en lui vendant quatre arpents quatre-vingt-cinq perches de terre (Arch. nat., S. 1610).

Il y avait deux maisons seigneuriales, la grande et la petite : la grande, où il y avait une source d'eau vive, fut estimée, le 16 septembre 1790, 79,812 livres, sans compter deux pièces de terre qui en dependaient, évaluées 515 livres, et trois autres arpents, valant 900 livres, c'est-à-dire 3 livres la perche.

La petite maison seigneuriale d'Auteuil, qui était occupée à la Révolution par la comtesse de Champagne, ne valait que 28,320 livres (Arch. nat., Q¹ 1068).

La seigneurie de Sainte-Geneviève à Auteuil avait encore un pré estimé 1,857 livres, des pièces de terre évaluées 1,200 livres, quatre arpents, près Billancourt, valant 827 livres 10 sous.

Le chapitre de Notre-Dame y avait une grange estimée 2,400 livres.

Lorsque la Révolution arriva, les acquéreurs ne manquèrent point.

Un nommé « Jacques Watrin, notable de la municipalité de Paris, rue Picpus, n° 39, » fit une soumission, le 10 novembre 1790, pour acquérir la maison seigneuriale d'Auteuil. Quelques mois auparavant, un autre amateur s'était présenté pour acquérir tous les biens des religieux. Voici sa soumission [1].

Je, soussigné, Joachim Charton, aide-de-camp de M. de Lafayette, m'engage et fait soumission d'acquérir le bien de campagne de MM. de Sainte-Geneviève, situé à Auteuil, d'après les estimations qui en seront faites, conformément aux décrets de l'Assemblée nationale, à Paris, ce 4 août 1790.

Joachim CHARTON.

A côté de la maison seigneuriale, il y avait une propriété qui fut louée, le 18 octobre 1673, par Chrétien-François de Lamoignon, maître des requêtes, et son frère Nicolas, moyennant 400 livres par an; un demi-siècle plus tard, c'est-à-dire en 1723, la même maison était louée 1,000 livres, à François-Michel de Verthamont, premier président au grand Conseil, et à Françoise Bignon, sa femme. Le 26 avril 1738, M. de Verthamont fut remplacé par Marc-Pierre de Voyer de Paulmy d'Argenson, chancelier du duc d'Orléans.

Étienne d'Aligre, conseiller du roi et directeur de ses finances, dont parle Lebœuf, avait effectivement une maison à Auteuil, dont Marie Orceau hérita et qu'elle légua à son fils Léon-Louis Rouillé, chanoine de l'église de Paris. Il y avait une chapelle domestique où se maria, le 18 septembre 1719, Louis-Athanase de Pechperrou de Commenge, comte de Guitaud, marquis d'Époisses, avec Élisabeth-Madeleine de Chamillard (Reg. de l'Hôt.-de-Ville). Anne-Marie Rouillé, veuve du conseiller d'État Louis de Bernage, devint ensuite propriétaire de cette maison qu'elle vendit, le 17 mars 1738, à Jean-Hyacinthe Davasse de Saint-Amarand, conseiller, secrétaire du roi, maison, couronne de France et de ses finances, receveur-général des finances de la Généralité d'Orléans et trésorier-général des maisons et finances de S. M. catholique la Reine seconde douairière d'Espagne (Arch. nat., S. 159), qui la revendit, le 17 mai 1750, à Louis-Alexandre du Brocard de Barillon. Le nouveau propriétaire était un ancien payeur des rentes, comme on le voit dans l'acte de mariage de sa fille, qui eut lieu dans sa chapelle domestique, où Louis Chomel, ancien évêque d'Orange, bénit, le 26 avril 1752, l'union de Claude-Jean-Baptiste, chevalier, comte de Saisseval, seigneur de Feuquières, Feuqueroles, la Ferrerie, Etidecourt, Meraucourt, Besonville et autres lieux, guidon de gendar-

1 Arch. nat., C¹ 1068.

merie, fils de Claude-François, chevalier, comte de Saisseval, commandeur pour le roi de la ville d'Ardres, et de Catherine-Louise-Françoise
de Verduzon, avec Henriette-Philibert du Brocard de Barillon, fille de
Louis-Alexandre du Brocard de Barillon, ancien payeur des rentes, et
de Marguerite-Jeanne Branault. Le 6 mars 1773, il céda sa maison à
Marie-Charlotte-Hippolyte de Campet de Saujon, veuve d'Édouard,
comte de Boufflers-Rouverel (Arch. nat., S. 1677).

On trouve dans le Guide des amateurs de Thiery[1] une description
fort étendue du jardin de Madame de Boufflers.

Catherina van Opstal, veuve de Simon Le Gris, secrétaire de la
chambre de la reine, possédait, en 1655, à Auteuil, en la grande rue
et près la porte d'Auteuil, une propriété close de murs et d'une contenance de 4 arpents 30 perches 1/2, que le célèbre Samuel Bernard
acquit en 1728, et qu'il légua, par son testament du 14 août 1736, à
une dame de Fontaine, qui doit être Marie-Armande Carton, veuve de
Jean-Louis-Guillaume de Fontaine, conseiller du roi, ancien commissaire de marine et galères de France, dame haute, moyenne et basse
justicière de Passy-sur-Seine et dame foncière de terres à Auteuil,
dites les Glizières ou Bourgognes[2] et les Garennes (Arch. nat., S. 1344).
Cette dame vendit cet immeuble moyennant 26,704 livres 3 sols 4 deniers, à Hector de Jonquières, écuyer, demeurant au palais des Tuileries. Ce petit domaine, qu'on appelait le château du Coq, fut revendu
pour le même prix, le 6 septembre 1761, au roi Louis XV, qui en fit un
magnifique jardin fleuriste. Ce jardin qui occasionna de grandes
dépenses, fut agrandi en 1772. On acquit 10 arpents 28 perches 1/3
de terres évaluées 2,186 livres 15 sous 1 denier[3].

Louis XVI, qui s'efforçait de remédier aux prodigalités de son aïeul,
vendit, en août 1774, pour 68,000 livres, le jardin royal d'Auteuil à
un nommé Stras, qui fit faillite et sortit de France en 1776. M. Joly
de Fleury en devint adjudicataire, le 26 septembre 1778, en payant
les intérêts échus et une somme de 68,000 livres. Un arrêt du conseil,
du 16 mai 1786, concéda au nouveau propriétaire un ancien chemin
public joignant les murs du bois de Boulogne, qui avait été réuni au
domaine par arrêt du 29 octobre 1785.

[1] *Paris*, 1787, t. I, p. 20. Voy. aussi au sujet de la maison de M⁰ de Boufflers, que
désirait louer, en 1781, la duchesse de Polignac, une anecdote racontée par Mme Campan (*Mémoires*, t. I, p. 147).

[2] Ces dénominations témoignent de la présence de la glaise, avec laquelle on fabriquait
à Auteuil des tuiles de Bourgogne. Les Glizières ou Bourgognes n'ont pas d'autre origine.

[3] Le plan du jardin du roi, dressé par Gabriel et signé par lui, à Compiègne, le 17 juillet 1772, marque les nouvelles acquisitions et la partie du terrain à accorder à M⁰ Helvétius
et à M. Chomel pour les indemniser des vues et sorties dont ils jouissaient sur la campagne
avant les nouveaux accroissements et leur clôture. Ce plan est conservé aux archives départementales de Seine-et-Oise, et aux Arch. nat. se trouve (Q. 1068) le brevet de don signé du
marquis de Marigny, le 26 juillet 1773, d'un terrain de 256 toises de superficie à M⁰ Helvétius.

Une autre maison, connue sous le nom de maison de la Thuillerie ou des « Tuilleries de Passy » appartenait en 1727, à Antoine Terrasson [1], conseiller, procureur du roi des capitaineries, varennes, tuileries, château de la Muette, Madrid et bois de Boulogne, qui la vendit, en 1728, à Jean de Boulogne, successivement conseiller au Parlement de Metz, premier commis des finances, conseiller d'État ordinaire, intendant des finances et des ordres du roi, dont la sœur avait épousé Paul de L'Hôpital, marquis de Châteauneuf-sur-Cher, et brigadier des armées du roi. Elle fut revendue, le 18 octobre 1774, au célèbre fermier général Laurent Grimod de la Reynière, qui l'aliéna, le 18 octobre 1782, en faveur de Philippe-Antoine-Gabriel-Victor de la Tour-du-Pin de Gouvernet [2].

Cette maison de la Thuilerie avait une chapelle où furent célébrés plusieurs mariages dont les actes ont été brûlés en 1871. Le premier est du 4 octobre 1736; il fut contracté entre Paul de L'Hôpital, brigadier des armées du roi, colonel d'un régiment de dragons, fils de Gabriel de L'Hôpital et d'Élisabeth de Chalet de Chanserville, et Élisabeth-Louise de Boulogne, fille de Jean de Boulogne, chevalier, conseiller au Parlement de Metz, et de Charlotte-Catherine de Beaufort, en présence de M. de Grossoles, marquis de Flamarens, de Moustiers, comte de Merinville, de César-Gabriel, comte de Choiseul, etc., etc. Le second eut lieu le 20 novembre 1748. Ce fut Martin du Bellay, évêque de Fréjus, qui donna la bénédiction nuptiale à Philippe-Guillaume Tavernier de Boullongne de Preninville, écuyer, fils de défunt Guillaume Tavernier de Boullongne, écuyer, conseiller, secrétaire du roi et de ses finances, ancien fermier général, et de Marie-Madeleine Duval, qui épousait Marguerite-Félicienne Joguès de Martinville, fille de Isaac Joguès de Martinville, négociant à Cadix, et de Marguerite Ardisson, en présence de MM. de Machault, Joly de Fleury, etc. Le troisième mariage était beaucoup plus aristocratique. Il s'agissait de l'union contractée, en 1782, entre Charles-Alain-Gabriel de Rohan, duc de Montbazon, fils mineur de Henri-Louis-Marie de Rohan, prince de Guéménée, grand chambellan de France, et d'Armande-Victoire-Josèphe de Rohan-Soubise, princesse de Guéménée, gouvernante des enfants de France, avec Louise-Aglaé de Conflans, fille mineure de Louis-Gabriel, marquis de Conflans et d'Armentières, maréchal des camps et armées, etc., et d'Antoinette-Madeleine-Jeanne Portails, dame du Vaudreuil, etc.

---

[1] C'est probablement ce même Terrasson, à qui son beau-frère François-Hyacinthe de Lan, ancien professeur royal dans les écoles de Sorbonne, donna, le 2 mai 1730, une maison sise entre Passy et Auteuil (Arch. nat., S. 1683).

[2] Arch. de l'Hôtel-de-Ville, auj. brûlées, et Arch. nat., S. 1677.

Le curé a signé seul cet acte fait en présence de Louis-Constantin de Rohan, prince de Montbazon, lieutenant-général; Louis-François comte de Rieux, mestre de camp, du côté de l'époux ; et de Louis-Philippe-Joseph d'Orléans, duc de Chartres, prince du sang, et de Louis-Marie-Florent du Châtelet, duc d'Haraucourt, lieutenant-général, du côté de l'épouse ; *qui tous ont certifié le domicile et la liberté des parties.*

Une autre maison d'Auteuil appartenait, en 1728, à Sébastien-Joseph Galpin, conseiller du roi, trésorier de France au bureau des finances de la généralité de Paris, qui la vendit, le 11 septembre 1753, à Pierre-François Rolland de Fontferrière, écuyer, conseiller-secrétaire du roi, fermier général, qui le revendit, le 26 septembre 1775, à Antoine-François Hébert, écuyer, trésorier général de l'argenterie, des plaisirs et affaires de la chambre du roi, qui la céda, le 23 mai 1785, à Joseph Micault d'Harvelay.

Cette maison avait aussi une chapelle domestique où se marièrent : .

Le 18 mai 1750, Clément-Nicolas Emmerez de Charmoy, écuyer, receveur des consignations au Parlement de Bretagne, payeur des gages dudit Parlement, seigneur de la Chateigneraye, fils de Nicolas Emmerez de Charmoy et de Jeanne-Claude de Salaberry, avec Pélagie-Gillette Gardin de la Glestière, fille de Jean Gardin, écuyer, seigneur de la Glestière, lieutenant de la maréchaussée de Bretagne ;

Le 6 novembre 1770, par Jérôme-Marie Champion de Cicé, évêque et comte de Rodez, Jean-Charles Ours de Luinemont, chevalier, lieutenant-colonel du régiment d'Artois, fils de Jean-Jacques Ours de Luinemont, seigneur de Varesne, Baugé, la Luenère, Paviers, Vauguion, et de Jeanne Odart, et Albertine-Charlotte-Sixtine Marion de la Saudraye, fille mineure de François-René-Julien Marion de la Saudraye, chevalier, lieutenant d'infanterie au régiment de Lally, et de Charlotte-Sixtine Houvel, en présence de Foncemagne, Voisenon, etc. ;

Le 5 février 1770, par Armand Bazin de Bezons, évêque de Carcassonne, André-Claude, marquis de Chamborant, seigneur de Villemandeur, la Picarderie, Buron, maréchal des camps et armées du roi, inspecteur général des hussards au service de France, mestre de camp, propriétaire d'un régiment de cavalerie hongroise de son nom, chevalier de l'ordre de Saint-Louis, gouverneur du port d'Arlos, et premier écuyer de M. le prince de Condé, veuf de Marie-Louise-Périne Richard de Fondeville et Marie-Julie Vassal, fille de Jean-Vassal, écuyer, conseiller-secrétaire du roi et de ses finances, en présence de Séguier, de l'Académie française, et de grands seigneurs ;

Le 17 août 1776, Michel-Louis Poullain de Maisonville, et Etiennette-Louise-Félicité Rouault d'Egreville ;

Le 25 avril 1782, par Jean de la Croix de Castries, évêque de Vabres,

Antoine-Louis-Alphonse-Marie, comte de Rostaing, capitaine au régiment de Larochefoucauld, et Denise-Madeleine de la Fagerdie de Laval, nièce d'Antoine-François Hébert.

J'ai trouvé encore dans les registres aujourd'hui détruits de l'Hôtel-de-Ville :

La chapelle domestique de M. Chardon, fermier du roi, ancien régisseur, où furent mariés, le 16 janvier 1781, Esprit de Bon, chevalier, marquis de Bon, fils de Louis-Guillaume de Bon, marquis de Saint-Hilaire, baron de Fourques, ancien premier président du conseil souverain de Roussillon, intendant du Roussillon, et de Jeanne-Elisabeth-Thérèse de Bernage, avec Adélaïde-Thérèse-Clotilde Alissan de Chazet, fille de René-Balthasar Alissan de Chazet, conseiller du roi, receveur général et payeur général des rentes de l'Hôtel-de-Ville. Le mariage d'Edme Gestat de Saint-Benin, chevalier, maître-d'hôtel de Monsieur, frère du roi, avec Marie-Claire Audiger, eut lieu dans la même chapelle, le 8 juin 1784 ;

La chapelle particulière de Madame de Fontpertuis, où, le 16 août 1784, furent mariés Jean-François Joly de Fleury, ministre et conseiller d'État, commandeur des ordres du roi, fils de Guillaume-François Joly de Fleury, procureur-général du Parlement, et de Marie-Françoise Lemaître, avec Marie-Marguerite Jogguer de Villery, veuve de Louis Angrand, vicomte de Fontpertuis, demeurant Grande-Rue d'Auteuil ; ayant pour témoins Guillaume-François-Louis Joly de Fleury, chevalier, seigneur de Fleury, Grigny, le Plessis-le-Comte, marquis de Blaizy, procureur général au Parlement ;

La chapelle particulière de la maison de M. Pignon, où fut célébré le mariage de Paul-Louis de Thelasson, colonel d'infanterie, avec Amélie-Rose-Guilelminé La Freté, fille de J.-J. La Freté, receveur général des finances, le 20 novembre 1790.

Il y avait encore bien d'autres maisons importantes à Auteuil. Je signalerai celle de Louis de L'Étendart, marquis de Bully, achetée par Joseph-Roslin, écuyer, le 5 octobre 1734, revendue, le 6 août 1770, à Jean-Baptiste-Michel Jourdan, qui la céda, le 13 juillet 1787, à L.-P. Chauveau, inspecteur de la guerre; celle de Clermont d'Amboise, chevalier, abbé de Revel, qui fut vendue, le 18 avril 1755, à Catherine Loranchel, veuve d'André Baudry, chevalier, seigneur de Marigny, qui s'en dessaisit, le 26 février 1777, à Benoît de Cau, substitut du procureur général au grand conseil, et que rachetèrent, le 3 décembre 1784, Joachim-Antoine Hébert, trésorier des menus plaisirs du roi, et Antoine Bailleux, marchand de musique.

Les « de Hansy, » célèbres libraires de Paris, avaient une maison à Auteuil qu'ils avaient achetée à Philippe-Charles Cahaigne de Boismorel, capitaine de cavalerie au régiment d'Orléans, le 3 juin 1729, et qu'ils revendirent, le 17 janvier 1772, à Henriette-Nicolle d'Egmont Pignatelli, veuve de Marie-Charles d'Albert, duc de Luynes et de Chevreuse.

Lorsque la Révolution éclata, Auteuil adressa ses plaintes et doléances aux États généraux. On trouvera dans les *Archives parlementaires* (1ʳᵉ série, t. IV, p. 326) cet intéressant document.

Pendant la Révolution, Auteuil continua à être habité par toutes les célébrités littéraires ou philosophiques de la capitale : Madame Helvétius qui y mourut, le 13 août 1800, et qu'on appelait, à cause de sa bienfaisance, Notre-Dame d'Auteuil; Cabanis, à qui elle laissa la jouissance de sa maison, où se rencontrèrent les plus grands hommes du temps, depuis Turgot jusqu'au premier Consul; Franklin, Condorcet, Rumford, Palissot, etc. Aujourd'hui, l'annexion d'Auteuil à Paris, l'établissement du chemin de fer de ceinture, a transformé Auteuil, dont la population n'a fait que croître depuis le commencement du siècle, comme on peut le voir par le tableau suivant :

Année	1800....................	1077 habitants.
—	1817....................	1163 —
—	1831....................	2757 —
—	1836....................	3236 —
—	1841....................	3600 —
—	1846....................	3559 —
—	1851....................	4185 —
—	1856....................	6270 —

ce qui donne une augmentation de 5193 habitants en 56 ans.

La superficie territoriale d'Auteuil étant de 4,885,650 mètres carrés en terrain, et de 505,150 mètres carrés en eau, si l'on veut établir le rapport de la population à la superficie du terrain, on trouve 779 mètres carrés par habitant.

Le cimetière d'Auteuil, qui avait été agrandi le 20 juillet 1807, grâce à la générosité du sénateur Le Couteulx de Canteleu, fut fermé le 2 janvier 1870, il renfermait la sépulture de Musard, à qui la commune avait concédé gratuitement un terrain par délibération du 21 mai 1859.

L'abbé Lebeuf parle de Grenelle comme dépendant d'Auteuil. Grenelle, séparé d'Auteuil par la Seine, a été longtemps regardé comme une dépendance de Vaugirard. Je renvoie le lecteur à mes notes sur cette dernière paroisse.

Aujourd'hui Auteuil, considéré comme paroisse, compte dans sa circonscription deux établissements hospitaliers : Sainte-Périne et la maison Chardon-Lagache : deux établissements scolaires : les Dames de l'Assomption et les Sœurs de Sainte-Marie; et un établissement charitable : l'Œuvre de Notre-Dame de la Première Communion.

SAINTE-PÉRINE

Un décret du 30 juin 1859 autorise la direction de l'Assistance publique à prélever sur les capitaux disponibles 1,662,551 francs pour la reconstruction des bâtiments de l'Institut de Sainte-Périne, dans une propriété sise à Auteuil, acquise en vertu d'un décret du 30 janvier 1858.

L'institution de Sainte-Périne était autrefois établie dans l'ancien couvent de Sainte-Périne de Chaillot; c'est de là que vient son nom.

M. de Chamousset, dit M. Husson [1], né à Paris en 1717, mort en 1773, était maître des comptes, et fut nommé plus tard intendant général des hôpitaux sédentaires de l'armée. Il consacra la plus grande partie de sa fortune au service des pauvres et des malades, et fut l'auteur de divers projets d'utilité publique. Il avait entre autres projets imaginé le plan d'un asile où les vieillards des deux sexes auraient eu la faculté de se préparer, moyennant des versements successifs pris sur leurs économies annuelles, un refuge pour leur vieillesse. Chaque souscripteur s'assurait ainsi une existence à l'abri des revers.

Ce projet n'ayant pu s'effectuer durant la vie de cet homme de bien, deux particuliers, MM. Duchayla et Gloux, entreprirent de le réaliser au commencement de ce siècle, et présentèrent, à cet effet, à l'impératrice Joséphine, le programme d'un établissement qu'ils proposaient de fonder dans l'ancien couvent de Sainte-Périne, rue de Chaillot, pour servir de refuge aux personnes, si nombreuses alors, que la Révolution et les vicissitudes politiques avaient jetées dans l'infortune. Leurs propositions furent agréées, et l'empereur et l'impératrice y fi ent admettre, dès les premières années, 130 pensionnaires, pour lesquels la liste civile versait, en 1806, un capital de 224,640 fr.

L'administration de cette maison étant devenue mauvaise, l'administration des hospices fut chargée, par décret du 10 novembre 1807, de la gestion de l'établissement de Sainte-Périne; et le 8 février 1815, le gouvernement publia une ordonnance relative à cet établissement et aux poursuites à exercer contre le sieur du Chayla, son fondateur.

Aujourd'hui, le nombre des lits est de 268; les deux tiers sont affectés aux femmes et l'autre tiers destiné aux hommes.

---

[1] Études sur les hôpitaux, p. 330 et suiv.

MAISON DE RETRAITE DE CHARDON-LAGACHE

Un décret du 7 janvier 1863 autorisa l'administration de l'Assistance publique à accepter la donation faite par M. et Mme Chardon-Lagache : 1° d'une somme de 466,084 fr. 35 c. ; 2° d'un terrain d'une contenance de 600 mètres 20 centimètres, à Auteuil ; 3° d'une rente de 25,000 fr. sur l'État, à charge par l'administration de fonder dans le quartier d'Auteuil une maison de retraite pour les vieillards, qui portera le titre de Maison de retraite Chardon-Lagache, et qui sera desservie par les sœurs de charité de Saint-Vincent-de-Paul.

La maison fut promptement édifiée, et la chapelle qui est au milieu des bâtiments porte sur la dalle située au bas du chancel la date de l'inauguration : 16 août 1865 ; de chaque côté de l'autel, dédié à la Vierge, se trouve un reliquaire ; celui de gauche renferme des reliques de saint Vincent de Paul ; celui de droite, des reliques de saint-François de Sales.

La maison de retraite Chardon-Lagache reçoit des époux en ménage, des veufs et veuves et des célibataires, de bonne vie et mœurs, âgés au moins de 60 ans. Les époux doivent être mariés au moins depuis 5 années. Les personnes atteintes d'infirmités incurables ne peuvent être admises que dans les dortoirs.

Un extrait du règlement de la maison a été publié (8 pages in-8) par l'administration de l'Assistance publique.

Citer le nom de M. et Mme Chardon-Lagache, c'est faire l'éloge de la charité dans ce qu'elle a de plus noble et de plus utile.

DAMES DE L'ASSOMPTION

J'ai parlé plus haut du domaine de la Thuilerie (voyez page 221), c'est là que sont installées les Dames de l'Assomption.

Après une enquête au sujet de la demande formée par la congrégation des Dames de l'Assomption, établie rue de Chaillot, 94, à l'effet d'être autorisée à transférer à Auteuil le siége de sa communauté, et à aliéner l'immeuble conventuel de la rue de Chaillot, — enquête qui eut lieu le 8 janvier 1857, — survint un décret, en date du 6 mai 1858, qui autorisa la Congrégation : 1° à accepter la rétrocession faite par les demoiselles O'Neil de Commargue et Bevier, de la propriété de la rue de Chaillot, de deux terrains situés avenue Marbeuf, n° 13 ; d'une autre propriété située à Auteuil et connue sous le nom de château de la Thuilerie ; 2° de transporter à Auteuil le siége de la maison-mère ; 3° de vendre à M. de Morny, la propriété de la rue de Chaillot et de l'avenue Marbeuf ; 4° d'acquérir un terrain contigu à la propriété de la Thuillerie.

La maison des Dames de l'Assomption est divisée en deux parties distinctes : la maison-mère, et une institution de jeunes filles dirigée par les religieuses.

L'établissement des Dames de l'Assomption a été saccagé pendant l'insurrection de 1871 et restauré l'année suivante.

SŒURS DE SAINTE-MARIE

La congrégation des sœurs de Sainte-Marie (de la rue Carnot dirige à Auteuil, rue Jouvenet, un établissement d'instruction primaire.

ŒUVRE DE NOTRE-DAME DE LA 1ʳᵉ COMMUNION

Cette œuvre, admirable par l'idée qui l'a fait naître et par les résultats qu'elle a obtenus, a été créée par M. l'abbé Roussel, le 19 mars 1866. Le début fut aussi modeste que possible. La maison d'Auteuil était une sorte de ruine, quand on la prit pour l'habiter. Il n'y eut d'abord que six jeunes adultes avec le prêtre qui s'était fait leur catéchiste, leur instituteur et leur serviteur autant que leur père. Aujourd'hui, ils sont quatre-vingt-seize.

Trois ecclésiastiques, deux minorés, neuf auxiliaires laïques, affiliés au tiers-ordre de Saint-François et qui vivent conventuellement, concourent, avec trois sœurs de la Sainte-Enfance, à l'administration de cet établissement, dirigé par son honorable fondateur.

Des patrons, qui viennent du dehors et qui reçoivent 45 francs par semaine, dirigent les ateliers de cordonnerie, de taillerie, etc., etc.

Une chapelle a été bénite le 5 décembre 1867, sous le vocable de Notre-Dame-de-la-Première-Communion.

En fait de documents imprimés sur cette Œuvre, on trouve quelques petites plaquettes, intitulées : Œuvre de Notre-Dame-de-la-Première-

Communion. *Paris*, s. d., in-8. — Œuvre de la Première-Communion et des Apprentis-Orphelins, bulletin trimestriel in-8 et in-16. — Bref de N.-S. Père le Pape Pie IX, accordant des indulgences à l'Œuvre de la Première-Communion et à ses bienfaiteurs. *Paris*, 1872; 1 feuillet in-8.

BIBLIOGRAPHIE

Les documents manuscrits sur Auteuil sont conservés aux Archives nationales.

Avant d'en donner l'indication, je dirai un mot sur les registres de l'état civil conservés à l'Hôtel-de-Ville, et qui ont été brûlés en 1871.

Il y avait 38 registres, ainsi divisés :

Baptêmes : 1536-1566, 1571-1640, 1655-1667.......... 3 registres
Baptêmes, décès et mariages : 1640-1653............. 1 —
Testaments : 1616-1634............................. 1 —
Inhumations et mariages : 1654-1667................ 1 —
Inhumations, baptêmes et mariages : 1662, 1668, 1670, 1671, 1672, 1673-1674, 1678-1679, 1679-1683, 1688-1691, 1695, 1697, 1698, 1699, 1700, 1701-1703, 1704-1710, 1717-1719, 1715-1720, 1720-1722, 1722-1729, 1730-1731, 1732-1733, 1734-1735, 1736, 1737-1744, 1745-1749, 1750-1757, 1758-1767, 1768-1770, 1771-1775, 1776-1780, 1781-1792................ 32 —

Aux Archives nationales, il y a 1 carton dans la section historique, 4 cartons, 5 registres et 1 portefeuille dans la section administrative, 72 registres ou portefeuilles dans la section judiciaire.

SECTION HISTORIQUE. *Carton* L. 454. — Droits du chapitre de Saint-Germain-l'Auxerrois, à Auteuil, 24 juillet 1411. Rachat des livres de l'église, pour remplacer ceux qui avaient été déchirés par des gens mal-intentionnés, avril 1737.

SECTION ADMINISTRATIVE. *Carton* S. 1543. — Reconnaissance au terrier de l'abbaye de Sainte-Geneviève. Sentences contre les censitaires d'Auteuil et de Passy. Sentences de réunion au domaine. Fiefs des Niblet et de Saint-Pol. Indemnité aux possesseurs d'héritages employés pour faire la chaussée de Paris, Versailles, 1685. Fondation d'une école de garçons et d'une école de filles. Baux à cens, parmi lesquels on trouve celui de Jehan Le Pelletier, relieur de livres en 1462. Acquisition du fief Baudouin. Registre censier, copies de pièces collationnées.

Bornage. Fontaines publiques. — *Carton* S. 1544. Bornage entre le chapitre de Saint-Germain-l'Auxerrois et la seigneurie de Passy. Certificat de don d'un terrain en faveur de M⁰ Helvétius, 27 novembre 1774. Bac de Passy. Droit des habitants sur les pâturages d'Auteuil. Déclaration au terrier du roi du fief d'Auteuil, 1502-1610. Conduite des eaux de la fontaine d'Auteuil. Voirie. Aveux et dénombrements. Titres de particuliers qui justifient que leurs maisons sont en la censive de Saint-Germain. Pièces concernant le bornage entre Auteuil et Boulogne. — *Carton* S. 1610. Domaine utile d'Auteuil. Legs du curé Guibert en 1288. Lettres royales attestant la renonciation de Thibault, neveu de Simon de Saint-Denis, chanoine de Sainte-Geneviève, au bien que son oncle lui avait donné, à Auteuil, en 1182. Titres de propriété. Vente de terres et de maisons situées près l'hôtel seigneurial. Incendie de l'hôtel. Aveu d'une maison et glacière, au Point-du-Jour, le 13 mai 1729. Arpentage des terres de la seigneurie. Droit d'usage et pâturage de la commune. Transaction entre l'abbaye et la commune, 26 juillet 1518. Titres concernant le chapitre de Saint-Germain. Adjudication. Extrait de déclaration de censives dues en la terre et seigneurie d'Auteuil. Création d'un catéchisme à Saint-Germain-l'Auxerrois, 1628-1637. Bornage entre Auteuil et Boulogne, 1634. Censier d'Auteuil en 1543. Vente, en date du 15 juillet 1770, d'une maison à Marie-Suzanne-Simone-Ferdinande de Tenarre-Montmorin, veuve de Louis de Bauffremont, prince du Saint-Empire. Registre des ensaisinements d'Auteuil en 1728. Transaction au sujet des pâturages (26 juillet 1508). Titres appartenant à la fabrique. Reconnaissance de rentes dues à l'église. Dossier de pièces relatives à un procès du comte de Rouhault, à propos de la fontaine d'Auteuil. Titres de la seigneurie de Borest, près Senlis. — *Carton* S. 159. Dîme des pois, fèves et autres légumes due à Saint-Germain-l'Auxerrois en 1691. Cens et rentes. Maison d'école, chargée de 12 deniers parisis de cens et de 6 livres parisis de rente foncière et non rachetable envers le chapitre de Saint-Germain-l'Auxerrois. Censive au lieu dit les Calvaires. Procédures et sentences entre divers particuliers pour paiements de lods et ventes. Déclarations censuelles au lieu dit le Niblet. Transaction entre Sainte-Geneviève et Saint-Germain-l'Auxerrois. Sentences et arrêts contre les propriétaires et les fermiers de la terre de Billancourt, pour le paiement des grosses et menues dîmes, 1580-1728. Grange dîmeresse. Réparations. Biens de la Confrérie de Saint-Augustin, en l'église de Paris, à Suresnes.

Déclarations censuelles d'Auteuil, de 1515 à 1784, par diverses personnes, parmi lesquelles on remarque :

Marie-Anne-Catherine Coignet, veuve de Jean-Baptiste Moreau, baron de Saint-Just, seigneur de Longueville, Etrelles, et en partie de Plancy, conseiller du roi au Parlement. François Olivier, garde de la porte du bois de

Boulogne (1732). Pierre Corbonnois, curé (1732). Marie-Jeanne David, veuve de Louis Eudes, conseiller du roi, directeur de la Monnaie de Paris (1729). Marie-Anne de Grout de Beaufort, veuve de François du Gard, seigneur de Lompré, écuyer de la grande écurie du roi (1720). Anne Scoppart, veuve de Jean des Boyes, ancien trésorier des offrandes, aumosnes et dévotions du roy (1669). Jacques de Mailly, huissier du roi nostre sire en la court du Parlement (6 novembre 1544). Mathieu de Macheco, huissier du roy, etc. (1515). Antoine-César de Choiseuil, comte de Praslin, colonel en second du régiment de la reine (1781).

Liasse S. 1676. 10 registres : 1° Registre des recettes des censi-taires d'Auteuil, 1595-1628, par où l'on voit que la plus grande partie du territoire d'Auteuil était plantée en vignes.—2° Livre (oblong), censier de 1515 à 1538. — 3° à 10° Censiers d'Auteuil du xvi° siècle, des années 1416, 1504, 1542 à 1544, 1570 à 1578, 1654 et 1635.

Registre S. 1677. Censier de la terre et seigneurie d'Auteuil et dépendances, 1728, gros vol. in-fol.

Registre S. 1678. Ensaisinements de 1521 à 1582, in-fol. Ce registre d'ensaisinement commence par un censier d'Auteuil en 1504, dont le titre est ainsi conçu : « C'est le pappier nouvellement fait des cens et rentes deuz par chacun an à l'église et abbaye madame Saincte Geneviefve ou mont de Paris à cause de leur villaige et seigneurie d'Auteuil. »

Registre S. 1679 et 1680. Ensai-inements d'Autheuil et Bas Passy, de 1716 à 1730 et de 1728 à 1750, in-fol.

Registre S. 1772. Terrier d'Auteuil, 1608, in-fol. Voici les noms des lieux dits marqués dans ce recueil :

Lieux dits : la Flette à l'Abbé, le Petit Noier, les Prez de Corbeau, les Garannes, le Petit Chaud Cailloud, la Fontaine, le Roulle à Mouton, aliàs Rolland Mouton, les Fontis, aliàs la Mothe ou la Monaye (1655), le Sault Bidault, le Chaud Cailloud, aliàs Chocaillou ; les Grandes Garannes, le Saulx Bidaulx, autrement dit la Porte des Bois, le Port des Bons Hommes, les Tumbereaux, les Glisières ; terrouer de Passy au lieu dict Huer de Nigeon, aliàs le Heurt ; les Valles de Robert, les Petites Noyeres, les Illes, les Ormes, le Pré aux Chevaulx, les Groux ou Grouy, les Portes du Bois ; rue Boullancourt ; la Roue, Niblay, les Perchaus, les Calvaires, le Chemin de Saint-Cloud, le Chemin du Port, la Vigne Herré, la rue qui va à Billeucourt, les Tuilleries de Passy, l'Entrée des Plantes, les Muserolles, le Foulin, le Poirier Huguet, les Haultes Guignehaires.

Registre S. 1773. Terrier d'Auteuil, 1635, in-fol. Voici les noms des principaux propriétaires, autres que ceux que j'ai cités plus haut, en parlant des maisons remarquables d'Auteuil :

M. Bon-André Broé, chevalier, conseiller et maître des requêtes ordinaires en son hôtel, seigneur de la Guyette (sa maison fut acquise en 1728 par Marius de Quincy). Charles Mallat, conseiller, maitre d'hôtel ordinaire du roi

(M. Terrasson, en 1728). Catherine Charlier, veuve de Pierre Roger, conseiller du roi et greffier en chef en son grand conseil. Claudine Gigot de Pouilly, nièce de l'abbé le Ragois (maison des nouvelles eaux minérales en 1728). Denis Pinson, garde des plaisirs du roi. François de Vertamont, chevalier seigneur de Bréan, etc., conseiller en ses conseils d'État et privé, et directeur de ses finances. Jacques Penon, écuyer, conseiller, secrétaire du roi. Jacques de Grou, écuyer, seigneur de Beaufort, porte-manteau de S. A. R. Jean Boudet, chirurgien et valet de chambre du roi. Nicolas Contenot, avocat au Parlement; Claude Contenot, conseiller du roi, auditeur en la chambre des comptes. Philippe Rouillon, seigneur de la Chambre, portier pour le roy en son parc au bois de Boulogne.

Dans la section judiciaire, on compte un nombre considérable de registres relatifs à la justice d'Auteuil, qu'on peut classer ainsi :

Auteuil (Prévôté d')
$\left\{\begin{array}{l}\text{Audiences. 1696-1701. 1699-1756. 1758-1790} \\ \text{(Z² 136 à Z² 169).} \\ \text{Minutes. 1602 à 1790 (Z² 170 à Z² 188).} \\ \text{Procès-verbaux de découvertes de cadavres,} \\ \text{1718-1749 (Z² 189).} \\ \text{Droits de justice de l'abbaye de Sainte-Geneviève-} \\ \text{sur-Auteuil. 1338-1732 (Z² 190).}\end{array}\right.$

Citons encore les papiers provenant des anciens tabellions d'Auteuil, de 1575 à 1752 (ZZ¹ 12 à ZZ¹ 30).

Dans les archives domaniales, il y a deux autres cartons (Q¹ 1068 et Q¹ 1069) qui renferment des titres de propriété et des brevets de dons de maisons, terres et rentes à Auteuil; des actes de vente de terrains situés sur les glacis et fossés d'Auteuil, en 1746, 1761, 1766, 1773, 1775 et 1777; des soumissions pour acquisition de biens nationaux, les titres de vente du jardin-fleuriste d'Auteuil, du procès-verbal d'estimation des domaines nationaux situés à Auteuil, un cahier contenant la mesure de terres à Auteuil, Vanves dans la censive de l'abbaye de Sainte-Geneviève. On voit par ce cahier que l'arpent valait 4 quartiers et le quartier 12 perches 9 pieds. L'arpent contenait cent perches, et la perche 18 pieds. Le tiers d'arpent est appelé terceau à Auteuil, il valait 33 perches 6 pieds. Il y a d'autres localités voisines de Paris; comme à Vanves, par exemple, où l'on entend par le mot *terceau* le tiers du tiers d'arpent.

IMPRIMÉS

Histoire d'Auteuil, depuis son origine jusqu'à nos jours, par Adolphe de Feuardent, instituteur communal à Auteuil. *Paris*, 1855, in-18.

Discours du président du Comité militaire à la garde nationale d'Auteuil, le jour du transport du plan de la Bastille à l'église de la paroisse. *S. l. n. d.* (1789), in-4.

Autolii pagi ad Lutetiam... descriptio, auctore Ren. Rapin. *Lutetiœ*, 16.., in-12.

Inauguration de la maison commune d'Auteuil. *Paris, s. d.*, in-8.

Note supplémentaire aux observations présentées par les autorités locales des communes de Passy, Auteuil, Grenelle, etc., contre les demandes de MM. Payen et consorts. *Paris*, 18 novembre 1835, in-4.

Couvent de l'Assomption ou monastère des Assomptiades à Auteuil, par le docteur Cattois; architecte, M. Verdier. Gravures de M. Sauvageot. *Paris*, 1861, in-4°.

(Extrait de l'Encyclopédie d'architecture).

Mémoire sur l'argile plastique d'Auteuil et sur les substances qui l'accompagnent, par Antoine-César Becquerel.

Voy. Mémoires de l'Académie des sciences, tome XI, et Annales de chimie, tome XXII (1832).

Des vertus et propriétés des eaux minérales d'Auteuil, près Paris, par Pierre Habert, médecin. *Paris*, 1628, in-8.

Fevret de Fontette ajoute : « On ne connaît que celles qui coulent dans les jardins de la maison seigneuriale de Passy, à l'extrémité du village, et on soupçonne qu'elles contiennent du cuivre; du moins M. de la Pouplinière, qui occupoit cette maison, avoit-il défendu qu'on en puisât, à cause de cet inconvénient. »

Voyez aussi le Magasin pittoresque, tome VI, page 235, un article sur Auteuil, et, plus loin, mon article bibliographique sur Passy.

ANCIENNES DÉPENDANCES D'AUTEUIL

J'ai dit au commencement de ce chapitre qu'Auteuil comptait autrefois au nombre de ses hameaux : le *Point-du-Jour*, l'*Ile de Sèvres* et *Billancourt*. Voici ce que j'ai trouvé sur ces localités.

LE POINT-DU-JOUR

Je n'ai pas trouvé ce nom dans les censiers d'Auteuil; je ne le crois pas du reste fort ancien. Il vient probablement de sa position, qui permet de jouir des premières lueurs de l'aube. C'est en ce lieu que la garde parisienne reçut Louis XVI, le 17 juillet 1790, et où Bailly prononça ce discours fameux par son exorde : « J'apporte à Votre Majesté les clefs de la bonne ville de Paris; ce sont les mêmes qui ont été présentées à Henri IV ; il avait reconquis son peuple, ici le peuple a reconquis son roi. [1] »

Pendant le siége de Paris par l'armée allemande, en 1870, et surtout lors de la prise de la capitale par l'armée de Versailles, le *Point-du-Jour* a beaucoup souffert du bombardement.

___

L'ILE DE SÈVRES

Cette ile, appelée aussi l'*Ile du Pont de Sèvres*, à cause de sa position, était une dépendance de Billancourt. En 1787, on y ouvrit un canal pour l'établissement d'une blanchisserie (Arch. nat., Q. 1069; actes des 21 avril et 26 juin 1787).

___

BILLANCOURT

Il est étonnant que l'abbé Lebeuf ait dit si peu de choses sur Billancourt, qui est un lieu fort ancien.

Billancourt signifie domaine du côteau, Bolen curtis.

Billancourt était alors formé par une agglomération d'iles. La plus ancienne forme que j'ai rencontrée dans les actes est *Bullencurt*[2]. Une charte du roi Louis VII confirme la donation faite à l'abbaye de Saint-Victor par Ansold, chevalier, de Chailli (Anso'dus, Miles, de Chailli), et sa femme, Aveline, de la terre de Billancourt, consistant en une grange, quatre hôtes ou vassaux et six arpents de pré. « *Bullencurt, non longé a Parisiis, versus S. Clodoaldum, terram scilicet unius fere carruce, cum granchia et IV hospitibus, nec non etiam sex arpennos pratorum ibidem, assensu ambarum filiarum suarum, que omnia de regio feodo possidebant.* »

___

[1] Voyez à ce sujet les *Mémoires* de Mme Campan, t. II, p. 58; ceux du marquis de Ferrières, t. I, p. 151; ceux de Bailly, t. II, p. 57 et suiv., et le *Point-du-Jour*, journal de Bertrand Barrère.

[2] *Bol* signifie côteau; on le retrouve en Allemagne sous la forme *Bullenkeim* et *Büllenckeim*, forme correspondante de Bullencourt. (Voyez Förstemann, *Altdeutsche namenbuch*, col. 273.)

On voit par cet acte que la terre donnée par Ansold de Chailly relevait du roi ; mais il y en avait d'autres qui appartenaient à différents seigneurs, tels que les seigneurs de Paci, de Ville-d'Avrai et d'Issi.

En 1173, un fief situé dans l'île de *Longueignon*, appartenant à Pierre de S. Cloud et à sa femme Guineburc, est donné à l'abbaye de Saint-Victor. L'année suivante, des terres situées dans la même île, *insula que vulgo dicitur Longueignon*, et qui relevaient de Mathieu de Passy (Matheus quoque de Paci, de cujus feodo erat, hunc invadiationem laudavit), augmentent le domaine des religieux, qui achètent, en 1180, à Baudouin « de Mesnille » et à « Oriola, » sa femme, tout ce qu'ils possèdent au même lieu, « in insula de Longuillun. » Des actes de 1184 et 1196 attestent de nouvelles acquisitions, « in insula de Longuinon, » et de « Longeignon, » garanties par André de Paci et Guillaume Gibuz dans le premier cas, et par Galon de « Viledavrei » et Pierre de « Pacci » dans le second ; enfin, en 1277, un nommé « Arnulphus dictus Caourcin, de Balancuria » vend 5 quartiers de terre « au terroir de la Chievre-Rue, » chargés de six sous envers le chapitre de Saint-Cloud et d'autres droits, « apud Longengnon. »

Les religieux de Saint-Victor augmentaient aussi leurs possessions primitives dans l'île de Billancourt par don (en 1193 apud Bulleincort) ou par achat (vente de 5 arpents de terre « aput Bullencort » par Marie « de Rodolio »). L'importance de ces biens inquiétait le chapitre de Saint-Germain-l'Auxerrois, et on voit, par un acte de 1203, qu'il était en désaccord avec l'abbaye de Saint-Victor au sujet des dîmes de « Bullencurt. » Quelques années plus tard, au mois de juin 1231, Henri le parcheminier (Henricus pergamenarius) et sa femme Emmeline, qui était belle-sœur de Bertin Porée, qu'une rue de Paris a rendu célèbre, vendirent, pour 50 livres à l'abbaye de Saint-Victor, une pièce de terre située dans la grande île de Billancourt « in magna insula *de Bulencort* » relevant en fief de Thibault d'Issy (.... ceterum Theobaldus de Issiaco de cujus feodo terra illa primo movere dicitur) et en arrière-fief de Barthelemy de Viroflay, chevalier (.... ad hec, dominus Bartholomeus de villa Offlein, miles, de cujus feodo terra sepedicta secundo movere dicitur). Il est probable que ces seigneurs donnèrent eux-mêmes ce qu'ils possédaient dans l'île, puisqu'un acte de 1289, émanant de « Estiene de Villoflain, chevalier, et Jehan de Issi escuier, filz mesire Jehan Thibaut de Issi, jadis chevalier » approuvent la donation faite par Thibaut d'Issy « es ylles de Bullencourt. »

Les donations de terre se continuèrent au xive siècle, j'en trouve la preuve dans une charte de 1312 (die dominica Brandonum) qui mentionne des biens « in territorio de Bulencuria versus S. Clodoaldum » et la vente d'un gord [1] (30 novembre 1357) dit « le gort Despeullent assis en la rivière de Saine à l'endroit de la ville de Sèvre » par Regnaut d'Acy, chevalier. Des actes plus modernes rattachent le « gord d'Esparlent » à l'île Roncherel.

Dès le xiii° siècle, le manoir de Saint-Victor était déjà considérable, puisque Eudes Rigault, archevêque de Rouen, y coucha en 1260, comme on le voit par son registre de visite [2] où il a mentionné ainsi son passage « II non. Augusti apud Boulencort, manerium abbatis S. Victoris juxta S. Clodoaldum. »

Une fois le domaine formé, l'abbaye le loua. J'ai trouvé un bail du 22 décembre 1358 « du manoir ou hostel que les religieux avoient et ont prez de Saint-Clot, appellé le manoir de Bullencourt » et un autre bail du mois de mai 1426, fait à Guillaume le Muet, changeur du trésor du roi, bourgeois de Paris, et à Yolande, sa femme, d' « ung hostel et pourprins appellé l'ostel de Billencourt tout ainsi qu'il se dilate, comporte et estend de toutes pars, tant en granche, court, coulombier et jardins, comme en terres labourables, prez, ysles, seigneurie, saulsoys et autres appartenances d'icellui hostel, assis sur et près de la rivière de Seine, lez la ville d'Autueil. »

Inquiétés dans leur jouissance, les religieux de Saint-Victor furent maintenus dans la possession des deux îles de Billancourt par arrêt du conseil du 20 mars 1683.

En 1728, un capitaine dans le régiment des carabiniers du roi, chevalier de l'ordre militaire de Saint-Louis, Barthélemy-Etienne Gautier, se disait propriétaire et seigneur de Billancourt, mais, quoiqu'il signât toutes ses lettres : *Billancour*, personne ne lui reconnaissait son titre de seigneur.

On sait que Billancourt a été distrait de la commune d'Auteuil et, depuis le 16 juin 1859, annexé à la commune de Boulogne. De grandes fabriques y ont été construites et la population est devenue assez considérable pour nécessiter l'érection d'une petite chapelle, construite, en 1834, par les soins de M. de Gourcuff, aujourd'hui église de l'Immaculée-Conception, desservie par un curé et un vicaire, et érigée en succursale par décret du 29 décembre 1860. Cette petite paroisse, qui ne compte pas moins de 2,525 habitants, renferme dans sa circonscription une école de filles tenue par les sœurs de Sainte-Marie et fondée, par Mme Delahante, en 1855, ainsi qu'une salle d'asile fondée par le curé en 1860. Un décret du 28 août 1861 a ordonné l'établissement de deux ponts sur les deux bras de la Seine, entre Billancourt et le Bas-Meudon.

---

[1] Pêcherie consistant en 2 rangs de perches plantées dans le fond d'une rivière et formant un angle dont un des côtés est fermé par un filet.

[2] Voyez Registrum visitationum archiepiscopi Rothomagensis, publié pour la première fois par Th. Bonnin. Rouen, 1852, in-4. L'éditeur a traduit Boulencort par Boulogne.

BIBLIOGRAPHIE

MANUSCRITS

Toutes les chartes que j'ai indiquées ci-dessus, ainsi que des baux, titres de cens et rentes, arrêts du conseil, etc., se trouvent réunis dans un carton de la section administrative, côté S. 2137.

On trouvera encore des documents sur Billancourt dans le cartulaire de Saint-Victor et dans les cartons L. 888 et 890 de la section historique aux Archives nationales, que j'ai signalés dans ma notice bibliographique sur l'abbaye de Saint-Victor (tome III, p. 608).

IMPRIMÉS

De par le roy, la terre et seigneurie de Billancourt, paroisse d'Autheuil, près le bois de Boulogne, biens et revenus d'icelle, dépendant de la manse abbatial de l'abbaye royale de Saint-Victor à Paris, à donner à ferme pour en jouir du premier janvier 1713; placard in-fol, (Arch. nat., S. 2137).

Nouveau village de Billancourt. *Paris*, 1826; in-4, cartes et plan.

BOULOGNE

L'histoire de Boulogne n'offre rien de bien intéressant. Village fort pauvre et fort peu peuplé au moyen âge, il ne dut son renom qu'à la forêt au milieu de laquelle il était situé : d'abord simplement appelé *Menus*, on le nomme ensuite *Menus-lès-Saint-Cloud*, ainsi qu'il est désigné dans une très-curieuse lettre de Rémission, de 1357, en faveur de Jean et Richard Saveur, habitants du Menuz-lès-Saint-Cloud, qui avaient tué un Anglais, parce que cet Anglais se vantait que dans peu de temps tous les Français deviendraient des sujets de la couronne d'Angleterre (Archives nationales, JJ 89, n° 54), et quelquefois même *Menus-lès-Boulongne* [1], comme on le voit dans une lettre de Rémission, de 1529, en faveur de « Pierre Lhuillier dit Hennequin, avoué et garennier du boys de Boullongne, demeurant à Menus lès ledit Boullongne » (Arch. nat., JJ 244, n° 102).

Les savants éditeurs du Cartulaire de Notre-Dame de Paris trouvant, dans un acte de 1255, la mention d'un prieuré dit *de Boilongnello*, dépendant de l'abbaye de Tiron (tome III, p. 181), et situé dans le diocèse de Paris, ont cru reconnaître dans ce diminutif la forme équivalente à Boulogne-la-Petite. Ils n'ont pas réfléchi qu'en 1255 Boulogne s'appelait *Menuz*, et que Boulogne-la-Petite, très-rarement employé du reste, n'avait pu être donné près d'un siècle avant que les bourgeois de Paris aient eu l'idée de construire une église en souvenir de leur pèlerinage à Boulogne-sur-Mer.

Une grande partie de son territoire appartenait à des maisons religieuses. L'abbaye de Saint-Victor y percevait des cens assez considérables, dont elle fit déclaration en 1540. D'après les nombreux documents réunis par l'administration pour connaître la quantité des biens nationaux (Arch. nat., Q^1 1068), on peut dresser ainsi qu'il suit le tableau des domaines royaux, hospitaliers et religieux de la commune de Boulogne.

---

[1] Cette dénomination indique que *Menu* servait encore en 1595 (Registre censier d'Auteuil, S. 1676, f° 70) à désigner la partie ancienne, primitive, du village qui devait finir par être nommé Boulogne.

1. Domaine royal : Bois de Boulogne contenant 562 arpents 93 perches, y compris les routes ; la maison et la porte des princes.

2. L'archevêché de Paris : un moulin à eau sous le pont de Saint-Cloud.

3. Charité de S. Cloud : 4967 perches de terre, une maison avec 300 perches, 30 arpents et 75 perches de terre.

4. Maladrerie de S. Cloud : 29 arpents 80 perches.

5. Chapitre de S. Cloud : 2115 perches de terre.

6. Doyen du chapitre de S. Cloud : 3 arpents 50 perches.

7. Cure de Boulogne : 1/2 arpent de terre sableuse loué 7 livres.

8. Fabrique de Boulogne : 25 perches.

9. Cure d'Auteuil : 630 perches.

10. La confrérie du S. Sacrement en l'église S. Benoit à Paris : une maison louée 140 livres.

11. Les dames de S. Cyr : une maison louée 800 livres.

12. L'abbaye de Montmartre : 2 fermes, dont une avec 74 arpents de terre et l'autre avec 5 arpents de luzerne, plus 9 arpents et demi.

13. L'abbaye de S. Germain des Prés : 16 arpents et demi de pré.

14. L'abbaye de Longchamp : 1 moulin loué 150 livres, 1 maison bourgeoise avec jardin, 1 maison située dans la 2ᵉ cour de l'abbaye, attenant à la chapelle S. Isabelle, louée 395 livres ; 1 jardin, différentes pièces de terre d'une contenance de 17 arpents 20 perches.

Si on réduit cette quantité d'arpents et de perches, en mètres, on obtient différents résultats, selon que l'on compte en arpent commun, en arpent de Paris ou en arpent d'ordonnance, dit aussi arpent des eaux et forêts. Or, à Boulogne, ces trois mesures agraires pouvaient être employées, et j'avoue qu'aucun document ne m'a fourni le renseignement que je cherchais.

L'arpent commun était composé de 100 perches carrées de 20 pieds de côté, ce qui donne pour la valeur de la perche 400 pieds carrés ou 11,11 toises carrées ou 42,20 mètres carrés. En conséquence, l'arpent commun valait 40,000 pieds carrés, soit 1111,11 toises carrées, soit 4220,84 mètres carrés.

L'arpent de Paris se composait aussi de 100 perches, mais la perche n'avait que 18 pieds de côté, soit 324 pieds carrés, ou 9 toises carrées, soit 34,19 mètres carrés. La valeur de cet arpent était donc de 32,400 pieds carrés ou 900 toises carrées, c'est-à-dire de 3418,87 mètres carrés.

L'arpent d'ordonnance ou des eaux et forêts, qui devait être employé par les gruyers de la forêt de Rouvrai, était le plus grand de tous. Il se composait de 100 perches carrées de 22 pieds de côté, et la perche contenait 484 pieds carrés ou 13,44 toises carrées ou 51,07 mètres carrés. L'arpent d'ordonnance valait donc 48,400 pieds carrés ou 1344,44 toises carrées, c'est-à-dire 5107,20 mètres carrés.

Les 829 arpents 55 perches de terre appartenant au Roi, aux Hôpitaux, aux Églises et aux Abbayes, sur le territoire de Boulogne, équivalent donc à :

350 hect. 13 ares 88 cent., en admettant l'usage de l'arpent commun.

283 — 61 — 24 —   —   —   — de Paris.

423 — 66 — 77 —   —   —   — d'ordonnance.

Ce qui revient, en moyenne, à une petite moitié de la superficie actuelle de la commune.

Si je suis entré dans ces détails, c'est que dans la suite de cet ouvrage, j'aurai souvent à parler d'arpents et de perches, et qu'il est utile qu'on puisse savoir ce que signifient exactement ces mots.

A la Révolution, Boulogne devenu commune du canton de Passy, envoya, le 12 juillet 1791, une députation de la garde nationale à l'Assemblée constituante, pour lui prêter serment de fidélité, et, le 31 août suivant, un décret intervint qui fixa l'arrondissement de sa municipalité et de sa paroisse. Elle avait adressé ses plaintes et doléances aux États-généraux, le 16 avril 1789 (Voy. Archives parlementaires, 1re série, t. IV, p. 367).

Sous l'empire de la loi du 19 vendémiaire an IV, Boulogne faisait partie du canton de Passy et du district de Franciade (Saint-Denis). Lorsque le canton de Neuilly a été formé, Boulogne lui a été rattaché, et il en fait encore partie.

Ce n'est qu'à partir de ce siècle que sa population a augmenté considérablement. En 1800, on comptait 2,481 habitants; en 1817, 3,325 ; en 1831, 5,323; en 1836, 5,993; en 1841, 6,906; en 1846, 7,847; en 1851, 7,602; et en 1856, 11,378, ce qui fait, en 56 ans, une augmentation de 8,897 habitants. Boulogne ayant une superficie de 7,949,578 mètres de terrain et de 509,599 mètres en eau, le rapport de la population à la superficie en terrain est de 699 mètres par habitant. La loi du 16 juin 1859 augmenta encore l'étendue territoriale de Boulogne en lui donnant les portions des communes d'Auteuil et de Passy, situées en dehors des limites de l'enceinte fortifiée.

Placée près de Saint-Cloud, dont elle n'est séparée que par la Seine, la commune de Boulogne n'a pas souffert autant qu'on pourrait se l'imaginer des désastres de la guerre et de la Commune, car l'état des dégâts causés aux édifices municipaux ne se monte qu'à 54,000 francs.

L'église de Boulogne n'a pas été, comme le dit Lebeuf, érigée en paroisse en 1343. Le 2 mai 1330, les gouverneurs de la Confrérie viennent par devant le prévôt de Paris :

« A tous ceus qui ces présentes lettres verront, Hugues de Crusi, garde de la prevosté de Paris, salut : sachent tuit que par devant nous vindrent en jugement en leurs propres personnes, Nicholas Miete, Jehan de Bonnier, Denis le Berruier et Jehan des Vingnes, maistres et gouverneurs pour le temps de la confrarie Nostre-Dame de Boulongne-lès-Paris et gouverneurs de la nouvelle églize du Menuz-de-lez-Saint-Cloost. »

Et sont autorisés à vendre leurs biens pour assurer au curé d'Auteuil une rente de sept livres et pour doter la nouvelle église *déjà commenciée* et pour le dédommager des droits qu'il percevait auparavant à Menuz, en qualité de curé (Arch. nat., L 455).

« Avecques ce par especial nous de lacort dudit commun de la dicte confrarie leur donnons pooir et auctorité de vendre et mettre hors de leur main les héritages, cens, rentes, et autres choses qui sont et seront..... dicte confrarie, qui ne seront proufitables à tenir à ycelles et que la dicte confrarie ne pourroit tenir par reson de garantir les ventes qui seront ou non de la dicte confrarie et des biens dicelle, achater rentes ou héritages pour douer la *nouvelle eglize du Menuz que les dis confreres ont desja commencié de leur aumosnes* et de asseoir au curé d'Autueil sept livres de rente amortiz que il li ont convenant pour le droit que il avoit au Menuz, etc. »

Elle était en effet déjà fort avancée, puisqu'à la date du mois de mai 1326, on trouve dans le Trésor des chartes une lettre d'amortissement de certains biens, à la chaussée de Gouvieux, en faveur de la confrérie de Notre-Dame-de-Boulogne, *dans l'église de Menus* (Arch. nat., JJ 64, n° 169).

Aussitôt terminée, c'est-à-dire le 1er juillet 1330, l'évêque de Paris vient la bénir et indiquer les limites qui doivent fixer la circonscription des deux paroisses.

« Universis presentes litteras inspecturis, magister Hugo, permissione divina Parisiensis episcopus, commissarius, ad infrascripta a Sede Apostolica deputatus, salutem in Domino : noverint quod nos hodie, scilicet die dominica prima Julii anno Domini M° CCC XXX, in nova parochia ecclesiæ B. M. de Menuz. nostræ diœcesis, post benedictionem cimeterii ac fontium ejusdem ecclesiæ ac missam per nos inibi solenniter decantatam, separare et limitare volentes ipsam ecclesiam a parochiali ecclesia de Autholio, de cujus parochia eclesia ipsa et villa de Menuz esse consueverant, visis et attentis ecclesiarum et villarum ipsarum de Autholio et de Menuz circumstantiis commissis, auctoritate prædicta statuimus et ordinamus in hunc modum : Videlicet quod parochia ipsa de Menus se extendit de cætero ab abbatia de Longo campo inclusive usque ad grangiam de Menicuria quæ est abbatis S. Victoris de pratis exclusive, a nemoribus tantum usque ad ripam Secanæ, prout dividunt bornæ seu metæ lapideæ, etc., etc. »

Boulogne est une des églises de village qui a consommé le plus de cloches. Les premières que je trouve mentionnées dans les registres de baptême de la paroisse, sont de 1629, et il devait certainement y en avoir eues auparavant.

« Ce vingt-quatrième jour de may (1629), est-il dit dans l'acte, furent bénistes les deux petites cloches de Boulongne, la plus grosse desquelles fut nommée Léonor, par dame Léonor Chabot, dame de Bassompierre, et par Claude de Lorraine, duc de Chevreuse; et l'autre nommée Marie, par dame Marie-Charlotte de Balsac, marquise de Beuvron, et par Charles de Lorraine, duc d'Elbœuf. »

Une autre cloche, nommée *Marie-Magdeleine,* fut bénite le 17 août 1687. Le parrain était : Louis de Beauvais, chevalier, baron de Gentilly, la Tour quarrée et autres lieux, capitaine et gouverneur des châteaux, maisons royalles de Madrit, la Muette, parcs de Boullogne, plaines de Saint-Denis; et la marraine : Barbe-Magdeleine de Maynon, fille de Vincent Maynon, conseiller du roi, intéressé dans les fermes générales de Sa Majesté.

Deux ans plus tard, le 21 août 1689, on bénit une cloche qui fut appelée *Jean-Martine,* de Martin Raguenet, marchand, bourgeois de Paris, et de Jeanne-Françoise Crevon, femme de Thomas Marandon, bourgeois de Paris. Ces deux bourgeois étaient administrateurs en charge de l'église de Boulogne.

En 1712, deux autres cloches furent bénites : la première, *Julienne-Elisabeth,* le 13 novembre, ayant pour parrain Julien Hamarc, avocat, et pour marraine Elisabeth Charpy, veuve du sieur du Bourg, bourgeois de Paris; la seconde, *Catherine-Antoinette*, le 20 novembre, tenue par Antoine-Artus des Chiens, chevalier, seigneur de Luzy, conseiller du roi, trésorier de France; et Catherine Charmolu de la Garde, épouse de M. Lemée, chevalier, seigneur de la Frette, conseiller du roi au Parlement.

Deux ans après, le 15 octobre 1714, on bénit encore une autre cloche nommée *Marie-Catherine-Julienne* en l'honneur de Julien Hamarc, avocat à la Cour, juge et prévôt de Boulogne; et Marie-Catherine Baroy, femme d'Etienne Perichon, écuyer, ancien échevin, conseiller du roi et notaire au Châtelet.

Enfin, une grosse cloche pesant 445 livres fut baptisée sous le nom de *Marguerite-Antoinette,* le jeudi 3 avril 1727, ayant pour parrain Antoine-Artus des Chiens, chevalier, seigneur de Lusy, conseiller du roi, trésorier de France à Paris, et pour marraine, Marguerite de Rochechouart, abbesse de Montmartre.

D'après les actes de décès, il y avait peu de personnes enterrées dans l'église; je citerai cependant :

Claude Lecompte, marguillier (19 mai 1626). Nicolas de Villiers (28 septembre 1626). Guillaume Millet, en son vivant secrétaire de M. le cardinal de Richelieu (8 mars 1632). Pierre Constant, marchand au pont de S. Cloud

(2 novembre 1632). Pierre Vallier (24 janvier 1691). Olivier Gorron, berger (25 mars 1672). Marie Pasdelou (1694). Catherine-Marie Lecat, fille d'un notaire de Paris (6 août 1699). Jean Gallot (16 mars 1695). Jean Carbonnel, curé (18 décembre 1646). Pierre Dominé, officier et garde de la chasse et plaisirs du roy (13 mai 1674).

Plus on avance vers le xviiie siècle, plus les mentions d'enterrement dans l'église deviennent rares. D'ailleurs, je le répète, Boulogne paraît avoir été moins fréquenté par la noblesse de robe ou d'épée qu'Auteuil et Chaillot; ce n'est que dans les actes de baptême où l'on trouve quelques renseignements sur des familles qui devaient y avoir du bien. C'est ainsi que je trouve :

En 1625, François de Rebours, ecuyer, sieur de Laleu, et capitaine des garennes du Louvre, chateau et parc de *Madry*, ecuyer ordinaire de la reine mère. Anne Hebert, femme de Charles de l'Orme, médecin ordinaire du roi (15 avril). Michel Gille, sieur de la Colombiere, l'un des chevaux-légers de la compagnie Colonelle (20 octobre).

En 1627, Louis Bruslart, marquis de Sillery, fils de Pierre Bruslart, conseiller du roi en son conseil d'état et secrétaire de ses commandements (22 juin).

En 1628, M. de la Fosse, ecuyer, maître d'hotel de la maison du roi (11 décembre).

En 1631, Édouard Molé, fils de M. le procureur général, et Marie de Belliepvre, fille de M. Nicol. de Belliepvre, conseiller en son conseil d'état et président en sa cour de parlement (20 juillet).

En 1634, Claude Bigot, ecuyer, conseiller du roi et trésorier général de France en Berry.

En 1667, Jean Quesnot, piqueur des équipages des petits chiens pour le roi.

En 1718, Charles-François d'Angennes, né le 26 juin, baptisé le 26 septembre, fils de Gabriel-Charles-François d'Angennes, chevalier, marquis d'Angennes, ci-devant enseigne des gens d'armes de la garde du roi, et de Marie-Françoise de Mailly.

En 1720, Anne-Angélique Reculé, tenue sur les fonts par Fouquet, chevalier de Belle-Isle, et Anne-Angélique d'Artus de Vertilly, duchesse d'Olonne.

On voit, par la correspondance de madame du Deffand, que Mme de Forcalquier y avait une maison en 1766.

Dans sa séance du 8 janvier 1858, la fabrique de l'église de Boulogne décida, sur la proposition de M. de Beaupré, l'un de ses membres, qu'on s'adresserait à l'Empereur afin d'obtenir des secours assez considérables pour restaurer complétement l'église ; le devis des dépenses montait à 150,000 francs.

Le 25 mai 1860, le gouvernement autorisait la reconstruction de l'église de N.-D. de Boulogne, ainsi que l'édification de la flèche centrale et la construction du bâtiment des sacristies. Les vieilles écoles qui masquaient l'église furent abattues et M. E. Millet, architecte, a fait élever au centre du transept une flèche qui s'élève, avec sa croix, à 27 mètres au-dessus du faîtage de l'église et à 49 mètres environ au-dessus de son dallage. L'église actuelle a la forme d'une croix latine; à l'intérieur, on trouve un porche qui communique à la nef par une arcade en plein cintre au-dessus de laquelle on a établi une tribune.

A gauche et à droite de ce porche se trouvent de grandes inscriptions anciennes et modernes qui fournissent des renseignements précieux aux visiteurs, sur l'origine et l'histoire de l'église.

A gauche, on a encastré dans la muraille deux inscriptions : l'une en marbre noir, l'autre en pierre dure.

Celle en marbre noir date de 1740; elle est fort intéressante à lire. La voici :

L'AN MIL TROIS CENS DIX NEUF CETTE EGLISE FUT BATIE SOUS L'INVOCATION DE N. D. DE BOULOGNE. PHILIPPE LE LONG ROY DE FRANCE & DE NAVARRE EN POSA LA PREMIERE PIERRE A LA PURIFICATION. Mᴱ JEANNE DE REPENTIE, ABBESSE DU MONASTERE DE N. D. DE MONTMARTRE & TOUTE LA COMMUNAUTÉ Y DONNERENT LEUR CONSENTEMENT L'AN 1320. LA FOREST DE ROUVROY ET LE LIEU APPELLE MENUS CHANGERENT DE NOM & S'APPELLERENT LE BOIS DE N. D. DE BOULOGNE ET LE VILLAGE DE N. D. DE BOULOGNE. LA CON FRAIRIE FUT ETABLIE PAR LE ROY PHILIPPE LE LONG. NOS TRES Sᵀˢ PERES LES PAPES Y ONT ACCORDES DE GRANDES INDULGENCES SURTOUT JEAN 22 PAR SA BULLE DE 1329. LES JOURS DESTINES POUR LES GAGNER SONT L'IMMACULÉE CONCEPTION, LA PURIFICATION ET L'ANNON CIATION. FULCO CELEBRE EVEQUE DE PARIS L'AN 1335 RAPPORTE PLUSIEURS MIRACLES QUE LA TRES SAINTE VIERGE A OPÉRÉE ICY DANS SON EGLISE. ELLE FUT CONSACRÉE LE 10 JUILLET L'AN 1469 PAR L'ILLUSTRE GUILLAUME CHARTIER EVEQUE DE PARIS.

CETTE EGLISE PORTE LE NOM DE N. D. DE BOULOGNE PAR CE QU'ELLE EST FILLE DE N. D. DE BOULOGNE SUR MER. LES HABITANS ET BOURGEOIS DE PARIS AYANT ÉTÉS PAR ORDRE DU ROY CHERCHER L'IMAGE MIRACULEUSE DITTE N. D. DE BOULOGNE DANS LAQUELLE IL Y A UN MORCEAU DE L'ANCIENNE ET VENERABLE IMAGE DE N. D. DE BOULOGNE SUR MER. CETTE RELIQUE EST SOUS LA PROTEC TION DU ROY COMME CELLEˢ DU THRESOR DE LA Sᵀᴱ CHAPELLE. ELLE NE PEUT SORTIR DE L'EGLISE QUE PAR ARREST DE LA CHAMBRE DES COMPTES, COMME APPARTENANT ORIGINAIREMENT AU ROY QUI A PERMIS QU'ON LA PORTAT UNE FOIS PAR AN SOUS UN DAIS ET PIEDS NUDS AVEC FLAMBEAUX ET ENCENS A L'ABBAYE DE L'HUMILITÉ DE LA Sᵀᴱ VIERGE BATIE PAR SAINT ELISABELLE & DITTE N. D. DE LONG CHAMP. NICOLAS MYETTE L'UN DES

FONDATEURS DE CETTE EGLISE EST ENTERRÉ EN CETTE BASILI
QUE DANS LA CHAPELLE DE L'ASSOMPTION. LES CONFRERES DE
N. D. DE BOULOGNE SONT PARTICIPANS DE TOUS LES MERITES
& BONNES ŒUVRES DE L'ORDRE DE CITEAUX. LA CONFRAIRIE
DE N. D. DE BOULOGNE A RECU UN ACCROISSEMENT CONSIDERABLE PAR
LES SOINS DE Mre CLAUDE JULE DU VAL DOCTEUR DE SORBONNE CURÉ DE
CETTE EGLISE & EN CETTE QUALITÉ PRIEUR PERPETUEL DE LAD'.
CONFRAIRIE, PASTEUR ZELÉ QUI A FAIT DE GRANDS BIENS A LA
FABRIQUE & SINGULIEREMENT ATTACHÉ AU CULTE DE LA MERE
DE DIEU. LES TITRES QUI REGARDENT LA CONFRAIRIE ROYALE
DE CETTE EGLISE SONT EN DEPOST EN LA CHAMBRE DES
COMPTES DE PARIS, A CELLE DE L'ISLE, ET DANS LES ARCHIVES
DU CHAPITRE DE N. D. DE BOULOGNE SUR MER. L'HISTOIRE
EN A ETE ECRITE PAR Mr LE ROY ARCHIDIACRE DE BOULOGNE
SUR MER. CETTE PIERRE A ETE POSÉE A LA FETE DE LA
NATIVITE QUI EST LA FETE TITULAIRE DE CE TEMPLE L'AN 1750
6 DU PONTIFICAT DE N. S. PERE LE PAPE BENOÎT XIV ET LE
31 DU REGNE DE LOUIS XV LE CONQUERANT, LE VICTORIEUX
ET LE BIEN AIME. MARIE LEZINSKI PRINCESSE DE
POLOGNE REYNE DE FRANCE. Mre CHARLES HENOC FRANÇ. CURÉ
& PRIEUR DE L'EGLISE ROYALE & PAROISSIALE
DIRECTEUR DE LA CONFRAIRIE DE N. D. DE BOULOGNE.

A gauche de cette longue inscription, s'en trouve une autre en caractères gothiques dont je n'ai pas bien déchiffré la septième ligne.

> Cy devāt gist soubz ceste lame
> Nicolas Myette dont lame
> Ville ' Dieu mectre en paradis
> Et est ung des p̄miers jadis
> Fondeur de ceste chapelle
> Du nom de la Vierge puscelle
> Qui trespassa le [jœdi l'an]
> Mil trois cēs trēte sept et ung
> Droit ēviron le moys de may
> Et pries tous avecques moy
> Que Dieu vray pardon luy faisse
> Et a vous par sa saincte grace
>   Amen

1 C'est-à-dire veuille.

Vis-à-vis ces deux inscriptions, c'est-à-dire sur le côté droit du porche en entrant, on voit une grande plaque de marbre blanc sur laquelle on lit :

EN 1860-63 Mᴿ THIERLE ÉTANT MAIRE

ET Mᴿ LE COT CURÉ DE BOULOGNE

CETTE ÉGLISE QUE FIT CONSTRUIRE

LE ROI PHILIPPE V

AU COMMENCEMENT DU 14ᵉ SIECLE

A ÉTÉ COMPLETEMENT RESTAURÉE

ORNÉE DE SES GALERIES, ENRICHIE DE SA FLECHE

ET AGRANDIE DE SES DEUX CHAPELLES

D'UNE TRAVÉE ET DE SA TRIBUNE

PAR LES ORDRES ET LA MUNIFICENCE

DE S. M. L'EMPEREUR NAPOLÉON III

SOUS LA DIRECTION DE Mᴿ MILLET ARCHITECTE

LE CONSEIL MUNICIPAL DE CETTE VILLE

S'EST FAIT UN HONNEUR ET UN PIEUX DEVOIR

D'ENTRER POUR TOUTE LA PART POSSIBLE

DANS LES FRAIS DE CES IMPORTANS TRAVAUX

MᴹᴿˢLES MEMBRES DU CONSEIL DE FABRIQUE

FOULLON, HEBERT (CH.), PATRY

HEBERT (Aᵀᴱ), DÉNARD, HOUDARD, AZUR,

VALTON ET MALFILATRE

A JAMAIS RECONNAISSANTS

A. LEFEBVRE Mʳ

La nef n'a pas de bas-côtés, seulement, à gauche de la nef, entre le porche et le transept, on a pratiqué dans la muraille une grande arcade par laquelle on pénètre dans une petite chapelle basse où sont les fonts baptismaux. Vis-à-vis on a encastré dans la muraille une pierre assez fruste représentant un chevalier. Autour de la pierre, il y a une inscription en caractère gothique. Je n'ai pu déchiffrer qu'une partie du côté gauche :

Guillaume de D. . . . . du roy

Et tout le côté gauche :

Mil trois cens 𝔇𝔇𝔇𝔇ˣˣ et 𝔛𝔙𝔍𝔍 le 𝔇𝔇𝔇ᵉ jour de juillet. Priez Dieu.

L'Inscription de la dédicace de l'église en 1469, donnée par Malingre (Antiquitez de Paris, l. ɪᴠ, p. 120) n'existe plus.

Les transepts sont éclairés par de beaux vitraux. Celui de droite est occupé par la chapelle de Notre-Dame de Boulogne et couvert de fresques et de peintures d'ornement de haut en bas

Dans le transept gauche, il y a une porte qui communique aux sacristies.

La nef, qui est en voûte d'arête, est beaucoup plus surchargée dans le chœur, à cause des formerets qui séparent les onze baies ogivales qui l'éclairent, et dont les membrures se réunissent au sommet de la voûte.

Un arrêté préfectoral, en date du 28 mars 1854, autorise la commune de Boulogne à acquérir, moyennant 15,000 fr., une maison rue Saint-Denis, n° 29, pour y fonder un asile de vieillards.

Cet asile, dû à l'initiative de M. Ollive, maire, n'eut d'abord que vingt lits; il en compte aujourd'hui quarante. La chapelle a été bénite le 12 août 1857.

Citons encore un asile de l'enfance, créé en 1854, à l'angle des rues Fessart et des Écoles, et où se trouve une chapelle. Enfin, une école communale de garçons, fondée en 1862 par M. Escudier.

L'instruction primaire était donnée du reste depuis longtemps à Boulogne, car j'ai trouvé dans un acte de l'état civil de 1688, le nom de « Henri Provost, maître des petites écoles dudit lieu. »

La seule propriété remarquable de Boulogne est le château de M. de Rothschild, que ce célèbre banquier fit construire dans l'ancien domaine du comte Réal, ministre sous le premier Empire.

BOIS DE BOULOGNE

Le Bois de Boulogne est un diminutif de la grande forêt de Rouvray, donnée le 28 février 717, par Chilpéric II, à l'abbaye de Saint-Denis : *Foreste nostra .Roverito..... que est in pago Parisiaco, super fluvium Sigona, una cum illo forestario nomene Lobicino, qui commanit in fisco nostro Vetus Clippiaco*, est-il dit dans ce diplôme. Trois siècles plus tard le roi Robert confirmait cette donation en l'étendant le 17 mai 1008, et la forêt s'appelait alors *Rubridum sylva*, déformation de la vieille forme *Roboretum* qui est l'équivalent de notre mot *Chênaie*. Pendant toute la durée du moyen-âge, les chartes qui nous révèlent son existence prouvent qu'elle servait surtout à l'abbaye de Longchamp.

En effet, une lettre, datée de Fontainebleau au mois de mars 1270 (Arch. nat., K 33, n° 5) donne 30 arpents de la forêt à l'abbaye de Longchamp. Une autre lettre, datée de Paris, en février 1286 (Arch. nat., K 36, n° 2) lui accorde une coupe de 8 arpents. En juillet 1317, le roi étant à Poissy concède un droit de coupe annuelle de 4 arpents

(Arch. nat., K 40, n° 13). Deux ans plus tard, aux mois de mai et juin 1319 (Arch. nat., K 40, n° 28), on dresse un procès-verbal d'arpentage et on prise une partie du bois de Rouvray concédé aux religieuses de Longchamp, en échange d'une rente de cent livres qui leur avait été assignée sur cette forêt. Par une lettre de Philippe le Long, du mois de décembre 1320, on voit que la partie du bois concédé alors comptait 187 arpents et un quart (Arch. nat., K 40, n° 33). Peu de temps après, le 12 juillet 1321, le même roi constitua une rente de 280 livres à prendre sur les revenus de cette forêt (Arch. nat., K 40, n° 37).

Plus tard, des procès s'engagèrent entre les religieuses et les habitants sur la valeur de ces donations. Charles IX, par des lettres en date du 22 mars 1568, enjoignit à deux maîtres des requêtes de son hôtel de faire un rapport au Conseil sur les droits de propriété et d'usage des habitants de Boulogne et des religieuses. Henri II les avait confirmés dès le 26 juin 1548 dans la jouissance de 217 arpents dans le bois de Boulogne, de la coupe de 2 arpents pour leur chauffage et des droits de pâturage et de pacage dans ledit bois. Henri IV les autorisait à prendre du bois par ses lettres du 28 octobre 1592, mais le 1er octobre 1686, son successeur leur retira tous leurs droits et leur donna en compensation 2,400 livres de rente.

A la Révolution, des dévastations furent commises dans le bois de Boulogne (Voy. un décret du 11 décembre 1789), dont le parc fut provisoirement réservé pour la chasse du roi (décret du 22 avril 1790). Complétement ravagé par l'ennemi en 1815, il eut tous ses beaux arbres coupés et quelques parties de ses bois incendiées. Sa proximité de Paris était la seule cause de sa fréquentation et ceux qui s'y promenaient cherchaient en vain de quoi satisfaire les yeux et les poumons. Point de sites, peu d'air, beaucoup de poussière, de l'herbe fanée et profanée, voilà quels étaient les avantages que présentait le bois de Boulogne aux promeneurs parisiens, lorsqu'en 1852, intervint une loi (6 juillet), qui concédait à la ville de Paris le bois de Boulogne dans son état actuel, tant en dehors qu'en dedans de l'enceinte des fortifications, à l'exception de la partie *intra muros* comprise entre la porte d'Auteuil et l'enceinte continue du côté de l'ouest, une partie du promenoir de Chaillot *intra et extra*, le mur d'octroi (dont une partie fut revendue à M. de Morny le 27 janvier 1855), pour achever l'embellissement des abords de l'Arc-de-Triomphe, concession faite à la charge d'entretenir et de dépenser deux cents millions pour l'embellissement du bois. Un décret du 6 octobre 1855 déclara d'utilité publique la création par la ville de Paris de nouvelles promenades au bois de Boulogne et d'un Hippodrome d'entraînement.

M. Alphand, inspecteur général des Ponts et Chaussées, directeur des travaux de Paris, entreprit avec MM. Darcel, Grégoire, Davioud, Barille, et Hochereau, la transformation du bois de Boulogne, et ses essais furent couronnés de succès. Sans doute, le bois de Boulogne ressemble plus à un décor d'opéra-comique qu'à une forêt en coupe réglée. Les rochers, les lacs, les points de vue sont factices, il n'y a rien de grand, de noble, de naturel, mais tout cela est de si bon goût, si coquet, si frais, tout cela en un mot va si bien avec le public qui le fréquente, la scène est si bien dressée pour de tels acteurs, qu'on ne saurait trop admirer l'esprit qu'a montré M. Alphand, en dotant les Parisiens de la décadence d'un parc si habilement dessiné et si correctement entretenu.

La superficie, entièrement en forêts, avec quelques routes droites, était, à l'époque de la cession, de 676 hectares; mais, par suite d'acquisitions, d'une part, et de ventes de parties se trouvant en dehors du périmètre primitif, la surface a été portée à 873 hectares, ainsi répartis :

Gazon	240 h.	74 a.	38 c.
Massifs	63	50	60
Eau	31	94	17
Routes	112	82	36
Forêt	421	98	49

Total égal........ 873 h. » a. » c.

La longueur totale des allées est de 95 kilomètres; celle des ruisseaux de 9 kilomètres et celle de la canalisation d'eau, pour l'alimentation des lacs et l'arrosement des routes et pelouses, de 70,700 mètres. Le nombre des bouches d'eau est de 1,915.

Le volume des eaux employées par jour, en été, pour l'arrosement, est de 7,000 mètres cubes, et celui des eaux employées à l'alimentation des lacs et cascades, de 8,000 mètres cubes.

Les dépenses se sont élevées à 16,206,253 fr. 30 c.; mais la ville de Paris a vendu pour 10,401,483 fr. 84 c. de terrains et a reçu de l'État une subvention de 2,110,313 fr. 27 c., ce qui a réduit à 3,694,255 fr. 94 c. les dépenses à sa charge.

La transformation du bois de Boulogne a été entreprise en 1853 et terminée en 1858 [1].

Un décret du 27 février 1858 a autorisé la ville de Paris à concéder gratuitement pour 40 ans, à la Société zoologique d'acclimatation, un terrain de quinze hectares, porté à dix-huit par un décret du 27 juillet 1859. Un mois plus tard, jour pour jour, un autre décret autorisait la ville de Paris à concéder gratuitement une habitation dans les dépendances du bois de Boulogne à M. et Mme de Lamartine, ainsi qu'à leur nièce, Mme la comtesse de Cessiat.

---

[1] Voyez un vol. in-4 intitulé *Département de la Seine — Ville de Paris. — Direction des travaux. — Notes du Directeur à l'appui du budget de l'exercice 1872. Paris, octobre 1871* p. 163.

Le bois de Boulogne possède aussi trois établissements municipaux d'une certaine importance, je veux parler du jardin-fleuriste et de deux pépinières.

Le jardin-fleuriste a été établi, en 1855, à côté de la Muette, dans les terrains du Clos-Georges, détachés du bois de Boulogne et remis par l'État à la ville. Il comprend le logement et les bureaux du jardinier chef et des chefs de culture, une orangerie, une serre à multiplication, une serre de sevrage, dix-sept serres de dimensions diverses, dix-huit petites serres pour l'éducation des plantes annuelles, couvrant ensemble une superficie de 6,067 mètres, une surface de 5,000 mètres à châssis de couches ; un hangar pour les tulipes ; divers bâtiments de service et 6,587 mètres de jardins pour la culture des plantes de plein air. Le fleuriste contient enfin de vastes caves établies dans les anciennes carrières de Passy, au-dessus du Clos-Georges.

Les frais de premier établissement et l'arrangement du sol ont coûté 400,000 francs. Le fleuriste, qui occupe en moyenne 88 ouvriers, peut produire annuellement 3 millions de plantes revenant à treize centimes pièce.

Cet établissement, devenu célèbre en peu d'années, a vulgarisé l'usage de grandes plantes à feuilles colorées, qui n'étaient point encore acclimatées en France.

La première pépinière, située au milieu du bois de Boulogne, près de la route d'Auteuil, a été créée en 1859. Elle contient 32,088 mètres superficiels et produit les arbres et arbustes à feuilles persistantes.

La seconde pépinière établie dans la plaine de Longchamps, occupe une surface de 45,000 mètres. Elle est destinée à l'élevage des arbres et arbustes de toute nature.

Le siége de Paris par les Allemands a été moins nuisible au bois de Boulogne que le séjour des alliés en 1815 ; cependant de grandes étendues de forêt ont disparu. Le fonds des Princes, séparé du bois de Boulogne par la route départementale de Saint-Cloud, est la partie de bois qui a le plus souffert des conséquences du siége. Il avait été conservé à cause des magnifiques chênes, aujourd'hui détruits, qui en faisaient l'ornement.

BIBLIOGRAPHIE.

MANUSCRITS

Le lecteur trouvera dans mes notes bibliographiques sur Longchamps, Passy, Neuilly et Chaillot, des renseignements épars sur Boulogne et la forêt.

Dans le carton L 455, on conserve les titres de rente due au curé d'Auteuil, du 2 mai 1330, sur la chapelle et église nouvelle de Notre-Dame de Boulogne.

Je signalerai dans la section historique des actes des années 1312 (J 151, n° 40); 1319 (K 40, n° 31); 1326 (JJ 64, n° 169); 1337 (K 42, n° 35 et K 187, liasse 1, n° 23); 1357 (JJ 89, n° 54); 1397 (K 54, n° 42 *bis*); 1398 (K 54, n° 47 *bis*); 1399 (K 55, n° 1); 1408 (K 56, n° 19); 1544 (K 88); 1408 (K 56, n° 19); 1544 (K 88, n° 11); 1568 (K. 94, n° 53).

Sur la forêt de Boulogne, il y a des chartes des années 717 (K 4, n° 3); 1008 (K 18, n° 3); 1236 (K 32, n° 1); 1269 (K 33, n° 5); 1317 (K 40, n° 13); 1319 (K 40, n° 28); 1321 (K 40, n° 7); 1337 (K 42, n° 42); 1377 (K 54, n° 21); 1540 (J 781, n° 4 et J 782, n° 8).

Dans la section judiciaire, on conserve les archives de la prévôté aux Dames de l'abbaye de Montmartre à Boulogne. Elles sont ainsi divisées :

Audiences.................	1578 à 1790	(Z² 391 à Z² 451).
Minutes...................	1654 à 1791	(Z² 452 à 470).
Répertoire du Greffe civil...	1748 à 1789	(Z² 471 à 472).
Répertoire général du Greffe.	1748 à 1789	(Z² 473).
Ecrou.............	1731 à 1789	(Z² 474 à 475).
Assises du Bailli	1726 à 1740	(Z² 476).

Le carton de la section administrative, coté S 2145, renferme des titres concernant Louenz (aujourd'hui Morangis), Gif et Limours, un censier de l'abbaye de Saint-Victor, à Boulogne; un état des recettes et dépenses pour raison des lods et ventes en 1690; les titres des cens dus à l'abbaye de Saint-Victor, par des habitants de Boulogne, en 1707.

A la mairie de Boulogne, on conserve cent registres d'actes de baptêmes, de mariages et de décès, jusqu'en 1793. D'après un ancien inventaire, la collection commençait autrefois en 1559. Aujourd'hui, elle ne part que de 1624. Le premier registre est intitulé :

Registre des baptesmes, mariages et mortuaires en l'église Notre-Dame de Boulogne, commençant au mois de janvier mil six cens vingt-quatre. In-8 carré.

IMPRIMÉS

Relation tragique et véritable de ce qui est arrivé le 15° de ce mois, à l'occasion d'un taureau échappé qui a tué une femme au bois de Boulogne. Paris, 18 août 1728; in-4.

L'Historien villageois ou la Promenade du bois de Boulogne. S. l., 1747.

Pièce signée D. S. S.

Précis d'une intention proposée pour l'embellissement du bois de Boulogne, en réalisant le prix de sa valeur dans la vente des biens nationaux. S. l. n. d. ; in-8.

Un mot de vérité sur l'octroi à établir à Boulogne. Paris, s. d.; in-8.

Pièce signée « un Électeur, ami du progrès. »

Le Mémorial du chrétien, suivi d'une Notice sur la fondation de l'église de Notre-Dame de Boulogne-sur-Seine, par l'abbé Duchaine. Paris, 1833; in-12.

Annuaire cantonal de Neuilly, Boulogne, Clichy, Levallois, par M. Eug. Chatelain, directeur du journal *l'Ouest Parisien*, avec une préface, par M. Jules Vernier. Année 1865; 1 vol. in-12.

Annuaire communal, administratif, historique et commercial de Boulogne-sur-Seine pour 1858 (3e année), par Jules Mahias. Boulogne; in-12, 80 pages.

Cet annuaire n'a paru que pendant trois ans.

Annuaire administratif, législatif, commercial et industriel ou Archives de la ville de Boulogne-lez-Paris pour 1863 (1re année), divisé en six sections, par une réunion de praticiens. Boulogne-lez-Paris; in-8, 160 pages.

Histoire et Institutions de Boulogne-sur-Seine : Eglise, Mairie, Écoles, Bibliothèque, Secours mutuels, Crèche, Orphéon, Musique, Sapeurs-Pompiers, Théâtre. Billancourt, par J. Grenet. Préface, par J. Mahias. Gravures, par Trichon. Paris, avril 1869; in-8, 136 pages.

La simple portraicture du manoir Beauchesne, par Émile Deschamps; enrichie des blasons de moult poetes françois qui florissoient l'an de N. S. MDCCCXLI, et de deux vues du manoir, par A. Dauzats. Paris, avril 1841; in-4.

Notice historique sur Boulogne (banlieue), juillet 1852. Extrait des « Promenades aux environs de Paris, » ouvrage inédit, par A.-P.-A. Baume. Paris, 1852; 2 parties in-8, 30 pages.

Précis historique sur la commune de Boulogne-sur-Seine, depuis les temps les plus reculés jusqu'à nos jours, par Jules Mahias. Paris, 1852; 2 parties in-8.

Le Bois de Boulogne, précis historique et littéraire, par Emilia Telsatme. Paris, 1854; in-8. Idem., 1855; in-8.

Le Bois de Boulogne : Histoire, types, mœurs, par Ed. Gourdon. Paris, 1854; in-18.

Histoire du bois de Boulogne, ses merveilles nouvelles et la promenade de Longchamps. Paris, 1854; in-4.

Plan général du bois de Boulogne et de ses embellissements, accompagné d'une Notice historique. Paris, 1854; in-fol.

Signé C. P.

Embellissements du bois de Boulogne. Paris, 1854; in-fol.

Le Bois de Boulogne : la Forêt de Rouvray, par M. L. de Verviers. Paris, 1855; in-18.

Notice pittoresque et historique sur le bois de Boulogne et ses environs, par G. D., chef de bureau à la Préfecture de la Seine. Paris, 1855; in-18.

Le Nouveau bois de Boulogne et ses alentours : histoire, description et souvenirs, par J. Lobet. Paris, 1856; in-16.

Le bois de Boulogne architectural, recueil des embellissements exécutés dans son enceinte et à ses abords, sous la direction de MM. Alphand et Davioud, dessinés par Ch. Vacquer. Paris, 1860; in-fol.

Edouard Gourdon. Le Bois de Boulogne, illustration d'Edmond Morin, Paris, 1861; grand in-8.

Société impériale zoologique d'acclimatation, fondée le 10 février 1854 : Projet d'élever une statue à Daubenton, Rapport fait à la Société............, dans la séance du 3 mai 1861, par M. Drouyn de Lhuys. Paris, 1861; in-8.

A MM. les Membres des Sociétés et des Chambres d'agriculture, des Comices agricoles, des Académies et des Sociétés savantes du Nord et du Pas-de-Calais. Lille, 1861; in-8.

Pièce relative à l'érection d'une statue de Daubenton.

(Voyez les *Antiquitez de la ville de Paris* de Malingre, livre IV, p. 118).

LONGCHAMPS

Il y a beaucoup à dire sur l'abbaye de Longchamps, même après l'abbé Lebeuf. Les archives du couvent, conservées aujourd'hui aux archives nationales, renferment les documents les plus curieux et les plus intéressants, dont je me suis servi cependant avec mesure, pour ne pas sortir du cadre que je me suis tracé.

L'abbé Lebeuf, et tous ceux qui l'ont copié, remarquent que les religieuses de Longchamp, dans leur première institution, n'étaient d'aucun ordre particulier : c'est une erreur. D'après la donation de Jeanne de Harcourt, faite en 1261, on pourrait croire, au premier abord, que le couvent était de l'ordre de Saint-Damien et Sainte-Elisabeth, puisqu'on lit ce passage : *ad monasterium sive ecclesiam nuper fundatam juxta villam S⁰ Clodoaldi, ordines S⁰ Damiani et S⁰ Helysabeth*; mais, dans une bulle antérieure du pape Alexandre IV, datée d'Agnano, le huit des kalendes de mars et la cinquième année de son pontificat, c'est-à-dire du 22 février 1259, par laquelle il accorde au roi saint Louis et à sa fille le droit d'entrer avec cinq honnêtes femmes dans l'abbaye de Longchamp, on voit que les religieuses étaient de l'ordre des humbles servantes de la Vierge : *et ordinem humilium ancillarum Virginis gloriose decrevimus appellari*, est-il dit dans cette bulle, où le monastère est aussi appellé : *Monasterium humilitatis Beate Marie*. Dans un acte de 1266, on lit : « Jehan de Douy, chevalier, à l'abcesse et au couvent des suers meneurs encloses de l'umilité Nostre-Dame-de-Lonc champ, desous seint Cloot, etc. »

La première année· il n'y eut pas d'abbesse, mais seulement une présidente, qui se nommait « Ysabel de Venisse » et qui venait « de Rains. » La dernière religieuse survivante à celles qui avaient pris le voile en présence de saint Louis, le mercredi 23 juin 1260, mourut en 1322, devant Pâques, à l'âge de cent et un ans, après être restée soixante-trois ans dans le couvent, et avoir vu mourir quatre-vingts de ses compagnes; elle se nommait : « Aalis de Mucedent. »

Un mois après la cérémonie du 23 juin 1860, c'est-à-dire le 24 juillet, il y eut une nouvelle prise de voile. La première religieuse vêtue se nommait « Perrenelle de Pontoise; » elle mourut en 1327.

Voici un document curieux, conservé aux archives, et qui renferme la liste chronologique des premières religieuses de Longchamp. C'est un rotulus, d'abord écrit à deux colonnes, puis continué à longues lignes, à partir de la 91e religieuse.

In nomine patris et filii et spiritus sancti : Amen.

Lan de grace mil trois cent vint et cinc le samedi devant la S. Jehan-Baptistre, qui fu jeune pour la Vigile qui eschei au diemenche. Y ci sunt escris les noms des sereurs qui estoient trespassées, puisque leglise fu faite dusques au jour dessus dit, selone ce que je le trouvai escript par la main suer Jehanne de Quitri, qui me dit que elle le sauoit bien par les suers premieres vestues et elle les vit pres que toutes trespasser.

Lan de grace mil CCLX la veille S. Jehan Baptistre qui fu au mecredi le convent des sereurs meneurs del humilite Nostre Dame de Lonc-Champ fu vestu et mis en la clousture, present monseigneur saint Looys qui lors estoit rois de France, ma dame Ysabel sa suer qui funda la ditte eglise de son auoir, et frere Guillame de Hardenbourt, qui lors estoit menistre de France, et presentes moult de grant persones qui ne sont pas y ci nommées.

Ce sunt les noms des sereurs trespassées par ordre et en quel temps le plus pres que leu pot.

Suer Lore la nouice, fu la premiere à S. Kateline.

Gile de Rains, seconde en janvier.

Mahaut de Guyencourt, la tierce. Elle fu la seconde abbeesse. SSum Crisanti et Darie.

Agnes de Crespi, IIII.à la S. Jehan-Baptiste.

Aubourc de Paci, v à la S. Lorens.

Estiene deReins, vi environ Pasches.

Mathee, vii à l'Ascension Nostre S.

Beatrix Sarpe, viii à la S. Andrieu [1].

---

[1] J'omettrai dorénavant l'indication du jour, toutes les fois qu'il n'y aura pas d'indication d'année.

Suer OEdeline Sarpe, IX.

     Lore de Rouen, X.

     Agnes de Auteil, XI.

     Jehanne de Harrecourt la einsnée, XII.

     Erembourt de Mesleun, XIII.

     Marie de Meullent, XIV.

     Ade de Reins, XV.

     Désirrée, XVI.

     Agnes Daneri, XVII. Elle fu la premiere abbeesse.

     Ermessent de Paris, XVIII.

     Agnes de Harrecourt, XIX. Elle fu la tierce abbeesse.

     Mahaut de Goudarville, XX.

     Marie de Cambray, XXI.

     Alarge de Gonesse, XXII.

     Marguerite de Sens, XXIII.

     Marguerite de Fontenay, XXIV.

     Ysabel de Crespi, XXV.

     Jehanne de Grece, XXVI. Elle fu abbeesse.

     Beatrjx de Nuefchastel, XXVII.

     Beatrix la Saiere, XXVIII.

     Mahaut de Escoce, XXIX.

     Jehanne des Preis, XXX.

     Emmeline de Limoges, XXXI.

     Agnès de Paris, XXXII.

     Aalis la Rechinarde, XXXIII.

     Marie de Lymoges, XXXIIII.

     Aceline la Nouice, XXXV.

     Nichole de Fierevile, XXXVI.

     Aalis de Dicquemue, XXXVII.

     OEdeline de Ruennueve, XXXVIII.

     Agnes la Cervoisière, XXXVIIII.

     Jehanne Larchiere, XL.

     Ysabel de Creci, XLI.

     Agnes de Montreal, XLII.

     Agnes d'Amiens, XLIII.

     Perrenelle de Chevèreuse, XLIIII.

     Juliane de Troies, XLV. Elle fut la quarte abbeesse.

     Marie de Chartres, XLVI.

     Angre de Reins, XLVII.

     Ysabel de Venisse, de Rains, XLVIII. Elle fut president en la premiere
         année que le convent fu vestu, quar il ni ot pas abbeesse en cel an.

     Sarres de Houpelines, XLIX.

     Françoise de Houche, L.

     Jehanne de Louvecienes, LI.

     Marguerite d'Amiens, LII.

     Aalis la petite, LIII.

     Phelippe de Vitri, LIIII.

     Hauys de Laon, LV.

Suer Tyephaine de Paris, LVI.

Erenbourt de Serceles, LVII.

Marie de Trambloy, LVIII.

Mahaut de Fontenay, LVIIII.

Jehanne de Nevers, LX. Elle fu la quinte abbeesse et le fu par III fois.

Agnès de Pontoise, ¹ LXI.

Jehanne de Faveri, LXII.

Aueline de Heinaut, LXIII.

Climence de Argaz, LXIIII.

Ermengart de Chartres, LXV.

Marguerite de Guyse, LXVI.

Marie de Laon, LXVII.

Agnes de Minieres, LXVIII.

Jehanne de Harecourt, la seconde, vesqui en lordre de ci ens après sa suer pres de XXXVIII ans et fu abbeesse et trespassa la nuit de Tous Sains lan de grace mil CCC et XV et fu la LXIXᵉ.

Rohes de Caen, LXX.

Marie de Gonnesse, LXXI.

Jehanne de Falleise, LXXII.

Jehanne au Mont, LXXIII.

Jehanne de Pontoise, LXXIIII.

Marguerite de Tramblay, LXXV. Elle vesqui en ceste meson environ XX ans et trespassa a Pasques lan mil CCC XX.

Aalis de Chastel, LXXVI. Elle y vesqui environ XIIII ans et trespassa lan mil CCC et XX à la S. Denis.

Gile de Paris, LXXVII. Elle vesqui ci ens environ LV ans et trespassa lan mil CCC XXI à la Chandeleur.

Marie de Ville nueve, XXVIII. Elle vesqui ci ens environ XXXV ans et trespassa l'an mil CCC XXII à la S. Jehan ante portam latinam.

Mahaut la Tirele, LXXIX. Elle vesqui ci ens environ XXXV ans et trespassa l'an mil CCC XXII environ la S. Luc.

Jehanne la Drapiere, LXXX. Elle vesqui ci ens environ XXXII ans et trespassa l'an mil CCC XXIX le jour S. Estienne à Noel.

Aalis de Mucedent, LXXXI. Elle avoit passé c et I an et fu la darreiniere des premieres vestues, et vesqui en lordre LXIII ans et trespassa l'an mil CCC XXII devant Pasques.

Agnes de la Crois, LXXXII. Elle vesqui ci ens environ XXII ans pou mains et trespassa l'an mil CCC XXXV en la semaine de Pasques.

Erenbourt de Senlis, LXXXIII. Elle vesqui ci ens pres de XLIII ans et trespassa le jour S. Loois, roy de France, l'an mil CCC XXV.

Jehanne de Quitri, LXXXIIII. Elle vescui ci ens pres de XLVII ans et trespassa lendemain de la Nativité N. D. lan XXV.

Ysabel de Tramblay, LXXXV. Elle vesqui ci ens environ LVIII ans ou un pou plus et trespassa le jour de la Conversion S. Pol lan XXV.

¹ Ici commence la seconde colonne du manuscrit.

Suer Agnes de Senlis, LXXXVI. Elle vesqui ci ens XXI ans et plus et trespassa le joedi apres Quasimodo tiers jour d'avril l'an mil CCC XXVI.

OEdeline d'Ausserre, LXXXVII. Elle vesqui ci ens XXXVII ans et plus, et trespassa le diemenche devant l'Ascension lan XXVI devant matines et fu IIII jours devant may.

Perrenelle de Pontoise, LXXXVIII, fu vestue en la premiere année que li convent fu mis ci ens, et fu la premiere vestue dedens l'enclos, ce fu la veille S. Jacques et S. Christofle lan CC LX. Elle vesqui en la religion LXVII ans et plus et trespassa en lan M CCC XXVII le joedi XVII jours en mars devant le diemenche de la Passion Nostre S. lors et fu la LXXXVIII° qui trespassa.

Marie de Mares, LXXXIX, fu vestue la surveille de la Chandeleur lan mil CCC XVIII. Elle vesqui en la religion XII ans et plus, et trespassa le lundi tiers jour de juing dedens loctave du S. Sacrement lan mil CCC et XXXI.

Genevieve de Roen, LXXXX. Elle vesqui ci ens pres de XV ans et trespassa le diemenche jour de la Nativité N. D. lan mil CCC et XXXI.

Ysabelle la Rate, LXXXXI. Elle vesqui ci ens un pou mains de X ans et trespassa au vendredi le XIX° jour de fevrier lan XXXII.

Damoiselle Mahaut du Val si fu vestue à sa mort del abit des suers et ot le voile et la corde et est enterré en nostre cimitiere par deça. Elle trespassa l'an mil CCC et V à la S. Benoist en mars.

Dame Jehanne la Vivienne, la mere suer Jehanne la Viée, si fu vestue à la mort semblablement et est en nostre cimitere. Elle trespassa en l'an mil CCC XV le mecredi devant la N. D. en septembre.

De ci en avant nous escrirons les suers sans faire II columbes ou rolles.

Jehanne de Vitri fu la JIIIˣˣ et XII° et fu abbeesse de ci ens par III fois et trespassa la nuyt apres le jour S. Mathieu qui fu au mardi en septembre lan mil CCC XXXIII, elle vesqui ci ens LIIII ans et plus.

Sainte de Chaumont fu la IIIIˣˣ et XIII° et vesqui ci ens XXXIIII ans et plus et trespassa le mecredi au soir sisieme jour d'octobre lan mil CCC XXXII.

Hodierne de Jauy (ou Jouy) fu la IIIIˣˣ et XIIII° et vesqui ci ens XXII ans et plus et trespassa le samedi devant les Brandons, XII° jour de fevrier lan mil CCC XXXIII.

Tiephaine de Fontenay fu la IIIIˣˣ et XV° et vesqui ci ens XXXIII ans et plus et trespassa le vendredi au soir XII° kal. de mars apres les brandons, l'an mil CCC XXXIII.

OEdeline d'Ormoy fu la IIIIˣˣ et XVI° et vesqui ci ens I an IIII mois et un pou et trespassa la III° kal. de mars le tiers diemenche de Quaresme, l'an XXXIII.

Marguerite de Brebant fu la IIIIˣˣ et XVII° et vesqui ci ens XXXIII ans et plus et trespassa le diemenche quart jour de septembre lan mil CCC XXXIIII.

Suer Jehanne Levesveil fu la iiii^{xx} et xviiie et vesqui |ci ens pres de
xxv ans et trespassa le diemenche le jour S. Denys lan mil
CCC XXXIIII.

Jehanne la Barbiere fu la iiii^{xx} et xixe et vesqui ciens près de
xxv ans et trespassa au samedi xviiie jour de fevrier mil
CCC XXXIIIII.

Marguerite de Craon fu la centieme et vesqui ci ens iii ans et pres de
viii moys et trespassa ou mois d'aoust la veille S. Augustin lan
mil CCC XXXVI.

Jehanne de Brebant fut la premiere apres le cent accompli, et vesqui
ci ens xxxiii ans et x mois pau plus et trespassa le premier jour
de juing lan mil CCC XXXVII

Gile de Marcilli, cii, vesqui ci ens xxxviii ans et trespassa lan mil
CCC XXXVII.

Nichole du Quarrel, ciii vesqui ci ens xxxiiii ans et trespassa lan mil
CCC XXXVII.

Marie de Biaugeu, ciiii, vesqui ci ens xxvi ans et trespassa au Noel lan
mil CCC XXXVII.

Jehanne d'Ivri, cv vesqui ci ens l ans et trespassa à la Circoncision
lan mil CCC XXXVII.

Jehanne la Viée, cvi vesqui ci ens l ans et trespassa lan mil
CCC XXXVIII.

Marguerite la Malente, cvii vesqui ci ens liii ans et trespassa en juing
lan mil CCC XXXIX.

Jehanne la Fruictiere, cviii vesqui ci ens xli ans et trespassa le xxi
fevrier lan mil CCC et XL.

Jehanne la Chevaliere, cix vesqui ci ens xlvii ans et trespassa le
v mai lan mil CCC XL et un.

Marie la Morteliere, cx vesqui ci ens xxxviii ans et trespassa lan mil
CCC XLI.

Isabelle de Rouy, cxi vesqui ci ens xxxix ans et trespassa lan mil
CCC XLIIII.

Marie de Lions estoit abbeesse quant elle trespassa; et l'avoit esté pres
de vi ans, elle vesqui ci ens xxxviii ans et plus et fu au Moncel
v ans pour funder, et trespassa le quart jour de may lan mil
CCC XLV, la veille de l'Ascention à heure de midi et fu la cxii^e.

Marguerite la Benne cxiii vesqui ci ens xii ans et trespassa lan
mil CCC XLV.

Jehanne de Gueuz fu la cxiiii^e et vesqui ci ens xli ans et vi mois,
et trespassa lan mil CCC XLVII, le xviiie jour d'avril au mecredi
apres le diemenche que len chante *Misericordia Domini*, elle fu
abbeesse par ii fois et gouverna leglise xxi ans et amenda leglise
en son tans de la value de vi cens liv. par. de rente et plus, et
de moult de autres biens, si comme il apert clerement par les
inventoires et les œvres fettes en son tans qui sunt de digne et
bone memoire, si comme moult de bones personnes sevent.

Suer Katherine de Marbois, cxv vesqui ci ens xlviii ans et vii mois
et trespassa le mardi iiii septembre mil CCC XLVII.

Jehanne de Bocherville fu la c et xvie et vesqui ci ens pres de xli ans
et fu abbeesse de ci ens iii ans xi semaines et ii jours et trespassa
en l'office d'abbeesse l'endemain de la Magdalene lan mil
CCC XLVIII.

Cy après faillent.II Suers

Jehanne de Crespi barbiere fu la cxix^e et vesqui ci ens xv ans et
trespassa lan mil CCC XLIX.

Jehanne de Lorris fu la cxvii^e et vesqui ci ens xlviii ans et trespassa
a Noel lan mil CCC XLVIII.

Jehanne la Ciriere fu la cxviii^e et vesqui ci ens xxvi ans et trespassa
lan mil CCC XLIX.

Jehanne de Lire fu la vi$^{xx e}$ et vesqui ci ens xxxi ans et trespassa lan
mil CCC LI.

Marie de Noifville fu la vi$^{xx i e}$ et vesqui ci ens lvii ans.

Katherine de Bruges fu la vi$^{xx ii e}$ et vesqui ci ens xxxviii ans.

Jehanne de Trembloy fu la vi$^{xx iii e}$ et vesqui ci ens lxii ans.

Jehanne la Ridelle fu la vi$^{xx iiii e}$ et vesqui ci ens xl ans.

Jacqueline de la Greue fu la vi$^{xx v e}$ et vesqui ci ens xxvi ans.

Agnes la Pelliere fu la vi$^{xx vi e}$ et vesqui ci ens liii ans.

Agnes des Essars fu la vi$^{xx vii e}$.

Agnes du Liege fu la vi$^{xx viii e}$ et vesqui ci ens xxiii ans.

Philippe de Barron fu la vi$^{xx ix e}$ et vesqui ci ens xl ans.

Perronnelle d'Arras fu la vi$^{xx x e}$ et vesqui ci ens lxiii ans.

Jehanne d'Ormoi fu la vi$^{xx xi e}$ et vesqui ci ens xxi ans.

Agnes de Roie fu la vi$^{xx xii e}$ et trespassa au Montel lan lvi.

Madame suer Blanche, fille de roy de France fu la vi^{xx} et xiii^e et
vesqui c cenz xl ans et trespassa le jeudi lendemain S. Marc lan
mil CCC LVIII.

Jehanne la Chicaude fu la vi$^{xx xiiii e}$ et vesqui c cenz xlvii ans et trespassa au mois d'aoust mil CCC LVIII.

Agnes de S. Fregeul fu la vi$^{xx xv e}$ et vesqui c cenz liii ans et trespassa
le vi septembre mil CCC LVIII.

Jehanne Arreguarde fu la vi$^{xx xvi e}$ et vesqui c cenz xxxix ans et
trespassa le xxi fevrier lan mil CCC LXIX.

Marie de Manz fu la vi$^{xx xvii e}$ et vesqui c cenz xliii ans et trespassa le
xxvii avril mil CCC LXI.

Allis de Fours fu la vi$^{xx xviii e}$ et vesqui c cenz xxxv ans et trespassa
le xxi mai mil CCC LXI.

Alis d'Ivery fu la vi$^{xx xix e}$ et vesqui c cenz lxiiii ans et trespassa le
xi avril mil CCC LXII.

Marie Cudoue fu la vii$^{xx e}$ et vesqui c cenz xxxiiii ans et iii mois et
trespassa le xvii novembre mil CCC LXII, le jour de nostre
dedicace.

Agnes la Vaallarde fu la vii$^{xx i e}$ et vesqui c cenz xxix ans et trespassa
le xi fevrier mil CCC LXII.

Suer Katerine Piquete fu la vii^{xx}iie et vesqui ceenz xx ans et trespassa
le v septembre mil CCC LXIIII.

Jehanne du Pré, fu la vii^{xx}iiie et vesqui ceenz XLVI ans et trespassa
au mois de decembre mil CCC LXIIII.

Jehanne la Poucine fu la vii^{xx}iiiie.

Aveline la Vinetiere fu la vii^{xx}v^e et vesqui ceenz LIIII ans et trespassa
le xxvi juin mil CCC LXVII.

Ameline du Marchié fu la vii^{xx}vi^e et trespassa le iiii juill. mil
CCC LXVII.

Ameline la Ciriere fu la vii^{xx}viie et vesqui ceenz XLIIII ans et trespassa
le xxvi mai mil CCC LXVIII.

Jehanne Audelaye fu la vii^{xx}viiie et trespassa le xiii juin mil CCC
LXVIII.

Mabile du Gabel fu la vii^{xx}ixe et vesqui ceenz XLIX ans et trespassa
le xxiii aout mil CCC LXVIII.

Ysabel de Maante fu la vii^{xx}x^e et vesqui ceenz xv ans.

Marguerite de la Chambre fu la vii^{xx}xi et vesqui ceenz xxxiii ans et
trespassa lan mil CCC LXX.

Marie de Guez fu la vii^{xx}xii et vesqui ceenz LXV ans et trespassa lan
mil CCC LXX.

Jehanne la Bilebaude fu la vii^{xx}xiii^e et vesqui ceenz xxvi ans et trespassa en janvier l'an mil CCC LXXI.

Hacqueline de S. Yon fu la vii^{xx}xiiiie et vesqui ceenz XLIX ans et
trespassa le iii avril mil CCC LXXIII.

Dame abesse suer Agnes la Chevrelle fu la vii^{xx} et xve et vesqui ceenz
environ XL ans et trespassa lan mil CCC LXXV, le xiiiie jour d'octobre a un dimenche a heure de prime et avoit esté en l'office dab-
beesse xv ans vii semaines et en tient le convent vi liv. de rente.

Marguerite d'Acy fu la vii^{xx}xvie et vesqui ceens XLIII ans et trespassa lan mil CCC LXXVI, le xxiiie jour de mars.

Jehanne de l'Esclat fu la vii^{xx}xviie et trespassa lan mil CCC LXXVII.

Perrenelle Lestee fu la vii^{xx}xviiie et trespassa lan mil CCC LXXVIII,
le iie jour de mai.

Jehanne la Pouletiere fu la vii^{xx} et xixe et trespassa lan mil CCC
LXXVIII.

Jehanne la Viée fu la viii^{xx}e$ et trespassa lan mil CCC LXVVIII, le
xiie jour de janvier.

Perrenelle la Flamenge fu la viii^{xx} et i^e et trespassa lan mil CCC
LXXIX, le xviiie jour de septembre.

Jehanne la Mailarde fu la viii^{xx} et iie et trespassa lan mil CCC
LXXVIIII, le ve jour de novembre.

Agnes la Benne fu la viii^{xx} et iiie et trespassa lan mil CCC IIII^{xx},
le xiiie jour d'aoust et vesqui ceens LX ans.

Jehanne de Regnemoulin fu la viii^{xx} et iiiie et trespassa lan mil CCC
IIII^{xx} le xiie jour de décembre et vesqui ceens LXIII ans.

Marquise de Chauvigny fu la viii^{xx} et v^e et trespassa lan mil
CCC LXXXI, le xxiiie jour de janvier et vesqui ceens LXII ans.

 Suer Jehanne la Pelliere fu la viii^{xx} et vi^e et trespassa lan mil CCC
LXXXIIII, le premier jour de juin et vesqui ceens LXI ans et IIII
mois.

 Agnes la Viée fu la viii^{xx} et viie et trespassa lan mil CCC LXXXV, le
xiiie jour de mars et vesqui ceens LII ans.

 Jehanne de III Moulins fu la viii^{xx} et viiie et trespassa lan mil CCC
LXXXVI, le ixe jour de mai et vesqui ceens XLVI ans.

 M. de Rouveray fu la viii^{xx} et ixe et trespassa lan mil CCC LXXXVI^t,
le xxvi^e jour de juin et vesqui ceens XLI ans.

 Madame suer Jehanne de Navarre fu la viii^{xx} et x^e et trespassa le
tiers jour du moys de juilliet lan mil CCC IIII^{xx} et sept et vesqui
ceens XLIX ans et plus.

 Marguerite la Poucine fu la viii^{xx} xi^e et trespassa lan mil CCC
IIII^{xx} VII, le ix^e jour de juillet.

 Jehanne la Benne fu la viii^{xx} xii^e et trespassa lan mil CCC IIII^{xx} VII,
le xv^e jour de juillet.

 Jehanne de Guerre fu la viii^{xx} xiii et trespassa lan mil CCC
IIII^{xx} VIII au mois de juing.

 Perenelle Lauberde fu la viii^{xx} xiiii^e et trespassa lan mil CCC
IIII^{xx} VIII, le xiii^e jour d'aoust.

 Marguerite d'Yssi fu la viii^{xx} xv^e et trespassa lan mil CCC IIII^{xx} VIII,
le xviii^e jour de janvier.

 Girarde Daberonay fu la viii^{xx} xvie et trespassa lan mil CCC IIII^{xx} IX.

 Jehanne de Gueuz fu la viii^{xx} xviie et trespassa lan mil CCC IIII^{xx} IX,
le IIe jour de juing.

 Blanche du Galleel fu la viii^{xx} xviiie et trespassa lan mil CC CIIII^{xx} IX,
le xve jour de feuvrier.

L'administration temporelle du couvent était fort bien dirigée, il y
avait même une comptabilité assez compliquée. Chaque année, on
dressait l'état des dépenses et des recettes ; de plus, chaque abbesse
était tenue de faire un état récapitulatif des dépenses et des recettes
effectuées pendant les années de son abbatiat, divisées en recettes de
rentes, d'aumônes, de choses vendues et des sommes dues par année,
ainsi qu'un détail semblable pour les dépenses et avec un inventaire
général du mobilier. Ces comptes nous ont presque tous été conservés,
et on peut y puiser de très-utiles renseignements, aussi bien pour l'histoire de l'abbaye que pour l'étude de la valeur de l'argent et du prix
des denrées.

 En 1286, la recette montait, toutes charges payées, à 40 livres
22 deniers.

Recetes et despens de sixime anée l'abbesse S. Agnes de Harecourt, lan
de grace mil deus cens quatrevins et six.

Recetes et despens de premiere partie du sixime an labbesse S. Agn. de
Harecourt qui commença le mecredi devant la feste Nostre Dame en

septembre et finira le mardi apres la typhaine que nos arretames nos contes.

Somme de recetes du cors des rentes II^c IIII^{xx} XVIII liv. XV s. II d.

Somme de arreages LXV s., de ventes XXXI s. V d.

Somme de la dete Tierri XXX s., du gain de nos chevaus L s.

Somme de rouniaus vendus VI liv., d'aumones LXXVI liv. XIII s. V d.

Somme de toutes noveles recetes III^c IIII^{xx} IX liv. XIV s. obol., et estoit demouret de lanée devant III^c et XLVII liv. V s. III obol.

Somme de toutes recetes : VII^c XXXVI liv. XIX s. II d.

Somme de despens du cellier : VIII^{xx} et IX liv. XI s. III d. obol.

Somme de despens hors du cellier : II^c et LXXIIII liv. XIII s. obol.

Somme de tous despens : IIII^c et XLIIII liv. IIII s. IIII d., et monta plus la recete que li despens : II^c IIII^{xx} et XII liv. XIII s. X d.

Recetes et despens de la secunde partie de lan qui commenca le mecrdi (sic) après la typhainé et fina le mardi apres la parition S. Michiel en mai que nous arretames nos contes.

Recete du cors des rentes II^c et X liv. XVII s. X d. ob.

Recete d'arreages de lanee devant IIII liv. X s.

Recete de ventes XXVIII s. IIII d., d'aumones IIII liv. XII s.

Somme de toutes nouveles recetes XI^{xx} liv. XIX s. obol., et estet demouret du conte devant fet : II^c IIII^{xx} et XII liv. XIIII s. X den.

Somme de toutes recetes V^c XIII liv. XIII s. X d. ob.

Somme de despens du cell. IX^{xx} et VIII liv. III s.

Somme de despens hors du cellier LXII liv. XVII s. VIII d. ob.

Somme de tous despens II^c et LI liv. VIII d. obol., et monte plus la recete que li despens du convent II^c et LXII liv. XIII s. II d.

Item, de II^c et LIV liv. VI sous II d. de sus dis qui demourent outre les despens de sus dis du convent.

Nous paiamas a Phelippe de Julli, escuier, pour la chat du tonliu du pain de Paris II^c et XLXVIII liv. IIII s. II d. de tr. qui valourent a parissis XI^{xx} liv. LI s. IIII d. [1].

Et nous demoura outrre (sic) les despens du convent de sus dis et outre ce que nous paiames pour la chat du tonliu du pain de Paris de sus dis que XL liv. XXII d.

En 1298, Jeanne de Harcourt rendit ses comptes. Elle avait été abbesse pendant sept ans. Voici l'état financier qu'elle nous a laiss (Arch. nat., K. 37, n° 2).

Somme de toutes les deites II^c IIII^{xx} XIX liv. XIX s. VI d.; item len devoit II^c XXXIIII liv. XIII s. IIII d. parisis, et monta plus ce que le couvent devoit que ce que lan devoit au convent LXV liv. VI s. I d.

---

[1] La vente du droit de tonlieu du pain à Paris fut faite, en octobre 1268, par l'abbaye de Joyenval à l'abbaye de Longchamp. Il y a une confirmation de saint Louis, en septembre 1268, et une ratification de Jean, abbé de Prémontré, en 1336 (Voy. Arch. nat., K. 32, n°s 8 et 9).

Le même rotulus nous donne le compte de 1305, fourni par l'abbesse Jeanne de Vitry. Il est curieux à plus d'un titre et nous en donnons ici les passages les plus importants :

Receptes et despens de la septiesme anée l'abbeesse suer J. de Vitri qui commenca le mardi apres la S. Valentin l'an de grace M IIIᶜ et V, et fina le mecredi après la feste Nostre Dame l'Assumption, qu'elle fu absousse de l'office d'abbeesse, en cel an meesme.

Recepte du cors des rentes c liv. xı s. ıx d. ; de arrierages de lanée devant xııˣˣ vııı liv. ʟxx d. par.; de ventes xv liv. ıı d.; de choses vendues vıııˣˣ vı liv. vı s. ıı d. ; d'aumones vıııˣˣ xııı liv. xı s. vı d.

Somme de toutes receptes vııᶜ vııı liv. xı s. ııı d. par.

Somme de despens du celier vᶜ ʟxxıx liv. vıı s. xı d.

Somme de despens hors du celier ıııᶜ ıııı liv. ıı s. xı d.

Somme de tous despens vıııᶜ ııııˣˣ ııı liv. x s. et devoit le couvent de lanée devant ııııˣˣ xıx liv. ıı s. ı d.

Somme de despens et de la deite ıxᶜ ııııˣˣ ıı liv. xıı s. xı d.

Collation feite des receptes au despens et à la deite, les despens monterent plus que la recepte ııᶜ ʟxxııı liv. xıx d. ı tourn. les quielx le couvent dut le jour desus dit.

Item len devoit au couvent ııᶜ ʟxxıx liv. collation feite, païées ces deites desus dites le couvent dut c et ı s. vıı d. ı tourn.

Item le convent devoit par le molin du tens suer J. de Harecourt a dame Jehanne la Vivienne vıˣˣ xııı liv.

·En l'office du celier avoit en garnison ııᶜ fromages et xʟ; item, ııı setiers et une quarte de seim; item, ıı grans pains d'oint et la moitié d'un; item, ıııı bacons et demi; item, ıı chaudieres, ı chauderon et ı bacin.

L'office du Sartrin avoit xx touailles; item, xxv napes nœues deliées; item, x napes grans por convent et xx naperons; item, ıııı touailles nœues grosses; item xıııı napes en usage et xıı naperons; item, vı tersoirs boens en usage; item vı livres de fil de chanvre; item, xxvı aunes de voiles teins; item, ʟvııı aunes au teinturier; item, xx toueles à lier; item, xıııı aunes de teile; item, vı cuevrechiés noes; item, xxııı pere de dras de lins nœs; item, vı dras grosseis noes; item, v pere de dras en usage; item, vıı couvertoirs de bruneite; item, ıı de drap noef et ıııı de pers, et ı de fleur de veice et xı de griseit et une fourreure de connins; item, ʟ grans orilliers et v petits; item, xxx coutes et xʟv coussins; item, ʟvıı piaus d'aigniaus; item, xxıx coutes et xxıx coussins hors; item, ıııı piaus de cordoüen et ıııı de bazenne; item, v dos et ıı cuirs de vaches tanés; item, ııı bacins grans et ıı petis; item, ıı grans chauderons et ıı petis et ı pot d'arain; item, ı drap gris de xx aunes por les freres; item, xvı aunes de Blanchet; item, xxv aunes de drap gros blanc por chauces et chauçons à freres et à suers; item, ııı surges vers et une inde clerc.

En l'office du Tresor avoit ıııı hanas de madre à pié d'argent et ıı d'argent sans pié et ı à pié d'argent qui fu madame qui nous funda.

Item xxvıı cuilliers d'argent et v chapiaus à pelles; item, ı fermoil d'or et xxvııı anyaux et ı camahieu et ıı pierres assises en or, qui furent ma dame, et une autre pierre assise en or et en argent; item, ıı pierres de coral et ı manche et une autre pierre qui estanchent.

En l'office de la sougretainerie avoit xL aubes; item, xxv rochés, amis xLII, tersoirs xIIII; item, xxII espaumoirs, xIIII touailles noeves et xv en usage; item xix touailles à autel; item, xII touailles à meins, qui onques ne furent en usage, et xIIII en usage; item, II chasubles rouges à orfrois en lices et une de noir tartaire et une de samit jaune; item, IIII de teile, II jaunes et II noires et une de dyapré et II de futane et une de bougueran; Item, xII estoles, vI de soie et vI de teile et vI fanons de soie et de fil et IIII de teile; item, xxI corporal, et tout ce est viel et en usage; item, un autel de jaspe benooit et III autres; item, II paremens d'or au grant autel et aus II petis auteus à chascun I parement d'or et I de soie; item, les custodes au grant autel de soie en IIII parties; item, por les doubles II estoles, III fanons et III seuceintes de soie, et por les mors II estoles III fanons; item, uns vestemens de samit tuyle; item, uns noirs fourrez de cendal vert; item, uns noirs fourez de toile; item, uns vestemens blanc de dyapré; item, uns vestemens d'or de la robe à la contesse de Lucebourc; item, uns de catesamit inde; item, uns de samit de gennes; item, uns de samit rouge a esteles d'or; item, uns d'or de la robe à la duchesse d'Osteriche; item, un petit orillier à messel, ouvré à l'aguylle; item, I orcel d'argent à yaue benooite et I encensier d'argent et IIII platiaus d'argent et vIII calices d'argent seurorés, et I d'argent pur; item, vIII pos d'estein que grans que petis, et vIII buyreites et une chaudière et un chauderon et II grans bacins à fere lyssive et vIII bacins petis et grans; item, IIII grans chandeliers par devers les freres et vI petis et une capice inde, et une rouge et une sarge inde et une rouge, et vI estoles et vIII fanons de drap d'or; item, II offertoirs; item, IIII messeus et un livre des euvangiles et I epystolier, item, I messel qui est commun aux suers, et une crois à ymage de yvuyre et une ymage de Nostre-Dame; item, une ymage de yvuyre de Nostre Dame à chapele et une de yvuyre sans chapele et I crucefix de ivuyre en tables et la Veronique; item, xI quarriaus et II petis. Toutes ces choses estoient en la meson de la sougretainerie ou par devers les freres; item, LII aunes de toile deliée, de quoi on auoit taillié courtines et II seurplis; item, vIxx et x livres de cire en œurs; item, il avoit en la huche de la sougretainerie, qui est u tresor, II dras d'or et une chasuble tuylée à orfrois en lices; item, uns vestemens de la robe à la duchesse de Bourgoingne; item, uns vestemens indes; item, uns vestemens de la robe des noces à la reine Jehanne; item, trois offertoirs d'or et une pareure à aube par piez; item, IIII estuys à corporaus, II nués et II viez; item, III estoles et III fanons de l'œvre Madame; item, III parcures d'or, une vieil a xvI œures et une de xxx œures et une de xxIII œures; item, v œures en III petites pieces, les autres furent mis en œvre et les autres vendus; item, IIII chandeliers d'argent; Item, II buyreites d'argent et II petites cuilleirs d'argent.

Item, en l'Eglise avoit vII grans antiphones et II petis et I demi antiphone; Item, vII greex et I demi greel; item, III grans sautiers et le suer Juliane, touz en chant et feriaus; item, un collectaire et II tropiers, une legende en II volumes, une grant bible en II volumes, vII livres de sermons; item, xxIIII petis livres de mors, la vie mon seigneur sainct François en latin et en françois; item, la vie des saincts peres et I grant de sarmons qui fu suer Agnes de Harecourt; item, I breviaire par devers les freres et I en l'enfermeric; item, celi qui fu suer Mathée; item, le colletaire et le sautier suer Nychole. Suer Perronnelle de Pontoise a le sautier qui fu suer Françoise.

Item, les livres de convent que les suers ont à leur usage; suer Marie de Gonnesse a 1 petit breviaire; item, frere L'ede de Valée a le breviaire qu fu suer Agnes de Paris, et frere Hue de Pontoise a le psautier qui fu suer Aalis de Diquemue; item, suer Marguerite de Guize a 1 colletaire; suer Marie de Noeville 1 colletaire; suer Esmenjart 1 colletaire; suer Agnes de Minieres 1 colletaire, 1 sautier, 1 livre ou est la vie saint François et pluseurs autres legendes et 1 autre des evangiles de quaresme; suer Marie de Gonnesse a 1 colletaire; suer Marie de Loon 1 colletaire; suer Clemence a colletaire; suer Eremboure de Serselles 1 breviaire et 1 sautier; suer Marguerite de Guerarville 1 colletaire et 1 sautier; suer Agnes de Pontoise 1 sautier; item, suer Marie de Loon 1 psautier; suer Perronnelle d'Arras 1 psautier; suer Aveline 1 mauves breviaire et 1 colletaire; item, vi livres qui furent suer Agnes de Paris, et 1 en françois qui fu suer Juliane des miracles Nostre Dame; suer Marguerite d'Amiens a 1 psautier.

En l'office du tour avoit viii napes en usage, ii touailles nueves et vi en usage; item, vi boens cuevrechies en usage; item, vi tersoirs, dont les iiii estoient boens; item, iiii mauves couvertoirs; item, xii dras boens et iiii au procureur; item, iiii bacins et une chaufoire.

En la cuisine de convent avoit xv pos de cuivre; item, vi chauderons; item, v grans poales et iiii petites et iiii moiiennes; item, viii paeles de fer.

En la cuisine de l'enfermerie avoit xiiii pos de cuivre et v chauderons; item, vii graus paeles et v petites et vi paeles de fer et iiii leschesfrites et iiii broches.

En l'office de referctoire avoit lii grans pos et ii grans a couvercle et vi a yaue; item, xiiii salieres et xii chandeliers et xii esmouchoirs; item, pot d'arain et 1 bacin; item, xx coutiaus; item, ii pos d'estein à aumone; item, vi napes à parer.

En l'enfermerie avoit xxix pos d'estein et 1 a aumone, ix salieres et ii chandeliers et iii mannes et vi coutiaus.

Item, il avoit au bois en nostre granche xx vaches, xii toriaus et iii bouueis d'un an et 1 genisse de un an; item, iii veaus de ceste anée; item, vii grans porciaus à baconner; item, x autres meindres; item, ii autres moiiens; item, vi petis; item, brebis portans iiii^{xx} et xvii; item, brebis breheingnes xxviii; item, c chatris; item, xxiiii antenois; item, lxxiiii aigniaus de ceste anée; item, iii chievres et 1 boucqueit; item, iiii chevaux treans et celi du molin.

En 1325, les recettes se montaient à 500 livres 77 sous 8 deniers, et les mises à 525 livres 5 sous 10 deniers 1 tournois, ce qui donnait un déficit de 17 livres 8 sous 3 deniers.

En 1327, la situation était encore plus mauvaise, les charges dépassaient les recettes de 298 livres 8 sous 9 deniers 1 tournois, seulement on devait au couvent 461 livres 10 sous 4 deniers, ce qui permit à l'abbesse de terminer son compte par cette réflexion conso'ante : « Il restoit qu'on devoit plus au couvent qu'il ne devoit : 160 livres 61 sous 1 denier. »

Voici la partie de ce compte relative aux dépenses :

Compte de 1327, 3e année de l'abbesse Jeanne de Vitri.

Despens du celier en pain, gruel, burre, pois nouiaus, fruit par parties ix liv. xxi d.; en oes iiii^{xx} xix liv. vii s. viii d.; en formages xiiii s. v d.; en poisson lxxiiii liv. xii s. iii ob.; en harenc iiii^{xx} liv. lxxiiii s. ii d.; pour lxxxiiii chastris lv liv. xix s. viii d.; pour x porceaus à lars x liv. xiiii s., pour xviii porceaus à mangier par pieces xii liv. xii d.; en chars par parties xxxix liv. x s.; en poulaille xliiii liv. ix s. iiii d.; pour xvi sestiers de sein vi liv. xii s. iv d.; pour v sommes et v grans pos duyle pour mangier et pour ardoir xxxv liv. xii s.; pour oignons lxxi s. xi d.; en vin aigre xiiii s. v d.; pour liiii tonniaus et une queue de vin et ii queues de saugie et vin par parties cccclxv liv. ii s. v d. ob; pour vin dous à feire moustarde xxiiii s. iii d.; item, pour iii tonniaus de vin et ii queues de saugie xxiiii liv. iiii s. x d. depuis vendenges lan xxviii dusqua la S. Martin ensuiv.; pour vin doux a fere moustarde xxx s.; pour vi sestier et i minot de gros sel, i sestier et i boissel de sel de lie vi liv. iii s.; pour miel à faire cerisie et pour quœillir cerises lxix s. vi d.; pour v muids iv sestiers i mine de fourment xliiii liv. viii sous x d.; pour iii mines de seneue xviii s. x d.; pour ccc liv. d'amandes xvi liv. vi s.; pour xiiii liv. de gingembre cii s. viii d.; pour xliii liv. de canele lviii s. iiii d.; pour ii liv. de safraen lxxviii s.; pour ix liv. de poivre liii s.; pour xxxiiii liv. de commin lix s. iiii d.; pour xv liv. de ris vii s. vi d.; pour vi liv. de reclisse v s. vi d.; pour xi liv. de drogie et i liv. danis lxxviii s. iiii d.; pour iii liv. i quarteron de sucre blanc xvi s. ix d.; pour i cabas de figues et i de resins lviii s. vii d.; pour ii milliers i cent de pommes rouges, ccc de blandurel, i^c de poires lix s. viii d.

Somme de despens du celier : mil lxviii liv. xix s. ii d.

Despens hors du celier pour iiii alnes de drap pour aumuces xlix s. ii d.; en estamines xxiiii liv. xiiii s.; pour iii blutiaus x s. viii d.; pour xx liv. de fil de lie vi liv. iiii s. viii den.; pour vi pois et iiii liv. de fil de chanvre vi liv. iii s. vi d.; pour xiii coverchies xxii s.; pour vi^{xx} et iiii alnes de toile rondette blanche xii liv. xvii s., pour vi^{xx} alnes de grosse toile pour le tour ix liv.; pour xix alnes de toile pour coutes xix s. vi d.; pour tistre, teindre, curer et couture xii liv. ix s. vii d.; pour i cherrier xii s.; pour dos de cuir corduan et basane xx' liv. vii s. xi d.; au fevre pour le remanant de sa tache ix liv., puis le lendit lan xxvii dusque lendit lan xxviii, item vi liv.; sur la tache du lendit lan xxviii dusque à la S. Martin ens., au fevre, au bourrelier, au cordier et au charron xxiiii liv. v s. iiii d. ob.; pour trois chevaus achetés xxxviii liv. xii s. vi d.; au mareschal pour guarir les chevaus xlviii s., pour une seelle et un frein xxii s.; pour toile pour couvrir les chevaus xviii s. v d.; pour cribler blé et pois vi s. vi d.; pour vii sestiers et iii minos de seggle à semer lxix s. ix d.; pour vi sestiers de pois à semer lx s.; pour moudre blé ix s. viii d.; pour tuer porceaus xvi s.; pour iiii^{xx} liv. de cire pour le moustier xv liv. xvi s. iiii d.; pour ii liv. d'encens viii s.; pour nates ou moustier et en refecteur, xlix s. ii d.; pour une partie des coustanges pour refaire le clochier viii liv. vi s. iv d.; pour raparellier le molin xxxiiii liv. ix s.

viii d. ob.; pour xxxviii alnes de toile pour le molin lvii s.; pour raparellier la fontaine viii liv. vii s., pour hanas chies les freres vi s., pour escueles, platiaus, sauseres, trenchoirs et jateletes xviii s. x d.; pour cerciaus, fous, douves, tonniaus relier et avaler ciii s. et iiii d.; pour pos de cuivre, paeles darein et de fer, trepiers, greils et les vies raparellier lxxiiii s. i d.; pour pos de terre, voirres, bales et autres menues choses iiii liv. viii d.; pour plastre, maçons, menus ouvriers x liv. viii s. vii d.; pour i mortier vi s.; pour v charretées de charbon vii liv. v s.; pour lestable loée a Paris xx s. pour l'an xxvii; pour xv^c de tieule iiii liv. xviii s. iiii d.; pour planter bous ou bois xxxi s. iiii d.; pour raparellier la meson de Viri xiiii liv. xiii s.; pour mesurer les terres de Viri xvi s.; pour xiii muys x sestiers de bren xxxix liv. xvii s. viii d., pour tondre les bestes, oint et ointure lii s. vi d.; pour cccc de sien, coton, clairon, chandele fere, xviii liv. xi s. viii d. ob.; pour nouelles fenestres au parloir xiiii s., pour sihier, lier liens, batre et aouster et aidier à labourer les terres de ci entour xxviii liv. vii s. viii d.; pour chaumes chaumer xxxii s.; pour semences et ouvriers ou jardin dehors ciii s. iiii d.; pour faucher les herbes de jardin xx s.; pour fere les vignes et les treilles et la vigne de Vaudor vi liv. xviii s. iiii den.; pour faire les vignes baqueler xlii s.; pour fouir la sauçaie, coper, queillir, eslire et fendre les osiers li s. xi d.; pour le pré de Chaillouel fauchier, fener et auner vi liv. vi s. vi den.; pour les despens des terres acquises au Granches li Roy, pour labourer les terres et apparellier les cherrues viii liv. ix s. iiii d. de la S. Remi lan xxvii dusque l'aoust lan xxviii; pour oint, ointure, vif-argent et bren pour les bestes xl s.; pour faire battre lvi s. pour l'an xxvii; item, pour labourer les terres et aouster xvi liv. x s. viii d.; pour faire batre lxxi s. i den. del aoust lan xxviii dusque la S. Martin ensuiv.; au berchier viii liv. xiii s. viii d.; pour son loier et sevrer les aigniaus de la S. Martin lan xxvii dusque la S. Martin lan xxviii; pour loer lestable pour les bestes xx s.; pour merrien pour faire un degré au grenier à Dourdan xxxii s. vi den.; pour les despens du procureur et des meinies à Viri, à Ville nueve, à Estampes, au Granches et ailleurs xii liv.; pour les despens de M. Nicholas, procureur et des meinies à Paris et ci entour xxx liv. vii s. i d. puis la S. Remi lan xxvii dusque à la S. Remi lan xxviii; item, pour les despens M. Jehan procureur et des autres meinies à Paris et ci entour liii s. i d. depuis la ditte S. Remi dusque à la S. Martin ensuivant; au mesureur et à son varlet xxviii s. iii d. pour les xii arpens de nostre livrée pour lan xxvii; item, au mesureur une bourse de ix s. ix d.; pour les routes ache-tées c s.; item, au mesureur lxii s. pour les ii livrées de lan xxviii et de lan xxix; au bocherons viii liv. xii s. pour leur tache de lan xxvii; item, viii liv. viii s. de leur tache de la livrée de lan xxviii; pour coper de nostre bois par journées iiii liv. iii s. xi d.; pour nostre ardoir, pour oster une partie des souches xxiiii s.; pour coper fagos en nostre bois et coper les souches et pour fagoter des bois copés dessus dis ci s. iiii d. de la S. Remi lan xxvii dusqua la S. Martin lan xxviii; au forestiers pour veilles et courtoisies xvi s. pour xviii moles de buche achetée xiii liv. xiiii s. vi d.; pour nos cens paiés xliiii s. vii den. i torn., pour lan xxvii; item, xxxiiii s. et iiii ob. pour une partie de nos cens paiés de lan xxviii; item, pour arrierages paiés des cens de Paris x s. ix d.; pour paier les cens baqueler iii s. vi d. ob., pour la

S. Remi lan xxviii; à maistre Martin le fisicien c s., pour la Chandeleur lan xxvii; item, c s. pour la S. Jehan lan xxviii; item, l s. dusqua la S. Martin lan xxviii; en cyros et medicines xxiiii s. iiii d.; a maistre Gile de Roie c s. pour lan xxvii; item, iv lb. v s. dusqua la S. Martin lan xxviii; pour i bourse à li xii s.; à Jehan de Roye xx s. depuis Noel lan xxvii; à maistre Guillaume Morel c s. pour le plet du tonlieu pour lan xxvii; au mere d'Estampes xl s. pour lan xxviii; au mere des Granches xx s. pour lan xxviii; au mere de Palloisel xl s. pour lan xxviii; à Mons. Nichole nostre procureur xiiii liv. pour la S. Martin lan xxvii; item, xii liv. dusque à la S. Lorent lan xxviii; à nostre meinie pour leurs loiers xxviii liv. vii s. pour la S. Martin lan xxvii : item, iiiixx liv. viii s. viii d. dusqua la S. Martin lan xxviii; au barbier des freres xx s. pour lan xxvii; item, x s. sur lan xxviii; au pontenier v s. pour lan xxvi; item, x s. pour lan xxvii; item, x s. pour lan xxviii, pour estriner nostre meinie xxii s.; pour messages et courtoisie xlv s. iiii den.; pour plusieurs letres pour le tonlieu, pour articles et autres lettres des rentes et d'autres besoignes iiii liv.; pour enqre, parchemin, papier, cire à seeller et lettres cii s. iii den. et semonces pour le plet contre Mahaut de la Boue xxxix s. vi d.; au menistre pour aler au chapitre general viii liv.; item, pour aler au chapitre provincial c s.; à son varlet v s. x d.; pour ii porceaus donnés au freres iiii liv. viii s.; pour courtoisie à frere Nichole de Huy xiii s.; pour couerchies, formages et fil donné xxiii s.; pour despens pour arester les biens de Chaillouel pour avoir ce que len nous y devoit xiiii s., pour despens d'une partie de la rente achetée à Pellerin de Laon iiii liv. ii s. i poitevin; pour chanter messes pour le roy Charles lx s.; pour paier pour Guillot au poulailliers viii liv. xi s. viii d., pour le dechie de la monnoie xxi s.

Somme des despens hors du celier : viiic xviii liv. xv s. ob.

Somme de tous despens: xviiic iiiixx vii liv. xiii s. ii d. ob., et devoit le convent de lan devant xxvi liv. xv s. iii ob.

Somme de tous despens et de la dette de lan devant xixc xiiii liv. ix s. iiii d.

Cy apointies les receptes et les mises.

Deduction fette des receptes au despens et à la debte de lautre année, les despens et la dette de lautre année monteront plus que les receptes cc iiiixx xviii liv. viii s. ix d. i torn., et ce devoit le convent.

Et len devoit au convent cccc lxi liv. x s. iiii d.

Deduction fette des dittes debtes, len devoit plus au convent que il ne devoit viiixx liv. lxi s. vi d. poit.

En 1360, le couvent devait 862 écus, dont 66 à la reine Jeanne de Bourgogne. Sœur Agnès la Chevrelle, qui fut abbesse pendant quinze ans, fait remarquer le piteux état du couvent à cette époque de dévastation et de pillage perpétuels.

Il est à savoir que le temps que sueur Marie de Gueus fu en l'office d'abbesse,—lit-on dans le compte d'Agnès la Chevrelle,—le couvent fu moult agrevé et damaigié pour les guerres qui furent tres fors ce royaume et pour la mutacion des monnoies qui furent flaibles et les choses tres chieres et ne pouoit len estre paié des rentes et eust tres fort temps à gouverner le convent pour les causes dessus dictes..............................

La première année que dame abbesse suer Agnes la Chevrelle fu mise en loffice d'abbesse le temps fu tres chier de blé, de vin et de tous autres vivres, et cousta le blé et le vin en celle année vii^c iiii^{xx} xix escus; et avoit esté le couvent à Paris pour les guerres iii ans, et retourna en leglise la sepmaine des roys lan mille ccc lx, et estoient les esdeffices moult empirez et decheus et fu nécessité de faire plusieurs grans reparacions por quoy le couvent fu moult coustangié en massons, recouvreus, charpentiers, pour les maisons et les fontaines appareiller, et cousterent les reparascions et le clochier qui fu couvert de plont nuef et toute la charpenterie nuefve en ces premières années iii^c xii livres; et de puis ont esté faittes grans reparacions en plusieurs autres parties de neccessité, car les edeffices sont vielx et descheus, et i faudra mettre tous les ans très grans coustanges.

Et depuis elle ha eu plusieurs années très chier, et en son temps le couvent a esté ii fois à Paris pour cause des guerres; mais ce que le roy nostre très chier et tres redoubté prince a tenu sa monoie fort et sans mutacion, a moult aidié et valu à tenir le couvent en bon estat, avecques plusieurs bons amis qui ont aidié à faire avoir les paiemens par devers le roy.

Item, il est à savoir que le couvent soustient tous les jours plus de iiii^{xx} personnes, sans nostre tres redoubtée dame madame suer Jehanne de Navarre et ii suers qui sont pour luy servir.

En 1323, Charles-le-Bel, étant à Toulouse, le 22 janvier, rendit une ordonnance pour livrer l'argent nécessaire à la reconstruction d'une fontaine dans l'abbaye. (Arch. nat., K. 41, n° 5). Une autre ordonnance, rendue au Louvre, le 25 avril 1367 (Arch. nat., K. 49, n° 17), porte injonction à l'abbesse de Longchamp de faire reconstruire la clôture de son abbaye en pierre de taille, et de faire garnir les fenêtres d'un grillage de fer.

En 1383, on refait le clocher pour lequel on avait recueilli une somme de 774 francs 3 parisis. Sous la sœur Laurence Jacob, de nouvelles dépenses furent nécessitées pour les réparations du couvent, la reconstruction du moulin qui avait été brûlé, etc., etc.

En xiii ans ii jours mains quelle a esté en loffice d'abbeesse, le couvent a fait faire plusieurs grans reparacions qui estoient de grant nessecité : en la quarte année, i tirent noel pour le dortouer et xx piesses de mairrien vi^{xx} iiii liv. xiiii s. vii d. ; en la ve année, nous gagnames le plet de S. Benoit, dont nous eumes iiii^{xx} vi liv. ; en la vi^e année, nostre moulin fu tout ars et cousta à refaire v^c lxxii liv. ix s. x d. ; en v^e et viiie année, la fouteune cousta iiii^{xx} iiii liv. ; en la ixe année, l'escluse cousta xli liv. ii s. iiii d. ; en la xie année, à cause des grans vans, le dortouer, les hautes salles, le moustier, le cloistre, la chemine de la chambre suer A. de Saint Frogel et celle de la table furent faites, etc.

Les revenus de l'abbaye étaient du reste assez considérables. Le roi saint Louis l'avait dotée, au mois de février 1266. (Arch. nat., K. 32, n° 7) de 400 livres de rente sur la prévôté de Paris; il lui avait fait remise trois ans après (mars 1269) du droit de quint denier qui lui appartenait

sur toutes les acquisitions faites par le couvent. (Arch. nat., K, 33, n° 11).
Il lui avait donné en mars 1269 (Arch. nat., K. 33, n° 5), trente arpents
dans la forêt de Rouvray. Les religieuses en tiraient tout le profit possible, soit en vendant le bois, soit en s'en servant pour la construction
de l'abbaye.

Lan de grace mil CCC et XXIIII, le lundi devant la feste Saint Martin
diver, fu commenciée la tierce vente u bois aus dames de Lonchamp ;
c'est a savoier desus les vignes de Menelet devant ; à la seconde vente qui
commença a la poiente devers Menus, et ot en celle vente XIII arpans et
IX quartiers des quiex je vendi arpant et demy et Richart Poche vendi
XI arpans et demy et LX quarriaus.

Premièrement, il ot laboure en celle vente la tierce semaine de novembre
XII cens de costerez.

Donné pour la façon XII s.; pour VI^c de fagos, somme pour la façon III s.

La derreniere semaine de nevènbre, II milliers de costeres, somme pour
la façon XX s.

La premiere semaine de descenbre IX^c de costeres, somme pour la façon
IX s.

Item, III^c de fagos, somme pour la façon XVIII d.

La seconde semaine de descenbre V^c de costerez ; somme pour la façon, IX s.

Item, III^c de fagos, somme pour la façon XVIII d.

Item, pour pieux à haies, vendus IIII s.

Item, il demoura VI^{xx} chenes, lesquiex estoient retenuz pour faire soulicer
et furent coupez et apportez à labaie, et valoient LX s. au plus.

Ce domaine forestier s'était agrandi, car on voit par des lettres de
Henri II, en date du 26 juin 1548, que les religieuses de Longchamps
jouissaient alors de 217 arpents dans le bois de Boulogne, d'une coupe
de douze arpents pour leur chauffage [1] et des droits de pâturage et
de pacage dans ledit bois, droits qui étaient souvent la cause de contestation entre la commune de Boulogne et le couvent, comme on
le voit par des lettres de Charles IX, datées de Paris, le 22 mars
1568. Ce n'est pas en 1679, comme le dit Lebeuf, mais le 1er octobre
1686, que le roi constitua aux religieuses 24,000 livres de rente, sur
les eaux et forêts de Paris, en compensation des droits qu'elles
possédaient auparavant dans le bois de Boulogne (Arch. nat., K. 121,
n° 2).

Les religieuses avaient de plus des biens à Antony, où elles perce-
vaient douze muids d'avoine. On voit par un arrêt du Parlement du
13 juin 1401, qu'en exécution d'un arrêt du 7 mai précédent, le
conseiller de Villars avait été nommé pour apprécier en argent la valeur de ces douze muids. (Arch. nat., K. 55., n° 12). Deux ans après, le
27 octobre 1403, commission fut donnée à un huissier du Parlement

---

[1] Ce droit leur fut confirmé par lettre du roi Jean, de juin 1356 (Arch. nat., K. 47,
n° 36).

pour ajourner en cette cour les biens tenants d'Antony (Arch. nat., K. 55, n° 24). Les habitants qui ne payaient pas cette rente étaient alors fort malheureux, on en trouve la preuve dans une lettre missive d'Isabeau de Bavière, écrite un 27 janvier, vers 1398, à l'abbesse de Longchamp, pour le soulagement de ces habitants qui voulaient abandonner leurs demeures (Arch. nat., K. 54, n° 59). L'abbaye avait encore des biens à Neuilly, dit alors le *Port de Luingni* (acte de 1266), Thiais, Choisy, Orly, Grignon, Paray, Suresnes, Goussainville, Palaiseau, les Granges-le-Roi, Viry, la forêt de Carnelle, etc. Un aveu et dénombrement de 1373 indique exactement ce que les religieuses possédaient alors.

L'abbesse et couvent de Lonchamp tiennent admorti soubz le roi, le corps de leur église, l'abeye et tout le pourpriz dedens la closture et plusieurs terres arables contenant vi^{xx} arpens et iii quartiers de saussoye; item, une grange appelée de Rouveray avec ix^{xx} et x arpens de boiz; item, xii arpens de boiz; item, i boiz appellé Rommel, coutenant xxx arpens; item, arpen de boiz plain en la forest de Carnelle sur Oise; item, une grange nommée Chievrelou, i bois et terres arables ou terrouer de Roquencourt baillé pour viii liv. parisis; item, ont sur le tresor par an à l'Assencion, Toussains et Chandeleur v^c xlix liv. xii s. ix d. ob.; item, sur la recepte de Paris ou leur foudacion, iiii^c xliii liv. xv s.; item, sur pluseurs liex et maisons à Paris soubz le roy ix^{xx} x liv. parisis; item, au dit Paris sur plusieurs heritages que l'église tenra apres le decet de aucune des religieuses qui montent à lxxx liv.; item, sur vii arpens de terre l s. de rente; item, ont sur les molins en Normendie i amy de blé; item, à Antoigny xii muis davaine de rente; item, à Triel viii liv.; item, à Aubegny en Lannoiz xii mars d'argent au marc de Troies; item, sur les bois, prez d'Aire en Artois viii^{xx} liv. par.; item, prennent au Chastellet i fr. sur ii ouvroirs portans los et ventes qui vault par an xxiiii liv.; item, en la dicte ville i autre franc sur certaines maisons xix liv. ix s. vi d.; item, ont le tonnelieu du pain vendu es halles de Paris en toute la tierche sepmaine qui leur vault lix liv.; item, à Charliau, sur le chasteau de Nugnoy, et appartenances de menus cens à la S. Denis xxiii liv. vii s. vi d. ob.; au Noel xii liv. et xii arpens de pré; item, à Estampes, sur plusieurs heritages et menus cens qui valent xxii liv. xi s. iii d.; item, à Pailloiseau de menus cens par an vi liv., xii corvées et xiiii droitures et demie; item, forage, rouage et relief de mortemain qui vault par an vii liv., et pour fons de terre iiii mines de blé; item, à Dourdan en menus cens c s.; item, sur la Grange le Roy lès Dourdan, vi liv. par.; item, champars, ventes, recencives et louages et sur une grange et iiii^{xx} arpens de terre iii muiz de grain; item, à Viry, par an iiii liv. iiii sextiers et demy d'avoine, iiii gelines et demie et x sextiers de grains de campart; item, sur une maison, prez et terres à ferme xii^c liv.; item, à Villeneufve soubz Dampmartin, en la grange des nonnains de S. Remy de Senlis, iiii muiz de blé, yvernage et xviii sextiers d'avaine; item, à Suresnes, en menus cens à la Saint Remy, xl den.; au Noel xii s. et ii arpens de vingne (Arch. nat., Reg. P. 128, f° 6 v°).

Les dots constituées, soit par les religieuses, soit par leurs familles, augmentaient les revenus de l'abbaye.

C'est ainsi que par des lettres datées de Nantes, le 27 octobre 1461, le duc de Bretagne constitue une rente viagère à Madeleine de Bretagne, sa sœur, religieuse à Longchamp (Arch. nat., K. 70, n° 3). Deux siècles auparavant, un autre duc de Bretagne, Jean, avait constaté, par une charte de décembre 1268, la donation faite en sa présence, par la demoiselle de Vitry, de la baronnie de Vitry (K. 32, n° 11). Cette religieuse, qui se nommait Philippe, donna en outre, le même jour, à l'abbaye de Longchamp une somme de 1000 livres, donation qui fut ratifiée par Raoul, évêque d'Albanie (K. 32, n° 12).

Longchamp, qui fut longtemps la pépinière des religieuses de sang royal, comptait au nombre de ses plus grandes célébrités Blanche de France, fille de Philippe le Long, qui fut l'une des bienfaitrices de l'abbaye, où elle se retira dès 1317, et où elle mourut en 1358. Le 12 mars 1319, Mahaut, comtesse d'Artois et de Boulogne, donne à cette religieuse 800 livres de rente, à prendre sur son péage de Bapaume (Arch. nat., K. 40, n° 32). Dix ans plus tard, c'est-à-dire le 21 janvier 1329, Blanche de France donne à l'abbaye deux marcs et demi d'argent pour la fondation d'un obit, en mémoire de sa mère Jeanne de Bourgogne, reine de France et de Navarre, qui elle-même avait légué, à cet effet, une somme de 200 livres (Arch. nat., K. 42., n° 6). Dix-huit ans après, le 21 mai 1337, la même religieuse gratifie l'abbaye de 200 livres de rente à prendre sur les châtellenies de Beuvres et d'Aire, et de ce qu'elle possédait en maison, terres et dépendances au territoire des Menuz (Arch. nat., K. 42, n° 35). Par une lettre datée de Fontaine-Notre-Dame en Valois, du mois d'août 1349, le roi de France, Philippe de Valois, donnait encore, sur les instances de Blanche de France, sa sœur, une maison et un jardin qu'une femme nommée Héloïse du Fort avait tenus en don du roi pendant sa vie (Arch. nat., JJ. 68, n° 384). Une autre religieuse, la princesse Jeanne de Navarre, apporta une rente de 1,100 livres, à prendre sur l'arche du pont de Mantes, donation qui fut confirmée par Charles, roi de Navarre et comte d'Évreux, frère de la religieuse, le 25 mars 1349 (Arch. nat., KK. n° 24), mais qui ne fut pas ponctuellement exécutée, car dans le compte de gestion de l'abbesse Agnès la Chevrelle, de 1360 à 1375 (Arch. nat., L. 1021), on lit cette observation : « Le roy de Navarre doibt 398 livres, *on nan puet estre paié.* »

Souvent des femmes se donnaient, elles et leurs biens, à l'abbaye, à condition d'être logées et nourries dans le couvent: c'est ce qu'on appelait une *donnée* dans l'ordre de Saint-Jean de Jérusalem. Dans un acte du 19 mai 1431, on voit qu'une veuve de Jean Ficquet, nommée Perrette la Ficquette, donne: « soy, ses biens meubles et heritaiges quelconxques que elle a de présent » avec promesse « de ouvrer et besongner pour ladite église et soy emploier ès affaires et besongnes d'icelle, durant sa dicte vie », a condition d'être nourrie, alimentée et gouvernée par les religieuses.

Le couvent reçut vers 1300 ou 1304, deux religieuses, filles de Godefroi de Brabant, connues à Longchamp sous les noms de Jeanne et de Marguerite de Brabant. On voit par une lettre datée du 6 mai 1317 (Arch. nat., K. 40, n° 12), que Gérard VI, comte de Juliers, et Isabelle, sa femme, sœur de Jeanne et de Marguerite, leur donne une rente de 400 livres tournois sur le trésor royal, dont un quart doit rester à l'abbaye; il est probable que ce quart, équivalant à cent livres de rente, fut augmenté, du moins, c'est ce qui semble ressortir : 1° d'une lettre écrite le 2 février 1318, par Jean, seigneur de Harcourt et vicomte de Châtellerault. (Arch. nat., K. 40, n° 25), qui abandonne aux religieuses Jeanne et Marguerite les droits qu'il pouvait avoir sur les 300 autres livres de rente, qui devaient lui revenir en partie après leur décès, à cause d'Alix, sa femme; 2° d'une autre lettre datée de Vincennes, au mois de mars 1337 (Arch. nat., K. 42, n° 44), par laquelle le roi amortit 260 livres de rente léguées au monastère par Marguerite et Jeanne de Brabant. Par une autre lettre du 4 avril 1317 (Arch. nat., K. 40, n° 8). Marie, veuve de Guillaume IV, comte de Juliers, avait fait don aux religieuses de Longchamp de 400 livres de rente sur le trésor royal, probablement à cause de ses nièces, Jeanne et Marguerite, qui y étaient renfermées. Le roi Philippe le Long étant à Vincennes, le 2 août 1321, leur avait accordé, leur vie durant, la jouissance de deux arpents de bois dans la forêt de Saint-Cloud; l'ordre du prévôt de Paris au maître des eaux et forêts est joint à cette donation (Arch. nat., K. 40, n° 38).

Lorsque Jeanne de Brabant mourut, l'abbesse de Longchamps s'empressa d'en informer les clercs du trésor, par la lettre suivante :

Pour suer Jehanne de Brebant baillie aux clers du trésor le roy.

A tous ceus qui ces presentes lettres verront et orront : suer Jehanne de Gueuz, humble aabbeesse des sereurs meneurs del humilité Nostre Dame de Lont champ de leiz Saint Cloout et tout le convent dudit lieu, salut en Nostre Seigneur Jhesu Christ. Sachent tous que noble et religieuse dame suer Jehanne de Brebant, jadis sereur de nostre dicte eglise, que Dieu absoille, trespassa de ceste vie en lan de grace mil trois cens trente et sept le dimenche apres lascencion nostre Sire, environ hoere de medi, lequel diemenche fu le premier jour de juing, lan dessus dit et y furent presentes les personnes si apres nommées, c'est à savoir tres excellent nostre tres reverent et tres chiere dame ma dame suer Blanche, fillie de roy de France, nostre confessor frere Guy d'Ormoi, frere Regnaut de Vertus son compaignon, la plus grant partie de nostre convent, damoiselle Agnes de Chailly, damoiselle de nostre tres excellent et tres redoubtée dame ma dame la royne Jehanne, royne de France et de Navarre et maistre Andrien Leclerc, phisicien de la dicte nostre tres chiere suer, suer Jehanne de Brebant, à cui nostre sire par sa douce misericorde face merci. En tesmoing desqueles choses dessus dictes nous avons mis nos seaus, desquiex nous usons, en ces presentes lettres qui furent faites le sisieme jour de novembre lan mil CCC XXXVII.

Cette religieuse était, parait-il, très-considérée du célèbre cordelier Nicholas de Lyre, l'un des exécuteurs testamentaires de la reine Jeanne, femme de Philippe le Long, car un mois après sa mort, l'abbesse de Longchamp lui envoya un saphir qui avait appartenu à Jeanne de Brabant.

Copie de mot a mot dune letre que dame abbeesse envoia à maistre Nichole de Lire, escripte le XXXe jour de juillet lan XXXVII.

Tres reverens et tres chiers maistres et peres. Nostre convent et je, vous envoions 1 safir qui fu nostre tres chiere dame et suer, suer Jehanne de Brebant, que Dieus absoille, pour ce que vous vous en aidies à vostre consolation toute vostre vie, laquele nostre Sire vous doint bone et maintiegne en bone prosperité, et est lentention et la volente de nostre convent que apres vostre deces le dis safir retourne à nostre dit convent.

Si je pooie faire chose qui vous pleust je le feroie tres volentiers. Je me recommant à vostre tres reverent persone tant humblement comme je puis. Nostre Sire soit garde de vous perdurablement.

Escript si comme dessus est dit.

Il est probable que la religieuse Jeanne de Lire, citée plus haut (p. 258) était la sœur de Nicolas de Lyre.

En 1766, des lettres du 9 septembre réunirent les biens des petites Cordelières, couvent supprimé, à l'abbaye de Longchamps et aux Cordelières du faubourg Saint-Marcel.

En parlant de la règle de l'abbaye de Longchamp, et des diverses modifications qu'elle a subies, l'abbé Lebeuf ne parle pas d'une détermination prise par le pape Benoît XI et qui effraya fort les religieuses, si l'on en juge par la lettre suivante, adressée au roi de France.

Ce est la supplicacion faite au roy pour les constitucions du pape Benedic le onzième.

A vostre roial maiesté supplient humblement les sereurs meneurs encloses del eglise del humilité Nostre Dame de Lonc champ de leiz Saint Cloot, de la diosese de Paris. Comme la dicte eglise et elles qui sont fondées du tres saint roy mons. saint Loys et douees du propre patremoine de vostre royaume et aient fait leurs veus et professions à la riule faite et ottroiée du pape Alixandre le quart à la supplication dudit tres saint roy mons. saint Looys, et fu corrigiée en grant diligence et approuvée du pape Urbain le quart à la supplication du dit saint roy mons. saint Looys, laquele rieule est tres forte et a este gardée par la grace nostre sire si bien et si parfaitement que il ne yssi onques nulle mauvaise note et maintenant li saint Peres à present ait fait plusieurs autres ordenances et estatus nouelement, les quiex orde-

nances et estatus leurs seroient tres dures et grief à tenii et garder, excet
la clouture, laquele les suers professes à noirs voiles ont vouées et tous jours
gardées tres parfaitement dusques à ci, et veullent garder de ci en avant, que
il vous plaise de vostre grace à escrire et supplier au saint Pere que il leur
veille souffrir à tenir et garder tant seulement leur dicte rieule à laquelle elles
ont fait leur dicte proffessions, sauf tant que elles veullent tres volentiers que
selonc la novele constitution du saint Pere que leurs sereurs professes au
blanc voile presentes et à venir voent et gardent la closture des ores an
avant parfaitement.

L'abbé Lebeuf passe aussi sous silence tout ce qui touche à la décadence morale du monastère, et c'est à peine s'il indique la réforme de
1543. Cependant, il est impossible de ne pas en dire un mot.

La proximité de Paris, le libertinage de la jeune noblesse, le prétexte
pieux de pouvoir se rendre à l'abbaye, désignée par le Pape Grégoire VIII
pour être l'une des sept stations du Jubilé, pour y remplir un pèlerinage, enfin le manque absolu de police dans un lieu aussi retiré, firent
que le monastère de Longchamp ne tarda pas à mériter la détestable
réputation dont il jouissait.

Henri IV, alors qu'il était au siége de Paris, profita de son séjour à
Saint-Cloud pour débaucher une jeune religieuse nommée Catherine
de Verdun, à qui il donna pour dernières faveurs l'abbaye de Saint-
Louis de Vernon. En fait de bonnes mœurs, la noblesse ne valait
pas mieux que le roi et les gentilshommes imitèrent son exemple.

Le 25 octobre 1652, saint Vincent de Paul écrivait à l'évêque de
Paris une lettre écrite heureusement en latin, dans laquelle ce grand
saint rendait compte de la visite qu'il avait faite à Longchamp, et se
plaignait de la dépravation des mœurs des religieuses [1]. Cet état se
continua néanmoins encore longtemps, et Louis XIV fut obligé de s'en
mêler pour y mettre un peu la paix. Dans une lettre que ce souverain
adresse de Versailles, le 10 février 1704, au père Bécard, on lit :

LETTRE AU P. BÉCARD

à Versailles, du 10 février 1704.

Reverend Pere, je n'ay peu aprendre sans surprise les brigues et les
cabales qui se font dans l'abbaye de Longchamp, au sujet de l'eslection d'une
abbesse, et comme je suis informé que les sœurs Nolette et le Mazier sont
celles dont le choix paroist mettre la communauté en division, j'ai cru
qu'il convenoit mieux, pour le bien de la paix, de les en exclure, y ayant
d'ailleurs plusieurs filles de mérite et de vertu qui peuvent remplir la place
d'abbesse.

[1] Voy. Delort, *Voyage aux environs de Paris*, t. II, p. 167, et *lettre au cardinal de
Larochefoucauld sur l'état de dépravation de l'abbaye de Longchamp*, en latin, avec la
traduction française, et des notes. Paris, 1827; in-8.

L'année suivante, il fit passer au même père cette lettre suivante :

S. M. estant informée que quelques religieuses du couvent de Longchamp n'y tiennent pas une conduitte conforme à leur estat, et que les supérieurs ont peine à y remédier par leur authorité, en sorte qu'il est nécessaire d'en esloigner quelques-unes, S. M. enjoint à la sœur Angélique de Longueil, religieuse de la dite abbaye, de se rendre incessamment et suivant l'obedience qui luy en sera donnée par ses supérieurs, au couvent de la Ferté-Milon, enjoignant S. M. à la supérieure dud. couvent de l'y recevoir jusque à nouvel ordre, moyennant la pension qui y sera payée par l'abbaye de Longchamp (registre secret).

L'affluence du monde qui se rendait à l'abbaye, sous le prétexte d'assister à l'office des ténèbres, les mercredi, jeudi et vendredi de la semaine sainte, alla toujours en augmentant et l'archevêque de Paris eut beau défendre la musique, la promenade n'en fut pas moins fréquentée; on peut en juger par l'extrait suivant des Mémoires du marquis d'Argenson (t. IV, p. 180).

« Avril 1754. — Longchamp. On n'avait point encore remarqué comme à ces derniers trois jours de ténèbres le triomphe de la débauche. Les filles et femmes entretenues y ont arboré des carrosses et livrées magnifiques, des parures de diamants, et tout cet extérieur surpassoit celui des femmes du plus haut rang. La mode a changé pour cela en France, et jamais on n'a poussé plus loin sa magnificence de la débauche. Autrefois on donnait un entretien modique à sa maîtresse aujourd'hui elles demandent des rentes et des diamants; à mesure que la noblesse diminue en revenus, elle augmente en magnificence de luxe, tables, maisons, ajustemens, boîtes et maîtresses. La dépense ancienne et ordinaire, quand on s'y tient, déshonore aujourd'hui. »

En février 1767, les religieuses de Longchamp firent une déclaration générale au greffe des gens de mainmorte de tous leurs biens, dont voici le tableau abrégé :

Rentes sur l'Hôtel de ville	6227 l.	9 s.	7 d.
Pour les bois	2400	»	»
Rentes sur l'ancien clergé de France	180	6	»
Cens et rentes sur maisons sises à Paris	92	18	9
Loyer d'une maison de la rue de la Mortellerie	1600	»	»
Loyer d'une boutique à arcade du grand Châtelet	220	»	»
Rentes sur particuliers	150	»	»
— en Artois	200	»	»
— à Antony	90	»	»

Rentes à Beaumont-sur-Oise .... 2 . 10 s. » d.

Franc salé..... 8 minots de sel reduits à 4 .... »   »   »

Le droit de tonlieu ou coutume du pain sur les
boulangers de Paris, savoir 5 deniers tournois
par jour de marché sur chaque boulanger
forain et 3 deniers par semaine sur les boulangers en boutique, tonlieu appartenant à
l'abbaye depuis l'acquisition du mois d'octobre 1268............................. »   »   »

Coupe de 240 arpens de la forêt de Carnelle,
donnée par Philippe IV en octobre 1330..... »   »   »

Ce compte, qui ne montait qu'à 11,163 fr. 4 sous 4 deniers, ne renfermait pas la totalité des recettes et ne donnait aucun détail sur la
situation financière du couvent. La révolution de 1789 amena de
grands changements et les communautés religieuses furent forcées de
faire des déclarations exactes non-seulement de leurs dépenses et de
leurs recettes, mais aussi de leurs dettes, tant actives que passives.

Le 4 mars 1790, François Christophe Etcre, commis à la régie des
biens des réguliers, déclara, en qualité de fondé de pouvoirs des dames
prieure, dépositaire et religieuses de l'abbaye royale de Longchamp,
suivant leur procuration en date du 27 février précédent, devant Bar-
thelemi-Jean-Louis le Couteulx de la Noraye, lieutenant et maire au
département du domaine de la ville de Paris, que les biens et revenus
du monastère consistaient, savoir :

1° En biens de campagne................... 7856 l. » s. » d.
2° En prix de la ferme des dîmes........... 900   »   »
3° En produit d'un moulin et d'une maison.... 400   »   »
4° En rentes sur particuliers............... 1053   9   3
5° En baux emphythéotiques.............. 311   8   »
6° En loyers de maisons sises à Paris....... 5130   »   »
7° En deux parties de rentes sur particuliers.. 108   »   »
8° En vingt-huit parts de rentes sur les aides
et gabelles............................ 5497   10   2
9° En cinq parties de rentes sur les tailles..... 888   4   3
10° En rentes sur les domaines de Paris, Versailles, Artois, sur les offices supprimés,
effets d'Alsace, ancien clergé............. 5059   18   3

Ce qui donne un total de........ 27204 l.   9 s. 11 d.

auquel il faut ajouter différens recouvremens à faire,
se montant à................................. 65184   »   »

Les charges s'élevaient annuellement à.......... 6025   14   7

dont 994 liv. 8 s. pour les décimes, 75 liv. 9 s. 7 d.
pour les cens et rentes foncieres et 2505 liv. 7 s. en
rentes et pensions viagères, et 2450 liv. 10 s. pour
honoraires et gages.

Les revenus, comme on le voit, dépassaient de beaucoup les charges, et il restait à la communauté une somme de 21,178 livres 15 sous 4 deniers; mais, à supposer qu'on n'eût pas à toucher sur ce reliquat, il n'était pas assez fort pour solder les dettes qui avaient atteint le chiffre énorme de 174,713 livres 12 sous 6 deniers.

Un premier inventaire du mobilier de l'abbaye de Longchamp avait été fait le 7 juin 1790, un second fut dressé le 17 septembre 1792 par Claude Maillet, administrateur et vice-président du Directoire du district de Saint-Denis. Les liasses, papiers et registres du chartrier furent chargés dans une voiture et conduits au Directoire du district.

Le cuivre fut pesé et trouvé du poids de 2,264 marcs. On laissa aux religieuses la batterie de cuisine, un service d'autel, c'est-à-dire, un calice avec sa patène, un plat d'argent et deux burettes. Le surplus de l'argenterie pesant 358 marcs et deux pièces d'or, du poids de 2 marcs 3 onces 1 gros fut emballé et chargé dans une voiture. On déchargea les religieuses de la garde du mobilier que l'on confia à Nicolas Noguet, jardinier de la maison, et on leur fit promettre de laisser leur service d'autel pesant 8 marcs d'argent et leur batterie de cuisine, lors de leur départ, qui devait s'effectuer le lundi 10 octobre 1792.

L'abbaye ne tarda pas à être mise en vente et démolie. Ce qui resta le plus longtemps debout, ce fut un moulin du xiii⁰ siècle, tour ronde en pierre, de 4ᵐ80 dans œuvre, dont les murs avaient 1ᵐ20 d'épaisseur par le bas, et qui reposait sur un vaste soubassement circulaire qui élevait le moulin au-dessus du niveau de la plaine. La porte était surmontée d'un linteau d'une seule pierre, au-dessus de laquelle on avait construit un arc en décharge.

Ce curieux monument, situé à peu de distance du monastère, a disparu ainsi qu'une grange de la même époque, lors du remaniement du bois de Boulogne en 1853.

BIBLIOGRAPHIE

MANUSCRITS

Les documents concernant l'abbaye de Longchamp sont conservés aux archives nationales.

Dans la section historique, il y a :

1° Un registre intitulé : *Répertoire* (LL. 1600). C'est un inventaire des archives, dressé au xvi⁰ siècle.

2° Un petit volume in-4 intitulé : *Règlement du* xvi⁰ *siècle* (LL. 1601). Le texte est en français.

3° Deux volumes petit in-fol. en maroquin rouge intitulés : *Comptes* (LL. 1602 et 1603). Le premier, renferme les comptes de 1434 à 1450, le second, de 1467 à 1474.

4° Un volume ayant pour titre : *Nomenclature des abbesses* (LL. 1604).

Ce livre écrit par Denise de Costeblanche, trésorière en 1608, renferme une histoire de l'abbaye, fort intéressante à lire et surtout très-nécessaire à consulter pour connaître ce qui s'est passé au XVIe siècle. C'est ainsi qu'on voit que Henri III voulait retirer les religieuses de Longchamp pour les mettre au Val. Il vint à l'abbaye le 10 mai 1585, demanda l'abbesse pour lui communiquer son projet et alla se coucher au château de Madrid. Il y a des renseignements sur les désordres de la maison, mais il n'y a pas un mot sur la visite de saint Vincent de Paul.

5° Dix cartons remplis de documents (L. 1020 à 1029).

1° (L. 1020) Fragment d'un compte de l'abbaye de Longchamp, en 1286; des contrats de vente des années 1291, 1292, 1293, 1310 de terres situées à Choisy, Paray, Suresnes, Thiais, Orly, Grignon, Goussainville près Mantes (1308), Antony, le port de Luingni (1266) aujourd'hui Neuilly, Longchamp (1421); des titres de rente; un amortissement accordé par la chambre de Saint-Denis des 5 arpents de terre au port de Lugny (14 avril 1389); un état de recettes des religieuses de Longchamp à Suresnes, en 1388; un état des cens dûs à Palaiseau, en 1440; un état des recettes et des dépenses effectuées par l'agent des religieuses, en 1370 et 1375 aux Granches-le-Roy; un état des cens dus à Suresnes, de 1374 à 1379; un amortissement d'une terre située *inter abbatiam et Nulliacum* et provenant de la léproserie de Saint-Cloud, dans la censive de Sainte-Geneviève, accordé à la prière du roi saint Louis par les abbé et religieux de Sainte-Geneviève (décembre 1267); une vente de 8 arpents de terre au même endroit (1264) par la léproserie de Saint-Cloud, de 36 arpents au même lieu (1264), de 11 arpents 8 quartiers, *u terrouer du Rosai devant les gorz* (1266); un état des bois en fagots et coterets, en 1324; un cueilleret des cens dus annuellement tant à Viry qu'aux environs, en 1309, 1313, 1360 et 1364; des titres de biens en Artois (novembre 1332); un ancien cartulaire depuis 1333 et un ancien Nécrologe des religieuses de l'abbaye, depuis sa fondation, jusqu'en 1389.

2° (L. 1021) Collection de rotuli renfermant les comptes des abbesses Agnès de Harcourt (1285), Jeanne de Gueux (1328-1339), Jeanne de Boucherville (1345), Marie de Gueux (1348), Agnès la Chevrelle (1375), Lorence Jacob (1400), Marie de la Poterne (1447), Marguerite la Genci nne (1467), Jeanne Porchere (1481), Jeanne de Hacqueville (1513), Georgette Cueur (1532), un état des reliques et de l'argenterie en 1345; une bulle du pape Jules II en 1517.

3º (L. 1022) Une bulle du 24 septembre 1268 autorisant l'entrée de l'abbaye à certaines personnes, des pièces concernant la conservation des privi'éges de l'abbaye, la célébration des messes, des titres de propriété à Menus (1367, 1455, 1483); Choisy (1286, 1288, 1290), près l'abbaye (1261-1262) à Viry (1304).

4º (L. 1022) Des états des biens au xiv⁰ siècle; de la vaisselle en 1416; des fondations au xv⁰ siècle; un état des recettes (774 fr 3 sous paris.) et dépenses pour la construction du clocher en 1383; des inventaires dressés par les abbesses Jeanne de Gueux (1287-1315), Jeanne de Harcourt (1289, 1294, 1298), Jeanne de Nevers (1279, 1289, 1305), Jeanne de Vitri (1298, 1299, 1313), Marie de Lyon (1339), Lorence Jacob (1391).

5º (L. 1024) Un *gloria in excelsis* noté selon le rit de l'abbaye; des titres de la chapelle Saint-Nicolas sous le jubé; un dossier de quittances d'une livre de cire au Saint-Siége payé à la chambre apostolique; une vie incomplète de sainte Isabelle, sœur de saint Louis; des pièces relatives aux priviléges d'élections d'abbesses.

6º (L. 1025) Des titres de propriété à Fontenay (1260), Paris (1280), Suresnes (1325, 1375, 1433 et 1435), Rueil (1319), Saint-Cloud (1397), Longchamp (1396); titres de fondations de messes; baux de biens à Villepinte et au Tremblay (1654 à 1762); des titres de propriété du droit de champart de douze muids d'avoine sur les tenanciers d'Antoni (1279).

7º (L. 1026) Priviléges extraits de testaments et donations en faveur des religieuses (1296, 1362, 1515, 1550, 1621); fondation d'obits, contrats de profession.

8º (L. 1027) Titres de propriétés venues à l'abbaye par les constitutions de dots des religieuses, actes de profession.

9º (L. 1028) Contrats de rentes des xiv⁰ et xv⁰ siècle. 48 pièces.

10º (L. 1029) Copies de pièces anciennes; baux à cens; compte des revenus des biens des petites Cordelières, couvent supprimé et uni aux Cordelières de l'abbaye de Longchamp et aux Cordelières du faubourg Saint-Marcel (9 septembre 1766); mémoires des travaux de charpente en 1786; autorisation du 18 avril 1442 accordée par le roi Charles VII aux religieuses, pour qu'elles assignent le curé de Boulogne, afin qu'il lui soit défendu de les troubler dans l'administration des sacrements à ceux qui demeurent dans l'enclos de leur maison; confirmation de priviléges; constitution d'une dot de 200 livres de rente à B'anche de France, par Eudes, duc de Bourgogne et comte d'Artois, et Jeanne de France, sa femme, à prendre sur le comté d'Artois (29 mai 1335); ancien compte des recettes en 1325. Ce compte, dont les recettes étaient de vᶜ lxxvii s. viii d. et les dépenses de vᶜ xxv liv. v s. x d. est curieux à consulter.

Des titres de propriété à Paris (rues Aubry-le-Boucher, Beaubourg, Bourg-l'Abbé, de la Charonnerie, Comtesse-d'Artois, de la Cordonnerie, de Diane, de la Ferronnerie, aux Fers, du Jour, Geoffroy-l'Asnier, de la Grande-Bretonnerie, de la Grande-Truanderie, Jean-de-l'Épine, des Juifs, de la Juiverie, des Mauvaises-Paroles, de la Mortellerie, Platrière, de la Poterie, de la Savonnerie, Saint-Antoine, Saint-Denis, Saint-Jacques, Saint-Honoré, Saint-Martin, de la Tannerie, du Temple, Thorigny, des Trois-Pavillons, de la Vieille-Bouclerie, arcades du Châtelet, Croix-du-Trahoir, cul-de-sac Coquerel, fief des Bretons, près la porte Saint-Jacques, place Baudoyer, place des Veaux, place Maubert, Port au Foin, porte Saint-Jacques) et aux environs : Boulogne, Montreuil-sous-Bois, Neuilly-sur-Seine, Suresnes, Villejuif, Saint-Cloud. (K. 974 à 981).

Dans la série administrative :

Des comptes de 1760 à 1790 (H. 3885).

Deux cartons renfermant des titres de propriété de la maison située sous l'arcade du grand Châtelet et au fief des Bretons en 1266, la déclaration des biens de l'abbaye en 1790 (S. 4418).

Sept cartons dans la série Q :

1° (Q' 1054) Titres de propriété de maisons et terres appartenant aux dames de Longchamp, aux prêtres du Calvaire du Mont-Valérien, aux Carmélites de Saint-Denis, à Gennevilliers, îles de Puteaux, d'Asnières, de Villiers, de Colombes, de Nesmond et de Suresnes; la déclaration des biens et revenus de la cure de Notre-Dame de la Compassion de Puteaux, de la fabrique de la Chapelle Saint-Denis, un titre nouvel de 2 livres de rente due aux religieuses de Longchamp sur des biens sis à Suresnes, provenant de la succession de Claude Cochery (1697-1754).

2° (Q. 1056-1057) Titres de propriété de maisons sises à Nanterre, dont quelques-unes doivent des rentes à Longchamp.

3° (Q. 1068 *bis*) Déclaration de 1540 des biens situés à Boulogne, Clichy, Pré-Saint-Gervais, Cachant.

4° (Q. 1069-1070) Recueil de pièces concernant des immeubles sis à Billancourt, Neuilly, le Pecq, Chatou, Bezons et Boulogne, chargés de rentes envers Longchamp; pièces relatives à l'ouverture d'un canal pour l'établissement d'une blanchisserie dans l'île du pont de Sèvres (onze pièces de 1787); procès-verbaux de délivrances faites aux religieuses de Longchamp, des bois qui leur appartiennent dans la forêt de Boulogne (1626 à 1664). Titres de rentes foncières dues à l'abbaye de Longchamp sur des terres situées à Boulogne, au lieu dit le Bout-des-Vignes (1723), la Grosse-Pierre (2 avril 1683), les Garennes (7 mars 1616), Champutou et les Chaussières (7 déc. 1612), une maison à Boulogne (4 janv. 1352) au lieu dit le Néflier et le Bout-des-Vignes (4 janvier 1548), la Garenne (7 mai 1616), la Longuignolle (1764), le Val et les Perruches (1559), le Val (1548), maisons à Boulogne et à Saint-Cloud (1620-1664), les Graviers (1655), les Pointes, les Chaussières et les Guerets (10 juin 1655).

Traité concernant la construction d'un pont en pierre, au port de Neuilly, et d'un pont de bois aux ports de Pecq, Chattou, Bezons et Argenteuil, avec le sieur du Forestel (au conseil d'Estat du roy Henri, au camp devant Saint-Jean-d'Angely, 12 juin 1621).

Permission au comte d'Artois d'enclore dans Bagatelle, 18 arpents 2 perches du bois de Boulogne (31 mars 1779).

Jugement qui accorde à Jacques Grout, sieur de Beaufort, porte-manteau du feu duc d'Orléans, main-levée provisoire de la saisie féodale sur lui faite de la moitié du fief Baudouin, sis à Auteuil (1673), à la charge d'en faire l'aveu dans les délais prescrits.

Échange de terres entre les abbés de Montmartre et de Longchamp (1696). Lettres patentes (juin 1772) confirmatives d'un contrat passé entre le sieur archevêque de Lyon, abbé de Saint-Victor et le sieur de Claessen, le 11 mars 1772, par lequel ledit abbé délaisse au sieur Claessen, chevalier de Saint-Louis, à titre de fief, la terre et seigneurie de Billancourt; procès-verbaux de délivrance (1626-1664) aux religieuses de Longchamp des bois à elles appartenant dans le bois de Boulogne (31 pièces).

5° (Q. 1075) Titres de rentes, sentences, requêtes y relatives touchant le domaine des dames de Longchamp à Boulogne; un projet d'arrêt du conseil pour l'engagement à la princesse Anne-Louise de Bourbon-Condé de tous les bâtiments et emplacements faisant partie du château de Madrid, 4 septembre 1735 (10 pièces et plans); documents sur les Bons-Hommes, Menil-les-Auteuil, Menu les-Saint-Cloud, Menu-les-Boulogne.

La Bibliothèque nationale possède au département des manuscrits, dans le fonds français, sous le n° 11,663, un *livre capitulaire de l'abbaye de Longchamp* du xvi° au xviii° siècle.

IMPRIMÉS

Notice historique sur l'abbaye de Longchamps, par Honoré C... (Extrait de la Revue nobiliaire). *Paris*, 1869; in-8, 11 p.

Factum pour les doyen, chanoines et chapitre de l'église royale et collégiale de Saint-Germain-l'Auxerrois à Paris, appellans d'une sentence rendue par Messieurs des requestes du Palais, le premier mars 1659, contre les abbesse, religieuses et convent de Long-champ, intimées. (Signé : Lecocq, rapporteur). 8 p. in-4. (Arch. nat., S. 159).

Il y a un autre factum portant le même titre, qui n'a que 4 p., et qui est signé : M. Fraguier, conseiller, rapporteur.

Louis, par la grâce de Dieu, roy de France et de Navarre, au premier nostre huissier ou sergent sur ce requis, etc. *S. n. d. l. n. d.* (1667). In-4, 15 pages. (Bibl. maz., n° 3318, E.).

Arrêt au sujet du tonlieu du pain.

Inventaire des titres et pièces que mettent et produisent par devant vous nosseigneurs les commissaires deputez par le roy, par arrest du conseil du 18 décembre 1674, l'abbesse et les religieuses du monastère de Longchamp, ordre de Saint-François, dits urbanistes. *Paris, s. d.* 4 pages in-fol. Signé : d'Heulland, avocat. (Arch. nat., L. 1024).

Au roy. *S. n. d. l. n. d.* Signé : d'Heulland, avocat. 12 pages in-fol. Au roy. *Paris*, 1674. In-fol. (Bibl. maz., n° 3318 E., et 3318 X.).

C'est une requête en faveur des dames de Longchamp. Signée : Messieurs l'archevesque de Paris, Boucherat, Colbert et de Ficubet, commissaires; d'Heulland, avocat; au sujet de l'élection triennale de l'abbesse.

A monsieur Barillon, seigneur d'Amoncourt, conseiller du roy en ses conseils et maistre des requestes ordinaires de son hostel, départy en la généralité de Paris, commissaire depu'é pour la réformation des eaües et forests au departement de l'isle de France, Perche, Picardie, et païs reconquis, les religieuses, abbesse et convent de l'Humilité de Nostre-Dame de Lonchamp. *Ipso concedente pacem, quis est qui condemnet? Ex quo absconderit vultum, quis est qui contempletur eas, et super gentes, et super homines.* Job. C. 24. *S. n. d. l. n. d.* In-fol. 4 pages. (Bibl. nat., n° 3318 E.).

Le second titre est : Au roy pour les pauvres religieuses, abbesse et convent de Nostre-Dame de l'Humilité de Lonchamp. *Apparuit mulier clamans ad regem pro domo sua, et pro agris suis.* Regum, cap. 8. Requête à propos du pacage dans le bois de Boulogne. A la page 5, il y a un nouveau titre : Au roy, très-humbles remonstrances pour les pauvres religieuses de l'abbaie royale de Lonchamp.

Factum pour les religieuses, abbesse et convent de Nostre Dame de l'Humilité de Longchamps, sur l'assignation à elles donnée, pour la représentation de leurs titres, par devant Monsieur de Barillon, etc. *S. n. d. l. n. d.* In-fol. (Bibl. maz., n° 3318, E.).

Ce factum est suivi dans l'exemplaire de la Bibliothèque Mazarine : 1° d'une collection de feuillets qu'on a reliés, et sur lesquels il y a un inventaire sommaire des archives du couvent, par armoire, depuis la première jusqu'à la onzième; 2° d'une lettre autographe de la sœur Jeanson, du 26 octobre 1695; 3° de plusieurs requêtes à Colbert, à Louvois; 4° un extrait de notes prises dans les archives du couvent, signé Jeanson, frère de la religieuse citée plus haut.

Mémoire pour les abbesse et religieuses de la Nativité de Jésus, dites les petites Cordelières, établies à Paris, rue de Grenelle, quartier

Saint-Germain des Prez, deffenderesses, contre les abbesse, prieure, tresoriere et religieuses de l'abbaye royale de Longchamps, demanderesses. *Paris*, 1736; in-fol. 18 pages (Bibl. maz., n° 3318 E., n° 50).

Au sujet de la pension d'une religieuse exilée, pièce intéressante, signée : le bureau de M. l'abbé Bignon, pour les affaires ecclésiastiques, M. de Labriffe de Ferrières, maître des requêtes, rapporteur; Me Mariot, avocat.

L'abrégé de la vie et miracle fait à l'abbaye de Longchamp, sur le tombeau de la bienheureuse Isabel de France. *Longchamps*, 1637; in-8.

Lettre de saint Vincent de Paul au cardinal de la Rochefoucauld, sur l'état de dépravation de l'abbaye de Longchamps. En latin; avec la traduction française et des notes, par J.-L. *Paris*, 1827; in-8.

Cette pièce est de l'abbé Jean Labouderie.

(Voyez aussi *Les Antiquitez de la Ville de Paris*, de Malingre, qui a consacré un chapitre de son livre IV (p. 115), à la fondation de l'abbaye de Longchamps).

PASSY

Passy est un nom assez commun dans le vocabulaire ethnique, et cependant personne n'a cherché à découvrir son origine. Lebeuf, qui a toujours le soin de donner son avis sur la signification des noms de lieux dont il fait l'histoire, garde un silence prudent au sujet de Passy. M. Le Prévost, qui, après l'abbé Lebeuf, s'est occupé avec beaucoup de savoir et de sagacité de l'étymologie des noms de lieux, ne dit rien non plus à propos de Pacy-sur-Eure. Peut-être devrais-je suivre des exemples si respectables, et ne pas m'engager dans les défilés souvent dangereux de la philologie. Cependant, je crois que les questions doivent être abordées à cause de la difficulté qu'on a à les résoudre, et qu'il est bon de dire ce que l'on pense, même lorsque ce que l'on dit ne peut être présenté que sous une forme dubitative.

J'ai dit ailleurs [1] que le suffixe *y* représentait le suffixe *iacum* employé par les Gallo-Romains pour donner au nom qu'il terminait le sens de domaine, de propriété. Ainsi Sabinus, Aper, Flavinius, Martinus et Latinus, deviennent possesseurs de terres qui ne tardent pas à s'appeler Savigny (Sabiniacum), Evry (Apriacum), Flavigny (Flaviniacum), Martigny (Martiniacum) et Lagny (Latiniacum). Le suffixe *y* était donc le plus souvent attaché à un nom de personne pour le transformer en nom de lieu.

Le seul nom propre qui puisse faire *Pacy* est *Pax*, qui fait au génitif *Pacis*, d'où *Paciacum*. Il y a eu un saint Pax, frère mineur, mort en 1270, et il n'est pas douteux qu'il y ait eu plus d'un chrétien des premiers temps qui se soit donné le nom de Pax. Néanmoins, l'extrême rareté de ce nom dans l'onomastique du moyen âge doit faire repousser cette origine, car les *Pacy* étant nombreux, les *Pax* devraient l'être encore davantage.

Le meilleur moyen de retrouver la signification d'un nom de lieu, lorsqu'on ne peut pas en rattacher l'origine à un nom de personne, est de chercher l'emplacement de toutes les localités qui portent ce même nom, afin de s'assurer si une même configuration du sol, une même

___

[1] De l'origine et de la formation des noms de lieu. Paris, 1873, in-8°.

altitude, une même nature géologique, n'auraient pas pu produire un même nom de lieu, la situation étant partout la même. C'est ce que j'ai fait pour les nombreux Passy qui existent en France, et je n'ai pas tardé à faire cette remarque importante qu'ils étaient tous situés, comme celui qui nous occupe, sur le flanc d'une colline, au bord de l'eau.

Il y a *Pacy-sur-Armançon* dans l'Yonne, *Pacy-sur-Eure* dans l'Eure, *Passy-sur-Loire* dans le Cher, et *Passy-sur-Marne* dans l'Aisne; *Passy-Grigny* est sur la Semoigne, *Passy-en-Valois* est sur un rû qui se jette dans l'Ourcq; *Passy*, dans l'Yonne, est sur les rives de cette rivière; *Passy*, dans Seine-et-Marne, appelé autrefois Passy-sur-Seine, est sur le bord d'un des plus petits affluents de ce fleuve, etc., etc.

Cette situation étant donnée, ne pourrait-on pas rattacher tous nos *Passy* à la famille du mot *paciellum*, diminutif de *Paxera* ou *Paxeria*, pris dans le sens de vanne ou d'écluse qui arrêtait les eaux? On disait *passière* au moyen âge, comme on peut le voir par les exemples suivants:

« Lequel maistre Bernart rompy la *passière* de son moulin par force et grant influence des eaues (Arch. nat., JJ. 146, n° 223).

« Icellui Chalemay ala en une *passière* a mettre du poisson pour icelle cour (Arch. nat., JJ. 186, n° 45).

« Icellui Vigier passoit sur une planche qui est sur la *paissière* de certains moulins (Arch. nat., JJ. 151, n° 147).

Le môle de pierre sur lequel reposait le moulin portait aussi le même nom.

Paciacum ou *Paccium* pouvait donc désigner un lieu placé près d'un cours d'eau où on avait établi des paisseaux, c'est-à-dire des échalas pour faciliter une chute d'eau ou conserver du poisson.

On pourrait donc dire: Je vais *ad paciacum*, comme l'on dirait aujourd'hui je vais à la pêcherie, je vais au moulin. L'agglomération qui naît de toute exploitation agricole ou industrielle n'a pas tardé à se produire, et le nom de lieu s'est formé.

Les amateurs d'histoire locale, qui ont lu et relu l'*Histoire du Diocèse* de Paris, savent que l'abbé Lebeuf n'avait pas entre les mains les documents généalogiques ou administratifs qui lui permettaient d'établir une chronologie exacte des possesseurs des seigneuries dont il faisait l'histoire. Aujourd'hui que les chartes, autrefois disséminées, sont réunies en plusieurs dépôts publics, et qu'il est par conséquent plus facile de les trouver, c'est à peine si on peut présenter une liste un peu plus complète.

Les documents que j'ai cités à propos de Billancourt (Arch. nat., S. 2137) me permettent de compter trois seigneurs de Passy au xiie siècle. Le xiiie siècle et la presque totalité du xive ne me fournissent presque

aucun nom, car rien ne m'autorise à compter parmi les seigneurs
de Passy les riches bourgeois de Paris André de Paci, Raoul de Paci,
etc., qui sont plusieurs fois cités dans le Cartulaire de Notre-Dame
de Paris; à partir de 1387, la série est à peu près complète.

Voici la liste, telle que j'ai pu la former :

1174. MATHIEU DE PACI.

Cité dans un acte comme seigneur du fief de l'île Longueignon à
Billancourt (S. 213). Voyez plus haut p. 234.

1184. ANDRÉ DE PACI.

Cité comme garant dans une vente de terre à Longueignon
(S. 213). Voyez plus haut p. 234.

1196. PIERRE DE PACI.

« Petrus de Pacei » sert de caution avec Galon de Ville-d'Avray,
dans une cession de terre à Longuinon (S. 2137). Voyez plus haut
p. 234 '.

Juillet 1387. JEAN DE MAUCREUX, écuyer, valet de chambre du roi.

Cité dans une lettre de Charles VI, de juin 1387, publiée dans ce
volume (p. 214 et suiv.) et dans un Aveu et dénombrement du
15 juillet 1394 (Arch. nat. S. 1544 et P. 128).

26 août 1400. PIERRE DE MAUCREUX, pannetier du duc de Berry.

Cité dans un Aveu et dénombrement (Arch. nat. S. 1544 et P. 128).

1416. JEANNE DE PAILLARD.

Cité par Lebeuf.

1468. JEAN DE LA DRIESCHE, président de la chambre des comptes.

Cité par Lebeuf.

JEAN PETIT.

Cité par Lebeuf.

1530. PIERRE DAVÈS, avocat au parlement.

Cité par Lebeuf.

1532. MATHIEU MACHECO, huissier au parlement.

Cité par Lebeuf. Cette famille avait des biens à Auteuil au XVIe
siècle, comme il est facile de s'en rendre compte par les censiers
de cette seigneurie.

' Un acte du 4 mars 1391 analysé dans l'inventaire des archives de la chambre des
comptes de La Fère (15e liasse, coté XXXVI), atteste que Pierre, seigneur de Chevreuse, et
Marguerite Trousset, sa femme, ont vendu à Renaud d'Angennes, seigneur de Rambouillet, une maison et fief à Passy-lez-Auteuil. Quel était ce fief? relevait-il de la seigneurie de Passy, c'est ce que l'analyse de l'acte ne dit pas.

1542. Jean Corlieu.

Cité par Lebeuf, probablement le père de

1547. Mathieu Corlieu, seigneur des Umbretz.

Cité dans un acte de baptême de son fils Loys, de la paroisse d'Auteuil, du 8 août.

1558. Nicolas du Pré, maître des requêtes.

Cité comme incertain, par Lebeuf, d'après dom Lobineau.

1577. Christophe du Pré.

Il y a, à la bibliothèque Mazarine, un volume in-4° portant le n° 10694 A, intitulé : les Larmes funèbres de Christofle du Pré, parisien, sieur de Passy, à Paris, 1577. Est-ce de Passy, près Paris, que ce du Pré était seigneur, est-il parent de Nicolas du Pré, mentionné par Lebeuf. Je n'en sais rien.

1601. Mathieu ou Pierre Lallement, procureur ès requêtes de l'Hôtel, conseiller du roi.

Cité dans un acte du 17 janvier du registre des baptêmes de la paroisse d'Auteuil, brûlé en 1871, et dans un aveu du 30 mai 1601, sous le nom de Pierre Lallement (S. 1544).

1667. Claude Chahu, conseiller du roi, trésorier général de France.

Un registre de Notre-Dame-de-Grâce de Passy (1667-1668), aujourd'hui brûlé, cite son nom le 29 mai 1667, ainsi que celui de sa femme.

1672. Christine-Chrétienne de Heurles.

On trouve dans la série P. 145, n° 42, aux Archives nationales, un aveu et dénombrement de ladite dame, donné en 1672 et commençant ainsi :

Chretienne de Heurles, dame de Passy, veuve de messire Claude Chahu, conseiller du roi, trésorier de France et de ses finances, à Paris, avoue tenir en plein fief, foi et hommage du roi, la terre et seigneurie de Passy, sise près Paris, tenue et mouvante immédiatement du roi à cause de son châtelet à Paris, consistant en maison seigneuriale, contenant plusieurs corps d'hôtel, cour, clos, colombier à pied, pressoir banal et droit de four aussi banal, moulin à vent, justice haute, moyenne et basse, prisons, 60 livres ou environ de menus cens et rentes, tant en deniers, poulles, chapons, que grains sur plusieurs héritages sis à Passy, 15 arpents à pré, 4 arpents de vigne.

La terre appartient à ladite dame Chahu, tant à cause de la communauté des biens qu'elle a eu avec ledit deffunt sieur son mari, que suivant le partage des biens de sa succession fait entre elle et messire Ambroise, duc de Bournonville, légataire universel.

Ladite terre et seigneurie est chargée envers le roi, pour la haute justice, d'un éperon doré à chaque muance d'homme.

Le 31 août 1683, elle est encore citée dans un acte de l'état civil.

ORCEAU.

Cité par Lebeuf.

D'ORSIGNY.

Cité par Lebeuf.

1686. ARNAULD DE LABRIFFE, chevalier, conseiller du roi, conseiller
d'honneur en la cour du parlement, maître des requêtes ordinaires de l'Hôtel, président au grand conseil, devenu plus
tard procureur général au parlement.

Cité dans l'acte de décès du 27 mai 1686 de Marthe-Agnès Potier
de Novion, sa femme, morte à l'âge de 32 ans et portée à Saint-
Nicolas-des-Champs (Archives de l'état civil, aujourd'hui brûlées).
Il est encore cité comme seigneur de Passy dans un acte de baptême du 14 juin 1690 où son fils, Pierre-Arnauld de Labriffe, paraît
comme parrain avec Marguerite Potier de Novion, veuve de Jacques Tubeuf, et dans un acte de baptême du 29 mars 1699, où sa
seconde femme, Bonne de Barillon, est nommée comme marraine.

1729. MARIE-ARMANDE CARTON, dame de Passy, Saint-Paul, et autres
lieux, veuve de Jean-Louis-Guillaume, écuyer, sieur de Fontaine, conseiller du roi, ancien commissaire de marine et
galères de France.

Elle est qualifiée en 1731 de dame haute, moyenne et basse justicière de toute l'étendue de la paroisse à Passy-sur-Seine, dame
foncière de terres à Auteuil, dites les Glizières ou Bourgognes et les
Garennes (Arch. nat., S. 1544). Elle est citée dans un acte de l'état
civil du 12 mai 1729.

1740. LE PRÉSIDENT DE RIEUX, Gabriel BERNARD, mort le 13 décembre 1457, qui avait épousé Susanne-Marie-Henriette de
Boulainvilliers.

Cité dans un acte de l'état civil du 3 février 1740.

1740. LE PRÉSIDENT DE SAINT-SAIRE, ainsi nommé de la seigneurie de
Saint-Saire, érigée en comté le 9 avril 1658, en faveur de
François de Boulainvilliers, un de ses aïeux maternels. Dans
un acte de 1752 (Arch. nat., S. 1543), il s'appelait Anne-Gabriel-
Henri Bernard de Boulainvilliers, conseiller du roi, président
au parlement, lecteur du roi, grand-prévôt, grand-croix
et maître des cérémonies de l'ordre de Saint-Louis, seigneur du fief Saint-Pol, prévôt de Paris en 1766, ce personnage est le dernier seigneur de Passy, car on ne peut
qualifier ainsi La Popelinière et le duc de Penthièvre, qui ont
habité le château successivement.

Passy était, comme il l'est encore aujourd'hui, fréquenté par la population aisée de la capitale. La noblesse y avait ce qu'on appelait alors de « petites maisons » et les châteaux de la Muette et de Madrid ne contribuaient pas peu au désir qu'avaient les courtisans de se rapprocher de la cour ou des personnages influents qui y demeuraient. On y remarquait la maison du président de Ségur qu'il habitait en 1733, celle qu'occupait en 1725 le baron de Chlanix, ambassadeur de Russie; celle de Franklin, où il résida pendant son séjour en France et où il composa la plupart de ses petits traités de morale, qui sont ses chefs-d'œuvre. C'est dans son dialogue entre lui et la goutte, daté de Passy, le 22 octobre 1780, que le célèbre économiste américain fit allusion à Mᵐᵉ Helvetius, qui demeurait à Auteuil.

« Regardez votre amie d'Auteuil, une femme qui a reçu de la nature plus de science vraiment utile qu'une demi-douzaine ensemble de vous, philosophes prétendus, n'en avez tiré de vos livres. Qand elle voulut vous faire l'honneur de sa visite, elle vint à pied. Elle se promène du matin jusqu'au soir, et laisse toutes les maladies d'indolence en partage à ses chevaux. Voilà comme elle conserve sa santé, même sa beauté; mais vous, quand vous allez à Auteuil, c'est en voiture. Il n'y a cependant pas plus loin de Passy à Auteuil que d'Auteuil à Passy. »

La maison de Franklin fut habitée depuis par M. Le Roi de Caumont. [1]

Citons encore parmi les célébrités de Passy : le comte d'Estaing, dont le nom est presque aussi lié que celui de Franklin à l'affranchissement de l'Amérique; le philosophe Raynal; le rival de Gluck, Piccini; M. Raynouard, secrétaire perpétuel de l'Académie française, dont la belle bibliothèque existe encore rue Basse, chez M. Just Paquet, son héritier; l'illustre chansonnier Béranger; Benjamin Delessert qui avait établi à Passy sa superbe filature de coton et une raffinerie de sucre; MM. Cuvillier-Fleury et Jules Janin, de l'Académie française; M. Guessard, membre de l'Académie des inscriptions et belles-lettres et professeur à l'école des Chartes.

J'ai cité tout à l'heure le nom vénéré de M. B. Delessert, je dois ajouter que cet homme bienfaisant a légué, en 1850, 30,000 francs pour les écoles mutuelles qu'il a fondées, et la nue-propriété du bâtiment de la salle d'asile. Mᵐᵉ Françoise Marie Delessert avait légué, de son côté, la propriété du corps de bâtiment occupé par les écoles et le mobilier de ces écoles qu'elle avait acquis de ses deniers.

Le château de Passy possédait une chapelle domestique, dont le plafond peint à l'huile, sur plâtre, par de Troy le fils, représentait l'Assomption, et dans laquelle, le 18 février 1743, Jean-Baptiste de

---

[1] Voyez une description de cette maison dans la *Nouvelle description des environs de Paris*, par Dulaure, Paris, 1786; première partie, p. 164.

Chabannes, comte de Pionzac et d'Apchon, épousa Élisabeth-Olive-Louise Bernard, fille de Samuel-Jacques Bernard, comte de Coubert, marquis de Longueil, conseiller du roi, maître des requêtes ordinaires, surintendant des domaines de la reine, etc., etc. Le 23 mai 1757, Louis-Marie-Marc-Antoine Boutinon de Courcelles-d'Affay s'y maria avec Louise-Charlotte-Françoise Valmalette; et le 14 septembre 1762 il y eut deux mariages : celui de Louis-Joseph de Mondran avec Charlotte-Louise Masson, et celui de Jacques de Lacombe, lieutenant au régiment des gardes suisses, avec Marie-Louise-Gabriel de Mondran. Le 15 juillet 1783, on ondoya dans cette chapelle une princesse allemande, fille de Frédéric Jeannotton, prince régnant de Salm Kyrbourg, wilgrave d'Haün, rhingrave de Stein.

En fait de chapelles domestiques, autres que celle du château, je n'en ai rencontré que quatre : 1° celle de Mme Landois (acte du 22 juin 1681), dont je n'ai trouvé aucune trace; 2° celle du château de la Muette, sur laquelle je reviendrai tout à l'heure; 3° celle de la maison des anciennes eaux minérales, dans laquelle se fit, le 5 mai 1742, le mariage de Gilbert Allire, marquis de Langhac, grand sénéchal d'Auvergne, avec Louise-Elisabeth de Melun, princesse d'Épinay [1]; 4° celle du célèbre duc de Lausun, citée dans les actes à propos d'un mariage du concierge de la maison de la duchesse, Pierre Planque, avec Renée Termiot. La bénédiction nuptiale fut donnée en présence du duc et de la duchesse de Lausun, du marquis de Gontaut, du duc d'Humières, du comte de Lorge, etc. Le baptême de l'enfant des nouveaux mariés se fit aussi neuf mois après dans la même chapelle. L'enfant eut pour parrain : Jacques-Louis de Saint-Simon, vidame de Chartres, et pour marraine, Mlle Charlotte de Saint-Simon.

Les actes de l'état civil, tenus par les curés de Passy, qui sont aujourd'hui détruits, mentionnaient la présence de personnages importants dans la paroisse.

C'est ainsi qu'on lit à la date de 1668 :

« Le 12e jour de may a esté baptizée Jeanne-Thérèze Olivier, fille de Pierre Ollivier et de Marie Cousturier; son parrain, Jean Racine, et sa marraine, Marie-Anne du Parc ; le parrain, de la paroisse Saint-Eustache, la marraine, de la paroisse Saint-Roch. »

Philippe de Coursillon, marquis de Dangeau, s'y marie le 11 mai 1670 avec Anne-Françoise Morin, fille de Jacques Morin, conseiller du roi, secrétaire de la maison et couronne de France. [2]

On y baptise, le 5 septembre 1675, Marie-Claire, fille d'Armand

---

[1] Cet acte était barré dans le registre, avec cette note : « Le présent acte nul à cause de la réhabilitation dudit mariage, le 20 juin 1742, présente année. » L'acte se retrouve en effet à cette date, seulement le mariage fut célébré cette fois dans l'église.

[2] L'acte de mariage n'était suivi d'aucune signature.

Deschamps de Marsyly, seigneur dudit lieu et capitaine de la Varenne du Louvre, et d'Élisabeth Indret; en présence de Henri de Daillon, duc du Lude, grand maître et capitaine général de l'artillerie de France, gouverneur de Saint-Germain-en-Laye, et de Marie-Charlotte de Roquelaure, duchesse de Foix.

Le 20 mai 1687, François-Armand, abbé de Lorraine, est parrain de François Chapelain, fils de Jean Chapelain et d'Henriette Savarin.

Olympe de Brouilly, marquise de Piennes et duchesse d'Aumont, y meurt le 23 octobre 1723, à 66 ans.

Le célèbre Robert de Cotte, conseiller du roi en ses conseils, chevalier de Saint-Michel, intendant et ordonnateur des bâtiments, jardins, arts et manufactures de S. M., architecte du roi, directeur de l'Académie royale d'architecture et vice-protecteur de l'Académie royale de peinture et sculpture, meurt dans sa maison de Passy le 15 juillet 1735.

Quelques jours après, le 23 juillet, le roi est parrain de Louis-François de Latte, fils d'un garçon du château royal de la Muette. Il s'y était fait représenter par H. C. de Beringhem, premier écuyer du roi, capitaine et gouverneur des châteaux de Madrid, la Muette, etc., etc., qui accompagnait la marraine : Françoise de Rochechouart de Mortemart, dame du palais, femme du sieur Ch. de Talleyrand-Périgord, prince de Chalais.

Le marquis d'Argenson, dans ses Mémoires, dit (t. IV, p. 105), à la date du 13 septembre 1752 : « Les fermiers-généraux, à l'occasion de la convalescence de M. le dauphin, marient des filles dans leurs villages; M. de la Popelinière vient d'en donner l'exemple à Passy. »

Le fait avancé par d'Argenson est très-vrai, et dans les registres de mariage il y avait un nombre très-considérable d'actes où se trouvait cette mention : « Marié en présence de M. Alexandre-Jean-Joseph le Riche de la Pouplinière, écuyer, conseiller, fermier-général, propriétaire en usufruit de la maison seigneuriale de Passy, leur bienfaiteur.»

Voici l'état des inhumations faites dans l'église de Passy. La destruction des registres rend cette nomenclature d'autant plus intéressante :

Nomenclature de l'église Notre-Dame-de-Grâce de Passy

Marie Le Bert (9 septembre 1668). Pierre de Villiers, maître jardinier de M. Dorieux, à Passy (16 nov. 1668). Jean Cochois (27 janv. 1667). Madeleine Choppart, fille de Fiacre Choppart, officier de M. d'Orléans (16 juill. 1667). Gratien Tache, maître jardinier de M. Chavé, de Passy (16 juillet 1667). Madeleine Galin (12 oct. 1667). Jean S. Denis, boulanger (24 janv. 1668). Charles de Mede, carrier (17 avril 1668). Pierre Savarin (15 sept. 1668). Marie de Villiers (24 oct. 1669). Louise-Élisabeth, fille de Pierre Bourdain, procureur de la prévôté de l'hôtel du roi (8 mai 1670). Anne Meteyer, fille de Charles Meteyer, greffier en l'élection de Paris et prévôt de Passy (7 juin 1672). Léonard Marinier (1er juillet 1672). Marguerite Rozy (23 août 1672). Catherine Charles (11 nov. 1672). Jean de l'Isle (3 déc. 1672). Pierre Davoux, charretier (19 déc. 1672). Jean-Baptiste Le Febvre, fils de J. B., procureur au grand conseil (19 déc. 1672). Jacques Daumet, garde du bois de Boulogne (11 avril 1673). Françoise Picot (9 mai 1673). Jeanne Paysan (20 mai 1673). Jean-François Simon (5 juin 1673). Pierre Lescot, fils de François Lescot et de Marie Dumont, de la paroisse de Saint-Germain-l'Auxerrois (2 septembre 1673). Jean de Villiers (8 nov. 1673). Marie Grimini (6 janv. 1674). Elisabeth Grimini (1er fév. 1674). Jeanne Delisle (15 fév. 1674). Françoise Michel (18 fév. 1674). Nicolas Lempereur (17 nov. 1674). Vincent Delisle (20 déc. 1674). Marie Geneve, veuve de Charles de Mede (janv. 1675). Marthe de la Ruel (8 janv. 1675). Anne Rozi (28 mars 1675). Mathieu Pinard, tué d'un coup d'épée, le 5 du mois de mai 1675. Jean-Baptiste le Vacher, fils d'un procureur au parl. (20 juillet 1675). Jean de la Mare (16 août 1675). Catherine de la Porte (déc. 1675). Elisabeth Séjourné (22 déc. 1675). Madeleine Le Marinier (1er juin 1676). Claude Noblet (11 juin 1676). Françoise Dufour (30 juin 1676). Pierre-Philippe Vanosche (27 juillet 1676). Abraham Pillart (5 août 1677). Gabriel Leurant, chirurg. (22 oct. 1677). Nicolas Leurant (10 janv. 1678). Noël Herivaux, fille d'un valet de pied de la duchesse d'Orléans (14 déc. 1678). Jean Noblet, tuylier (17 fév. 1679). Jeanne Lebert (14 mars 1679). Pierre Villery, sous-diacre, fils d'un procureur au parlem. (16 juill. 1679). Jean l'Attagnan, marinier de Soissons (25 nov. 1679). Marie Autherre, femme de Michel Herivaux (1er déc. 1679). Jean Noblet (16 janv. 1680). Madeleine Bargne (4 avril 1680). Jeanne Noblet (30 sept. 1680). Geneviève Chopart, femme de Claude Legrand, écuyer, capitaine à cheval pour le service du roi, seign. de Parlemont et des fiefs de Varicarville et autres lieux (13 déc. 1680). Jacqueline Saunières (2 janv. 1681). Aimée Noblet (24 fév. 1681). Philippe Morin (24 fév. 1681). Marguerite Félix (4 avril 1681). Etienne Le Comte (5 avril 1681). Jeanne Renault, dans la chapelle de Me Bertelot, dans l'église (6 sept. 1689). Anne Racine, veuve d'Arnaud de Saint-Amand, écuyer, et l'un des fermiers généraux du roi, de la paroisse de Saint-Nicolas-des-Champs, rue des Vieilles-Haudriettes, décédée en sa maison de Paris, âgée de 67 ans, inhumée en présence de M. de Salins, son petit-fils, et de M. l'abbé Racine, son neveu (3 août 1715). Charles-Claude Boulauger, sous-diacre du diocèse de Paris, et bachelier en droit, fils de Charles-Joseph Boulanger, conseiller du roi, avocat au parl. et au cons. du roi, expédit. de cour de Rome et des Légations, et de Geneviève Daraynes (4 mai 1720). Jean-Baptiste Linse (27 juillet 1718). Guillaume Lombard, gentilhomme irlandais (21 mai 1717). François de Calabreau, capitaine dans le régiment de Nice, chev. de Saint-Louis (17 oct. 1724) Marie Braulard (1er juin 1726). Claude-Honoré de Lur de Saluces, chev., seign. comte d'Uzès, vicomte d'Aureillan, baron de Fargues, marquis de Saluces, de Drugeac, Saint-Martin, Valengin, la Grolière et autres lieux (6 oct. 1726). Nicolas Le Sonneur, bourg. de Paris (9 novemb. 1727). Athénaïs-Françoise-Julie, fille de Ant.-Louis-François Lefèvre de Caumartin, morte en nourrice (19 juillet 1727). Angélique-Jeanne Anjorrant (5 mars 1729). Jean-Baptiste-François des Argouelles Quinonez, sous-diacre d'Oviédo, dans les Asturies, en Espagne, fils de Jean des Argouelles Quinonez, seign. de Penerones et de Jeanne-Vigile Pavia (5 juill. 1729). Geneviève-Barbe Charpentier, femme Hazon (14 juin 1730). Benigne-Julien-Colas Le Ragois, docteur de

Sorbonne, ancien théologal de Saint-Quentin, aumônier de Monsieur, frère unique du roi (5 août 1730). Françoise Louvel, femme Charles Delorme, cons. à la cour des aides (27 sept. 1731) Marie-Christine de Sainte-Scholastique, dite dans le monde Catherine de Melfort, fille du duc de Melfort, relig. prof. des Bénédictines anglaises du Champ-de-l'Alouette (21 avril 1735). Marie-Augustin, fille d'Alexis Paneau, écuyer, sieur d'Arly, et de Louise de Fontaine, sa femme, dans la chapelle seigneuriale de l'église (1er sept. 1736). François Courtin, clerc du diocèse de Paris, abbé command. du Mont-Saint-Quentin-lès-Péronne (7 janv. 1739). Marie-Louise Langloys, veuve de Pierre-Louis Du Meynet, receveur général du Dauphiné (4 sept. 1741). Marie-Anne Devaux, femme d'Et. Herivaux, sergent des gardes de la ville de Paris (11 oct. 1741). Marie-Anne Leclerc, femme de Bertrand Le Coq, pâtissier de la bouche du roi et de la reine (18 mai 1742). Catherine Jouault, veuve de Michel Verdier, avocat au parlement, cons. du roi, expédit. en cour de Rome (13 juin 1742). Marie-Thérèse Langlois, femme de Joseph Bullot, imprimeur-libraire (2 nov. 1744). Marguerite Aumont (8 juin 1746). Marie Jean, femme de Pierre Chantepie, sieur des Balances, commandant la maréchaussée de Passy (16 nov. 1746). Pierre Gorgeau, avocat au parl. (21 sept. 1747). Marie-Marguerite Poitevin, fille de J.-B. Poitevin, avocat au parl., procureur du roi à la Martinique, et de Marie-Marguerite Criquebeuf-Mirebeau (24 oct. 1747). Charlotte-Marie de Coëtlogon, veuve d'Eléazar-Gaston-Louis-Marie de Sabran, des comtes de Forcalquier, chev. marq. de Sabran, colonel du rég. de Condé, infanterie, dame d'honneur de la duchesse de Chartres (15 juill. 1748). Jean-Mathieu Le Bastier, écuyer, huissier ordin. de la chambre du roi, et concierge de son château de la Muette (5 fév. 1749). Dom Jean-Claude Morat, barnabite, vicaire de la paroisse (29 mars 1749). Marie-Madeleine de Villiers (26 avril 1749). Marie-Anne Le Laitié, veuve de Jean Gamard, bourg. de Paris, (13 juill. 1749). Bernard-Antoine Jaillot, géographe du roi (17 juill. 1749). Marie-Jeanne Caqué, femme de François-Guillaume Souhart (9 août 1749). Marguerite-Marie-Madeleine, fille d'André de Cagorde, conseiller du roi, secrét. de ses finances, greffier de son conseil d'Etat privé (2 oct. 1749). Catherine La Fenestre Beauséjour, origᵉ de la Martinique, veuve de Jean Junot de Court-ville, négoc. au Fort-Saint-Pierre de la Martinique (13 août 1750). Nicolas-Etienne-Joseph Gagnon, march. boucher (26 nov. 1750). Nicolas-Charles (25 janv. 1741). Louis Hervé Belamy, anc. proc. au parl., propriétaire des nouvelles eaux de Passy (3 mai 1752). Adrien-Mathieu-Félicité-Gabriel-Bernard de Boullainvillier, fils de Anne-Gabriel-Henri-Bernard de Boullainvillier, chev. cons. du roi, seign. de Passy, fief St.-Pol, Glisolles, Grigninzeville, An-gerville, Heurteloup, la Bretonnière et autres lieux, lecteur ordinaire de la chambre du roi, et de Marie-Madeleine Ulfe d'Hallencourt de Boullainvil-lier (21 juil. 1752). Pierre Lefevre, bourg. de Paris (22 juillet 1752). Dom Bernardo d'Illaguno, originaire de Biscaye, secrétaire de M. Negret (4 mai 1750). Pierre Chantepie, exempt de la compagnie de M. le Prévôt de l'Isle, command. la maréchaussée de Passy et prévôt dudit lieu (16 mars 1755). Marie-Angélique Marchand, veuve en secondes noces de Michel Velut de la Cronière, écuyer, seign. de Pomesson et de la Selle (7 oct. 1755). Marie-André-Louis Delpuech, chev., seign. de la Laubière. Dom Jean-Chrisos-tôme Couterot, barnabite (21 déc. 1757). Marin-Charles Amelot, jardinier du château de la Muette (30 mars 1758). Dom Fulgence, barnabite, curé de Passy (31 mai 1758). Antoine Noyon, capitaine garde-côte de la paroisse de Kernader, près Lorient, en Basse-Bretagne (8 juin 1758). Germain Le Bert (21 mai 1760). Louis-Vincent Catherinet, prêtre, docteur en Sorbonne (3 sept. 1760). Charlotte Goury, veuve Amelot (23 mai 1760). Léon Picot de Chemtaut, écuyer, mousquetaire de la 1ʳᵉ compagnie de S. M., capitaine de cuirassiers (30 sept. 1764). Claude Hollande, femme de Gilbert-Jérôme Clautrier, écuyer, cons. du roi, garde des registres du contrôle général des finances (18 oct. 1764). Anne-Geneviève Sandrin (10 février 1768). Christophe Deneux, ancien directeur des vivres (22 août 1768). Antoinette-Joséphine-Charlotte de Cadouenne de Gabriac, fille de François-Joseph de Cadouenne, marquis de Gabriac et d'Antoinette-Charlotte Dallard de Chatou (7 juin 1769). Alexandre de Salm-Salm, fils du prince Charles-Alexandre-Louis-Auguste de Salm-Salm et de Marie-Jeanne-Catherine-Charlotte baronne de Leers de Lerbach (15 sept. 1770). Louis-Auguste de Salm-Salm, fils du prince Charles-Alexandre de Salm-Salm (3 oct. 1770). Louise Huerne (11 oct. 1770). Marguerite Bonnardel Andra, veuve de Jean-Joseph Martinon (25 mai 1771). Madeleine Armand, veuve de Jean-Joseph de Coppier, écuyer (11 juin 1771). Dom Alexis Brun, curé (23 sept. 1772). Marguerite Charles de la Raintrie, veuve de J.-J. de Franciny, écuyer, chev. capit. de vaisseau du roi, chev. de Saint-Louis (26 nov. 1772). Marie Lecamus, femme de Louis Filleul, écuyer, garçon de la chambre ordin. du roi, concierge du château de la Muette, sœur de Le Camus de Mésières, arch. du roi (23 déc. 1772). Gabriel Le Bert, aubergᵗᵉ. (27 fév. 1773). Louise Fauvre (10 oct. 1773). Marie-Catherine Leclerc (6 juin 1775). Marie-Antoinette Brousse, femme de Henri-Louis de la Fortelle, avocat au parl. (13 juin 1775). Perette-Thérèse Mahé de la Bourdonnais, femme de Louis-César-Charles de Combault, vicomte d'Auteuil, gentilh. de la chambre de S. A. S. Mgr le prince de Condé (28 avril 1776). Jean-François Dumur, prêtre, doct. en théologie (26 août 1776). Marie-Thérèse Petit (1ᵉʳ sept. 1776). Marie Hardouin (20 sept. 1778). Adélaïde-Barbe Farcy (13 janvier 1777). Marie-Charlotte-Gilberte Huchette, femme d'Albert-Mathurin-Michel Grout, chev., comte de Saint-Paer capitaine de cavalerie au régiment de Roussillon (4 avril 1777). Marie-Joseph Chol de Clercy, femme de Gabriel-François, comte d'Amerval, chev. seigneur de Grandchamp et autres lieux (4 juin 1770). Pierre Brice (6 déc. 1777). Louis-Amable Bonet, bourg. de Paris (19 oct. 1767), Charles Regnault, ancien scelleur et officier de la grande chancellerie (29 déc. 1767). Léon Dulivier, ancien député au conseil du roi (26 avril 1778). Henri Garnier, dit Gannery, perruquier (20 mai 1778). Anne-Claire Dousset (20 juin 1778). Charles-Claude-Julien Le Roy, fils de Jean-Baptiste Le Roy, direct. de l'Académie des Sciences (16 sept. 1778). Pierre Paquis, mᵉ de pension (16 sept. 1778). Étienne La Jou (21 oct. 1778). Suzanne Lebert (16 mars 1779). Anne-Louise-Andrée de Durville (21 août 1779). Jacques Le Harivel du Rocher, écuyer, exempt command. de la maréchaussée de Passy, pensionnaire du roi (4 oct. 1780). Gillonne Dufour, veuve en premières noces d'André Le Sache, architecte, en secondes noces de James Jance, chirurgien-major du régiment de Beaufremont, et en troisièmes noces de Louis-Charles-Alexandre Le Harivel du Rocher, cadet, brigadier de la prévôté et maréchaussée de l'Isle-de-France

(22 janv. 1781). Albertine-Pauline Daguesseau (dans le cimetière) (24 janvier 1781). Suzanne-Pauline Virton (9 avril 1781). Anne-Marie-Jeanne-André de Durville, femme de Benoît Marsollier de Vivetières, écuyer, secrét. honor., payeur des rentes de l'Hôtel de-Ville (23 août 1781). Marie-Marthe-Eléonore God (18 janv. 1782). Balth.-Jean-Marie Ancest (19 fév. 1782). Antoine Terrasson, chev., avocat au parl. et du clergé de France, anc. chancelier de la souveraineté de Dombes (31 oct. 1782). Noël Soret (11 janvier 1783), Jean-Augustin Herivaux (27 mars 1783). Jean-Etienne Herivaux (5 avril 1783). Louise-Suzanne Menard (7 mai 1783). Joseph-Henri Chebron de Cardonne, écuyer, cons. du roi, anc. control. des rentes de l'Hôtel-de-Ville (14 mai 1783). Frédéric-Emmanuel-Joseph-Antoine, prince de Hohenzollern-Sigmaringen, fils d'Antoine-Aloys-Maurice-François, prince héréditaire de Hohenzollern-Sigmaringen, et d'Amélie-Zéphyrine de Salm (9 sept. 1783). Barbe-Françoise-Adrienne de Tornay (20 sept. 1783). Dom Fulgence de Mothes de la Beziade, barnabite, vicaire de la paroisse (22 mai 1784). Laurent-François Clereaux (16 oct. 1784). Nicolas le Bas de Pailly, capitaine de cavalerie, ex-gentilh. honoraire de Mme la Dauphine (24 oct. 1784). Pierre Dupeux, maçon (23 janv. 1785). Hélène Léger (10 mars 1785). Julien Siot, procureur fiscal de la paroisse (6 mai 1785). Pierre-Gabriel Michaux, bourg. de Passy (14 mai 1785). Jeanne-Françoise Camet (23 août 1785). Marie-Claude Lefranc de Jettonville, veuve en première noces de Pierre Bobée, et en secondes noces d'Antoine Prevost de Villers, écuyer, avocat au parl. et procureur du roi au Grenier à sel de Paris (30 août 1785). Marie-Catherine Maudoux (20 oct. 1785). Philippe Bordet, écuyer, capitaine de cavalerie, sous-lieutenant de la compagnie de maréchaussée de l'Isle-de-France, en la résidence de Passy (24 sept. 1786). Antoine-Jean Barthelemot Sorbier, fils de Pierre Barthelemot Sorbier, membre de l'Académie royale de chirurgie, doct. en médecine, chirurg.-major de la gendarmerie, chirurgien ordinaire du duc d'Orléans (15 oct. 1786). Thérèse Mansel (20 janv. 1787). Marie-Jeanne Charles (12 avril 1787). Elisabeth-Louise Hérissant (26 mai 1787). Marie-Adélaïde Godefroy, fille d'Alexandre-Robert Godefroy, contrôleur de S. A. S. le comte d'Eu (14 juill. 1787). Pierre-Abraham-Nicolas Delahay, bourg. de Paris (13 août 1787). Joseph-Guillaume Loistron Ballon de Luigny, écuyer, huissier ordinaire de la chambre du roi, premier valet de chambre de M. le comte d'Artois, inspecteur et contrôleur de la maison dudit seigneur (19 oct. 1787). Joseph Cuisin des Varennes, ancien intéressé dans les affaires du roi (7 mai 1787). Marie-Jeanne Devaux (1er avril 1788). Alexandrine-Marie-Joséphine Demautort (12 juin 1788). Etienne Bouchet, march. de vin (17 sept. 1788). Marie-Nicole Herivaux (15 oct. 1788). Louis Filleul de Besnes, écuyer, garçon de la chambre du roi, concierge du château de la Muette (11 nov. 1788). Pierre Amelot, jardinier (21 déc. 1788). Marie-Charlotte Le Picard de Maison-Rouge, femme de Charles-Claude Thiboust, impr.-libr. (25 janv. 1789). Henriette-Georges Sheldon, fille de Charles-Henri Sheldon, seign. anglais (28 janv. 1789). Geneviève-Elisabeth Lebert (15 mars 1789). Anne Caradau (22 avril 1789). Joseph Le Harivel du Rocher, écuyer, lieutenant de cavalerie, sous-lieutenant de maréchaussée de l'Isle-de-France, à la résidence de Passy (12 août 1789). Jeanne Dartois (1er sep. 1789). Louis-Joseph Pigeot de Carcy, avocat au parl. (10 nov. 1789).

Le registre de 1790, marquait, à la date du 24 juillet 1790, l'inhumation de Gourlat de Saint-Etienne, fils de Gourlat de Saint-Étienne, maire d'Aurillac, décédé le 18 du présent mois, dans la rivière de Seine, par un accident arrivé au batelet qui le passait du Champ-de-Mars à Chaillot, en présence de 12 députés de l'Assemblée nationale, de 12 autres députés de la commune de Paris, d'un nombre très-considérable de la ville de Paris, de la municipalité de Passy, à laquelle inhumation ont assisté MM. Bailly, maire de Paris, de La Fayette, command. gén., des députés du département du Cantal.

D'après les registres conservés jadis à l'Hôtel-de-Ville, on voit que l'église de Passy avait trois cloches. Les deux premières données en 1746, la troisième en 1754. Les deux premières cloches furent bénites le 25 mai 1746. La première fut nommée *Marie-Charlotte*, la seconde *Gabrielle-Victoire*, elles furent néanmoins inscrites toutes les deux sous le nom de *Marie-Gabrielle*. Le parrain de la première cloche fut Charles-Armand de Gontault, duc de Biron, pair et premier maréchal de France, et la marraine Marie-Madeleine de Grimoard de Beauvoir du Roure, épouse de Anne-Gabriel-Henri-Bernard de Saint-Saire, chevalier, seigneur de Passy, Saint-Pol, Glisolles, Grigneuseville, Augerville, Oiselle-le-Noble, président au Parlement, qui fut parrain de la seconde cloche, avec Anne-Marie-Victoire-Antoine de Gontault de Biron. La troisième cloche eut pour parrain Louis Leblanc, et pour marraine Marie Osmont. Elle s'appelait Marie, elle fut bénite le 17 octobre 1754. On lisait dessus cette inscription :

M. PHILIPPE DESPRÉE, Mᵒ FONDEUR DES BATIMENTS DU ROY, M'A FAITE.

A la Révolution, le clergé de Passy se composait d'un curé, le R. P. dom Clément de Nogueres, et deux vicaires, les RR. PP. dom Pierre-Antoine (Stanislas Chauvet) et François (Philippe de Broca). D'après le procès-verbal dressé par les officiers municipaux le 15 mai 1790 (Arch. nat. S. 4307), on voit que le revenu de la cure consistait uniquement en un loyer de deux maisons, l'une de 400 livres, l'autre de 220 livres, et dans la location d'une partie de la maison occupée par les Barnabites et acquise par eux le 21 janvier 1681, moyennant 11,000 livres.

Leur Bibliothèque renfermait 4,000 volumes environ. Leur argenterie consistait en douze couverts, une cuillère à soupe et quatre cuillères à ragoût. Il ne leur était rien dû, mais ils devaient 590 livres 10 sous 8 deniers.

Invités à faire leurs déclarations, dom Clément de Nogueres, supérieur des Barnabites, témoigna du désir qu'il avait de rester curé de Passy. Les deux vicaires commencèrent par dire qu'ils ne pouvaient s'expliquer quant à présent. Ph. de Broca finit par déclarer qu'il rentrerait dans la vie civile.

L'église de Passy ne ressemble plus à celle dont Lebeuf nous parle dans son Histoire. L'augmentation toujours croissante de la population [1] nécessita son agrandissement en 1848. On ne laissa pour ainsi dire que la nef debout, et le chevet fut entièrement remanié. Par une bizarrerie que je ne m'explique pas, l'architecte a refait les deux derniers piliers et les a reliés par des arcades en plein cintre, tandis que toutes les autres arcades de l'ancienne église sont en arc surbaissé en anse de panier. Le chœur est une espèce d'abside à pans coupés, terminé par un dôme hémisphérique, éclairé par le sommet.

Ce chœur est séparé de la chapelle de la Vierge par la galerie qui tourne autour de l'église. Cette chapelle, remplie d'ex-voto en marbre blanc est à fond plat, éclairé par une autre chapelle, située à sa droite, et qui n'en est séparée que par deux colonnes cannelées d'ordre dorique. Cette seconde chapelle dite de Saint-Augustin n'a rien de remarquable. Un arrêté préfectoral du 13 novembre 1872 prescrit l'adjudication de travaux pour la construction d'un bâtiment annexe à Notre-Dame de Passy. L'inscription de Le Ragois, dont parle Lebeuf, n'existe plus, M. Locatelli, curé actuel, m'a affirmé ne l'avoir jamais vue.

Sur le portail on lit ces mots :

SPIRITUS SANCTUS SUPERVENIET IN TE ET VIRTUS
ALTISSIMI OBUMBRABIT TIBI. LUC. C. I. V. XXXV.

En résumé, cette église est indigne d'une paroisse aristocratiquement peuplée et remplie de villas, de châteaux et d'hôtels splendides.

Le clergé de l'Annonciation de Passy se compose d'un curé, d'un premier et d'un second vicaire, de six vicaires et d'un diacre d'office.

Cette paroisse, qui est une succursale de Saint-Pierre de Chaillot, renferme dans sa circonscription deux écoles dirigées par les sœurs de Saint-Vincent-de-Paul (rue Raynouard, 60 et rue Ranelagh, 94); une maison d'éducation des frères de la Doctrine chrétienne, une succursale de sœurs garde-malades de Troyes, et un couvent de carmes-déchaussés.

---

[1] Voici le tableau de la population de Passy depuis 1800 jusqu'à la loi du 16 juin 1859, qui annexant Passy à Paris, attribuait à la commune de Boulogne la partie du territoire placée en dehors des fortifications :

1800	1,869 habitants.	1831	3,657 habitants.
1806	1,803 —	1836	5,702 —
1809	2,320 —	1841	6,559 —
1816	2,460 —	1846	8,653 —
1820	3,231 —	1851	11,431 —
1826	3,528 —	1856	17,594 —

La contenance de Passy étant de 4,602,366 mètres carrés en terrain et de 112,420 mètres carrés en eau, donne 262 mètres carrés par habitant.

L'ancien cimetière de Passy avait été abandonné à la Révolution et un arrêté des consuls, en date du 25 ventôse, an x, ratifia la donation faite à Passy, par le citoyen Bonneau, régisseur de la cinquième entreprise des hospices civils de Paris, d'un terrain de deux ares cinquante-quatre centiares, situé au bord du nouveau boulevard, pour ouvrir un nouveau cimetière, qui fut fermé par arrêté préfectoral du 25 juin 1866.

MAISON D'ÉDUCATION

DES

FRÈRES DE LA DOCTRINE CHRÉTIENNE

Cette maison a été fondée à Passy en avril 1839. Elle contient 762 élèves, et elle est dirigée par 90 frères qui leur enseignent le dessin, les mathématiques, la chimie et la physique, etc., etc.

SŒURS GARDE-MALADES DE TROYES

Cette succursale, qui est située rue de l'Annonciation, 4, renferme des religieuses qui vont soigner les malades des environs.

CARMES DÉCHAUSSÉS

Les Carmes sont venus habiter Passy en 1864. Ils sont restés un an rue Singer, sept ans rue David (depuis le mois d'octobre 1865, jusqu'au mois de septembre 1872), et enfin rue de la Pompe, 53, où ils résident depuis le 4 septembre 1872. Ils sont au nombre de huit : six pères et deux frères. Ils se livrent principalement à la contemplation. Leur chapelle n'est que provisoire.

PAROISSE SAINT-HONORÉ

Par un décret en date du 31 mai 1854, la commune de Passy, qui de 1800 habitants qu'elle possédait en 1800, était parvenue à réunir en 1851 une agglomération de 11,431 habitants, fut autorisée à emprunter cent mille francs, remboursables en cinq ans, pour construire une chapelle et des écoles au rond-point de la plaine, aujourd'hui place d'Eylau. Un second décret, du 15 août 1862, érigea la chapelle en succursale.

Cette église est des plus simples. Entre le fronton terminé en clocheton et l'arc en plein cintre de la porte, on a gravé ces mots :

D. O. M. SVB INVOCATIONE
SANCTI HONORATI EPISCOPI

C'est un simple quadrilatère terminé en abside où est placé le maître-autel. Les piliers qui soutiennent le toit sont reliés à leurs vis-à-vis par des arceaux, ce qui pour l'œil divise l'édifice en cinq travées.

L'exiguïté de cette succursale a nécessité en 1867 l'appropriation d'une chapelle de catéchisme dans l'ancien local de l'école des filles, situé rue Mesnil.

Le clergé de Saint-Honoré dont la circonscription ne compte pas moins de 10,682 habitants, se compose d'un curé, d'un premier vicaire et de quatre vicaires.

Il y a dans la circonscription deux écoles des frères des Écoles chrétiennes (rue Decamps, 4, et rue Mesnil, 10), une école tenue par les sœurs de Saint-Vincent-de-Paul (rue de Longchamps, 22), deux établissements des sœurs de la Sagesse et un établissement des religieuses du Saint-Sacrement.

SŒURS DE LA SAGESSE

Il y a, dans la paroisse de Saint-Honoré, deux établissements d'instruction publique tenues par les sœurs de la Sagesse, dont la maison-mère est à Saint-Laurent, sur Sèvres : le premier, rue Boissière, 47, établi en 1862, le second, avenue d'Eylau, 105, institué en 1866 et dirigé par neuf sœurs. Les cent élèves qui y reçoivent, tant internes qu'externes, l'enseignement, sont tous très-jeunes. Sur la porte d'entrée on lit : *Externat de jeunes enfants. Infant School.*

RELIGIEUSES DU SAINT-SACREMENT

Le pensionnat dirigé par les religieuses du Saint-Sacrement, au nombre de treize, renferme soixante-quinze pensionnaires. Il a été créé en octobre 1863, et il est situé avenue Malakoff, 42.

CHATEAU DE LA MUETTE

L'abbé Lebeuf dit fort peu de chose de ce château qui, certainement, n'a été d'abord qu'un simple rendez-vous de chasse, mais qui avait déjà une certaine importance sous Henri II, puisque le grand architecte Philibert de l'Orme y fit faire l'essai d'un nouveau système de charpente dont il était l'inventeur, et qui soutenait un comble de dix toises de large dans œuvre (Voy. son *Traité d'Architecture*, 1567, f° 290 v°). Mais cette construction, fort négligée, ne tarda pas à tomber en ruines et à être transformée en ferme. Ce n'est que depuis l'an 1717 que la Muette est entrée sous la direction de l'ordonnateur des bâtiments du roi.

La transformation du domaine de la Muette est due à un caprice de la fille du Régent, la trop célèbre duchesse de Berry, qui mourut dans la nuit du 20 au 31 juillet 1719.

On lit en effet, dans le journal de Verdun du mois d'août 1716 : « le château de la Muette, dans le bois de Boulogne, ... vient d'être donné à Mme la duchesse de Berry. Cette princesse en a fait sa maison de campagne, et y va souvent passer les après-dîners, avec sa nombreuse cour, d'où elle ne revient au Luxembourg que fort avant dans la nuit. On a donné en échange, à M. d'Armenonville, le château de Madrid, dans le même bois; mais comme depuis longtemps il était négligé, on doit le réparer aux dépens du roi. »

En 1717, on y commença la construction d'une orangerie qui coûta 12,543 livres 9 sous 2 deniers. En 1718 et 1719 les dépenses montèrent à 138,718 livres 5 sous 11 deniers, et en 1720 à 191,339 livres 18 sous 4 deniers (Arch. nat., O.¹ 1581). Le marquis d'Argenson, dans son *Journal*, parle des soupers de la Muette qui sont poussés fort loin (décembre 1738, t. II, p. 44); « Au voyage de la Muette que fait le roi actuellement, dit-il, à l'année 1739 (ibid., p. 137), la partie est gaillarde et indépendante, » plus loin, à l'année 1748 (t. V, p. 182) : « le roi est allé aujourd'hui faire un dîner-souper à la Muette, avec la marquise de Pompadour et sa compagnie. C'est un nouvel établissement que la Muette, depuis qu'on y a travaillé, raccommodé, rétabli et fait beaucoup de dépenses pour peu de beautés. » Il y eut un temps d'arrêt dans les améliorations, et on se borna à entretenir le château, lorsqu'en 1750 il y eut des pourparlers pour acheter les immeubles qui entouraient la Muette et qui nuisaient à son agrandissement. « Le bâtiment de la Muette coûtera deux millions, dit le marquis d'Argenson (*Journal*, 27 mars 1753, t. VII, p. 433). Le roi veut y pouvoir loger sa famille quand il y va, Cette paternité, cette bonté du roi pour les siens, cause des dépenses excessives, car la facilité le livre à toutes les dépenses qu'on lui suggère: voilà comme les vertus se tournent en effets sinistres dans les cœurs destitués de fermeté et de sens. L'on est doux à ses entours et dur aux sujets. »

Le 19 mai 1751, on avait visité la maison de Henri de Fedière, maréchal des logis de la dauphine, qui fut estimée 59,373 livres 15 sous 4 deniers. Mme de Pompadour acheta cette maison, que le célèbre architecte Gabriel visita au mois de février 1761, et qu'il estima cette fois 80,037 livres 3 sous 2 deniers. Il examina aussi, le mois suivant, la maison du marquis de Pons, située vis-à-vis l'esplanade du château, et qui valait 32,786 livres 1 sou 7 deniers.

Enfin, le 26 mars 1761, par contrat passé devant Alleaume, notaire, et enregistré à la chambre des comptes, le 13 avril suivant, le roi échangea, avec Mme de Pompadour, représentée à son décès par le marquis de Marigny, son frère et son légataire universel, et par Poisson de Malvoisin, appelé après lui à la substitution du marquisat de Menars, savoir des prévôtés, justices, domaines et droits anciennement engagés et dépendants dudit marquisat, contre son hôtel sis à Passy, près la porte du bois de Boulogne (Arch. nat., p. 2128). Quelques années plus tard, le 18 décembre 1767, le roi fit encore un autre échange avec le comte de la Marche, du domaine de l'Albergement-le-Duc en Bourgogne, contre l'hôtel de Travers, situé près de l'église de Passy, à l'encoignure de la rue de Boislevant (Arch. nat., P. 2276).

La maison de M. de Pompadour avait été achetée pour mettre le cabinet de physique du roi. En 1756, on avait déjà dépensé de l'argent pour élever un pavillon pour le même objet, comme on peut s'en assurer par cette pièce conservée aux Archives nationales (O^1 1582) et qui porte encore le *Bon* autographe du roi.

> **BON**
>
> État et plans des ouvrages à faire au château de la Muette, pour la construction à neuf d'un pavillon au bout du jardin des brins pour poser le télescope de Votre Majesté et les ouvrages de mécanique du père Noël, dont le devis monte à 4,500 livres.
>
> Je supplie très-humblement Votre Majesté de m'autoriser à faire cette dépense.
>
> 28 mars 1756.

Le pavillon débarrassé des instruments qu'il contenait, et qui furent transportés dans la maison de Mme de Pompadour, ne servit plus à rien. On l'utilisa cependant en 1774, et on y déposa les modèles et dessins de la nouvelle église Sainte-Geneviève que nous connaissons mieux sous le nom de Panthéon; tout Paris alla voir l'œuvre de Soufflot, et le roi lui-même s'y rendit le 12 juin 1774.

Le père Noel, directeur du cabinet de physique du roi, était un savant assez original, et la correspondance fort curieuse, qui existe aux Archives (O¹ 1584) prouve qu'il avait emporté chez lui à peu près tous les objets du cabinet et qu'il ne voulait pas les rendre. Dans la correspondance intéressante que j'ai lue tout entière, et avec laquelle il serait facile de faire une histoire détaillée du cabinet de physique, il y a quelques lettres fort instructives sur les estampes chinoises, représentant les conquêtes de l'empereur Kien-Lung, par le père Castiglione, premier peintre de l'empereur et gravées aux frais du bureau de commerce présidé par Pan-Kei-Koua. Cette collection qui existait dans le cabinet de Louis XVI est aujourd'hui à la Bibliothèque Mazarine.

Il y avait, d'après l'inventaire, dans ce cabinet, seize fauteuils en velours d'Utrecht et un fauteuil de gros de Tours vert pour le roi posé sur un gradin. Il est probable que Louis XVI s'en servit lorsqu'il alla avec la reine et la famille royale le 16 juin 1774 examiner tous les instruments de physique, d'optique et de mécanique dont ce cabinet était rempli.

On sait qu'une loi du 3 septembre 1790 réunit à l'Observatoire les instruments de physique et d'astronomie du château de la Muette.

Le château renfermait plusieurs appartements, sans compter celui du gouverneur. Dans l'appartement de M. le comte d'Angiviler, il y avait une chambre où l'on remarquait un « lit à la Choisy » et « une commode à la Régence. »

C'est, on le sait, au château de la Muette que Louis XV reçut la dauphine et qu'il eut le cynisme de l'y inviter à souper avec Mᵐᵉ du Barry et la famille royale. A la mort de ce triste personnage, MESDAMES étant tombées malades à Choisy, le roi emmena la reine à la Muette. Leur présence attira tant de monde, que dès la pointe du jour la foule était établie aux grilles du château et qu'elle faisait retentir l'air des cris répétés de *Vive le roi.*

Le château de la Muette, qui avait coûté des sommes considérables, fut, d'après le règlement du roi sur quelques dépenses de sa maison et de celle de la reine, en date du 9 août 1787, destiné à être démoli ou vendu.

On l'estima ainsi :

Bâtiments, terrain et clôture du château.	687,143 l.	8 s.	10 d.	
Glaces du château..................	36,305	9	»	
Cabinet de physique et enclos........	55,540	6	»	
Glaces du cabinet..................	2,303	17	»	
Total.............	781,293 l.	» s.	10 d.	

Au mois d'octobre, M. Roussy proposa de l'acquérir pour y installer une manufacture d'horlogerie, mais ce projet n'eut pas de suite, et le château, à moitié démoli pendant la Révolution, ne conserva plus que deux gros pavillons.

Les descriptions du château de la Muette ne manquent pas, j'ajouterai seulement à ce qui a été dit que les salons, les chambres à coucher et la chapelle renfermaient, d'après l'inventaire de 1746 (Arch. nat., O¹ 1581), quarante-trois tableaux signés par Mignard, Vernet, et autres grands maîtres.

Comme toutes les chapelles particulières, la chapelle de la Muette servit à la bénédiction de plus d'un mariage. Le 9 mai 1707, François de Paris, chevalier, capitaine aux gardes-françaises, s'y maria avec Catherine le Jongleur. Le 16 avril 1708, l'évêque de Marseille unit Jean, marquis de Gassion, colonel d'infanterie, avec Marie-Jeanne Fleuriau, fille de Fleuriau d'Armenonville et de Jeanne Gilbert, paroissienne de Passy, en présence de Jean, comte de Gassion, lieutenant-général des armées du roi, de Montesquiou, comte d'Artagnan. Le 20 janvier 1774, Louis Filleul, concierge du château de la Muette, écuyer, garçon de la chambre du roi, épousa Adélaïde Barbe Farcy, en présence de Dupuy, secrétaire perpétuel de l'Académie des inscriptions et belles-lettres; de Louis-Félix de Caruette de la Miniere, secrétaire-général des dragons en survivance, trésorier de la maison de Choisy-le-Roy et garde des livres du cabinet du roi audit château.

Ce qui reste du château de la Muette appartient aujourd'hui à Mᵐᵉ Érard, veuve de Pierre Orphée Érard, décédé à la Muette en 1855. Son père, Sébastien Érard, y était mort en 1831. On sait que Sébastien Érard, fondateur de la célèbre manufacture de pianos, vint, étant ouvrier, présenter le premier piano de son invention à la reine Marie-Antoinette, qui l'encouragea dans ses efforts. Devenu riche, Érard acquit en 1815, les ruines de la Muette qu'il avait vue dans toute sa splendeur. Il adjoignit plus tard à son domaine le pavillon de la Petite-Muette qui avait servi longtemps d'Institut orthopédique, et dont le cachet architectural avait été conservé jusqu'à ce jour, il rétablit même dans son ancien style l'appartement de la reine.

C'est dans le parc de Beauséjour, situé vis-à-vis de la Muette, et qui en était autrefois une dépendance, qu'on a élevé un petit nombre de pavillons isolés qui réveillent les plus heureux souvenirs : Franklin, Laurent de Jussieu, Mᵐᵉ Récamier, Chateaubriand, J.-J. Ampère, Ballanche, Béranger, M. Guizot, la princesse de Lieven, Rossini.

Les pelouses historiques du château de la Muette ont servi de scène à deux événements très-différents l'un de l'autre, mais fort intéressants tous les deux; je veux parler de l'expérience aérostatique qui a été faite le 21 novembre 1783, à 1 heure 54 minutes, par Pilastre de

Rosier et le marquis d'Arlandes, qui se sont abandonnés pour la première fois à ballon perdu, et le banquet que la commune de Paris donna aux 25,000 fédérés, le 14 juillet 1790, après la célébration de la Fédération au Champ-de-Mars.

RANELAGH

Ce nom, qui a acquis une certaine célébrité, était celui d'un lord irlandais qui avait établi à Chelsea, en Angleterre, une rotonde où l'on faisait de la musique, rotonde qui fut achetée à sa mort par une société pour y établir des fêtes. Un entrepreneur du nom de Morisan, peintre-décorateur et artificier du roi, eut l'idée d'imiter, près du château de la Muette, l'exemple de lord Ranelagh, et construisit une grande salle de danse, dont on trouve la description dans Thiery (*Guide des amateurs*, t. I, p. 17). Cette salle fut inaugurée le 25 juillet 1774 et fréquentée par le public jusqu'en 1783.

Cette année-là, cent personnes se réunirent et moyennant une cotisation annuelle de 72 livres, prirent l'établissement, où se réunit la société la plus élégante de Paris. Le fondateur était toujours resté néanmoins à la tête de la nouvelle combinaison, puisqu'on conserve aux Archives nationales (O¹ 1586) une demande signée de lui en 1788, ainsi conçue :

A M. LE COMTE D'ANGIVILLER

Le sieur Morisan, directeur du Ranelagh, a l'honneur de supplier très-humblement, monseigneur, de vouloir bien lui permettre de recommencer, dans le jardin de la Muette, les expériences physiques, aérostatiques, faites le 25 du mois dernier en présence de LL. EE. les ambassadeurs de Typoo-Sultan.

Et en marge de laquelle on lit cette annotation : *refusé le 9 octobre* 1788.

Le Ranelagh, qui s'est transformé depuis, bien des fois, a été fermé lorsque le bois de Boulogne est devenu, en 1859, la propriété de la ville de Paris.

BIBLIOGRAPHIE

MANUSCRITS

Les documents sur Passy sont disséminés dans les différentes sections des Archives nationales et mêlés avec les documents concernant Auteuil et ses environs :

Je signalerai : 1° dans le carton, coté Q. 1077, des lettres patentes de 1773 qui confirment un échange entre le sieur Bertin et la fabrique de Passy, de maisons et jardins; une Main-levée provisoire de la saisie faite de la terre de Passy sur la dame dudit lieu, à la charge d'en faire l'aveu dans les six mois. Des renseignements sur une demande en indemnité réclamée par le sieur Boulainvilliers pour deux maisons acquises par le roi, pour servir de cabinet de physique; 2° dans le registre P. 3513, un Aveu et dénombrement de la seigneurie en 1601; 3° dans les cartons cotés S. 1543 et 1544, des sentences et arrêts contre les censitaires à Passy; des pièces concernant le fief Saint-Pol, le bac de Passy, des aveux et dénombrements fournis par les seigneurs de Passy, des titres de bornage entre l'abbaye de Sainte-Geneviève et la seigneurie de Passy; 4° dans le carton coté O¹ 1586, un recueil de pièces relatives au château de la Muette et à l'agrandissement de ses dépendances.

Avant l'incendie des archives de l'état civil, à l'Hôtel-de-Ville, on pouvait consulter une série de registres de la paroisse de Passy, au nombre de 135, de différents formats. Cette collection commençait à l'année 1667 et se terminait, sauf quelques lacunes, à l'année 1792. C'est grâce à ces registres que j'ai pu donner la liste des personnages enterrés dans l'église de Passy pendant cette période.

La cure de Passy possède encore aujourd'hui les registres manuscrits des Barnabites qui ont dirigé la paroisse.

IMPRIMÉS

Chroniques de Passy et de ses environs, ou Recherches historiques, statistiques et littéraires sur Passy, le bois de Boulogne et les alentours, par P.-N. Quillet. *Paris*, 1836, 2 part. en 1 vol. in-8, portr., fig.

Note supplémentaire aux observations présentées par les autorités locales des communes de Passy, Auteuil et Grenelle, contre les demandes de MM. Payen et consorts. *Paris*, 28 novembre 1835; in-4.

Note adressée à MM. les Membres de la Commission municipale de Paris. *Paris*, 9 décembre 1860; in-16.

Note signée *Henry de Riancey*, au sujet du projet d'expropriation du cimetière de Passy.

Sur la montée des Bonshommes, à Passy, et sur les moyens de l'adoucir. *Paris*, 1840; in-4, broch.

Note sur le puits de Passy, par M. E. Belgrand. *Versailles*, 1862; gr. in-8.

(Extrait de l'*Annuaire météorologique de France*).

Mémoire sur les Couches naturelles de Passy, par Desmarest, 1813; in-8.

Eaux minérales de Passy.

(Voy. *Mercure de France*. Juin 1726, p. 1470).

Traité des eaux minérales nouvellement découvertes au village de Passy, près Paris, par M. Moulin de Marguery. *Paris*, 1823; in-12.

Extrait du Mémoire lû à l'Assemblée publique de l'Académie Royale des Sciences, le 13 Novembre dernier (1726), sur les nouvelles Eaux Minérales de Passy.

(Voy. *Mercure de France*. Décembre 1726, p. 2886).

Analyses et propriétés des nouvelles eaux découvertes à Passy, dans la maison de Mme de Calsabigi, s. n. d. l., 1757, in-12.

Analyse des eaux de M. Calsabigi, à Passy, par le sieur Cadet. S. n. d. l. in-12

Analyse des nouvelles eaux minérales de Passy, par M. Dégend. *Paris*, 1808; in-8.

Analyse de l'eau non épurée de Passy, par M. Deyeux, s. n. d. l. n. d. in-4.

Avis sur les nouvelles eaux minérales de Passy, par Vicq-d'Azir. 1785. 4 p. in-12.

Extrait du journal de médecine, par A. Roux, décembre 1769; in-12.

Lettre de M... à M. le prieur de C..., au sujet des eaux minérales de Passy, 1756; in-12.

Note de M. le Veillard, en réponse à une pièce ayant pour titre : Observations sur l'article Passy, du Dictionnaire des Gaules.

Lettre de M... à M. le prieur de C... au sujet des eaux minérales de Passy; réponse aux notes de M. le Veillard, 1756; in-12.

Essai sur l'action thérapeutique des eaux ferrugineuses de Passy, par M. Chenu. *Paris*, 1845; 3ᵉ édition, in-8.

Les deux premières éditions sont de 1841.

Essence chimique d'une eau minérale de Passy, par les sieurs Venel et Bayen, s. n. d. l. n. d., in-12.

Morali-Philoso-Physiologie des buveurs d'eaux minérales aux nouvelles sources de Passy, en mai 1787..., divisée par matinée, par Tho-Mineau de la Mistringue (Thorillon, ancien procureur), à la Fontaine-Cocquerie et Paris, 1787; in-12.

Les Eaux de Passy où les Coquettes à la mode, comédie nouvelle en prose, en un acte, avec des divertissements. *Paris*, 1761; in-12.

Lettre sur le château de la Muette.

Cette lettre, datée du 17 juin 1774, est insérée dans le *Journal de Verdun*. Juillet 1774, p. 48.

Édit du roi, par lequel le roi ordonne la démolition ou la vente des châteaux de la Muette, Madrid, etc., au mois de février 1788. *Paris*, in-4 de 8 pages.

Jugement prévostal, rendu par messire Jacques-Pierre Proa, écuyer, conseiller du roi en ses conseils, prévôt-général des connétable et mareschaux de France au gouvernement, généralité de Paris, et isle de France qui déclare Abraham Israel, juif, marchand-bijoutier-quincaillier, dûment atteint et convaincu du vol fait nuittamment et avec effraction dans une hotellerie du village de Passy, pour réparation le condamne à être pendu en place de grève, etc. Du 27 novembre 1759. In-4, 4 p.

Loi qui accorde des récompenses aux dénonciateurs des faux assignats de Passy. Du 7 septembre 1792; in-4, 4 pages.

CHAILLOT

Le mot celtique *Caill* a été donné à un grand nombre de localités situées au milieu des bois. C'est ainsi que nous comptons en former des *Cailly, Caillac, Caillouel, Chailly, Chaillac, Chailloy, Chaillou, Chaillouet, Chailluée* [1], etc.

L'ancienne forme romane de Chaillot est *Cailloel* ou *Challoel, Chailloel,* devenu par la permutation de l'*el* en *eau, Chailleau,* et par la similitude du son, *Chaillot.*

Si la signification de Chaillot nous indique que ce lieu était boisé, une charte de 1176 (Arch. nat., K 25, n° 8 [3]) nous enseigne qu'il était aussi marécageux. En effet, on voit par ce document qu'à cette époque il y avait de grands marais qui s'étendaient de Chaillot à Montmartre, marais que leurs propriétaires, les chanoines de Sainte-Opportune, donnèrent à cultiver, à la condition de recevoir annuellement 12 deniers par arpent.

Je n'ai trouvé aucun renseignement nouveau, d'une certaine importance, sur la cure de Chaillot, si ce n'est un factum qui prouve qu'en 1723, époque à laquelle Le Soudier, docteur en Sorbonne, devint curé de Chaillot, l'église se trouvait dans un état déplorable. La fabrique n'était plus administrée. L'office de marguillier s'était pour ainsi dire inféodé dans quelques familles, qui en avaient profité pour ne point payer les redevances qu'elles devaient elles-mêmes et s'approprier celles qu'elles recevaient. Les archives de l'église avaient été dispersées. Ce mauvais état de choses provenait de ce qu'en moins de quatre ans trois prêtres avaient successivement occupé la cure, et qu'un grand nombre des habitants étaient hostiles aux ecclésiastiques de la paroisse. Une délibération du 11 novembre 1728 décide que les curés et marguilliers en charge feront toutes les diligences nécessaires pour découvrir ceux qui ont des titres, registres, comptes, etc., appartenant à la fabrique. Le zèle du curé ne fit qu'augmenter la colère d'une partie des habitants; plusieurs procès s'ensuivirent et l'on voit par un arrêt de la Tournelle du 11 mars 1729, que les perturbateurs condamnés voulaient chasser leur curé, disaient que « s'il était à la potence et qu'il n'y eût point de bourreau, ils le tireraient par les pieds comme un chien, qu'ils lui feraient f..... le camp ou qu'ils y perdraient leurs noms, etc. « Ce sont les termes de l'enquête qui a produit l'arrêt.

Je ne sais si le curé Le Soudier, qu'on voulait pendre, méritait ce supplice, ce qu'il y a de certain, c'est qu'il avait sous sa direction un prêtre excellent qui consacra le fruit de ses économies à fonder deux petites écoles de charité pour les enfants de la paroisse de Chaillot.

Il y avait autrefois dans l'église une inscription commémorative de ce bienfait. On l'a retirée bien à tort, car l'on ne saurait trop multiplier les preuves de la charité des hommes envers leurs semblables.

Voici le texte de cette inscription, reléguée aujourd'hui dans les magasins de l'église :

Fondation

FAITE EN CETTE ÉGLISE
Mre NOEL DU BRAY PRÊTRE,
DE 150 # DE RENTE RACHETABLE
DE TROIS MILLE LIVRES A PREN-
DRE SUR LES HÉRITIERS DE M^r
DE LA MOUCHE AUDITEUR DES
COMPTES DE DEUX PETITES
ECHOLES DE CHARITÉ POUR
L'INSTRUCTION DE LA JEUNESSE
DE L'UN ET DE L'AUTRE SEXE
SUIVANT QU'IL EST PORTÉ AU
CONTRAT DE LAD. FONDATION
PASSÉ DEVANT VALET
NOTAIRE A PARIS LE 20 MAY
1728
LE SOUDIER CURÉ
Brisse-Miche et Scissons
Marguilliers.

Ce qui m'étonne, c'est que l'abbé Lebeuf n'ait point parlé des libéralités de Nicolas Quintaine, curé de Saint-Pierre de Chaillot, puisqu'une inscription commémorative sur marbre noir, encadré de marbre blanc, semé de larmes et surmonté d'un écusson gravé au trait, existait de son temps sur une des parois du sanctuaire, du côté de l'Évangile.

Voici le texte de cette inscription, démontée il y a quarante ans environ, et dont M. de Guilhermy a demandé en vain la réintégration.

IN NOMINE DOMINI. AMEN
MAISTRE NICOLAS QVINTAINE DE LA VILLE DE CONS-
TANCES EN NORMANDIE PRESTRE BACHELIER EN THÉO-
LOGIE ET GREFFIER DE L'VNIVERSITÉ DE PARIS A ENSEIGNÉ 18.
ANS LES LETTRES HVMAINES ET LA PHILOSOPHIE DANS LE COL.-

LEGE DE HARCOVRT, EST DÉCÉDÉ EN SA 71. ANNÉE LE 17 DÉCEMB.
1661. CVRÉ DE Sᵗ PIERRE DE CHALLIOT FAVXBOURG DE LA
CONFERENCE, A LA QVELLE ÉGLISE IL A LAISSÉ LE DEPOST DE
SON CORPS ET LES MARQVEˢ SVIVANTES DE SA PIETÉ, ET PLVSIEVRS
AVTRES CONTENVES EN SON TESTAMENT PASSE P̄ DEVᾱT HVART
ET MVRET Nᵒᴿᴱ LE 15ᵉ DECEMBRE 1661.

LE Sᴿ TESTATEVR A DOÑÉ A LA CVRE DE CHALLIOT LARPENT
DE TERRE QVIL A ACQVIS DE SES DENIERS FAICT CLORRE DE MURAIL-
LES ET FAICT PLANTER EN VIGNES ET ARBRES AVEC SON TERCEAV
HORS LEᴅ̄. JARDIN QVIL A AVSSI ACQVIS ET DELAISSÉ A SES SVCCES-
SEVRS CVRÉS Pᴿ EN JOVIR A P̄PETVITÉ, A CONDITION DE PAYER
ANNVELLEMᵗ 30 #. TZ A LŒVVRE ET FABRICQVE DE LAᴅ̄ ÉGLISE,
ET DE CHANTER ET FAIRE CHANTER AVSSI PAR CHACVN AN A
P̄PETVITÉ EN LAᴅ̄ ÉGLISE 2 MESSES HAVTES DE REQVIEM POᴿ
L'AME DV TESTATEVR ET DE SES PARENS ET BIENFAICTEURS ;
LA PREMIERE AV JOᴿ AÑIVERSAIRES DE SON DECEDZ QVI FVT LE 17. OV
LE JOᴿ DE SON INHVMATION QVI FVT LE 19ᵉ DECEMBRE 1661 ; LAVTRE
LE 17. OV 18. JVIN SIX MOIS APRES, ET AINSI DAN EN AN ; ET EN CHAS-
CVNE DESᴅ̄ MESSES SERONT DICTES LES ORAISONS *Devs Qvi Inter
Apostolicos Sacerdotes, Devs Veniæ largitor & Fidelivm,* AVEC VN
NOCTVRNE DE LOFFICE DES MORTS ET LES LAVDES, ET A LA FIN
DES MESSES *Libera & De profundis* AVEC LESᴅ̄ ORAISONS ; SERONT
LESD MESSES AÑONCÉES AV PROSNE LE DIMANCHE PRECEDANT SES
SUCCESSEVRS FERONT SA PRIERE AVX 4 BOÑES FESTES DE LAÑEE ;
SERA FOVRNY PAR LA FABRIQVE 2 CIERGE ET AVTRES CHOSES NE-
CESSAIRES POᴿ LA CELEBRᵒᴺ DESᴅ̄. SERVICES, ET 20. SOL POᴿ CHASQVE
MESSE AVX DEVX ECCLESIASTIQVES QVI AIDERᾱT A CHANTER LES
SERVICES.

DE PLVS A DOÑÉ P̄ SONᴅ̄ TESTAMᾱT A CESTE ÉGLISE 100 #. VNE FOIS PAVÉ
ET 3. CENS LIVRES POᴿ AYDER A FAIRE BASTIR LA CHAPELLE DE Sᵀᴱ
HIPOLITE MARTIRE.

PLVS A FᾱDÉ VNE BOVRCE DANS LE COLEGE DUD. HARCOVRT POᴿ Y FAIRE
ESTVDIER VN DE SES PARENS OV VN PAVVRE DE LA PROVINCE
IL A FᾱDÉ A PPETVITÉ VN CATECHISME TOVS LES DIMENCHES DANS
L'EGLISE DE S.ᵀ NICOLAS DE CONSTANCES LIEV DE SA NAISSANCE
LEᴅ̄ Sᴿ TESTATEVR A DᾱNÉ PLUS DE CINQ MIL LIVRES AVX PRISᾱS HOSPITAVᴸ.
ET MONASTAIRES DE PARIS POᴿ PARTICIPER A LEVRS PEINES ET PRIERES ET A
CELLES DE CEVX QVI LISENT A CESTE INTENᵒᴺ DIRONT P CHARITÉ POᴿ LE REPOS
DE SON AME VN *Pater & Ave* & VN *Reqviescat In pace ainsi soit* IL.

En 1789, le curé, M. Bessière, fut élu député suppléant et prêta le
serment civique le 4 février 1790. Ce fut lui qui alla réveiller Bailly,
à une heure du matin, le 17 juillet, à la tête d'une députation de
marguilliers, pour lui annoncer qu'on l'avait nommé marguillier

d'honneur à la place de M. Jansen, qui était mort. « Je n'en ai jamais fait les fonctions hors une réception, » dit Bailly dans ses Mémoires (t. II, p. 71), et il ajoute « les marguilliers étaient presque sans activité lorsque je suis sorti de place, et la constitution d'ailleurs a proscrit toutes ces places d'honneur, qui ne sont pas compatibles avec l'égalité. »

En 1777, on monta la grosse cloche, qui eut pour parrain Louis XVI et pour marraine, Marie-Antoinette. Elle fut baptisée sous le nom de Louise-Antoinette, et bénite par le cardinal de Larochefoucauld, archevêque de Rouen, en présence de Jacques-Michel Bessière, docteur en théologie de la maison de Sorbonne, curé de la paroisse depuis 1768.

Quant à l'église elle n'a subi aucune transformation depuis 1754.

C'est toujours une petite église dont la nef principale termine en cul-de-four et dont les bas-côtés sont formés par deux rangées de piliers de la plus grande simplicité, reliés entre eux par six arcades surbaissées

Le chœur est éclairé par cinq baies de forme ogivale, et le fond de chacun des bas-côtés est occupé par un autel : celui de droite est dédié à sainte Geneviève, celui de gauche à la Vierge.

On a posé dernièrement dans cette chapelle, sur le mur de clôture de l'église, une inscription en lettres rouges sur marbre blanc, la voici :

> DEO OMNIPOTENTI MAXIMO
> BEATÆ MARIÆ VIRGINI IMMACVLATÆ
> SANCTO PETRO APOSTOLO
> CLERVS ET FIDELES SANCTI PETRI DE CALOILO
> OB ECCLESIAM A TELIS INIMICI
> NEFARIORVMQVE CIVIVM FERITATE
> MIRABILITER SERVATAM
> NE TANTI BENEFICII MEMORIA EXCIDERET
> HVNC LAPIDEM GRATI POSVERE
> ANNO DOMINI MDCCCLXXI.

Par la loi du 4 février 1791, l'église Saint-Pierre de Chaillot fut conservée comme paroisse, et on lui donna pour circonscription :

Barrière de Versailles, en suivant le bord de la rivière jusqu'à la place Louis XV; les Champs-Élysées jusqu'à la grande avenue; la dite, à gauche, jusqu'à la barrière de l'Étoile; les murs de la dite, jusqu'à celle de Versailles, et généralement toutes les rues, culs-de-sac, places, etc., enclavés dans cette limite.

Fermée comme toutes les églises de Paris, elle fut vendue le 8 fructidor an IV; ouverte de nouveau au culte le 9 floréal an XI, elle fut rachetée par la ville de Paris le 24 septembre 1821, moyennant une somme de 38,000 fr. et une rente perpétuelle sur l'État de 530 fr. au profit de la fabrique de Chaillot.

Un décret du 22 janvier 1856 lui donne pour circonscription :

A partir de l'allée d'Antin, côté impair, avenue des Champs-Élysées jusqu'à la barrière de l'Étoile, côté impair, de la barrière de l'Étoile jusqu'à la barrière Franklin, quai de Billy, Cours-la-Reine jusqu'à l'allée d'Antin, point de départ.

Par un décret du 11 août 1866, rendu sur la proposition de M. Darboy, la cure de Saint-Pierre de Chaillot a été élevée de la deuxième à la première classe.

L'église est administrée par un curé, cinq vicaires et un diacre d'office. On compte 13,731 habitants.

Les documents que j'ai consultés ne m'ont rien appris de nouveau sur les seigneurs de Chaillot. Ils signalent seulement plusieurs fiefs : les fiefs de Torval, celui de la Bretonnière, celui de Longues-Rayes.

Le premier appartenait à Saint-Germain-l'Auxerrois et était situé « entre Chailluiau et le Roele. » On voit par un titre nouvel du 17 juin 1600 qu'il y avait au terroir de Tourval-les-Challiau « une maison de nouvelle rebâtie et qui pendant ces troubles derniers avoit esté ruinée de fond en comble » qui appartenait à François Miron, chevalier, seigneur de Villeneuve, conseiller du roi, trésorier-général et intendant de ses finances en la province de Bretagne, héritier de Robert Miron, sieur de Chevailles, conseiller du roi en ses conseils d'état et privé.

En 1617, Lucas Taschereau, marchand, bourgeois de Paris, y avait du bien, ainsi que Claude Cochery.

Le second fief s'appelait, en 1469, le fief de Jean Cense ou Sausse, et relevait de la seigneurie d'Yerres. Dans un acte de foi et hommage de 1574, à Pierre Budé, écuyer, seigneur d'Yerre, et à son frère Dreux Budé, par Robert Artus, sieur de la Roque, ce fief est appelé fief de la Bretonnière. Par un autre aveu du 13 février 1577, il est désigné sous le nom de fief de la Grand'maison. Me Simon de Cressé en était seigneur et l'avait acheté le 5 octobre 1576 au sieur de la Roque. Le 12 octobre 1600, Claude de Prast, gendre et héritier de Simon de Cressé, dont il avait épousé la fille Jacqueline, déclara que ledit fief était « assiz a Chaliot, avec rouage et forage, moyenne et basse justice jusqu'à 60 s. XI den. » et qu'il « consistoit en une maison seigneurialle, grange, colombier, deux cours, l'une devant et l'autre derrière, et deux jardins, le tout clos de murs allentour dudit lieu de Chaliot, ayant issue par devant sur la grande rue dudit lieu, et par derrière à la ruelle commune en allant à l'orme Richard où souloit avoir fourches patibulaires pour les seigneurs d'Yerre auxquels appartient la haute justice dudit fief. »

Un aveu d'Eustache Budé, chatelain d'Yerre, du 15 octobre 1602, constate que le fief de la Bretonnerie appartenait alors aux héritiers de Jean Robineau.

Le fief de Longue-Raye relevait du roi à cause de la grosse tour du Louvre, comme on le voit par un aveu et dénombrement de Pierre de Prast, sieur de Chaillot en partie, conseiller à la cour des monnaies.

Ces deux fiefs vendus aux religieuses de Nanterre, le 25 octobre 1659, formaient le domaine conventuel de Sainte-Perrine, comme on le verra plus loin.

Le château de Chaillot avait été construit, dit Lebeuf, par Catherine de Médicis. Je ne sais pas si c'est sur l'emplacement d'un « hostel ou manoir, granche, estalles, coulombier et court, assis en la ville de Chaliau lez Paris » dont il est parlé dans un acte de 1376, conservé aux archives (S. 90, n° 47). Ce qu'il y a de certain c'est que ce château appartint au maréchal de Bassompierre. Quand il l'acheta en janv. 1630, dit Tallemant des Réaux (Tablettes, t. III, p. 337), la reine-mère lui dit : « Hé, pourquoi avez-vous acheté cette maison? c'est une maison de bouteilles! — Madame, répliqua-t-il; je suis Allemand. — Mais ce n'est pas être à la campagne, c'est le faubourg de Paris! — Madame, j'aime tant Paris que je ne voudrois jamais en sortir. — Mais ce n'est bon qu'à y mener des garces! — Madame, j'y en mènerai. »

Cette maison, qui devint plus tard le couvent de la Visitation, était en face le pont d'Iéna d'aujourd'hui. C'est là que le corps du maréchal fut rapporté de Provins. Le récit de son enterrement nous a été conservé par le curé de Chaillot qui l'avait inséré dans un registre des décès, aujourd'hui brûlé et que j'avais heureusement dépouillé en partie avant les tristes événements de 1871.

« M. le maréchal de Bassompierre, est-il dit dans ce registre aujourd'hui perdu, est mort subitement à Provins revenant des eaues qui appartient à M. Boutillier, ci-devant surintendant des finances, et son corps a esté apporté dans un carrosse à son chasteau de Chaliot, le samedy 13 octobre 1646 sur les sept heures du matin, ayant esté trouvé mort dans son lict le jour auparavant sur les neuf à dix heures du matin, lorsqu'on alla pour voir s'il dormoit encore, et l'advertir que MM. de la ville de Provins estoient venus pour le saluer et luy présenter le vin de ville, mondit sieur ayant pris un bouillon sur les deux heures après minuit, après avoir soupé gayement, encor qu'il eust esté malade auparavant audit lieu des eaues. Son corps a esté ouvert, on a eu quelque mauvais soupçon de sa mort, comme d'ordinaire, on soupçonne mal de la mort des grands, principalement quand ils meurent de la sorte; ses intestins, sa chair, cervelle et langue, mis dans un grand baril ont esté apportez à lad. église et paroisse de Challiot et enterrez audit jour et an sur les neuf heures du soir devant le grand autel, proche une grande pierre carrée qui est au-dessous de la première marche dudit autel, où M. le vicaire et moy dismes quelques prières sans chanter hault avec surpelix, estole, la croix et l'eau bénite en présence de plusieurs habitans. Le reste du corps a esté mis dans le cercueil de plomb et le cœur dans une petite boete de plomb, et porté à la chapelle du chasteau, où nous allasmes avec trois prestres en surpelis et avec l'estole accompagnés des autres clercs de ladite église, vestus aussi de leur surpelis, dont l'un portoit la croix pour lever le corps et la présenter aux P. P. Minimes par la porte du chasteau qui entre dans leur jardin, et la présentation s'est faite hors de la porte dans leur dit jardin, où le corps fut posé par six suisses, pendant que j'en fis la présentation en latin au P. qui avoit la chape, avec l'estole et aube, accompagné de tous les religieux, qui me respondit en latin, et puis nous nous retirasmes. Ce qui a esté trouvé mauvais de MM. les curez de la ville, faubourgs et banlieue de Paris, lesquels dans l'assemblée qu'ils font chez l'ancien (ou chez celui qui a la maison la plus commode, comme elle se fait maintenant chez M. Talon, docteur de Sorbonne, grand vicaire de monseigneur l'archevesque de Paris et curé de Saint-Gervais), tous les premiers lundis de chaque mois, où l'on traite des choses qui regardent le spirituel et la discipline et ordre ecclésiastique, et surtout l'uniformité dans les questions curiales, me blasmèrent d'avoir esté contre les conclusions de la compagnie, par lesquelles il est porté que depuis l'arrest de la cour obtenu depuis quelques mois par lesdits Minimes et autres religieux intervenans contre M. Mazure, docteur de Sorbonne, curé de Saint-Paul et conséquemment contre les autres curez intervenans, MM. les curés ne feroient aucune présentation des corps en latin et ne s'y trouveroient point, ains y envoyeroient leur vicaire, lequel ayant dit à la porte de leur église, comme il est porté par ledit arrest, nous vous certifions que la personne dont nous vous présentons le corps est décédée en la communion de l'église catholique, apostolique et romaine, se retireroient sans attendre leur response, n'estant raisonnable de leur faire honneur, puisqu'ils n'en veulent faire à MM. les curez. Je respondis à la compagnie, que n'ayant que deux ecclésiastiques avec moy, je ne pouvois me dispenser d'y aller, ni honnestement m'excuser de dire quelque chose en l'honneur d'une telle personne, dont le corps estoit accompagné de M. le duc de Chevreuse et autres seigneurs et dames de grande qualité, avec grand nombre de bourgeois et habitans de Chaliot, qu'il estoit bien difficile de practiquer dans les champs, ce qui se pouvait practiquer dans la ville, et enfin que je me trouvé surpris dans cette rencontre; ce sont les moyens dont je me servis pour ma défense. Au reste, le corps dudit seigneur avec le cœur a esté mis en dépost dans une chapelle à main gauche du grand autel, dans le chœur de l'église desdits minimes. Le corps y fut porté accompagné de douze tant pages que valets de pied, qui portoient douze flambeaux blancs dont lesdits PP. m'ont baillé la moitié selon la coustume. »

Si l'on en croit Tallemant, la maison du président Jeannin « témoignait de la légèreté de ses bâtiments, car il a fait faire et défaire bien des fois une même chose (*Historiettes*, t. III, p. 196). »

Parmi les célébrités qui ont illustré Chaillot, et que Lebeuf ne pouvait pas citer, j'indiquerai Treilhard et Bailly, l'infortuné maire de Paris, qui, à la date du dimanche 28 juin 1789, s'exprime ainsi dans ses Mémoires (t. I, p. 255).

« C'était la première fois que je venais dans ma retraite de Chaillot depuis que j'étais ou doyen des communes, ou président de l'assemblée nationale. J'y passais les étés depuis près de trente ans, et j'y étais assez aimé des habitants. La dignité dont j'étais honoré leur parut une occasion de réjouissance. On me prévint le matin que quelques personnes, qui m'étaient particulièrement attachées et qui travaillaient pour moi, voulaient tirer un feu d'artifice, et demandaient la permission que ce fût dans mon jardin. J'objectai la dépense pour eux, l'embarras pour moi. On me dit qu'on poserait une garde suisse dans mon jardin pour empêcher le désordre. Je vis qu'il fallait ou les désobliger, ou consentir. Je cédai, j'eus le soir en effet un fort joli feu d'artifice, tout le jardin fut illuminé; la maison, le jardin étaient remplis de spectateurs, bourgeois, ouvriers, habitans, femmes, enfans, tout y était mêlé et confondu, et tout se passa avec beaucoup d'ordre et de décence. Je ne dis rien de trop en disant que je fus embrassé par cette foule presque entière qui se pressait autour de moi, avec les plus vives expressions de l'amour et de l'estime, une joie pure et douce, une paix qui annonçait l'innocence : cette fête était vraiment patriarcale, elle m'a donné les plus délicieuses émotions, et m'a laissé le plus doux souvenir. »

Les habitants de Chaillot ne furent pas toujours aussi tendres et aussi doux que le dit Bailly. Six semaines après, le 10 août, ils tuaient le commandant de la maréchaussée de Passy, du Rocher, qui s'opposait à l'entrée des soldats suisses dans la caserne de Chaillot.

On sait que c'est dans la maison de Bailly que les membres du comité des subsistances, effrayés des menaces perpétuelles dont ils étaient l'objet à Paris, tinrent leurs séances pendant toute l'année 1789.

Je ne peux omettre non plus la célèbre pompe à feu située au bas de l'ancien village, quai de Billy, n° 4, établie par les frères Perrier en 1778 et mise en mouvement en juillet 1782.

On sait que deux machines à vapeur font mouvoir des pompes aspirantes et foulantes qui prennent l'eau de la Seine, la font monter dans des réservoirs placés sur les hauteurs à 37 mètres au-dessus du niveau de la rivière, d'où elle repart clarifiée, dans des conduits souterrains qui alimentent une partie de la capitale.

La manufacture royale de la Savonnerie dont parle Lebeuf a été unie aux Gobelins en 1828. C'est aujourd'hui l'hôtel des subsistances militaires, 26, quai de Billy (Voyez Édit du roy concernant les priviléges accordez à la manufacture royale de la Savonnerie. Donné à Marly, au mois de janvier 1712. *Paris*, in-4, 4 pages).

Les communautés religieuses qui résidaient à Chaillot étaient au nombre de trois : 1° les Minimes; 2° les Religieuses chanoinesses de Sainte-Perrine; 3° les visitandines.

Le lecteur trouvera mes notes et additions sur ces communautés après l'article bibliographique que je consacre à Chaillot.

BIBLIOGRAPHIE

MANUSCRITS

La plus grande partie des documents sur Chaillot proviennent des couvents qui y étaient établis. Je signalerai cependant, dans la section administrative, le carton coté S. 201-202, renfermant des déclarations censuelles du fief de Torval à Chaillot. « Le lieu dit Torval entre Chailluiau et le Roele, » était loué par des vignerons en 1624. Claude Cochery y avait du bien en 1617, bien qu'il avait acquis de Pierre du Houssay et qu'il revendit en 1620 à Jean Rosty.

Il y a dans ce carton un cahier in-4 intitulé : Papier terrier des censives et dimes du fief de Torval, paroisse de Chailleau, en 1556.

Dans la section historique, il y a un carton coté L. 719, qui renferme des titres de rente de la fabrique de Chaillot, des fondations d'obits, de messes, etc., 280 pièces environ des xvi° et xvii° siècle qui sont sans intérêt.

Dans la série O, il y a un certain nombre de documents sur la construction de la place de l'Étoile, appelée autrefois Étoile de Chaillot; j'en parlerai plus au long à l'article de Neuilly.

Dans la série P, on trouve (P. 104³-492) un aveu du 25 sept. 1686, de la terre et seigneurie de Chaillot et du fief de Longchamps.

La prévôté de Chaillot, qui avait appartenu longtemps aux Visitandines, fut reprise plus tard par la couronne. Les archives de cette prévôté sont conservées aux archives nationales; en voici le détail :

1° Audiences, 1615 à 1789 (Z² 523 à 530).

2° Minutes civiles, 1584 à 1790 (Z² 531 à 546).

3° Scellés et inventaires, 1608 à 1790 (Z² 547 à 554).

4° Minutes criminelles, 1607 à 1789 (Z² 555 à 572).

5° Plaintes, 1713 à 1715 (Z² 573).

6° Greffe, 1713 à 1789 (Z² 574-575).

7° Écrous, 1669 à 1772 (Z² 576).

8° Testaments reçus par le curé de Chaillot, 1616 à 1734 (Z² 577).

9° Enregistrements de provisions, 1756 à 1764 (Z² 578).

10° Minutes, sans date (Z² 579).

11° Procédures, 17° s. et 18° s. (Z² 580-581).

IMPRIMÉS

Carmen de peste.... paraphrase ou discours de la misère de Paris pendant la peste..... et de la beauté du fief de Becquette, sis en Chaliot .... par I.-L. B. *Paris*, 1619; in-12.

Dissertation sur l'antiquité de Chaillot, pour servir de mémoire à l'histoire universelle. Deuxième édition... *Paris*, 1736; in-12.

Cette pièce est de La Feuille.

Récit véritable de ce qui s'est passé à Chaliot à l'entrevue de MM. les princes de Condé, de Conty, de Mᵐᵉ de Longueville, et autres princes. *Paris*, 1649; in-4.

Mémoire pour messire André le Soudier, docteur de Sorbonne, curé de Chaillot, et Jacques Soissons, ancien marguillier de la fabrique dudit Chaillot, appelans d'un décret d'assigné pour être ouis, décerné par le juge de Chaillot, contre Monsieur le procureur-général, intimé, et contre les nommez Jean Devaux, Denis Breton, Jean-Maurice, Louis-Henry, Jean-Sébastien Bailly, Jean-Baptiste Leroy, Robert Leroy, Nicolas Fontaine, Louis Reculé, Nicolas Crosnier, Pierre-François Catherine, habitans de Chaillot, intervenans. *Paris*, 1730; in-4.

Il s'agit de savoir si un curé et un marguillier en charge, qui sont les seuls dépositaires des clefs des titres et des papiers de la fabrique, peuvent ouvrir les coffres qui renferment ces titres et ces papiers, et s'en servir pour l'utilité de la fabrique.

Récit de ce qui s'est passé à Chaillot, le soir du 28 juin 1789, à l'occasion de M. Bailly, président de l'Assemblée nationale. S. l. n. d. *Paris*, 1789; in-8.

Chaillot et Neuilly, à-propos des vers pour la Sainte-Catherine, par Burini. 1862, in-8.

Arrest du Conseil d'État du roi, et lettres patentes sur icelui, registrées en la cour des aides, servant de règlement pour les droits d'entrée et de la vente en détail des vins amenés dans la partie des faubourgs de Paris, située hors des barrières; sur l'entrée dans la paroisse de Chaillot ou faubourg de la Conférence. Du 24 mai 1765. *Paris*, in-4; 11 pages.

Ordonnance du roi concernant le logement de la première compagnie des grenadiers du régiment des gardes-suisses dans le faubourg de Chaillot. Du 14 septembre 1770. *Paris*, in-4; 4 pages.

Ordonnance du roi, qui transfère du faubourg Saint-Antoine dans celui de Chaillot le logement de la compagnie lieutenante-colonelle du régiment des gardes-suisses. Du 23 décembre 1770. *Paris*, in-4; 4 pages.

Ordonnance du bureau des finances de la généralité de Paris, portant défenses aux officiers de la justice de Chaillot, ou faubourg de la Conférence de ne plus, à l'avenir, s'immiscer en façon quelconque dans la connoissance de la juridiction et police de la voierie dans l'étendue dudit faubourg, ni d'y percevoir aucuns droits de voierie quelconque. Du 27 mai 1778. In-4; 4 pages.

Ordonnance de M. le lieutenant-général de police, qui ordonne que la Ruelle-aux-Dames de Chaillot sera fermée, avec défenses d'enlever les barrières, et aux plâtriers et carriers d'y faire passer leurs voitures. Du 29 mai 1780. *Paris*, in-4, 4 pages.

Ordonnance de M. le lieutenant général de police, portant défenses aux marchands bouchers du village de Chaillot de laisser écouler le sang de leurs tueries; et aux propriétaires de maisons dudit village, de diriger l'écoulement des latrines dans les carrières. Du 1er oct. 1784. In-4, 4 pages.

Ordonnance de M. le lieutenant général de police, portant que les propriétaires des maisons du village de Chaillot, qui se trouvent assises sur des fouilles de carrières, seront tenus de faire faire les travaux pour les soutenir, sinon permis aux locataires de déloger. Du 1er octobre 1784. In-4, 4 pages.

MINIMES

On lit dans les « Annales des Minimes », manuscrit de la Bibliothèque Mazarine (n° 2881), dont j'ai déjà donné de longs extraits à propos des Minimes de la place Royale (voyez tome III, p. 499 et suiv.), la notice suivante sur Nigeon, que j'ai annotée d'après les documents originaux qui m'ont passé par les mains.

« Ce premier couvent a été donné et bâtit (*sic*) du vivant de saint François-de-Paule. Le sieur de Villiers-Morhier, chambellan du roi et introducteur des ambassadeurs sous Charles VIII, fit don aux religieux Minimes d'une tour quarré, ou petit château fort ancien, à lui appartenant, appellé Nigeon, située sur le bord de la rivière de la Seine, distant de la ville de Paris d'une petite lieue [1]. Sous Louis XIV, la

---

[1] La donation de Jean Morhier, seigneur de Villiers-le-Morhier, est du mois de novembre 1493 (Arch. nat., S. 4303).

muraille qui ferme ce couvent a été faite, et on a pris du terrain du
jardin qui n'étoit point fermé, que par la riviere, pour faire le grand
chemin de Versailles. On nous a dédomagé par un terrain qui est dans
le clos d'en haut. Sous Louis XV, on a encore pris de ce côté un petit
terrain, au bout, dont nous avons été dédommagé.

« Anne de Bretagne....... qui avoit été témoin de la conduite de
saint François-de-Paule, s'était attachée à lui et à son ordre, voyant
que le terrain ou devoit se bâtir le couvent de Nigeon étoit trop petit,
elle acheta de ses propres deniers des terres adjacentes, pour le rendre plus spacieux[1]. On appelle ordinairement ce couvent les Bons-
hommes.

« Saint François-de-Paule chargea messire Jean Quentin, docteur de
Sorbonne, chanoine et grand pénitencier de l'église de Paris, de l'établissement et bâtimens de ce couvent. La reine en posa la première pierre
et en fut déclaré la première fondatrice. L'église ne fut achevée qu'en
1506 et bénite le 7 mars, par messire François de Rohan, archevêque
de Léon, depuis cardinal, sous le titre de Notre-Dame-de-Grâce ou de
l'Annonciation, avec la permission de l'évêque de Paris. Le 13 juillet
1578, Pierre de Gondi, pour lors évêque de Paris, permit d'en faire la
dédicace qui fut faite ce jour là par messire Henri Maignan, évêque de
Digne, en présence du roi Henri III, de la reine et de plusieurs princes
et princesses de la cour qui s'y trouverent aux premières vêpres. Le
lendemain il sortit de la ville de Paris une grande multitude de peuple pour assister à cette cérémonie, ce qui donna lieu à bien des
fictions peu veritables (de possédés) qui se repandirent dans Paris et
les environs[2].

« M. le marquis Henri de Senneterre, chevalier des ordres du roi, fit
construire en 1650 le grand autel, le tabernacle et orner le sanctuaire.
Le tabernacle est d'un beau marbre blanc, avec des colonnes de jaspes,
des figures de bronze dorées et autres ornemens qui l'accompagnent.
En 1654, au chapitre intermede, il fut déclaré, avec permission du
R. P. général, qu'il jouiroit des droits de fondateur de ce couvent,
lui, son épouse Anne de Béthune, leurs fils Henri et Charles, et aussi
eur neveu Jean-Charles de Senneterre, comte de Brinon et leurs
épouses, leurs vies durant, qu'ils auroient aussi droit de sépulture.

« M. Jean Dorieux, président de la cour des aides, a fait faire la
grille de fer et orné l'avant-chœur de l'église, fait faire le caveau dans

---

[1] Ce n'est pas exact. La donation du « chaufour de Nijon » n'a pas été faite par Anne de
Bretagne, mais bien par Jeanne de Pinago, veuve de noble homme Jean de Cerisy, écuyer,
seigneur de Nijon lez Paris et contrôleur général de la reine Anne, duchesse de Bretagne.
La donation avait été faite « ans freres relligieux de l'ordre appelé Minime des Minimes,
duquel est patron frère François-de-Paule. » (Arch. nat.. S. 4303).

[2] L'hist. en a été impr.

la nef ou le corps de son épouse Geneviève de Creil fut mis, étant
morte quelque tems avant. Le chapitre provincial tenu en 1663 lui
accorda et à sa famille la qualité de bienfaiteurs en leurs accordants
leur sepulture dans ce caveau.

« Messire Jean Quentin, docteur de Sorbonne, chanoine et grand
penitencier de l'église cathedrale de Paris à qui saint François-de-
Paule avoit donné l'intendance des bâtimens du couvent de Nigeon,
et le soin même des religieux, tant il avoit de confiance en lui: aussi
étoit si attaché à son ordre qu'il voulut en embrasser le tiers ordre et
observer la vie quadragésimale telle que les religieux l'observoient.
Il mourut la même année que nôtre saint instituteur, 1507, et voulut
que son cœur y fut apporté pour y être mis en terre au plus bas de
l'église.

« Je ne parle ici de messire Jean Standon, docteur de Sorbonne et
principal du college de Montaigu, que nôtre saint fondateur avoit
aussi chargé du soin de ce couvent, conjoinctement avec Jean Quentin.

« Dans une des chapelles de la nef de cette église est le corps de
madame Françoise Veyni, épouse de mes-ire Antoine du Prat, qui
d'avocat-général au parlement de Toulouse fut fait premier président
de celui de Paris en 1507, ensuite chancelier de France en 1515. Après
la mort de sa femme qu'il voulut être portée au couvent des Minimes
de Nigeon, ce digne magistrat embrassa l'état ecclésiastique et a été
élevé aux premières dignités de l'église....... L'un de ses fils, Guillaume
du Prat, évêque de Clermont....... a aussi fait ériger un tombeau à sa
mère Françoise de Veny dans le lieu de sa sépulture ; elle y est représentée à genoux en marbre blanc, habillée à l'antique, devant une
figure de la très-sainte Vierge.......

« Dans une chapelle, dite du Saint-Sépulchre, à côté du grand-autel
sont les corps de Marie du Drac, du tiers-ordre, épouse de M. Jacques
Avrillot, conseiller au parlement, morte en odeur de sainteté, le
11 septembre 1590, âgée de 46 ans, et d'Anne Lelieur, épouse de
M. René Nirceu, correcteur des comptes. Elle étoit professe du tiers-
ordre, bonne amie de Marie du Drac, et marchoit sur ses traces ; elle
est morte sept mois après, savoir le 3 avril 1591 et voulut être mise
dans le même tombeau, ce qui lui a été accordé.

« Dans cette même église, sont aussi les corps de deux palatins du
Rhin, deux maréchaux de France, de plusieurs marquis, présidens et
conseillers, entre autres de quelques-uns issus de la famille de nôtre
saint fondateur, comme d'Ormesson, d'Alesso, Durand, etc. »

On a des déclarations des revenus du couvent des Minimes, à la
chambre ecclésiastique, en 1695, 1730 et 1780. D'après ce dernier
inventaire, on voit que les religieux avaient des biens fort disséminés
et peu considérables, dont voici le détail :

A Paris : trois maisons louées rues de la Vieille-Draperie
  (900 l.), de la Cossonnerie (1412 l.), et Geoffroy-
  Langevin (600 l.), et la moitié d'une maison sous les
  piliers de la Tonnellerie, louée 1700 l. Total....... 4.612 l. » s.
A Passy : seize maisons plus ou moins grandes, louées
  (10119 l.), une baraque et une cave dans les carrières (230 l.), un terrain et une cave dans les
  carrières (120 l.)................................. 10.469   »
A Courbevoie : une maison (400 l.)................... 400   »
A Chaillot : une rente foncière de 5 l. due par le
  sʳ Cocherie, sur une maison, et neuf arpents un
  quart de terre labourable, loués 250 l............ 255   »
A Villejuif : quatre arpents trois quartiers, loués 150 l. 150   »
A Monceau et Clichy : un arpent de terre, loué 30 l..... 30   »
A Vanves : trois quartiers, loués 4 l. 10 s............ 4   10
A Vaugirard : deux arpents, loués 26 l............... 26   »
A Dammartin : une rente de 12 l.................... 12   »
A Colombes : diverses rentes, montant à 196 l. 4 s..... 196   4
A Argenteuil : une rente de 6 l. 17 s................. 6   17
En rentes diverses sur l'Hôtel-Dieu de Paris (106 l. 13 s.),
  sur maisons (300 l.), sur les aides et gabelles
  (1494 l. 12 s.), sur le clergé (380 l. 14 s.)........ 2.281   19
En produit de chaises à l'église..................... 400   »
En produit des biens que les religieux faisaient valoir
  (quatorze arpents dont douze en vignes)......... 200   »
En revenus de la sacristie, calculés d'après la moyenne
  des dix dernières années...................... 484   10
Divers.. 453   »

Total des revenus... ...... 19.981 l. » s.

Ces revenus ne suffisaient pas pour acquitter les dépenses du couvent,
comme on peut s'en rendre compte par l'état des charges suivantes :

1° Rentes créées pour subvenir au déficit du revenu....... 6.660 l.
2° Réparations ordinaires et reconstructions des maisons.... 4.500
3° Luminaire de l'église, livres, linge et ornements......... 700
4° Droits seigneuriaux et cens dus....................... 51
5° La maison de Chaillot, ajoute le comptable, étant le seul
  noviciat et le lieu où se tient toujours le chapitre plainier,
  elle se trouve chargée de ces deux objets : le premier,
  depuis l'édit du roi qui a fixé les vœux à 21 ans, nous
  produit des sujets dont le tempérament est absolument
  formé et qui ne peuvent que très-difficilement se faire
  à notre vie, de sorte que sur douze qui entrent, il y en a
  dix qui sortent après les avoir nourri, habillé, entretenu
  quelquefois jusqu'à onze mois de noviciat sans en avoir
  reçu aucune pension ni même de dédommagement ; le
  second objet nous forme pendant la tenue des chapitres
  une double dépense. Ces deux articles et surtout le premier, nous fait au moins par année, une dépense extraordinaire évaluée au plus bas à...................... 1.000

A reporter........... .... 12.911 l.

                         Report...................... 12.911 .
6⁰ Deux chevaux pour aller journellement à Paris, chercher
     les provisions, voiturer le fumier, etc., etc............. 1.000
7° Pour six domestiques.............................   700

                    Total de la dépense............. 14.611
                    Total des revenus.............. 19.981

                    Reste net.................. 5.370 l.

pour nourrir, vêtir et entretenir trente religieux, nombre ordinaire du
couvent de Chaillot.

En 1789, les religieux portèrent à la Monnaie 9,000 livres d'argenterie (7 novembre), sur lesquelles ils prélevèrent un don patriotique de
6,003 livres. Le monastère était cependant dans un triste état financier,
car, au 1ᵉʳ avril 1790, il devait 9961 livres 3 sous ; on lui devait, à la
vérité, 21,317 livres 17 sous 6 deniers, mais ces créances étaient pour
ainsi dire irrécouvrables.

Le nombre des religieux avait aussi diminué considérablement, car
il n'y en avait plus que seize en 1791. Interrogés sur leurs intentions
de rester au couvent ou de rentrer dans la vie civile, quatre religieux
répondirent qu'ils désiraient se retirer dans une maison de leur ordre;
neuf déclarèrent vouloir en sortir, et deux ne pouvoir s'expliquer,
quant à présent, sur leurs intentions.

Le 4 mars 1791, à neuf heures du matin, L. Guill. Leveillard, maire
de Passy ; Jacques Clercaux, Antonin-Félix Dussault, officiers municipaux, commis par le corps municipal, se transportèrent, avec Gabriel-
Jean-Pierre Vacquerie, procureur de la commune, assisté de M. J. Fr.
Genèv. de la Montagne, avocat au cy devant parlement de Paris, et
huissier, commissaire-priseur à Paris, « au couvent des ci-devant
Minimes de Chaillot. »

Ils furent reçus par « J. Fr. Gengennes, ancien général de l'ordre et
act. provincial; Louis Durand supérieur; Nicolas Danel, ex provincial;
Nic. El. Marissal, cy devant procureur; L. Fr. Bouchiquet, sacris-
tain, etc. »

D'après le procès-verbal rédigé par les commissaires, on voit que la
sacristie était richement ornée. Elle renfermait :

1. Une croix d'argent doré où il y avait un morceau de la vraie croix,
   enrichie de plusieurs pierreries.
2. Une autre croix de cristal massif, à pied d'argent doré.
3. Un reliquaire d'argent doré, ciselé, avec deux anges, tenant d'une main
   une palme et de l'autre une couronne.
4. Une vierge d'argent doré, tenant l'Enfant Jésus.
5. Un grand reliquaire d'argent doré et ciselé, orné d'un cristal.
6. Un Saint-François-de-Paule en argent doré, ayant d'un côté un enfant
   à genoux, de l'autre un petit cristal.

7. Un reliquaire d'argent doré dans lequel se trouvait une relique sous cristal.

8. Un autre petit reliquaire de cristal ouvragé et légèrement enchâssé dans de l'argent doré.

9. Quatre châsses en bois doré.

10. Deux châsses en chêne, enrichies d'ornements et de deux figures en cuivre doré.

11. Sept calices, avec leurs patènes dont trois d'argent, et le reste en vermeil.

12. Trois ciboires, avec leurs couvercles, dont deux d'argent et un de vermeil.

13. Un soleil en vermeil ciselé, garni de deux cristaux et de son croissant.

14. Une grande croix de procession d'argent doré.

15. Une croix d'autel d'argent blanc.

16. Deux chandeliers d'autel d'argent blanc.

17. Une lampe d'argent, avec chaînes.

18. Un encensoir, sa navette et sa cuillère d'argent.

19. Onze ornements plus ou moins riches.

20. Cinquante-cinq chasubles.

Il y avait dans le couvent une salle capitulaire et cinq chapelles : la chapelle Saint-Joseph, celle du Sépulcre, celle de la Vierge, celle de Sainte-Marguerite et celle de Saint-François-de-Paule. Dans cette dernière chapelle, on remarquait une châsse d'ébène, à plaques d'argent; ces plaques représentaient les miracles du saint et sa mort. La châsse était ornée de piliers de bronze, surmontés de vases de cuivre doré. Dans la châsse on conservait un double bonnet de laine brune de saint François-de-Paule, couvert de satin blanc, enrichi de broderies d'or et d'argent, avec des petites perles et quelques diamants.

L'infirmerie avait aussi sa chapelle. Il y avait deux bibliothèques : la grande, ornée de deux globes terrestres et de deux globes célestes, de trente tableaux et du grand sceau du couvent où était gravé le mot: *Charitas*, et qui contenait 4,546 vol., sans compter 894 volumes renfermés dans des armoires; la petite, dans laquelle on conservait 3,585 volumes.

BIBLIOGRAPHIE

MANUSCRITS

Les documents manuscrits relatifs aux Minimes de Chaillot se trouvent réunis aux Archives nationales dans les sections historique et administrative.

Le carton L. 952 renferme dix-neuf pièces (1505-1672), concernant l'union de la chapelle de Sainte-Suzanne ou des Cinq-Plaies, sise au faubourg Saint-Honoré, au couvent de Nigeon, pour servir à l'établissement de ce monastère, et un grand nombre d'actes relatifs aux Minimes de Paris, Dunkerque, Issoudun, Guise et Noisy.

Le carton L. 954, renferme des titres de rente sur les aides et gabelles et des constitutions de rente accordées par les rois Charles IX et Henri III à Notre-Dame de toutes grâces, dit de Nigeon, enfin des titres de rente sur le clergé.

Le carton L. 955 contient les documents les plus importants. En voici la nomenclature :

Iº 1493-1578. — Une liasse de huit pièces en parchemin, savoir :

Mars 1493. — Permission donnée à saint François de Paule, par les doyen, chapitre et archidiacres de Paris, le siége vacant, de construire un monastère, *au clos de Nigeon*, près Paris.

1506. — Celle par les grands vicaires de l'évêque de Paris, en son absence, aux religieux minimes de faire bénir leur église, et en consacrer les autels.

1506, 1527, 1551, 1578. — Lettres testimoniales de la bénédiction, consécration et dédicace de l'église et chapelles du couvent des Minimes de Notre-Dame de toutes Grâces de Nigeon, à Passy, et du cloître dudit couvent.

IIº 15 mai 1582. — Concession d'eau faite par la reine-mère Catherine de Médicis, aux Bons Hommes de Chaillot (les Minimes). La lettre, en conséquence, est signée de la main de la Reine, pour une petite portion de l'eau qu'elle fait venir de son palais des Thuilleries. [1]

IIIº 1659-1660. — Une liasse de cinq pièces, quatre en parchemin et une sur papier, savoir :

1º 17 juillet 1659. — Exemplaire imprimé des lettres patentes du roi Louis XIII, portant érection du village de Chaillot en faubourg de Paris, dit de la Conférence, et exemption de l'entrée du vin en faveur des religieux Minimes, des religieuses de Sainte-Marie de Chaillot, et de la maison dite de la Savonnerie.

2º 10 septembre 1659. — Extrait en forme de l'arrêt de la chambre des comptes qui ordonne l'enregistrement des lettres patentes ci-dessus, portant érection du village de Chaillot en faubourg de Paris.

---

1   Voici cette lettre.

« Aujourdhuy, quinziesme jour de may MVᶜ quatre vingts et deux la royne mère du roy estant à Fontainebleau a accordé et faict don aux relligieulx et couvent des Bons-Hommes près Paris, de la grosseur dun pois deaue a prandre en la fontaine que sad. majesté faict venir et conduire en son pallais des Thuilleries, pour icelle eaue jusques à lad. quantité faire conduire et mener en leur couvent. En tesmoing de quoi la dicte dame a signé le présent brevet et commandé à moy son conseiller et premier secrétaire de ses finances icelluy contresigner. Faict les jours et an que dessus.

    Catherine.   De Laubespine.

3° Du 14 janvier 1660. — Arrêt du Conseil d'État du roi concernant l'exécution des lettres patentes du mois de juillet 1659, en faveur des habitants de Chaillot.

4° 26 février 1660. — Autre extrait conforme des registres du Conseil d'État du roi, qui ordonne que les religieux Minimes conformément à l'arrêt de la chambre des comptes du 10 septembre 1659, jouiront tant de l'exemption de l'entrée du vin de leur cru, que de celui venant du dehors, pour la consommation de leur couvent, nonobstant les lettres patentes du mois de juillet 1659, qui assujettissoient à des droits d'entrée les habitants de Chaillot comme faubourg de Paris.

5° Décembre 1660. — Lettres patentes du roi Louis XIII, par lesquelles il confirme les priviléges accordés aux religieux minimes de Notre-Dame de toutes Grâces de Nigeon, établis à Chaillot, conformément à l'arrêt du conseil qui les exempte du droit d'entrée sur le vin, tant de leur cru, que sur celui qu'ils feroient venir du dehors pour la consommation de leur couvent. — Orig. scellé.

IV° 1728-1790. — Une liasse d'extraits de baptême et de profession de religieux minimes de Passy.

V° Deux liasses de pièces concernant les Minimes du bois de Vincennes.

Dans la section administrative, il y a six cartons.

Le premier (S. 4302) : Actes de rente de terres; donations à Fontenay, Bagneux, Vaugirard et Grenelle; titres de rente sur vigne à Argenteuil; bail de 7 arpents 1/2 de terre labourable à Chaillot, du 25 avril 1789; des titres de propriétés à Chaillot, Colombes; l'acte de fondation d'une haute messe pendant 50 ans, accordée à Louise Seguier, veuve de M. de Berulle, sieur de Vidverger en 1603; des plans et arpentages de différents terrains, des pièces de procédure; une déclaration fournie à MM. de Saint-Denis pour raison de terres situées dans le territoire de Chaillot en 1702; etc., etc.

Le second (S. 4303) : des titres de propriété de terrain formant l'enclos de la maison des Minimes; des titres de donations, réquisitions, échanges, transactions; des alignements, arpentages et procédures relatives à une cession de terrain à Passy, et autres pièces concernant le grand chemin au-dessus de l'enclos du couvent, et joignant le mur du parc du président Jeannin; des titres concernant 3 arpents 1/2 à Antony, cedés à Jean de Mailly, bourgeois de Paci, moyennant 50 livres de rente; les titres d'une donation de Pierre Lefebvre, bourgeois de Paris en 1590; des titres de la maison du pilier vert, sous les halles, donnés par moitié au couvent, et par l'autre, à Saint-Eustache, en 1635; des titres de maisons sises rues Geoffroy-Langevin et de la Huchette, des documents concernant les biens situés à Antony, Colombes et Issy.

Le troisième (S. 4304) : des renseignements sur les propriétés et droits de censive appartenant aux Minimes, des lettres d'amortissement du lieu du couvent, des déclarations de biens, des titres de propriété à Colombes et des pièces de procédure y relatives; un acte de donation par Pierre-Jacques Godernel, hermite, de son hermitage de Sainte-Marie Madeleine, paroisse de Sannois, près Fontainebleau, aux religieux minimes, le 4 mai 1625; une liasse renfermant les titres d'une maison à Courbevoie, léguée par Bon de Sèvres, en juillet 1626; des déclarations des biens du couvent en 1695, 1730, 1780; une correspondance des Minimes pendant la Révolution, une lettre du syndic de la commune au sujet d'une veuve Cocherie, ancienne locataire des Minimes, restée veuve avec quatre enfants.

Le quatrième (S. 4305) : des fondations de messes, des titres nouvels de rente; des titres de rentes sur des biens situés à Chaillot, Colombes, Passy, Vanves, Dampmartin, Champagne et Montigny; un bail fait à Jacques Cochery et Pierrette Gremigny, sa femme, le 14 décembre 1583, d'une petite maison à Chaillot; des baux de maisons à Paris, baux des biens sis à Courbevoie (1631 à 1776), à Colombes (1537-1776), à Fontenay-sous-Bagneux, à Vaugirard et Grenelle (1607, 1636 et 1758), à Villejuif (1601 à 1788); des contrats de rentes sur des maisons sises à Paris pour fondations diverses, de 1598 à 1746.

Le cinquième (S. 4306) : des baux à loyer des maisons et terres à Passy, de 1615 à 1779, et le procès-verbal dressé par les officiers municipaux, le 8 mai 1790.

Le sixième (S. 4307) : des baux de maisons sises à Passy, de 1615 à 1779; les baux des biens sis à Chaillot, de 1671 à 1774; un petit volume in-18, assez intéressant, intitulé : *État des revenus* en 1610; enfin des baux à loyer de biens situés à Clichy, en 1593, 1616, 1622, 1639 et 1715.

Il y a dans la même section, cinq registres :

Le premier (LL. 1570), est intitulé : *Minimes de Chaillot. Registres capitulaires* (1507-1574), petit in-4. C'est un registre des chapitres généraux de l'ordre tenus à Tours, Rome, Gênes, etc., etc.

Les suivants (LL. 1571-1574) ont pour titre : Actes des chapitres provinciaux tenus à Nigeon, de 1586-1634, de 1635-1685, de 1637 à 1719 et de 1720 à 1780.

IMPRIMÉS

Factum pour les religieux minimes du couvent de Nigeon-lez-Paris, dits les Bons-Hommes de Challiot, appelans d'une sentence arbitrale du dernier juillet 1674, contre Barthelemy Tredon, à présent tuteur des enfants mineurs de deffunte Marguerite Bertault, femme séparée de biens d'avec maistre Nicolas Besson, huissier en la cour des aydes, ayant repris le procès au lieu de Pierre Roussel, subrogé tuteur desdits mineurs, inthimez. S. n. d. l. n. d., in-fol. (Bibl. Maz., n° 276, A⁶).

Factum signé : M. de Geniers, rapporteur, N. Clément, procureur.

Voyez aussi Lenoir, *Monuments français*, T. IV, p. 164.

———

COUVENT
DES
CHANOINESSES RÉGULIÈRES DE SAINT-AUGUSTIN
DEVENU
ABBAYE DE SAINTE-PERRINE

On lit dans un « Mémoire contenant un abbrégé des choses les plus remarquables de la communauté des chanoinesses regulieres de l'ordre de Saint-Augustin, établie à Sainte-Geneviève de Chail ot, fauxbourg de la Conférence-lez-Paris (Arch. nat., sect. hist. LL, 1608), » qu'un chanoine régulier nommé Lubin Beurrier[1], et sa sœur, Claude Beurrier, natifs de Chartres en Beauce et habitans de Nanterre, donnèrent, par contrat du 17 juillet 1641, la somme de 5,900 livres, pour l'acquisition d'une maison sise à Nanterre.

« Les guerres civiles qui désoloient les environs de Paris, ajoute l'auteur de ce Mémoire, obligerent les religieuses de quitter le bourg de Nanterre et de se réfugier à Paris chez M. le président Pinon. Ayant cherché quelque endroit qui ne fut pas esloigné de la ville de Paris pour s'y establir, elles quitterent la maison de M. Pinon pour aller demeurer dans celle qu'elles avoient louée le 18 de septembre. Elles acquirent par contrat du 25 octobre 1659 cette maison qui appartenoit à M. de Prats, située à Chaillot[2].... La dite maison avoit esté occupée cy devant par des religieuses benedictines dont la communauté fut entierement détruite en 1647 et leur église abolie[3].... La

---

[1] Il mourut le 21 février 1670.

[2] C'est le couvent dont parle Lebeuf (Voy. plus haut, p. 108-109), et qu'il ne connaissait que par la permission donnée aux Bénédictines par l'archevêque de se retirer en diverses maisons religieuses.

[3] On voit par un autre document (Arch. nat., S. 4514) que la maison de M. de Prats faisait partie du fief de la Grande-Bretonnerie, à Chaillot. Il existe encore un « terrier du fief de la Grande-Bretonnerie, sis à Chaillot, « dont les religieuses de Sainte-Geneviève étaient dames. » lequel fief était composé de l'enclos du monastère qui contient 10 arpents 76 perches et quelques terres situées autour aux lieux dits Bouillaux, Josses, Lombardie et Moque-Panier. »

translation à Chaillot fut approuvée le 4 novembre 1659, les corps des religieuses de Nanterre transférés le 14 novembre 1659, et la maison de Nanterre fut donnée aux chanoines réguliers de Saint-Augustin, à condit on qu'ils se chargeroient de l'instruction de la jeunesse, dont elles avoient été chargées à Nanterre.

« M. de Contes fit la bénédiction de l'église sous le titre de Notre-Dame-de-la-Paix et de Sainte-Genevièfve, et le roi confirma l'établissement en juillet 1671. La chapelle Saint-Joseph fut édifiée, proche le grand autel, en 1688, les chapelles du Calvaire et de Notre-Dame-de-Pitié, édifiées dans le jardin en 1690, et la chapelle de Sainte-Marthe dans la même année.

« L'an 1707 la communauté dressa une chapelle, dans le côté gauche de la tribune, sous l'invocation de Saint-Thomas de Villeneuve, pour accomplir le vœu des premières religieuses. Cette chapelle est du soin des sacristaines.

« Le 19 octobre 1708, l'abbé J.-B. Bonnet, fut nommé supérieur et visiteur du monastère, et en 1711, la chapelle de l'Enfant-Jésus fut ouverte au côté droit de la tribune. »

Madame de Prunelée, abbesse, avait obtenu le 14 février 1728, un privilége pour vendre publiquement et distribuer le Sirop balsamique pectoral. C'était un excellent privilége pui qu'elle reçut cette même année, pour la vente de ce Sirop pectoral balsamique, trois mille livres de profit. En 1742, le monastère fut réuni à l'abbaye de Sainte-Perrine, et le 27 septembre de la même année, la châsse de Sainte-Perrine fut apportée au couvent. La lettre-patente qui confirme l'union de ces maisons est du mois de mars 1743.

Cette union n'amena point de bons résultats, les réparations faites au couvent, et une grande incapacité administrative, amenèrent la ruine de cette maison religieuse. En 1786 on commença à vendre les biens situés aux environs de Compiègne, pour payer les dettes de l'abbaye, et on nomma J. Grisart économe-séquestre. Dans un procès-verbal du 26 mai 1788, signé par cet économe-séquestre, on voit que le déficit était de 20,120 liv. 11 s. 9 d., sans compter 12,000 livres dues aux boucher, boulanger, etc., etc.

En 1806, on établit un hospice à Sainte-Perrine, qui a été transféré à Auteuil, en 1859 (Voyez plus haut, p. 225). Les terrains de l'ancien couvent ont été vendus et sur leur emplacement on a ouvert plusieurs boulevards.

BIBLIOGRAPHIE

Les documents relatifs à l'histoire de l'abbaye de Sainte-Perrine sont conservés aux Archives nationales, dans les sections historique et administrative.

Dans la section historique, il y a un registre coté LL 1608, intitulé : « Mémoire contenant un abbrégé des choses les plus remarquables de la communauté des chanoinesses regulieres de l'ordre de Saint-Augustin establie à Sainte-Geneviefve de Chaillot, fauxbourg de la Conference-lez-Paris. » Un second registre (LL. 1609) a pour titre : » Deliberations capitulaires de Sainte-Perrine de Compiegne et de la Villette, 1626 à 1742. » Un troisième registre (LL. 1610) est un Nécrologe de l'abbaye de Sainte-Perrine de la Villette en 1748. » Un carton coté L. 1033 renferme les pièces concernant la translation des religieuses de Compiègne à la Villette, et de la Villette à Chaillot.

1° Un décret de l'archevêque de Paris, du 17 janvier 1647, de la fondation du monastère de Sainte-Geneviève de Nanterre ; 2° Un procès-verbal de visite du 4 novembre 1659 ; 3° Une transaction entre les religieuses de Sainte-Genevieve de Nanterre et les religieuses de Notre-Dame-de-la-Paix, le 10 juin 1660, établies à Chaillot ;

4° L'érection du couvent de Sainte-Geneviève de Chaillot en abbaye, septembre 1642 (signé Louis, contre-signé Colbert) ; des pièces concernant la translation de Compiègne à la Villette en 1646 ; un livre des délibérations de Sainte-Perrine de Chaillot, de 1732 à 1748, et en 1767 ; des lettres patentes de Louis XIV de mars 1648, autorisant le transfert de l'abbaye à la Villette, l'érection d'une maison claustrale et d'une église ; le consentement des habitants de la Villette, du 9 décembre 1646 (orig. signé des habitants) ; la permission de l'archev. du 7 mars 1646 ; une information de l'évêque de Soissons, pour la translation des dames de Sainte-Perrine, et un inventaire des reliques, 8 juillet 1645. Un dossier de pièces concernant l'union de cette abbaye, établie à la Villette, à celle de Sainte-Geneviève, établie à Chaillot en 1747, dans lequel se trouvent les lettres patentes qui confirment l'union de ces maisons en mars 1743 (signées Louis, contre-signées Phelippeaux, visa d'Aguesseau). Un livre mortuaire des religieuses chanoinesses de l'abbaye de Sainte-Geneviève de Chaillot. Un autre livre mortuaire des pensionnaires de l'abbaye de Sainte-Geneviève.

Il y a encore dans la section historique (K. 1303), un dossier de correspondances, de documents relatifs aux Stuarts, des mémoires et des lettres de Jacques II, du prétendant et de Marie d'Est.

Dans la section administrative, il y a deux cartons et un registre; les deux cartons (S. 4512-4513) renferment un grand nombre de pièces concernant les réparations faites à l'abbaye de Sainte-Perrine de Chaillot, un procès-verbal de J. Grisart, nommé économe-séquestre de tous les biens, droits et revenus dépendants de l'abbaye de Sainte-Perrine de Chaillot, le 26 mai 1788, des titres de censive du fief de la Bretonnerie; des pièces de procédure, jugements, notes et pièces concernant les biens situés aux environs de Compiègne, vendus en 1786 pour payer les dettes de l'abbaye, un inventaire des titres, etc. Le registre coté S. 4514 est intitulé : Registre des censives de Sainte-Perrine de Chaillot, 1738.

Il y a encore quelques documents dans le carton Q. 1135, des titres de rente de 1673 à 1705 dans le carton H. 4039 et quelques documents dans les registres du conseil du roi (O. 664).

IMPRIMÉS

Mémoire pour les dames abbesse et religieuses de Sainte-Geneviefve de Chaillot, deffenderesses, contre le sieur René Quarante, dit Carmeline, demandeur. S. n. d. l. n. d.; 4 p. in-fol. (Arch. nat., S. 4512).

Mémoire à consulter, pour les dames abbesse et religieuses de l'abbaye royale de Sainte-Perrine de Chaillot. Paris, 1779; in-4°, 28 p. (Arch. nat., S. 4512).

Pièce signée : Poncelin de la Champilloniere.

BULLA suppressionis monasterii monialium, ordinis Sancti Benedicti, loci de Gif, parisiensis diœcesis.... favore monasterii Sanctæ Perrinæ, vulgo de Sainte-Perrine, à Chaillot, etc. Paris, 1786; in-4°, 16 p. (Arch. nat., S. 4512).

Arrêt du Conseil d'État du roi, qui ordonne le séquestre des biens de l'abbaye de Sainte-Perrine de Chaillot. Du 23 février 1788. *Paris*, in 4, 4 pages.

Arrêt du Conseil d'État du roi, qui fixe l'établissement de quatre nouveaux hôpitaux pour la ville de Paris, à l'hôpital Saint-Louis, à l'hôpital Sainte-Anne, aux hospitalières de la Roquette et à l'abbaye royale de Sainte-Perine à Chaillot. Du 22 juin 1787. In-4, 4 pages.

Loi relative au compte de l'économie et sequestre des abbayes de Sainte-Perine de Chaillot et d'Hivernaux. Du 3 août 1792; in-4, 4 pages.

MONASTÈRE DE SAINTE-MARIE

OU DE

LA VISITATION

La maison et les dépendances de Chaillot furent adjugées avec la haute justice par décret du parlement de Paris, en date du 1er juillet 1651. Ce domaine provenait de la succession du maréchal de Bassompierre (voyez plus haut) et fut considérablement agrandi par l'acquisition du lieu dit les Gourdes ou Marais, le 24 mai 1686, et d'une partie du fief de Chaillot et du fief de Longchamp, avec la moyenne et basse justice relevant du roi, le 13 mai 1693. Ces biens avaient été achetés par les religieuses à Marie Damond, marquise d'Estiaux, veuve de messire Charles Croiset, conseiller du roi en ses conseils, secrétaire de Sa Majesté et de ses finances et contrôleur général de la grande chancellerie de France. On voit par un aveu et dénombrement de la terre, fief et seigneurie de Chaillot et du fief de Longchamp, que ces seigneuries relevaient en plein fief, foi et hommage du roi, à cause de la baronnie de Marly qui avait été unie à la terre et seigneurie de Versailles par édit de décembre 1693. Avant l'acquisition du fief de Longchamp, faite par les religieuses, ce fief relevait de la tour du Louvre, mais sa mouvance changea par lettres patentes du 28 avril 1693, et fut donnée à Marly (Arch. nat., O¹ 3921).

D'après les censives de la seigneurie (Arch. nat., S. 4808) on voit qu'elle était divisée en plusieurs cantons ou fiefs dits : canton des Guezaults, fief de la Haute-Borne, canton de l'Arpent-Blanc, canton du fief Larcher, canton des Courtes-Pièces, canton des Lombardies, fief noble des Fatinents, fief Rigaudeau, canton sur le chemin de Longchamp, canton des Fosses, fief de la Bretonnerie appartenant aux Dames de Sainte-Perine, canton des cinq Arpents, le Clos d'Orléans, canton des Seigneuries, canton des Tartres en.fief, canton de l'Orme-Richard en fief, canton des Caffois, canton de Derrière-les-Jardins, canton des Rouilloux, canton de Bonnival, fief des Longues-Plantes, canton du Bord-de-la-Ville, les Terres-Blanches, fief Larcher, fief d'Orléans, fief Béquet, fief de la Serizaye, canton des Gourdes.

Les religieuses de la Visitation avaient une église assez belle, qui eut l'honneur insigne de compter au nombre de ses prédicateurs le plus grand orateur chrétien des temps modernes. Cette église, illustrée par Bossuet, appartenait à la maison de Lorges qui l'avait fait construire à ses frais, pour lui servir de sépulture. Le grand autel était en marbre, le chœur, lambrissé de haut en bas, contenait cinquante et une stalles. Il y avait un avant-chœur et une grande tribune, où on avait placé un buste en cire de saint François de Sales dans une châsse qui renfermait un morceau de la vraie croix, le portrait d'une dame de la suite de Marie d'Est, peinte en sainte Véronique, etc. Au milieu de cette tribune était le corps de Marie d'Est enfermé dans un cercueil de plomb et couvert d'un poêle; devant le cercueil, une tête de cire dont la face avait été moulée sur le visage de la reine après sa mort. Sous le poêle, se trouvaient quatre boîtes de plomb de la forme d'un cœur et couvertes d'une feuille d'argent : elles renfermaient les cœurs de Henriette-Marie de France, de Jacques II, de Marie d'Est et de la jeune princesse Louise-Marie d'Angleterre; le tout était entouré d'une balustrade de bois noir. Les autres chapelles étaient dédiées à saint Joseph, à l'Enfant-Jésus, aux saints Anges, à saint François de Sales, à sainte Chantal. Il y avait aussi une chapelle dite du noviciat et une chapelle de la sacristie où on avait mis en dépôt le corps de saint Victor, martyr, que la comtesse de Forcalquier avait demandé au pape pour en faire présent aux religieuses; il était encore enfermé, en 1790, dans la même boîte que celle où on l'avait mis à Rome. « Nous attendons les ordres de Mᵐᵉ la Comtesse, » lit-on dans le document que j'analyse en ce moment. Après deux sacristies, l'une extérieure et l'autre intérieure, venait la bibliothèque composée de 600 volumes environ.

Dans la galerie on remarquait : un portrait de M. Lamotte d'Argencourt, un buste du cardinal de Richelieu, la duchesse d'Uzès, peinte en veuve; Louise-Élisabeth d'Orléans, peinte en pèlerine; le cœur du jeune duc d'Elbeuf dans une boîte d'argent, et vis-à-vis un portrait de ce jeune duc, enfin les portraits d'une religieuse anglaise, nommée Wall, d'une dame inconnue et de Mᵐᵉ de Montaigu.

Dans la salle d'assemblée, on avait placé en panneau les portraits d'Henriette-Marie de France, d'Anne d'Autriche, de Jacques III, dit le Prétendant; de la princesse Louise-Marie, sa sœur; de Marie Françoise de Bourbon, de Marie d'Est, de Catherine d'Angleterre, du jeune duc de Saint-Valery, du jeune duc d'Elbeuf, d'Henriette d'Angleterre avec ses enfants, de la maréchale de Lorges, de la princesse du Maine, de la princesse de Vivonne.

Le grand appartement, situé au rez-de-chaussée, renfermait des portraits de Louis XIV, de Monsieur, d'Anne d'Autriche, d'Henriette de France, de Mˡˡᵉ de La Vallière, de Mᵐᵉ de Crussol, de la mère de Beauvais, ancienne supérieure du couvent; de Mᵐᵉ de Montespan, de la mère de Lafayette, ancienne supérieure.

Dans un autre appartement on conservait les portraits de Mᵐᵉ Wall, de Mˡˡᵉ de Charolais, de la comtesse de Saint-Pierre, de Mᵐᵉ de Tonnerre, de la mère de Mme de Tonnerre; il y avait aussi un autre portrait que l'on croyait être celui de Mlle de La Vallière.

Dans un autre appartement, au rez-de-chaussée, on avait placé le portrait du maréchal de Villars, et dans l'appartement que Marie d'Est avait occupé anciennement, celui de Catherine de Richelieu, sœur aînée du maréchal.

Comme on le voit, les tableaux ne manquaient point ; mais si l'on en croit Doyen et Mouchy, chargés d'inventorier les peintures et les sculptures du couvent, le 8 juin 1791, il n'y avait que des tableaux médiocres peints par la princesse Palatine, sauf un superbe portrait de sainte Barbe peint par Hymans en 1664, une Vierge du xiiie siècle et un portrait de Mme de Motteville peinte en Madeleine par Hymans (Arch. nat., S. 4791).

Deux pavillons situés en dehors du couvent et bâtis par la duchesse d'Orléans, femme du régent, étaient, au moment de la Révolution, vendus à vie au président et à la présidente de Ménières.

L'appartement des pensionnaires n'avait rien de remarquable.

Dans les archives, on conservait plusieurs lettres et manuscrits de sainte Chantal, d'Henriette-Marie de France, de Marie de Médicis, de Charles-Quint, de Charles I, de Jacques II, de Marie d'Est, de la princesse Louise; une statue de la Vierge en or, donnée par Marie d'Est, un médaillon en argent à l'effigie de Jacques II, un portrait en miniature du même prince avancé en âge, un médaillon en argent représentant la tête du fils aîné de Jacques III, le prince Charles Édouard et le duc d'York.

Les dépendances du couvent consistaient en grande et petite dépenses : réfectoire, fournil, buanderie, apothicairerie, lingerie, roberie, basse-cour, loges des sœurs tourières, etc. Il y avait un pavillon de la haute justice royale où se trouvaient une salle d'audience, une chambre de conseil, une salle d'archives, des prisons et des cachots.

L'église renfermait quelques sépultures, j'en ai trouvé l'indication dans un registre de la section historique (L. 1033).

Louis-Victor de Vivonne, maréchal de France (14 septembre 1688), ses entrailles proche la chapelle Saint-Joseph, son corps en dépôt seulement; M. de Tonnerre; Dorothée Éléonore Bakli de Konesmach (5 novembre 1690); Gabriel Philbert Rollaud, sieur du Bourg (9 décembre 1693); Catherine Cécile de Brugy, dite de Saint-Augustin, religieuse professant à l'abbaye de Saint-Amand, à Rouen, prieure perpétuelle des Bénédictines de Brionne en Normandie (26 mai 1733); Julie de Lionne (17 sept. 1734); marquise d'Ailly (8 octobre 1739); Élisabeth de La Vergne de Tressant, veuve de Charles, comte de la Motte-Houdancourt, grand d'Espagne de 1re classe, lieutenant-général des armées du roi, gouverneur de Bergue-saint-Vinoc, etc. (7 décembre 1741); Gabrielle-Louise-Geneviève de Bouchet de Sousches, fille de Louis de Bouchet de Sousches, comte de Momereau, lieutenant-général des armées du roi, et de Charlotte-Antonine de Gontaut-Biron (1er juillet 1759).

Je ne donne pas la liste des religieuses inhumées dans le couvent, on en trouvera la liste dans un registre manuscrit conservé aux archives nationales dans la section historique (L. 1082).

Lorsque les religieuses étaient enterrées, le curé dirigeait l'office. J'ai trouvé la preuve de ce fait dans les registres de l'État civil de la paroisse, aujourd'hui brûlé. Voici ce qu'on y lisait à l'année 1655 :

« Le Jeudi saint, 25 mars 1655, nous fusmes appellez de la part des religieuses de Sainte-Marie, dictes de la Visitation, establies depuis cinq ans en cete paroisse au chasteau de feu monsieur le mareschal de Bassompierre, pour rendre les derniers debvoirs et inhumer, selon leurs constitutions, qui portent que les religieuses de Sainte-Marie, qui ont esté fondées par le bienheureux François de Sales, evesque de Genève, venant à décéder, seront enterrées par le curé du lieu où leur monastère sera estably, la révérende mère sœur Hélène-Angélique Luillier, première supérieure du monastère audit chasteau; nous y allasmes accompagnez de nos deux ecclésiastiques, sçavoir, M. Guillaume de Frocourt, prestre, vicaire, et M. Jacques du Fossey, prestre chapelain de cete paroisse, et après avoir faict les cérémonies accoustumées, le corps fut porté par quatre religieuses, les autres aliant devant avec un cierge blanc en main, dans une grote sur le bord du grand parterre dudit chasteau, laquelle fut beniste le mesme jour de l'authorité de M. André du Saussay, prestre, docteur en droit, protonotaire apostolique, grand vicaire et official de Monseigneur l'illustrissime et revendissime messire Jean-François de Gondy, archevêque de Paris, grand directeur desdictes religieuses, et on y planta la croix. Nous enterrasmes en ce lieu auparavant les ténèbres dudict jour, ladicte supérieure où aussi assista la sérénissime princesse Henriette-Marie de Bourbon, fille de France et reyne d'Angleterre, qui a son département dans ledict monastère, où elle se retire fort souvent. Cela faict, nous sortismes du monastère, et retournasmes chanter les ténèbres dans nostre eglise. On me donna un louis d'argent de 60 sous pour la rétribution et 20 sous à chacun de nos ecclésiastiques. »

A la Révolution, l'état financier du couvent de la Visitation était des plus prospères. Voici la déclaration fournie par la communauté à cette époque :

« Aujourd'hui 26 janvier 1790, est comparu M. François Doré, ancien directeur des domaines du roi demeurant à Paris, fondé de pouvoir de dame Marie-Gabrielle Roslin, supérieure du monastère royal de la Visitation de Sainte-Marie.

« A déclaré que ledit couvent est composé de vingt-deux religieuses de chœur, neuf sœurs converses, deux sœurs tourrières, une demoiselle agrégée, une fille de service.

« Que la maison conventuelle, l'église, la cour d'entrée, les jardins, le clos, la basse-cour, les terrasses en dépendantes, celles des deux pavillons en dehors, et la justice royale, contiennent trente arpents de terrain.

« Qu'elles sont seigneurs de la terre de Chaillot et de Longchamp, avec haute, moyenne et basse justice, avec lods et ventes, lors des mutations et cens affermés par chaque année cent livres.

« Que les autres biens dépendant de ladite seigneurie consistent : 1° en une rente sur le domaine du roi de 13 l. 3 s. 6 d.; 2° en 167 l. 10 s. 3 d.; 3° en 35 l. pour le fermage d'un arpent de terre dû par les héritiers Crosnier; 4° en 6 l. pour un quartier de terre tenu par les héritiers Brocard, et enfin en 16 l. 10 s. pour 10 perches tenues à ferme par un nommé Battas.

« Qu'elles possèdent 18 arpents de terre sis à Chaillot, lieu dit les Gourdes, appelé les Marais, loués à différents jardiniers, 2,000 fr.

« Qu'il leur appartient pour 6,082 l. 12 s. 8 d. de rente sur l'Hôtel-de-Ville en 27 parties; qu'elles jouissent de 885 l. de rente viagère sur la tête de différentes religieuses; qu'elles apprécient leurs loyers des maisons, tant en dedans que dehors leur clôture, 6,246 l. 16 s.; plus, qu'il leur est payé une somme de 1,184 l. 8 s. pour les priviléges d'entrée de vin et de sel. »

En faisant la récapitulation du revenu annuel, elles jouissaient par an de 27,823 l. 16 s. 8 d., ainsi répartis :

Produit de la terre et fief de Chaillot et Longchamps.	13,414 l.	16 s.	» d.
Produit des rentes perpétuelles.	6,082	11	8
Produit des rentes viagères.	885	5	»
Produit des priviléges d'entrée des vins et sel.	1,184	8	»
Produit du loyer des maisons tant en dehors qu'au dedans.	6,246	16	»
	27,823 l.	16 s.	8 d.
sur laquelle il faut déduire de charges réelles (fondations de messes, cens et rentes à acquitter).	2,910	»	»
Ce qui laisse.	24,913 l.	»	»

pour subvenir aux dépenses accidentelles qui se montaient à 10,706 l.

Les dettes actives du couvent étaient de. 124,054 l. 1 s. 10 d.

Les dettes passives, de. 53,261 9 5

L'emplacement du couvent, démoli vers 1810, devait servir de fondement au palais du roi de Rome. Palais et couvent n'ont laissé aucune trace.

————

BIBLIOGRAPHIE

Les archives nationales renferment quelques documents sur les Visitandines de Chaillot.

Dans la section historique, il y a un carton coté L 1082, qui renferme : 1° un livret in-4, intitulé : « Monastère de Sainte-Marie de Chaillot. Ordre de la cave des mortes celon que nos tres honnorées meres et sœurs y sont enterrées; commencé en 1689 jusqu'au 20 avril 1792; » des titres de rentes sur l'état; une correspondance relative au couvent de la Visitation de Strasbourg; différents actes concernant des sépultures du couvent de la Visitation (cœur du prince d'Elbeuf); un dossier sur l'établissement des filles de la Visitation à Saint-Denis et le testament de Marie-Elisabeth Akakia en faveur du couvent de la Visitation de Chaillot, du 23 octobre 1743.

Les registres cotés LL 1719 et 1720 sont des inventaires des titres du couvent en 1686 et 1714.

Dans le carton de la section administrative coté S. 4791, on trouve le procès-verbal de visite de Doyen et Mouchy chargés d'inspecter les peintures et les sculptures; le procès-verbal d'inventaire du 4 juin 1791; la déclaration du 26 janvier 1790 et des extraits d'actes relatifs aux biens situés dans l'étendue du domaine de Chaillot.

Le registre de la même série, coté S. 4808, est un Censier du couvent.

Dans la série H. 4198-4199 on trouve des comptes des fiefs de Chaillot et Longchamps; enfin, dans un registre in-folio coté O¹ 3921, on trouve un aveu et dénombrement de ces fiefs.

IMPRIMÉS

Oraison funèbre de Henriette-Marie de France, reine de la Grand'-Bretagne, prononcée le 16 Novembre 1669, en présence de MONSIEUR, *Frère unique du roi, et de* MADAME, *en l'Église des Religieuses de Sainte-Marie de Chaillot, où repose le Cœur de sa Majesté.* Par MONSIEUR L'ABBÉ BOSSUET, nommé à l'Evesché de Condom. A PARIS, 1669; in-4.

Je n'indique ici que la première édition de ce chef-d'œuvre.

Vive Jésus. ✠ De nôtre monastère de Chaillot, ce 20 mars 1702. in-4 (Arch. nat., L. 1081).

Deux lettres : la première de 18 p., la seconde de 4 p., signées : les sœurs de la communauté de la Visitation de Sainte-Marie. Il y a sur cet exemplaire la note suivante : « Cette lettre est gardée dans le cabinet des papiers du monastère de la Visitation Sainte-Marie du faubourg Saint-Jacques. Il faut la conserver soigneusement n'y ayant que celle-là. »

Lettre-circulaire des dames religieuses de la Visitation de Chaillot, sur les dernières années de la vie, circonstances, et les suites de la mort du feu Roy d'Angleterre Jacques II. A Paris, 1702; in-4 (Bibl. Maz., n° 10370, Z¹² n° 21).

Vive ✠ Jésus. De nôtre monastère de Chaillot, ce 22 novembre 1703. In-4, 8 p. (Arch. nat., L 1082).

Lettre signée : sœur Marie Constance Gobert.